早稻田大学日本史

第五卷 镰仓时代

〔日〕三浦周行 著
栾佳 译

中国出版集团公司
华文出版社

图书在版编目（CIP）数据

早稻田大学日本史. 卷五, 镰仓时代 /（日）三浦周行著；栾佳译. -- 北京：华文出版社, 2020.4
（华文全球史）
ISBN 978-7-5075-5285-0

Ⅰ.①早… Ⅱ.①三…②栾… Ⅲ.①日本—古代史 Ⅳ.①K313.2

中国版本图书馆CIP数据核字(2020)第047361号

早稻田大学日本史（卷五）：镰仓时代

作　　者：[日]三浦周行
译　　者：栾佳
选题策划：华盛燕世
插图供应：029—85504182
责任编辑：楼淑敏
出版发行：华文出版社
社　　址：北京市西城区广外大街305号8区2号楼
邮政编码：100055
网　　址：http://www.hwcbs.com.cn
电　　话：总编室010—58336239
　　　　　发行部010—58336212
经　　销：新华书店
印　　刷：三河市国英印务有限公司
开　　本：710×1000　1/16
印　　张：38.5
字　　数：540千字
版　　次：2020年4月第1版
印　　次：2020年4月第1次印刷
标准书号：ISBN 978-7-5075-5285-0
定　　价：148.00元

版权所有　侵权必究

出版前言

随着中国开放的大门越开越大,关注世界各国尤其是西方国家文明的源流、发展和未来已经成为当下世界史研究的一个热点,为了成系统地推出一套强调"史源性"且在现有世界史出版物中具有拾遗补阙价值的作品,我们经过认真论证,推出了"华文全球史"系列,首次出版约为一百个品种。

"华文全球史"系列从书目选择到人名地名的规范,从书稿中图片的采用到译者的确定,都有比较严格的遴选规定、编审要求和成稿检查,目的就是要奉献给读者一套具有学术性、权威性的高质量的世界史系列图书。

书目的选择。本系列图书重视世界史学科建设,视角宽阔,层级明晰,数量均衡,有所突出。计划出版的华文全球史中,既有通史,也有专题史,还有回忆录,基本上是世界历史著作中的上乘之作,填补了国内同类作品出版的空白。

人名地名规范。本系列图书中人名地名,译名规范,重视专业性。同时,在人名翻译方面,我们坚持"姓名皆全"的原则,加大考据力度,从而实现了有姓必有名,有名必有姓,方便了读者的使用。另外,在注释方面,书中既有原书注,完整地保留了原著中的注释;也有译者注,体现了译者的研究性成果。

书中的插图。本系列图书的一个重要特征是书中都有功能性插图,这些插图全方位、多层次、宽视角反映当时重大历史事件,或与事件的场景密切相关,涉及政治、军事、经济、社会、外交、人物、地理、民俗、生活等方面的绘画作品与摄影作品。功能性插图与文字结合,赋予文字视觉的艺术,增加了文字的内涵。

译者的确定。本系列图书的翻译主要凭借的是一个以大学教师为主的翻译团队，团队中不乏知名教授和相关领域的资深人士。他们治学严谨，译笔优美，为确保质量奉献良多。

"华文全球史"系列作为一套具有较高学术价值的优秀的世界历史丛书，对增加读者的知识，开阔读者的视野，具有积极的意义。同时要看到，一方面很多西方历史学家的观点符合事实，另一方面不少西方历史学家的观点是错误的，对于这些，我们希望读者不要不加分析地全盘接受或全盘否定，而是要批判地吸收外国文化中有益的东西。

华文出版社
2019年8月

东大寺法华堂

东大寺法华堂，俗称三月堂，始建于天平五年（733年）。正治元年（1199年），东大寺大劝进[①]重源奉旨修缮寺院，命弟子信阿弥陀佛掌管修缮事宜。由于经费来源众多，修缮后的法华堂宛如新建。正面五间[②]朝两面开门的礼堂正是在此时增建的。

东大寺法华堂

---

① 大劝进，掌管寺务的僧官，主要负责人才、资金、木材等的管理与调配。——译者注（本书若无特殊说明，均为译者注）
② 间，长度单位，日本建筑中指两柱之间的距离。一间约合1.818米。

图片中的上图为礼堂外侧，下图为内部构造。如图所示，连接斗拱的正心枋与阑额一侧都延伸至柱子外缘，礼堂整体呈中空的造型。弧形梁下部有纹样的雕饰，上部的短柱改用瓶状取代蛙腿状。弧形梁的形状、雕有花纹的拱和插拱都与平安时代有较大差异，这些差异均是因受到宋朝建筑风格的影响。法华堂是体现镰仓时代寺院建筑风格的代表性建筑。

北条时赖画像

此像藏于京都东福寺内的万寿寺,上面题有高僧兰溪道隆的赞词。题文有多处磨损,已难以辨认,笔者将其中能辨认出的列在下方:

北条时赖

不怒自威，定慧兼修，具有大家风范。不贪恋世俗，惟愿造化众人。看破生死，远离是非。

兰溪道隆敬上

兰溪道隆受到北条时赖的推崇，每日傍晚为北条时赖传授禅道，所以这幅画像绝非虚假。康元元年（1256年），三十岁的北条时赖出家。弘长三年（1263年），北条时赖逝世，享年三十七岁。十五年后的弘安元年（1278年），兰溪道隆圆寂。由此可以大致推算出这幅画像的创作年代。画像中的北条时赖表情生动，眉宇间透出一股英气。作为当时最杰出的幕府执权[①]，北条时赖的英才从这幅画像中也可略见一斑。

---

① 执权，日本镰仓幕府官职名。原为政所的辅佐官职，后来转为征夷大将军的政务佐理。初代执权为源赖朝的岳父北条时政。北条时政确立了北条家在镰仓幕府中的权力地位，执权一职遂由北条家独占世袭。

正传寺东严慧安蒙古归顺祈愿文

正传寺坐落于京都市北区西贺茂,自文永五年(1268年)以来,正传寺的开山祖师东严慧安年年祈祷蒙古归顺。下图是文永八年(1271年)的一篇祈愿文,现藏于正传寺。图片所示部分不过为其中一节,读者却可从中窥见一斑。图中的书法精湛优美、灵动秀气,为书道世尊寺流[①]之风。世尊寺流由藤原行成开创,为镰仓时代公私文书所通用,它的地位正如江户时代的代表性书道御家流[②]一般。这篇祈愿文虽然不是东严慧安的真迹,但这种书法风格和东严慧安的事迹相辅相成,文定能为本书的内容增色。因此,笔者特意将此文放在文前。

正传寺东严慧安蒙古归顺祈愿文

[①] 世尊寺流,以藤原行成为先祖的日本书法流派,集日式书法的大成。
[②] 御家流,日本书法流派之一,具有近代代表性的书写风格。由尊圆法亲王创始的尊圆流发展而来。

元军防垒

弘安四年（1281年），镰仓幕府修筑的石头筑堤（即石坝）在抵御元军进攻时发挥了奇效。下图正是石坝的一部分。照片拍摄地点位于福冈县丝岛郡①今津地区（距离福冈市三里②半有余）的西北部沿岸，照片中的石坝是当地仅存的防垒。今津地区是最重要的军事枢纽，建筑方面极其完善，由于交通不便，建筑保存得也最完整。大正二年（1913年）七月，地方有志人士在今

元军防垒

---

① 丝岛郡，曾是日本福冈县西部的一个郡，2010年1月1日因辖下所有町村合并为丝岛市而废除。
② 里，日本的长度单位，1里约合3.927千米。

津地区进行了发掘调查。调查结果显示，在底部宽十间有余、高约一间的土堤上，大小不等的碎石层叠铺成了高约五尺至八尺，宽约七尺至一丈①的石坝。建成初期，石坝的高度比现在略高，包含土堤在内约两间有余。

---

① 丈和尺，都是日本的长度单位，1丈约合3.03米，1尺约合0.303米。

写在改版之际

本书大体承袭前版内容，通观全篇加以修正，在多处进行了文字措辞的更正，偶有章节的变更。与以后的诸多时代相比，镰仓时代的新史料比较匮乏。虽说如此，在前版发行以后的八年时间里，史学界也有重要进步，如吉川本《吾妻镜》[①]和《弘安四年日记》的发现。本书力求以既往的论著和报告为基础，通过引用新史料，补缺前版的内容，其中包含持明院皇统与大觉寺皇统的争议点，元军、德政等重要史实。为了避免与日本南北朝史重复，前版对后醍醐天皇的即位避而不谈，但作为一部完整的镰仓时代史未免欠缺稳妥。本书增补镰仓幕府的颠覆等内容，尽力做到首尾完整。

值此书改版之际，对福冈市木下赞太郎氏表示衷心的感谢。木下赞太郎氏专程拍摄元军防垒并予以邮寄，笔者才能将此照片放在卷首。笔者在此表示诚挚的谢意。

大正五年（1916年）二月

三浦周行

---

① 《吾妻镜》，镰仓时代成书的日本历史书籍，有多种版本，吉川本为目前保存比较完善的版本。

序　言

　　中古末期的日本社会是无能力的公家①与不谨慎的武家②相辅而成的一种"病态"社会，而此时逐渐崛起的镰仓幕府的统治可谓一剂清新的兴奋剂。镰仓幕府为朝廷镇压内乱，排除外患，免除国势危机，也为以后的武家攻权树立了典范。不仅如此，镰仓时代宣扬武士道、制定法律、盛行新教、发扬艺术，这些都为后代留下了大量值得学习的史料。在日本历史上，镰仓时代可以算是最具趣味性的一段时期。

　　本书执笔之初是为了给早稻田大学的历史和地理学科编写讲义，所以讲述的目的及方法主要是以镰仓幕府为中心，着重进行政治方面的记述，行文间附有史料原文，并加以简单评论，力求为读者普及基础的概念，提高读者的研究兴趣。本书的记述年代原本预定为镰仓幕府成立之初至镰仓幕府颠覆，但在本书之前成书的《南北朝时代史》对南北分立的原因、花园天皇让位后北条氏的灭亡均作了详细记述，书中偶有与笔者拙见相异之处。作为《大日本时代史》其中的一部，笔者认为应该尽量避免重复的记述，所以本书内容截至后醍醐天皇返京。

　　幸运的是，由于笔者在史局③担任镰仓时代史料的编纂工作，同时在帝国

---

① 公家，朝臣，指日本武家时代在朝廷供职的人。
② 武家，武士家族。日本镰仓时代以后，幕府、征夷大将军家族及其下属大名等的总称。
③ 史局，编撰历史书籍的官署。

大学文科大学[①]负责镰仓时代史的讲述，这为编写本书带来很多方便。只是，由于公务繁忙，加之发行日期紧迫，笔者没有太多时间进行编辑校对，如果按上述的目的和方法来进行，更是难以完成十分之一。因此，所有的增补修订工作都延至后期，笔者对此深感遗憾。

最后，对拍摄卷首照片提供帮助的各位表示诚挚的感谢。在拍摄东大寺法华堂时，工学学士关野贞氏给予了笔者诸多建议；在拍摄北条时赖的画像和东严慧安的祈愿文时，京都万寿寺和正传寺也提供了诸多便利，笔者在此深表谢意。

明治四十年（1907年）七月
三浦周行

[①] 帝国大学文科大学，东京大学文学部的旧称。

绪 论

第1节 镰仓幕府的起始时期

一、划分时代的必要性

为连续的历史现象划分明确的界限时,由于此行为本身具有人为性,所以容易出现不自然的倾向。无论以何种方法来划分时代,想在所有方面得到理想的结果都是极难之事。然而,作为一种便利的叙述方法,自古以来,人们大多采用划分时代的方式来记述历史。

二、关于起始时期的观点

划分时代的方法并非一成不变。本书依据幕府的地理位置,将镰仓幕府时代直接称作镰仓时代,旨在专门讲述以幕府为中心的政治现象,而不图标新立异。元弘三年(1333年),北条氏的灭亡宣告了镰仓幕府的结束,这点毋庸置疑。然而,关于镰仓幕府的起始时期存在多种观点。

三、观点一

一种说法将源赖朝出任征夷大将军作为镰仓幕府的开始。建久三年(1192年)七月,源赖朝在起兵十余年之后被任命为征夷大将军。在这十余年期间,他讨伐强敌平氏,先后消灭源义仲和源义经,经过有名的奥州合战,终于完成统一全国的使命。此后,世间开始长久地赞颂关东地区的武家政权。在就任征夷大将军以前,建久元年(1190年),源赖朝在初次上京之时就被朝廷任命为权大纳言和右近卫大将，位阶①至正二位。之后不过两年，源赖朝便被任命为征夷大将军，这在源赖朝为官生涯中可算是大放异彩。从当时的情势来看，源赖朝自身对征夷大将军之位早有垂涎，但因为某些特殊的政治关系，源赖朝迫切的愿望并未如期实现。不管从何种角度来看，幕府在此之前就已经存在。

四、观点二

有一种观点将建久元年（1190年）十一月源赖朝出任右近卫大将之日作为幕府的开端。当时，因源赖朝出任右近卫大将，他也被称作将军或者幕下，甚至直接被称作幕府。然而，源赖朝在上任不久后同时辞去了右近卫大将与权大纳言的官职。此后，源赖朝以前任右近卫大将的身份开始了对幕府机构的整顿。他设置政所②；委任问注所③和侍所④的官员；设立公事奉行人⑤、京都守护⑥、镇西奉行人⑦等官职，在更改公用文书的同时完善了幕府的组织机构，但将此时作为镰仓幕府的开端未免太迟。

五、观点三

笔者排除以上两种观点，认为镰仓幕府的起源可追溯至元历元年（1184年）。元历元年正月，一度威震四方的源义仲被源赖朝剿灭。在此之前，平氏一族于寿永二年（1183年）撤离京都，逃至西海，等待良机到来。为了防御平氏来袭，源赖朝在京畿一带至山阳道的所有要塞都安插了心腹。不仅如此，后白河法皇还将一些平氏旧部赐予源赖朝，这使源赖朝的势力日益强大。同时，后白河法皇极其依赖源赖朝，他命令源赖朝监视一般武士、严惩违法行为。趁此机会，源赖朝巩固势力，将有政治才能的人才从京都邀请至镰仓。元

---

① 位阶，日本律令制度下的官位等级，共九位三十阶。正一位级别最高，其次是从一位、正二位。
② 政所，镰仓幕府的统治机构，负责一般政务及财政事务。
③ 问注所，幕府的诉讼、审判处理机关。
④ 侍所，幕府的机构之一，负责监督御家人的勤务状况，负责将军的护卫及镰仓的治安工作。
⑤ 公事奉行人，奉征夷大将军之命负责政务的执行与文书的起草和制定等工作的官员。
⑥ 京都守护，镰仓幕府的官职名称。主要职责是在京统领御家人、保护京都的安全、与朝廷联络。
⑦ 镇西奉行人，统辖管理九州诸国的人。

历元年八月,源赖朝着手建设公文所①。元历元年十月,公文所完工,源赖朝任命别当②和寄人③。大约同时,问注所成立。在选任别当之后,侍所也已经成形。也就是说,幕府的行政、司法及军事三大机关在此时已经初具雏形。作为前任右近卫大将与权大纳言,源赖朝的官阶仅为正四位下。从官职来看,源赖朝并不具备创设幕府的能力,但公家与武家的法制制度大相径庭,武家不拘泥于公家的烦琐形式,其特色正是有不成文的倾向,即重事实轻形式,不受官位级别的影响。因此,笔者有理由相信镰仓幕府在此时已经成立。

第2节 镰仓时代的三大时期

一、源氏执政时期与北条氏执政时期

根据前文赘述的理由,本书将元历元年(1184年)至元弘三年(1333年)的一百五十年划分为镰仓时代。然而,如果作为完整的一期进行讲述未免太过冗长,笔者认为有必要将该时代细致划分。根据现有的大多数教科书、参考书的观点,可以将承久元年(1219年)的源实朝事变看作分水岭,之前为源氏执政时期,之后为北条氏执政时期,这样未尝不可。然而,从另一个角度考虑,北条氏的掌权未必从源实朝死后才开始,应该从多角度选出镰仓时代的重大事件,以这些事件为中心划分阶段或许更加妥当。若将镰仓时代的所有政治事件进行比较分析,研究它们对后世产生的重大影响,很容易因立场不同而产生不同见解。鉴于本书的编纂目的,笔者主要从幕府的立场考量。

二、承久之乱前后

如果从幕府的立场考量,首先提到的就应是承久之乱。众所周知,承久之乱是公家与武家之间的一大冲突,对于幕府而言,承久之乱更是赌上命运极力抗争的一段历史。承久之乱使幕府获得了极大的成功,它不仅改变了幕府一直以来对朝廷的暧昧态度,使公武两家之间的关系越发明了,而且使幕府自开

---

① 公文所,日本镰仓时代幕府处理政务的机关,后来改为政所。
② 别当,公文所的长官。
③ 寄人,公文所的杂用官。

北条政子

创以来顺应形势而制定的诸项制度逐渐完善。此前，源实朝遭人暗害，幕府因此受到重创。然而，源实朝之母北条政子以前任右近卫大将遗孀的名义明里暗里巩固势力，连幕府执权也无法撼动她的地位。至此，无论名义上的幕府掌权者是何人，幕府仍然保留着创立之初的本质。

三、北条泰时就任执政前后

元仁元年（1224年），北条义时去世。嘉禄元年（1225年），北条政子去世。此后，北条泰时作为执权掌管幕府政务，幕府也进入了新的纪元。从某种程度上看，北条泰时在镰仓幕府的地位类似于德川家光在江户幕府（即德川幕府）的地位。北条泰时在法制上的举措为幕府赋予了新生命，标志着幕府从创业时期进入了守业时期。北条泰时之后也不乏像北条时赖、北条时宗这样的有能力之人，他们继续推行北条泰时的方针，巧妙地弥补了承久之乱的漏洞，巩固了幕府的基础。文永、弘安国难①之时，日本能够幸免屈辱，也与这些政治举措密不可分。

四、文永之役、弘安之役前后

文永之役与弘安之役对整个镰仓时代是极大的挑战。经过两次战役，朝廷经费大量消耗，官员极度疲乏，这也在很大程度上动摇了幕府的基础。不仅如此，弘安七年（1284年），当时担任执权的北条时宗也在战后不久去世。北条时宗的后继之人对战后的局面应付了事，他们行事莽撞，忽视自身的武家本领，屡屡推行自杀式政策，促进了幕府的衰亡。从这点来看，把两次外敌入侵比作幕府的致命伤绝非妄言。

五、三大时期

根据以上分析，笔者将镰仓时代分为三个时期：第一期为创业时期，自元历元年（1184年）十月，源赖朝设立公文所和问注所，幕府组织初露锋芒，至嘉禄元年（1225年）七月北条政子去世，约四十二年时间；第二期为守业时期，从嘉禄元年七月北条泰时接手政务，至弘安七年四月北条时宗去世，约六十年时间；第三期为衰落时期，从北条时宗去世、北条贞时就任执权开始，直至元弘三年（1333年）五月北条氏灭亡，约五十年时间。

第3节 史实的倾向

一、新史料的匮乏

在本章结束之时，笔者对镰仓时代史实的一般倾向加以陈述。从镰仓时代的记录、文书、建筑、雕刻等各种文物来看，能够作为史实资料的内容不算稀少。然而，与其他时代相比，这些资料大多为早期发现之物，很少为新现世的资料，在史实方面的新发现也并不多见。由于很多内容是众所周知之事实，在进行严密的科学研究之时，史料薄弱之处也许会频繁暴露。

---

① 文永、弘安国难，是指文永之役、弘安之役。

二、幕府机构的特征

镰仓幕府是后世幕府的开山鼻祖，作为武家的典范受到后人景仰。然而，幕府一直有重实质轻形式、简化繁冗机构的一般倾向。以开设新官职为例，一般的流程均是制订计划、设定法制、处理事务，幕府却截然不同。幕府在必要时随机委任官员处理事务，不限制人数，也不限定权限，甚至没有固定的官职名称。若此官职有存在的必要，则任其发展；若已无必要，也会在不知不觉中废除，使其在历史中销声匿迹。因此，幕府的重要机关到底是在何种名头下执行怎样的事务，想要了解这一问题是极其困难之事，甚至连其兴废时间也无从得知。并且人们一直致力研究的史实也可能并非镰仓时代的历史资料，而是根据后世整理的事实追加而成。这不仅是幕府开创时期比较普遍的历史现象，也是贯穿于整个镰仓时代的常态。

三、史实的不准确性

然而，即使是错误的史实，其中也包含些许真相；自古以来被奉为真理的内容，其存在的价值也可能值得商榷。例如，镰仓时代是各种新宗教兴起之时，人们在查阅诸位开山祖师的事迹时，经常会发现资料出处不够明了，所谓的著作和传记也有很多假借的内容。对这些史料到底应该相信几分、排斥几分，实为苦恼之事。文学产物亦然。若排除一切不准确的资料，仅凭准确的材料进行考证，其结果很可能是史实明显减少。话虽如此，否定这些资料同样也缺乏充分的佐证。就目前而言，直接抹去已知史实的做法还是欠缺稳妥。

四、进行根本性研究的余地

镰仓时代是一个充满古老传说的时代。镰仓时代的史实出现前文赘述的倾向，肯定有多方面原因。同时，根本史料的匮乏也产生了多种问题。虽然说在新史料方面不够充足，但在以往的史实基础上进行根本性研究尚有余地。若暴露某些怀疑性史论只会徒增读者的困扰，所以本书大致沿袭以往的历史观点，依据事态的轻重缓急间歇插入新的研究结果，期待能成为镰仓时代研究者的指南。

目录

第一篇 创业时期 ··· 001

第1章 幕府的创立 ··· 003

　　第1节　源义仲阵亡 ··· 003

　　第2节　对源赖朝的期待 ·· 006

　　第3节　源赖朝对东国的经营 ·· 008

　　第4节　侍所、公文所及问注所的成立 ······································ 010

第2章 平氏的灭亡 ··· 013

　　第1节　讨伐平氏与追讨神器的计划 ··· 013

　　第2节　源赖朝扩张势力范围 ·· 014

　　第3节　追讨使的行程 ··· 016

　　第4节　源义经任职的波澜 ··· 018

　　第5节　源范赖的部队军粮匮乏 ··· 019

　　第6节　源赖朝的战略 ··· 020

第 7 节　源义经的进击 ……………………………………… 021

  第 8 节　坛之浦之战 ……………………………………… 023

  第 9 节　搜索宝剑 ………………………………………… 024

  第 10 节　平氏被定刑 ……………………………………… 027

第 3 章　源赖朝与源义经不和 …………………………………… 031

  第 1 节　源范赖与源义经 …………………………………… 031

  第 2 节　源义经与梶原景时的冲突 ………………………… 032

  第 3 节　源赖朝对源义经的冷遇 …………………………… 033

  第 4 节　元历二年的大地震 ………………………………… 035

第 4 章　源义经、源行家叛变 …………………………………… 037

  第 1 节　源赖朝的迫害 ……………………………………… 037

  第 2 节　上奏请求追讨源赖朝 ……………………………… 038

  第 3 节　源行家、源义经出走 ……………………………… 041

  第 4 节　源赖朝出征 ………………………………………… 043

第 5 章　源赖朝的新政 …………………………………………… 045

  第 1 节　设置守护和地头及征收军粮税 …………………… 045

  第 2 节　实施新政的影响 …………………………………… 047

第 6 章　改革朝廷机构 …………………………………………… 049

  第 1 节　任免朝臣 …………………………………………… 049

  第 2 节　开设记录所 ………………………………………… 051

  第 3 节　京都的守备 ………………………………………… 052

第7章 源行家与源义经的末路 ········· 055
第1节 源义经逃走及源行家伏诛 ········· 055
第2节 诛杀源义经 ········· 056

第8章 藤原氏灭亡 ········· 059
第1节 藤原氏与源赖朝的关系 ········· 059
第2节 平定奥羽 ········· 060
第3节 在奥羽的施政方针 ········· 064

第9章 源赖朝的黄金时代 ········· 065
第1节 源赖朝首次进京 ········· 065
第2节 开设幕府政所 ········· 066
第3节 后白河法皇驾崩及源赖朝就任征夷大将军 ········· 068
第4节 二度进京 ········· 070

第10章 后鸟羽天皇让位 ········· 073
第1节 一条能保、一条高能父子去世 ········· 073
第2节 土御门天皇即位 ········· 074

第11章 源赖朝逝世 ········· 077
第1节 伟人逝世的影响 ········· 077
第2节 源赖朝对家臣的政策 ········· 079
第3节 源赖朝的复古政策 ········· 080
第4节 美术工艺的发达 ········· 082

第12章 土御门通亲的活动 ········· 083
第1节 源赖朝去世以后的官员任免情况 ········· 083

第 2 节　正治元年的疑案 ·················· 084

第 3 节　守成亲王被立为皇太弟 ·················· 085

第 4 节　朝幕关系大变 ·················· 085

第 13 章　源赖家治世 ·················· 087

第 1 节　幕府政治局面的改变 ·················· 087

第 2 节　诛杀梶原景时 ·················· 088

第 3 节　叛徒频出 ·················· 089

第 14 章　土御门通亲去世 ·················· 091

第 1 节　土御门通亲去世后的官员任免 ·················· 091

第 2 节　混乱的院政 ·················· 092

第 15 章　幕府的内讧 ·················· 097

第 1 节　比企氏造反 ·················· 097

第 2 节　源赖家被禁闭 ·················· 098

第 3 节　源实朝继任征夷大将军 ·················· 099

第 16 章　北条时政的势力 ·················· 101

第 1 节　北条时政任执权 ·················· 101

第 2 节　京都守护平贺朝雅 ·················· 103

第 3 节　伊势国平氏的叛乱 ·················· 103

第 4 节　诛戮畠山重忠 ·················· 104

第 17 章　北条时政失势 ·················· 107

第 1 节　牧氏的阴谋 ·················· 107

第 2 节　诛杀平贺朝雅 ·················· 107

第18章 源空被流放 ·········· 109
第1节 南都北岭的跋扈与幕府的态度 ·········· 109
第2节 新佛教盛行的机遇 ·········· 112
第3节 对禅宗的迫害 ·········· 113
第4节 对净土宗的迫害 ·········· 115

第19章 土御门天皇让位 ·········· 119
第1节 九条良经去世 ·········· 119
第2节 顺德天皇即位 ·········· 120

第20章 北条义时的势力 ·········· 123
第1节 北条义时就任执权 ·········· 123
第2节 泉亲衡造反 ·········· 124
第3节 朱戮和田义盛 ·········· 124
第4节 重新任命侍所别当、所司 ·········· 126

第21章 源实朝治世 ·········· 128
第1节 源实朝结婚 ·········· 128
第2节 源实朝的文艺爱好 ·········· 129
第3节 源实朝的政策 ·········· 133
第4节 源实朝的政治地位 ·········· 134
第5节 源实朝计划赴宋 ·········· 135
第6节 后鸟羽上皇与源实朝 ·········· 136
第7节 北条政子赴熊野参拜 ·········· 140

第22章 源实朝遇难 ………………………………………… 142

第1节 源实朝就任大臣、大将 ……………………………… 142
第2节 公晓复仇 ……………………………………………… 143

第23章 征夷大将军继承人的问题 …………………………… 145

第1节 源实朝遇难的影响 …………………………………… 145
第2节 上奏申请亲王将军 …………………………………… 146
第3节 上奏后的波澜 ………………………………………… 147
第4节 九条赖经东下 ………………………………………… 149
第5节 诛戮源赖茂 …………………………………………… 150

第24章 倒幕计划 ……………………………………………… 152

第1节 后鸟羽上皇的爱好 …………………………………… 152
第2节 任命西面武士 ………………………………………… 155
第3节 倒幕的动机 …………………………………………… 157
第4节 倒幕的准备 …………………………………………… 160
第5节 顺德天皇让位 ………………………………………… 161
第6节 更换天台座主 ………………………………………… 163

第25章 承久之乱 ……………………………………………… 168

第1节 诛杀伊贺光季 ………………………………………… 168
第2节 京都方面与武家方面 ………………………………… 170
第3节 幕府的态度 …………………………………………… 171
第4节 兵分三路进军京都 …………………………………… 173

  第 5 节 两军交锋 ··· 176

  第 6 节 占领京都 ··· 180

第 26 章 战后的处分 ··· 182

  第 1 节 对朝臣的处分 ··· 182

  第 2 节 拥立后堀河天皇及更换摄政 ····································· 184

  第 3 节 法皇与两位上皇的播迁 ·· 188

第 27 章 战后的经营 ··· 191

  第 1 节 创设两处六波罗府 ·· 191

  第 2 节 军粮税的征收与废止 ·· 193

  第 3 节 论功行赏 ··· 194

  第 4 节 战后的土地制度 ··· 196

  第 5 节 战后的警察制度 ··· 201

  第 6 节 朝幕关系大变 ·· 202

第 28 章 北条义时去世 ·· 205

  第 1 节 北条义时遇难之说 ·· 205

  第 2 节 伊贺氏的阴谋 ·· 206

  第 3 节 执权、连署及两位六波罗就任 ····································· 207

  第 4 节 对伊贺氏等人的处分 ·· 208

  第 5 节 北条泰时处置父亲的遗留领地 ····································· 209

第 29 章 北条政子去世 ·· 211

  第 1 节 幕府老臣的没落 ··· 211

  第 2 节 北条政子去世及北条泰时的地位 ································· 212

第二篇　守业时期 213

第30章　北条泰时的新政 215
第1节　幕府迁址 215
第2节　新设评定众 217
第3节　九条赖经就任征夷大将军 218
第4节　叛徒层出不穷 220

第31章　幕府对朝廷和寺院的政策 222
第1节　朝臣的状况 222
第2节　幕府对朝廷任官的干涉 223
第3节　六波罗府的巡逻 224
第4节　关白九条道家 225
第5节　幕府对僧徒的镇压 227
第6节　更换六波罗殿 231

第32章　与高丽的外交 233
第1节　高丽人漂流过海 233
第2节　高丽人传递国牒 235

第33章　宽喜年间的大饥荒 238
第1节　宽喜年间的饥荒状态 238
第2节　幕府的应急之策 239
第3节　人身买卖制度 241

第34章　后堀河天皇让位 244
第1节　藤原𥱋子入宫 244

第 2 节　皇子诞生及立皇太子 ·················· 245

　　第 3 节　九条教实就任关白 ····················· 246

　　第 4 节　四天王寺别当的更替 ·················· 247

　　第 5 节　四条天皇即位 ·························· 248

第 35 章　制定《御成败式目》 ························ 250

　　第 1 节　制定成文法规的必要性 ··············· 250

　　第 2 节　《御成败式目》 ························ 250

第 36 章　公家与武家的不幸 ·························· 255

　　第 1 节　藤原𬂩子薨逝 ·························· 255

　　第 2 节　后堀河上皇驾崩 ······················· 255

　　第 3 节　九条赖经的夫人去世 ·················· 257

第 37 章　更换摄政 ···································· 258

　　第 1 节　九条教实去世 ·························· 258

　　第 2 节　近卫家族和九条家族通婚 ············· 259

　　第 3 节　近卫家族与九条家族的关系 ·········· 261

第 38 章　兴福寺和延历寺僧徒的暴动 ··············· 263

　　第 1 节　兴福寺、延历寺与幕府的冲突 ······· 263

　　第 2 节　幕府的态度 ···························· 264

　　第 3 节　废除大和国守护 ······················· 266

第 39 章　九条赖经进京 ······························· 267

　　第 1 节　幕府迁址及第三次讨论迁址 ·········· 267

　　第 2 节　九条赖经在京都 ······················· 267

第 3 节　西园寺家族与九条家族的辉煌 269
第 4 节　在京都开设篝屋 271

第 40 章　公家与武家的不幸 273
第 1 节　后鸟羽法皇和顺德上皇驾崩 273
第 2 节　三浦义村去世 274
第 3 节　北条时房去世 275

第 41 章　四条天皇驾崩 277
第 1 节　九条佺子、九条彦子入宫 277
第 2 节　四条天皇驾崩后朝廷秘而不宣 277
第 3 节　幕府拥立后嵯峨天皇 279

第 42 章　后嵯峨天皇即位 285
第 1 节　后嵯峨天皇即位 285
第 2 节　西园寺公经的势力 287
第 3 节　政局的变化 289
第 4 节　藤原姞子入宫 291

第 43 章　北条泰时去世 292
第 1 节　北条泰时励精图治 292
第 2 节　北条泰时出家 293
第 3 节　北条经时袭职 296

第 44 章　征夷大将军更替 298
第 1 节　九条赖经进京的企图 298

| 第 2 节 九条赖嗣袭职 | 298 |
| 第 3 节 九条赖经出家 | 299 |

第 45 章 后嵯峨天皇让位 ... 301

第 1 节 皇子诞生	301
第 2 节 久仁亲王被立为太子	302
第 3 节 二条良实辞去关白之职	304
第 4 节 后深草天皇即位	309

第 46 章 幕府的内讧 ... 310

第 1 节 更换关东申次	310
第 2 节 北条经时去世	311
第 3 节 对名越光时等人的处分	311
第 4 节 九条赖经回京	312
第 5 节 三浦氏之乱	313
第 6 节 更换六波罗北殿	316

第 47 章 后嵯峨上皇的院政 ... 317

第 1 节 九条道家失意	317
第 2 节 施行院评定制度	318
第 3 节 近卫兼经就任摄政	319
第 4 节 忠成王行元服之礼	320
第 5 节 幕府的态度	321
第 6 节 后嵯峨上皇的院司	322

第 48 章 摄政近卫兼经 ·········· 326
第 1 节 闲院烧毁 ·········· 326
第 2 节 摄政近卫兼经心生辞意 ·········· 328

第 49 章 执权北条时赖 ·········· 333
第 1 节 辅佐九条赖嗣 ·········· 333
第 2 节 开创引付制度 ·········· 333

第 50 章 九条道家的末路 ·········· 336
第 1 节 九条道家与二条良实不和 ·········· 336
第 2 节 不和的原因 ·········· 337
第 3 节 逮捕九条堂僧人了行法师 ·········· 340
第 4 节 九条道家去世 ·········· 340

第 51 章 拥立宗尊亲王 ·········· 342
第 1 节 请求亲王将军东下 ·········· 342
第 2 节 宗尊亲王东下 ·········· 343
第 3 节 九条赖嗣进京 ·········· 346
第 4 节 幕府的新制 ·········· 346
第 5 节 北条时赖崇尚武艺 ·········· 348

第 52 章 修建建长寺 ·········· 349
第 1 节 新兴佛教的盛行 ·········· 349
第 2 节 禅宗盛行 ·········· 352
第 3 节 修建建长寺 ·········· 354

第53章 后深草天皇让位 ·············· 355

第1节 近卫兼平就任摄政 ·············· 355
第2节 伏见殿与龟山殿 ·············· 356
第3节 女御入宫 ·············· 357
第4节 恒仁亲王被立为太子 ·············· 358
第5节 龟山天皇即位 ·············· 359

第54章 正嘉年间的饥荒 ·············· 361

第1节 执权、连署和六波罗的更替 ·············· 361
第2节 镰仓地震 ·············· 364
第3节 征夷大将军宗尊亲王进京受阻及饥荒爆发 ·············· 364
第4节 园域寺的戒坛之争 ·············· 356

第55章 女御与关白 ·············· 370

第1节 女御入宫 ·············· 370
第2节 二条良实就任关白 ·············· 371

第56章 北条时赖去世 ·············· 373

第1节 逮捕僧人良贤 ·············· 373
第2节 宗尊亲王进京计划受阻 ·············· 373
第3节 北条时赖去世 ·············· 374
第4节 执权更替 ·············· 377

第57章 关白更替 ·············· 379

第1节 一条实经再次就任关白 ·············· 379

第 2 节　编撰和歌集 ··· 381

第 3 节　近卫基平就任关白 ··· 383

第 58 章　征夷大将军宗尊亲王回归 ·· 384

第 1 节　惟康王就任征夷大将军 ·· 384

第 2 节　废立征夷大将军的原因 ·· 386

第 59 章　蒙古和高丽第一次传递国牒 ··· 388

第 1 节　边民入侵高丽 ··· 388

第 2 节　蒙古使节与高丽的向导 ·· 389

第 3 节　高丽使节抵日 ··· 392

第 4 节　拒绝回复蒙古国书 ··· 394

第 5 节　朝廷和幕府的态度 ··· 395

第 60 章　后嵯峨上皇与龟山天皇 ·· 397

第 1 节　皇子出生 ·· 397

第 2 节　世仁亲王被立为皇太子及后嵯峨上皇出家 ······················· 399

第 3 节　关白近卫基平去世及二条良实辞职 ································ 400

第 4 节　延历寺与园城寺之争 ·· 401

第 5 节　南都北岭的内讧 ·· 401

第 61 章　蒙古和高丽第二次传递国牒 ··· 403

第 1 节　蒙古和高丽使节抵达对马岛 ·· 403

第 2 节　蒙古中书省的牒状与回复 ··· 404

第 62 章　蒙古和高丽第三次传递国牒 ··· 405

第 1 节　蒙古使节抵达日本 ··· 405

第 2 节　日莲与外寇 ··· 406

　　第 3 节　诛戮北条时辅 ··· 407

第 63 章　后嵯峨法皇驾崩 ··· 408

　　第 1 节　后嵯峨法皇患病与后鸟羽院 ······································· 408

　　第 2 节　后嵯峨法皇的遗言 ··· 409

第 64 章　元朝和高丽第四次、第五次传递国牒 ··································· 412

　　第 1 节　高丽使节来朝 ··· 412

　　第 2 节　元朝使节抵达日本 ··· 412

第 65 章　幕府的应急准备 ··· 414

　　第 1 节　有关御家人领地的规定 ··· 414

　　第 2 节　编制田文 ··· 415

　　第 3 节　连署北条政村去世 ··· 416

第 66 章　龟山天皇亲政 ··· 418

　　第 1 节　议定制度的开始 ··· 418

　　第 2 节　九条忠家就任关白 ··· 418

　　第 3 节　洞院实雄去世 ··· 419

第 67 章　龟山天皇让位 ··· 421

　　第 1 节　后宇多天皇即位 ··· 421

　　第 2 节　圆满院圆助法亲王叙二品及延历寺暴动 ······················ 421

第 68 章　元朝第一次入侵 ··· 423

　　第 1 节　元帅的远征军 ··· 423

第 2 节　占领对马壹岐 ·· 424

第 3 节　敌舰覆没 ·· 424

第 69 章　久仁亲王被立为皇太子 ·· 427

第 1 节　后深草上皇辞去尊号与幕府的决议 ································ 427

第 2 节　立皇太子及更换摄政 ·· 428

第 70 章　幕府确立对外方针 ·· 430

第 1 节　诛杀元朝使节 ·· 430

第 2 节　北条宗赖赶赴长门、镇西与中国的防备 ························ 431

第 3 节　北条实政赶赴镇西、幕府的出征计划 ···························· 432

第 4 节　筑造石坝 ·· 433

第 5 节　出征计划的效果 ·· 434

第 6 节　北条实时与金泽文库 ·· 436

第 7 节　六波罗的更替及连署北条义政遁世 ································ 437

第 71 章　准备战斗的僧徒和缙绅 ·· 439

第 1 节　南都北岭的妄动 ·· 439

第 2 节　歌道的纷争 ·· 441

第 72 章　元朝第二次入侵 ·· 443

第 1 节　元朝使臣来日 ·· 443

第 2 节　诛杀元使 ·· 444

第 3 节　朝廷的祈祷 ·· 444

第 4 节　北条时宗的态度 ·· 446

第 5 节　敌舰沉没 ·· 447

第 6 节　北条兼时被派遣到播磨 ·· 450

   第 7 节　匡难与朝野 ··· 451

   第 8 节　捷报与朝野 ··· 453

第 73 章　战后的波澜 ·· 455

   第 1 节　诛杀北条时光 ·· 455

   第 2 节　兴福寺与延历寺僧徒的暴行 ·· 455

第 74 章　幕府的警备 ·· 459

   第 1 节　元朝的态度 ··· 459

   第 2 节　北条时定被派遣至镇西 ·· 460

   第 3 节　幕府的持续戒备 ··· 460

   第 4 节　元朝使臣来日 ·· 461

第 75 章　北条时宗去世 ·· 462

   第 1 节　两立上皇的领地与幕府 ·· 462

   第 2 节　北条时宗去世与幕府的盛衰 ·· 463

第三篇　衰落时期 ·· 465

第 76 章　北条贞时就任执权 ··· 467

   第 1 节　对六波罗南殿北条时国的处分 ··· 467

   第 2 节　诛戮安达氏 ··· 468

第 77 章　论功行赏 ··· 469

   第 1 节　着手奖励有功之臣 ·· 469

   第 2 节　请愿者不断出现 ··· 470

第 3 节　公布行赏名单及引起的波澜 ························· 470

　　第 4 节　更换连署和六波罗 ································· 472

第 78 章　战后的朝廷 ·· 473

　　第 1 节　德政评定 ··· 473

　　第 2 节　后宇多天皇与皇太子熙仁亲王勤奋好学 ··············· 474

　　第 3 节　兴福寺与多武峰寺及延历寺的争端 ··················· 474

　　第 4 节　龟山上皇信奉禅宗 ································· 478

第 79 章　后宇多天皇让位 ······································ 479

　　第 1 节　两位上皇的暗自较量 ······························· 479

　　第 2 节　二条师忠就任关白 ································· 480

　　第 3 节　征夷大将军惟康王被封为亲王 ······················· 480

　　第 4 节　伏见天皇践祚 ····································· 481

　　第 5 节　幕府上奏的真正意图 ······························· 482

　　第 6 节　朝廷与幕府的交涉 ································· 483

第 80 章　胤仁亲王被立为太子 ·································· 487

　　第 1 节　皇子诞生及女御进宫 ······························· 487

　　第 2 节　两统反目 ··· 487

　　第 3 节　立皇太子及更换关白 ······························· 488

第 81 章　伏见天皇亲政 ·· 490

　　第 1 节　龟山上皇出家 ····································· 490

　　第 2 节　废立征夷大将军 ··································· 491

　　第 3 节　后深草上皇出家 ··································· 491

第4节　浅原为赖之乱 ··· 492

　　　第5节　南都北岭的恶行 ··· 494

第82章　高丽使节来日及北条兼时被派遣至镇西 ································· 496

　　　第1节　为防止外寇侵入而修法祈祷 ······································· 496

　　　第2节　高丽使节抵日 ··· 497

　　　第3节　北条兼时和北条时家被派遣至镇西 ······························ 498

　　　第4节　镇西的警备 ·· 499

　　　第5节　元朝使节一山一宁抵日 ·· 500

第83章　镰仓的地震与内讧 ·· 501

　　　第1节　关东大地震 ·· 501

　　　第2节　诛戮平赖纲和吉见义世 ·· 501

第84章　德　政 ··· 502

　　　第1节　御家人贫困不堪 ··· 502

　　　第2节　颁布德政令 ·· 503

　　　第3节　德政令的效果 ·· 504

　　　第4节　更换六波罗殿 ·· 507

第85章　改革记录所及兴福寺的纷争 ·· 508

　　　第1节　记录所庭中 ·· 508

　　　第2节　春日神社的神木离座 ··· 509

第86章　两统暗斗 ·· 511

　　　第1节　伏见天皇祈愿 ·· 511

    第 2 节　伏见天皇命人编撰和歌集 …………………………… 511
    第 3 节　京极为兼的性格 ………………………………………… 513

第 87 章　两统达成轮流执政的协议 ……………………………… 516
    第 1 节　后伏见天皇践祚 ………………………………………… 516
    第 2 节　邦治亲王被立为皇太子 ………………………………… 517

第 88 章　后伏见天皇让位 …………………………………………… 519
    第 1 节　后二条天皇践祚 ………………………………………… 519
    第 2 节　富仁亲王被立为皇太子 ………………………………… 521
    第 3 节　室町院领地之争 ………………………………………… 523
    第 4 节　两统的情谊 ……………………………………………… 523
    第 5 节　任免卿相 ………………………………………………… 524
    第 6 节　编撰和歌集 ……………………………………………… 526

第 89 章　海防与内讧 ………………………………………………… 527
    第 1 节　更换执权、连署和六波罗殿 …………………………… 527
    第 2 节　加强镇西守卫 …………………………………………… 528
    第 3 节　萨摩国的边警 …………………………………………… 528
    第 4 节　祈祷与戒备 ……………………………………………… 529
    第 5 节　诛戮北条时村和北条宗方 ……………………………… 529

第 90 章　后深草法皇与龟山法皇驾崩 …………………………… 530
    第 1 节　后深草法皇驾崩 ………………………………………… 530
    第 2 节　龟山法皇驾崩 …………………………………………… 531

第 3 节　龟山法皇的领地分配 ·················· 532

第 4 节　领地分配引起的波澜 ·················· 533

第 91 章　后宇多上皇出家与更换征夷大将军 ·················· 536

第 1 节　后宇多上皇出家 ·················· 536

第 2 节　更换征夷大将军 ·················· 536

第 92 章　后二条天皇驾崩 ·················· 537

第 1 节　花园天皇践祚 ·················· 537

第 2 节　尊治亲王被立为皇太子 ·················· 538

第 3 节　延历寺与东寺的争执 ·················· 539

第 93 章　更换执权与六波罗殿 ·················· 540

第 1 节　更换执权 ·················· 540

第 2 节　更换六波罗殿 ·················· 541

第 94 章　京极为兼的势力 ·················· 542

第 1 节　编撰《玉叶和歌集》·················· 542

第 2 节　伏见上皇对领地的分配 ·················· 543

第 3 节　量仁亲王出生 ·················· 544

第 4 节　伏见上皇出家 ·················· 544

第 95 章　京极为兼的末路 ·················· 545

第 1 节　京极为兼与西园寺实兼的冲突 ·················· 545

第 2 节　西园寺公衡去世与西园寺实兼就任申次 ·················· 546

第 3 节　京极为兼被流放 ·················· 547

第 4 节　伏见法皇与幕府 ·················· 548

第96章 花园天皇让位 ... 549

第1节 两统和谈 ... 549
第2节 伏见法皇驾崩 ... 550
第3节 后醍醐天皇践祚 ... 551

第97章 倒幕计划 ... 553

第1节 后醍醐天皇亲政 ... 553
第2节 更换执权和两位六波罗殿 ... 554
第3节 倒幕计划受挫 ... 555
第4节 选定皇太子 ... 557

第98章 后醍醐天皇被流放 ... 559

第1节 倒幕计划再次受挫 ... 559
第2节 光严天皇践祚 ... 564
第3节 幕府在战后的处理 ... 566

第99章 幕府被颠覆 ... 567

第1节 护良亲王和楠木正成再次举兵 ... 567
第2节 后醍醐天皇秘密前往伯耆 ... 568
第3节 新田义贞占领镰仓 ... 571
第4节 后醍醐天皇回宫 ... 572

第一篇
创业时期

第1章

幕府的创立

第1节 源义仲阵亡

一、平氏在西国没落

治承四年（1180年）冬，受到富士川的水鸟惊吓，平氏军队全线败退。寿永二年（1183）七月，源义仲的军队攻陷近江，源行家从大和路方向、足利义清从丹波路方向分别攻入京都。由于多田行纲堵塞了河尻港，镇西的军粮无法到达，平氏军队弹尽粮绝。寿永二年七月二十四日，后白河法皇秘密逃出法住寺殿，前往源义仲所在的延历寺。听闻此事，平氏决定不再踌躇。寿永二年七月二十五日，平氏放火烧毁六波罗和西八条殿①，挟持安德天皇与其母平德子（号建礼门院）并携带三神器②，仓皇逃至西国③。

二、后鸟羽天皇践祚

平氏的逃亡给后白河法皇及大臣们带来了一系列新的难题，如宣旨追讨平氏、奖励战役中的有功将士、任命官员等。后白河法皇广泛征集公卿大臣的

---

① 六波罗，日本京都市东山区松原町附近的旧地名。平安时代末期，平氏的宅邸多建于此，成为平氏政权的中心地区。西八条殿，平清盛的宅邸。
② 三神器，指日本创世神话故事中，源自天照大神并在其后代日本天皇手中代代流传的三件神器。
③ 西国，与东国相对而言的地理概念。在日本不同的时代，西国的范围有所不同。古代，西国指九州，后来也包括中国地方和四国。镰仓时期，六波罗府管理的西国主要指尾张、加贺以西的地区。

意见，决定把拥立新帝作为第一要务。因为已故的以仁王在讨伐平氏时作为义军首领立下大功，源义仲极力推荐以仁王之子北陆宫为新帝人选。后白河法皇虽然为此苦恼不已，却始终自有打算。大吉的占卜结果更加坚定了后白河法皇的想法。寿永二年（1183年）八月二十日，后白河法皇的皇孙尊成亲王被立为皇太子，即日于闲院践祚①。元历元年（1184年）七月二十八日，尊成亲王在太政官厅即位，他就是后来的后鸟羽天皇。近卫基通仍然担任摄政。当时，由于平氏挟持安德天皇逃至西国，后鸟羽天皇在缺失三神器的情况下即位，这不免引发社会舆论。九条兼实等人认为，国不可一日无君，匆忙即位实为无奈

九条兼实

① 践祚，天皇继承皇位。古时，践祚与即位没有区别。自桓武天皇以后，在践祚以后隔日举办即位仪式。

之举,可以等到神器归还之时正式举办登基大典。不过,天皇在缺失三神器的情况下即位确实前所未有,后世的很多传言也因此而起。

三、源义仲部下的肆意妄为

平氏执政末期,由于威严的丧失,其部下工作极其散漫,秩序混乱的京都仿佛陷入了无政府状态。源义仲的部队进京以后,士兵肆意妄为,京都秩序恢复之日更加遥遥无期。无论神社、寺院还是普通民屋,士兵都烧杀抢掠,无一放过;租税在运输途中被抢夺一空;庄稼也在收获之前被破坏殆尽。京都人心惶惶,百姓为躲避灾祸四处逃窜。

四、法住寺殿被烧毁

进京不久,源义仲便因功勋赏赐之争与搭档源行家发生内讧,对皇位继承人的希冀又成为泡影,愤怒失望至极,源义仲日日苦闷不已。同时,平氏一族逐渐恢复势力,后白河法皇和源赖朝屡屡催促源义仲出兵追缴。就在此时,后白河法皇遣特使到镰仓召见源赖朝,源赖朝之弟源义经代其兄长前往京都。源义仲担心出征以后的境遇,对出兵之举踌躇不决。近侍之臣对源义仲的此种窘境极其鄙视,但不敢妄自揣测,于是,上奏请求朝廷出兵,迫使源义仲离京。处于被动局面的源义仲为了夺取政权,袭击了后白河法皇所在的法住寺殿,幽禁后白河法皇和后鸟羽天皇,史称"法住寺合战"。正是在这场军事政变中,法住寺殿被烧毁。

五、源义仲战死

法住寺合战之后,源义仲的作风与之前判若云泥。曾经的源义仲尚有节制,事变之后行事极其豪放,从更换摄政、罢免文武官员到没收领地,雷厉风行,杀伐决断。源义仲还担任院厅①的院御厩别当,赐予平氏旧部一定的领地,向后白河法皇奏请追讨源赖朝的公文。源义仲一面与平氏交好,一面又与陆奥的藤原氏频繁往来。元历元年(1184年)正月,源义仲终于登上征夷大将军的宝座。然而,大势已去,在六条河原之战中,源义仲一败涂地。他逃至近江国后不久,便在粟津被杀害。九条兼实这样评价源义仲:

---

① 院厅,日本古代法皇或太上天皇摄理政务的机关。

近日来，源义仲在京都作恶多端，最终毁于北陆道。他没有烧毁一家，没有残害一人，却落得枭首示众的下场，只因天道不容逆贼。源义仲执掌天下，前后不过六十日，却仍然超过了藤原信赖掌权的时日。

六、源赖朝的事业与源义仲的铺垫

一开始，源赖朝就没有与源义仲共谋天下的诚意。在源义仲进京之后，源赖朝屡次追究源义仲未能追剿平氏的责任，并上奏请求后白河法皇将源义仲势力范围内的北陆道庄园归还领主，直接或间接地向源义仲施以压力。源赖朝的野心显露无遗。此后，源赖朝得到平氏的旧领地，收缴军粮，就任征夷大将军，这些功绩与源义仲先前的各项举措密不可分。想到源义仲的末路，笔者不禁感慨万分。

第2节 对源赖朝的期待

一、后白河法皇的召见与源赖朝的婉拒

平氏和源义仲皆因粗暴的军事统治招致社会不满，与此完全相反，源赖朝的进京受到热切的期盼。源赖朝即将进京的消息被传得沸沸扬扬，却都是子虚乌有。在期盼许久之后，后白河法皇决定不再忌惮源义仲的势力。寿永二年（1183年）十月，后白河法皇派遣御使前往镰仓催促源赖朝进京。源赖朝婉拒，仅提出三条谏言：其一，对各大神社寺院给予特别赏赐；其二，将平氏掠夺的院[①]、官及诸贵族的庄园物归原主；其三，对平氏军中倒戈投诚的武士赦免死罪。随后，源赖朝派遣使者表示，源义仲不仅未能剿灭平氏，而且一再扰乱朝纲，却同样受到奖赏，自己对朝廷的举措表示不满。此外，源赖朝向朝廷请求无限期推迟进京之事。源赖朝此举主要出于两点考虑：其一，若贸然上京，恐怕藤原秀衡对其后方产生威胁；其二，若率领数万精兵进京，京中恐怕

---

① 院，日本上皇、法皇、女院等的住所。也指其人。

源范赖

有人不堪其扰。然而，事实证明，第二点不过是第一点的托词。因为源赖朝很快便派源范赖和源义经两位弟弟率六万大军进入京都。

二、后白河法皇惴惴不安

随着源义经入京、源义仲战死，后白河法皇对先前讨伐源赖朝之事深感不安。不久，后白河法皇决定将源赖朝作为首要功臣赏赐，他任命源赖朝的心腹中原亲能为御使，派遣中原亲能赶赴镰仓重申进京之事。后白河法皇表示，若此次源赖朝仍然拒绝，他将亲自前往东国①。后白河法皇的不安显露无遗。

三、朝臣的寻服

众朝臣对源赖朝的期待也绝不逊于后白河法皇。由于源义仲的兵力已经不足以依靠，甚至可以说是毫无希望，朝臣迫切希望源赖朝进京。其中也不乏有人对源赖朝有所顾忌，他们不动声色地静观其变。从三条谏言到废除军粮征收的规定，源赖朝的各项缓和之举极大程度地迎合了民心，也增加了朝臣的敬畏之情。然而，源赖朝最终也没有进京。

---

① 东国，日本近代以前的一个地理概念，包括关东地方、东海地方。

第3节 源赖朝对东国的经营

一、东国设施的不完备

源赖朝深孚众望,虽然他在进京一事上辜负了朝野的期待,但他对大本营东国的经营井井有条。源赖朝在东国已经建设了一些设施,他绝不可能弃之不顾。

二、源赖朝将镰仓设为据点

源赖朝将其根据地和策源地首先设在镰仓是因为家臣千叶常胤的进言。治承四年(1180年)九月,源赖朝还在安房之时,千叶常胤以安房不处要害之地、无先祖遗迹为由,劝源赖朝迅速迁往镰仓。源赖朝采纳建议,治承四年

千叶常胤

十月便迁至此地。镰仓三面环山，一面临海，形成了天然的屏障与外界隔开。不仅如此，自源赖义以来，源氏家族便时常探访镰仓。源赖朝的父亲源义朝在雄视东国之际也曾到此居住。初入镰仓之时，源赖朝想在父亲的旧居龟谷修建宅邸，后因地方狭窄才将工程改至大仓。

三、对佐竹氏、藤原氏的顾虑

治承四年（1180年）十月，平维盛率领的平氏军队在富士川一战中不战而败，源赖朝虽然下达了乘胜追击的军令，千叶常胤等家臣却以尚未降伏常陆的佐竹氏为由，劝源赖朝在平定东国之后西上。源赖朝听取建议，立刻撤兵。在剿灭佐竹氏以后，陆奥地区仍有藤原氏虎视眈眈。藤原氏依仗在东北地区的霸权，先是结交平氏，后又与源义仲交好。由于镰仓在地势上受到北方的压迫，对于源赖朝来说，藤原氏是极大的威胁。源赖朝迟迟不肯进京，很大程度上也是因为畏惧藤原秀衡南下威胁其后方。

四、要塞之地镰仓

源赖朝将镰仓设为据点，绝非因为镰仓地处要塞，易于防守。当时流传着一种说法，无论从海路或陆路，攻入镰仓都是困难之事。但这种困难并非绝对。从史上赫赫有名的新田义贞到北条时行、足利尊氏甚至北畠显家，他们都曾经成功攻入镰仓。

五、攻守战术

笔者尝试从攻守两方面分析源赖朝迁至镰仓之后的行动。治承四年，讨伐平氏的部队大举进攻，源赖朝也亲率大军前往骏河国贺岛与平氏军对峙。文治元年（1185年），源义经奉旨追讨源赖朝，源赖朝率领东国军队出征骏河国黄濑川，同时命令东山道、北陆道的士兵到近江、美浓等地集合。源赖朝平时在诸国安插心腹，关键时刻便可遣兵扼住沿线要害，如果这些要害也被突破，源赖朝就会亲自伏击，进行最终决战。源赖朝时刻防范藤原秀衡来袭，当时还有传闻说藤原秀衡已经攻入白河关，但事实证明皆为虚假消息。笔者无法找出源赖朝的攻守战术的依据，但此战术一定与源赖朝对待西国的态度有关。直至后世，镰仓幕府受敌袭击时，仍然主要采取出兵迎击的策略。如果因无法抵抗而退回防守，大多难逃失败的命运。由此可知，镰仓作为险要之地，并非无法攻破。源赖朝不断加强防御设施的建设也是因为上述原因。

六、将幕府设在镰仓的理由

根据以上分析推测，源赖朝将幕府设在镰仓，并非因为地理位置，而是出于历史缘由。源赖朝既可以充分利用先人在东国扶植的势力，也可以充分利用家臣的力量。毫无疑问，如果源赖朝在先人经营的镰仓发号施令，一定能明确立场，收揽民心。也正因为如此，源赖朝在击退平氏军队之后依然定居镰仓，经营东国，他远程操控源义仲的举动，派遣两位弟弟率兵追讨平氏。而源赖朝的终极目的是将这种历史关系维持并发展下去，最终拥有永久的直属领地。那么，到底把幕府设在何处最合适呢？平氏家族正是在京都逐渐沾染了奢侈懒惰之风，甚至变成了第二个藤原氏，源赖朝很早就看破了这一点。因此，他在举兵之初就把镰仓设为根据地和策源地，并决定以镰仓为首府，巩固自己在关东的地位，发扬武家特色。这正是源赖朝把幕府设在镰仓的根本原因。

第4节 侍所、公文所及问注所的成立

一、京都与镰仓的联络

源赖朝虽然依靠东国武士形成了根本性势力，可他的大业绝不是只依赖武士而成功；他虽然把镰仓作为幕府的根据地，可绝不是孤立于此便获得了成果。源赖朝结交朝臣，时刻保持与京都的联络，通晓天下大事，并据此做出符合时宜的决断。三善康信就是与源赖朝联络的人之一。三善康信之母是源赖朝乳母的胞妹，每隔十天他就会遣专人向源赖朝报告京中动静，从来不曾懈怠。之后三善康信更是担任幕府的问注所执事，运筹帷幄，主持大局。源赖朝的另一位心腹之臣中原亲能在朝中担任斋院次官，他长期往返于京都与镰仓之间，曾经加入追讨平氏的军队。

二、亲自任命侍所别当

治承四年（1180年）十一月，在击退平氏、返回镰仓之后，源赖朝即刻

和田义盛

任命和田义盛为侍所别当。在平氏势力最盛之时,平氏家臣上总介①藤原忠清以八国武士奉行②的身份③监督东国武士,权势显赫,攀附谄媚的武士日夜不绝。和田义盛对此艳羡不已。源赖朝在石桥山战败后逃至安房之时,曾许诺他日得志之后必定任命和田义盛担任八国武士奉行一职,源赖朝后来也如约履行了诺言。侍所是管理御家人④和统领武士的机关,在东国望族和田义盛的统领之下,侍所严格规范御家人的行动,在控制御家人方面发挥了重要的作用。毫无疑问,这在军政发展史上也是一大进步。

---

① 介,日本律令制下,一国的次官。
② 武士奉行,日本武士执政时代的官职,奉命处理事务。在镰仓幕府以后,用作衙门长官的官名。
③ 出自《源平盛衰记》。长门本《平家物语》称之为武士别当。——原注
④ 御家人,日本镰仓时代,与幕府的征夷大将军直接保持主从关系的武士。

三、从京都邀请人才

在加强军政统治的同时,源赖朝也在积极发展文官政治。源赖朝是武官出身,不擅长文治,他深知引进人才的必要性,所以决定从京都邀请合适的人才辅佐武家政务。元历元年(1184年)四月,源赖朝将三善康信邀请至镰仓。中原广元也在元历元年八月接受源赖朝的邀请来到镰仓。后来担任京都守护的一条能保是源赖朝的妹夫,在源赖朝得势之后,一条能保往返于京都和镰仓两地,周旋于公武两家之间,受到了众臣的敬畏。

四、公文所、问注所的成立

元历元年八月,源赖朝始建公文所。元历元年十月,公文所成立,源赖朝举办吉书始①仪式,他任命中原广元为别当,任命中原亲能及藤原行政、足立远元、大中臣秋家等为寄人。之后,源赖朝设立问注所,任命三善康信监督僚属,总管问注所事务。

公文所后来改名为政所,总管行政事务,兼顾司法事宜。当时源赖朝只是前任右兵卫权佐,官阶仅为正四位下,无法公然设置政所。直至建久二年(1191年),即就任右近卫大将的第二年,源赖朝才仿效公卿显贵正式开设政所。但根据史书《吾妻镜》的记载,公文所在更早之前就被叫作政所,书中还附有别当以下官员联名签署的政所文书。虽说此书在用词上有些许差异,但实质没有任何不同。问注所主要负责司法事务,也可看作公文所的互补机构。不同的诉讼种类决定了掌管部门的不同,属于公文所管辖的诉讼则必须由该部门经办。问注二字代表审问和记录。至此,侍所、公文所和问注所三大机关均已成立。这在事实上标志着幕府的成立。

---

① 吉书始仪式,改元、年始等吉事发生时,上呈吉事文书的仪式。

第 2 章

平氏的灭亡

第1节 讨伐平氏与追讨神器的计划

一、源赖朝奉命讨伐平氏

平氏挟安德天皇及平德子逃至西国以后，朝廷方面虽然匆忙让后鸟羽天皇即位，但神器缺失终究是一大疏漏。朝廷暂时保留平时忠的官职，命他促成神器奉还之事。在源义仲伏诛之后，为了确保神器的安全，是否应该派遣钦差随追讨部队一同前往，后白河法皇踌躇不决。在征求公卿的意见之后，后白河法皇最终决定命令源赖朝讨伐平氏。寿永三年（1184年）正月，后白河法皇下达旨意：

> 令散位^①源氏朝臣源赖朝追讨前任内大臣平氏及党羽。
> 朝臣左右中辨^②藤原光雅传旨，左大臣宣旨。
> 前内大臣及以下党羽，近年祸乱邦国之政。为江山社稷，应逐出王城，早赴西国，率山阴道、山阳道、南海道、西海道诸国，取其贡品，用之政途，绝于常篇。令源赖朝追讨平氏一族。

---

① 散位，日本律令制下只有位阶而无官职的人。
② 左右中辨，辨官是日本朝廷最高机关太政官的职位之一，有左大辨、右大辨、左中辨、右中辨、左少辨、右少辨，相当于四等官中的判官。

左大史小槻宿祢

寿永三年正月二十六日

二、一之谷之战

源赖朝任命其弟源范赖和源义经为讨伐使出兵追讨平氏。此时，平氏已经征服四国[①]，联合纪伊国的军队凛凛行至摄津国福原，并在一之谷建城。朝廷虽然已经决定讨伐平氏，但由于神器仍然在平氏手中，若源平两军正面交锋，朝廷担心会对神器产生不利。后白河法皇派遣使臣前去讲和，禁止两军妄动。只是源氏军队已骑虎难下，寿永三年（1184）二月，源义经袭击一之谷，大灭平氏军。平氏残军渡海前往赞岐国屋岛。

三、追讨神器失败

平重衡在一之谷被捕之后，朝廷命令平重衡告知平宗盛奉还神器。九条兼实等人始终主张把讨还神器作为第一要务，他们认为，为了保证神器在后鸟羽天皇即位之日能够如期奉还，应该命令源赖朝暂缓追讨平氏。而且源赖朝在一之谷战役中逮捕了平经盛等人，如果直接归还平经盛等人的首级，只会更加招致平氏的怨恨，这会为追讨神器带来更大的阻碍。因此，九条兼实对朝廷此举并不支持。寿永三年二月二十七日，平宗盛和平时忠通过使者平重衡做出答复，他们断然拒绝奉还神器，朝廷的计划化为泡影。

第2节 源赖朝扩张势力范围

一、任命近国总追捕使

源义仲战死之后，除东海、东山两道以外，北陆道也成为源赖朝的势力范围。源赖朝命令部下加强京中戒备，并向院厅申请将畿内近国[②]的武士划归源义经，以充实讨伐平氏的部队。同时，源赖朝命令心腹梶原景时和土肥实平

---

① 　四国，日本律令制时期分属南海道中的赞岐国、阿波国、土佐国、伊予国。
② 　畿内近国，京都附近的区域，为镰仓时期的军事要地。

梶原景时

各遣专使至播磨、美作、备前、备中和备后各国负责守卫。梶原景时和土肥实平就是所谓的近国总追捕使①。表面上，梶原景时和土肥实平是奉朝廷之命监管庄园内武士的不法行为，实则是清除平氏在诸国的势力，使诸国成为源赖朝的势力范围。因此，梶原景时和土肥实平的职权不只是普通的守卫，而是远超出总追捕使的职权范围。以土肥实平为例，他负责掌管备中国的政务，同时还兼任因平氏造反而被罢免的在厅官人②之职。虽然源赖朝当时的位阶不足以正式任命在厅官人，但其实他已经有此实权。

二、侵犯平氏势力圈

自古以来，山阳道安艺国以西、四国和镇西就是平氏的势力范围，源赖朝非常希望能够将这些地区的武士招至麾下。元历元年（1184年）三月，源赖朝亲自向镇西九国的武士下发公文，公文中表示如果镇西九国的武士同意归

---

① 追捕使，源赖朝在各藩国设置的官职，拥有行政、军事和警察权。也指镰仓时代在领地、庄园内行使警察和军事执权的官员。
② 在厅官人，日本平安中期至镰仓时代的下级官吏，多为地方豪族，平安末期武士化。掌有国务实权。

北条时政

顺源赖朝并奉命追讨朝敌，便可享受和先前相同的待遇。源赖朝还抛出诱饵，声称对有功之臣论功行赏。在四国方面，土佐国的上层武士与源赖朝私下结交，源赖朝还通过北条时政传令，劝诫土佐国内的武士共同追讨平氏。源赖朝的多种举措有比较明显的压迫性，虽然收效甚微，但取得了少许成功。

第3节 追讨使的行程

一、源范赖西下

源赖朝接受追讨平氏的圣旨之后，首先命令亲信中原亲能、土肥实平和梶原景时于元历元年（1184年）六月海上风平浪静之时出征。然而，直到元历元年七月，追讨队伍也毫无出发的迹象。元历元年八月，源范赖从一之谷的战场返回镰仓。随后，源赖朝将源范赖任命为平家追讨使，命令源范赖率领北条义时等重要家臣从镰仓出发。元历元年八月二十七日，源范赖进入京都。元历元年八月二十九日，源范赖领取了追讨使的官符。元历元年九月初，源范赖前往西国。

二、经营赞岐

平氏残军逃至屋岛后,源赖朝接收橘公业一方的先头部队,命令他们赶赴赞岐国。源赖朝表示,若赞岐国内武士中有互通源氏之人,可将姓名上报幕府。元历元年(1184年)九月十九日,源赖朝在信中对上报的武士予以嘉奖,将他们归于橘公业麾下,纳入西国战队。

三、藤户合战

元历元年十二月七日,佐佐木盛纲率兵攻陷平行盛占据的备前国儿岛。民间盛传的佐佐木盛纲率六名骑兵横穿藤户渡口,大挫敌军锐气便是此时之

传佐佐木盛纲

事。接到捷报以后，源赖朝对佐佐木盛纲大为赞赏，他专门写信表示："自古虽常有人渡河，却从未听闻骑马越海之事。望盛纲此举能为我军带来胜利。"

第4节 源义经任职的波澜

一、源赖朝对源义经的反感

讨伐平氏的军队未能如期出发，京都戒备松懈，军粮的准备也尚不充分，后白河法皇深感不悦。此时，源赖朝与源义经之间的冲突再也无法掩盖。虽然两人在表面上还算和睦，但私下早已反目。源赖朝多次请求院厅派遣源义经前往西国，源义经却始终按兵不动。看似风平浪静，实则暗潮涌动。

二、源赖朝对源范赖和源义经的态度

关于源赖朝的性格，自古以来早有定论。虽然也有人为此做出辩解，但源赖朝的确生性善妒。源范赖也曾与源赖朝发生冲突，但由于源范赖性格温顺，在源赖朝百般请求之后终于相安无事。在击退平氏返回镰仓之后，源范赖也主动示好，拉近了与源赖朝的关系。然而，源义经素来特立独行，他在驻守京都期间又威名赫赫，名誉的驱使逐渐激起了他对仕途的渴望。因此，年少气盛的源义经一再做出忤逆源赖朝的举动。源赖朝对此颇有微词，他举荐源范赖就任三河守①，并任命源范赖为追讨使举兵西下讨伐平氏，对源义经则毫无表示。源义经对此深感不平。

三、源义经任职

元历元年（1184年）八月六日，源义经被后白河法皇任命为左卫门少尉②及检非违使③。源义经向源赖朝辩解，担任这两个官职实因朝命难违，并非本心所向。从源义经的卓越战功来看，朝廷的行赏并不为过。然而，源赖朝族人的任官授位都必须经过他的举荐，即使是对追讨平氏的行赏也应该在源赖朝上

---

① 守，日本律令制下一国的长官。
② 少尉，卫门府官职之一。日本律令制下，卫门府负责掌管皇宫诸门的警卫和天皇出行时的警卫。
③ 检非违使，日本律令制下的令外官之一，管辖京都的治安和民政。平安时代后期，也在令制国设置。

奏之后进行。纵使源义经在剿灭平氏之时立下赫赫战功，朝廷未经源赖朝授意就直接宣旨任命源义经，从当时的形势来看，这绝不算是稳妥的举措。源义经在得到源赖朝的许诺之前就接受朝命，也同样加剧了形势的恶化。

四、源赖朝的隐忍

源义经的挑衅性言行不断招致源赖朝的猜忌。源赖朝盛怒难平，下令暂时罢免源义经的平氏追讨使之职。同时，源赖朝明白追讨一事倚赖源义经的威严，若强行罢职造成事态恶化，必将扰乱军中团结，助长平氏气焰。所以源赖朝对源义经的处分逐渐淡化。源义经仍然作为源赖朝的代官驻留京都，深得后白河法皇的信赖。元历元年（1184年）九月十八日，源义经未向后白河法皇拜贺（据说是出于敬畏）便被授予从五位下的位阶，并被任命为大夫尉（这种晋升即叙留①）。元历元年十月十一日，源义经行拜贺之礼，当天就被允许进入院官殿内。源赖朝的猜忌之心在此时达到顶峰。然而，源赖朝仍然表现得隐忍自重。他一如既往地与源义经之妻乡御前就领地供给事宜互通书信。由此可以看出，源赖朝的心机远在源义经之上。源义经的命运在此时已经决定。

第5节 源范赖的部队军粮匮乏

一、取消军粮税的影响

治承四年（1180年），以仁王起兵以后，东国方面纷纷响应。为了补充军资，平氏在诸国征缴军粮税。后来，源义仲也效仿该项举措。源赖朝深感此举缺乏人道，在掌权以后，为了收揽人心，他向后白河法皇请求停止征收军粮税。元历元年（1184年）二月二十二日，朝廷正式下旨，停止对各公田庄园征收军粮税。此后，平氏追讨部队的军粮主要依靠东国的输送。

二、源范赖军中士气沮丧

源范赖率领的部队离开京都不足两月，在抵达镇西之前就已经军粮告急。军中将士毫无斗志，逃回本国之人已经过半。文治元年（1185年）正

---

① 叙留，日本律令制下，指官职不变，仅位阶提升。

月，源范赖率兵离开周防国，行至长门国赤间关，本想渡海进入镇西，但因粮草断绝，加之没有船，只能在此滞留数日。众将士思乡难耐，侍所别当和田义盛甚至企图逃走。无奈之下，源范赖只能暂时返回周防国。

三、源范赖启航前往丰后

值得庆幸的是，丰后国豪族臼杵惟隆、绪方惟荣兄弟赠予源范赖八十二艘战船，周防国的居民宇佐郡木上七远隆为源范赖提供了粮草。战略物资得到补充后，源范赖将三浦义澄留在周防国负责与京都及镰仓的联络，全军起航前往丰后国。当时，下河边行平卖掉盔甲，购入小船，作为先锋部队驶入丰后，成为一段佳话。由此可知源范赖军队当时是何等落魄。文治元年（1185年）二月一日，源范赖军队到达丰后，与原田种直父子苦战，在苇屋浦将其剿灭。丰后国内人民四处逃窜，源范赖仍然苦于筹集粮草。

第6节　源赖朝的战略

一、追讨平氏的策略

在追讨平氏一族时，源赖朝首先承认治理山阳道的必要性。他任命源范赖为追讨使，加强对安艺国以西军队的管理，随后命令源范赖进入镇西进攻平氏的根据地。同时，源赖朝派遣源义经前往四国消灭平氏。然而，源赖朝把扫荡平氏归功于源范赖而非源义经。

二、运送粮食

源范赖军队粮草匮乏，为了解决此事，源赖朝命令东国加急准备船运送粮食。同时，源赖朝将讨伐平氏之事完全交予源范赖。源赖朝告知源范赖，如果未与平氏交战就返回京都是万分丢脸之事，他命令源范赖务必鼓舞士气，关爱将士，保证在文治元年二月十日前起航。文治元年三月十二日，源赖朝派出三十二艘兵船搭载粮草急赴西国。

三、收揽九州民心

听闻源范赖军队的士气尚未恢复，源赖朝决定派出镇西的新锐部队迎战屋岛之敌。然而这些将士思乡情切，急切盼望加入源范赖的九州①部队。在回归无望的形势下，源赖朝认为不如避免冲突，他命令这些将士行船至四国，并命他们出击平氏军队。随后，源赖朝下发公文，将镇西的居民划归追讨平氏的部队，并向院厅申请奖赏丰后国武士。为了收揽九州民心，源赖朝可谓煞费苦心。

四、源赖朝的特别命令

源赖朝期待剿灭平氏，同时万分担心安德天皇的圣体安危。文治元年（1185年）正月六日，源赖朝派人给源范赖送去一封长信。在信中，源赖朝一再表达了担心安德天皇安危、尽快营救安德天皇的想法。由此也可以看出源赖朝的帝王观。笔者从这封长信中摘录几句，放在下文：

> 安德天皇与平德子绝不能有任何差池，应尽快予以解救。依目前形势来看，平德子肯定在努力保护安德天皇。源义仲残忍杀害了天台座主②明云及定宪法亲王，纵使有神佛保佑也终难逆转。以仁王被平氏一族所诛杀，实为不幸之事。……如今，安德天皇之事也令人万分担心。无论付出何种代价，必须确保安德天皇无恙。务必万分慎重。……命尔务必将安德天皇安全救出。

同时，源赖朝也十分担心神器的安全，他告诫源范赖一定要将神器完整带回。

第7节 源义经的进击

一、源义经启航至阿波国

源赖朝任命源范赖管理山阳和西海两道，将平氏的主力军队困在四国。

---

① 九州，即筑前、筑后、肥前、肥后、丰前、丰后、日向、大隅和萨摩九国。
② 天台座主，比叡山延历寺最高级的僧官，统管天台宗。

同时，源赖朝再次起用已被停职的源义经，命令他前往四国剿除平氏余孽。源义经在领命后立刻准备出兵。元历二年（1185年）正月十日，源义经率兵从京都出发。当时有传言称平氏家臣藤原忠清仍然潜于京都，后白河法皇格外担心，他派遣近臣高阶泰经前往渡边，以京中守卫松懈为由命令源义经返回京都。源义经婉言拒绝，表示心中已有战死的觉悟。

二、屋岛之战

元历二年二月十七日，源义经冒着风雨从渡边启航。元历二年二月十八日，源义经到达阿波国椿港，在近藤亲家的引导下向屋岛出发。途中，源义经军队在桂浦袭击樱庭良达，纵火烧毁牟礼、高松的民屋。随后，平宗盛挟安德天皇逃至海上，源义经烧毁平氏的屋岛行宫，打败平氏军队，一举剿灭南下志度的残军。此时，伊予国的望族河野通信、熊野别当①湛增前来会合，源义经的兵力大增。

屋岛之战

---

① 熊野别当，管理纪州熊野的三处神社（本宫、新宫、那智）的长官。

三、梶原景时参战

梶原景时原本属于源范赖的军队，在源赖朝命令源义经赶赴四国之时才转投源义经麾下。元历二年（1185年）二月二十二日，梶原景时率一百四十余艘兵船到达屋岛，与源义经的军队会合。梶原景时在源义经的军中担任侍所所司，相当于参谋长的职务，与源范赖军中的侍所别当和田义盛的职责相仿。

第8节 坛之浦之战

一、平氏大败

屋岛之战后，平氏撤退到长门国彦岛。元历二年三月二十一日，源义经集结数十艘兵船，制定进攻战略。源义经首先命令留在周防国的三浦义澄前往大岛津会合，并以他为先头部队察看当地的地形。三浦义澄当即驶船到达坛滨奥津。平氏率领五百余艘战船驶出彦岛，经赤间关到达田滨。元历二年三月二十四日早晨，两军在坛之浦交战，至午时，平氏军大败而归。

坛之浦之战

二、安德天皇驾崩

坛之浦之战中，年仅八岁的安德天皇沉入海中，平教盛、平知盛和平经盛等多人下落不明。源义经将平德子和守贞亲王迎回宫中，平宗盛和平时忠等人被捕。朝廷最期待的三神器却未能完璧回归。源义经的军队顺利找到了内侍所[①]与神玺，宝剑却沉入海中再未现身。在汇报战况时，源义经将安德天皇驾崩之事告知朝廷，朝廷却表示旧主御事尚不分明[②]，并讨论了追尊安德天皇之事。后来，安德天皇驾崩之事传到民间，有传言说安德天皇原本就是平清盛在严岛衷心祈祷而得来的皇子，最后理应回归大海。后世也有人怀疑安德天皇落水之事，关于安德天皇的驾崩地点也有多种传说。此处对这些传说略而不谈。

三、谥号与祭祀

文治三年（1187年）四月二十三日，后白河法皇在病中下发了追封先帝谥号的敕文，追封先帝为安德天皇。德字取自于崇德院。建久二年（1191年）闰十二月，后白河法皇在病中决定将安德天皇灵位供于崇德院庙中。同时，后白河法皇下旨命令长门国在赤间关设立佛堂，为安德天皇祈求冥福。这就是今日的赤间神宫。

第9节 搜索宝剑

一、源义经凯旋

为了能够剿灭平氏，两军交战之前，朝廷专门设坛作法，源赖朝也在鹤冈八幡宫内诵读《大般若波罗蜜多经》。坛之浦之战过后，源义经将平氏战败的捷报先后传至京都和镰仓。朝廷即刻遣使臣赶赴长门国，嘉奖源义经的战功，同时确保神器的安全。源赖朝命令源范赖驻守镇西，命令源义经护送神器和平德子回宫，同时将平宗盛和平时忠等人押解回京。源义经即刻启程，元历二年（1185年）四月二十六日，源义经凯旋。源义经进京的前一天，朝廷使

---

① 内侍所，摆放八咫镜的地方。此处指八咫镜。
② 《玉叶》元历二年四月四日载。《玉叶》是日本平安末期至镰仓初期的日记，作者为藤原兼实。

吉田经房

臣权中纳言吉田经房等人奉神器回宫，他们先将神器供奉于太政官厅，后又移至内侍所。宫中举办庆典，歌舞三日。为了奖赏源赖朝的卓越功绩，朝廷将其从正四位下越级提拔至从二位。

二、派遣宝剑使者

宝剑是日本皇家至尊之物，也是三大神器之一。宝剑的遗失震惊了整个朝堂。朝廷命令二十二社①共同祈祷，设中间与左右三个祭台，祈祷宝剑出现。前任安艺守佐伯景弘声称知晓宝剑在战场的下落，朝廷任命佐伯景弘为宝剑使者，命令他前往长门国寻找宝剑。源赖朝深感事态严重，命令源范赖随之同行。

---

① 二十二社，日本平安中期以后，深受朝廷崇敬的22个神社。

三、派遣神祇官和阴阳寮官员

宝剑始终下落不明,文治二年(1186年)六月,朝廷向伊势神宫下属的十二间神社进献币帛。文治三年(1187年)七月八日,朝廷又向伊势神宫下属的七间神社进献币帛。朝廷命令神祇官①和阴阳寮②各派一人前往长门国,占卜宝剑所在地和发现的时刻。同时,朝廷命令密宗的僧人与之同行,祈祷宝剑尽快出现。朝廷还命令佐伯景弘监督渔民持续搜寻。朝廷派出的神祇官和阴阳寮官员及密宗僧人出行的旅费由沿途各国承担,每国上缴二十石③,渔民的补贴由镇西的地头④负责。

四、昼御宝剑暂代神器

神祇官和阴阳寮的占卜结果都显示,宝剑最迟将于文治四年(1188年)现身,佐伯景弘也同感搜寻有望,朝廷只能静待文治四年到来。然而,直至文治五年(1189年),宝剑仍然没有踪影。建久元年(1190年)正月,后鸟羽天皇冠礼之时,朝廷决定由近卫基通献上的昼御宝剑暂代神器。当时,朝廷对昼御宝剑和神玺的先后顺序争辩良久。自古以来应该以宝剑为先,神玺为后,但昼御宝剑只是暂代神器,最终朝廷决定以神玺为先。

五、神宫御剑代替宝剑

据《禁秘抄》记载,昼御宝剑是天皇所在的清凉殿的镇座宝剑,在天丛云剑遗失之后,朝廷便决定由它暂代宝剑。承元四年(1210年),土御门天皇让位于顺德天皇之时,朝廷决定改由神宫御剑代替昼御宝剑,而且神宫御剑的顺序先于神玺。神宫御剑是后白河法皇执政时神宫祭主⑤所进献的。

六、对宝剑丢失事件的时评

在分析宝剑沉没的原因时,《愚管抄》提及了武士的崛起:

---

① 神祇官,日本律令制下的行政机关。负责朝廷的祭祀活动,统辖诸国的官社。
② 阴阳寮,日本律令下的行政机关,属于中务省。主要负责占卜、观测天文气象、报时等事务。
③ 在日本,一石约等于180.39升。
④ 地头,源赖朝以维持治安的名义设于各国的官职。负责逮捕盗贼、征收年贡。
⑤ 神宫祭主,日本伊势神宫的最高神官。原为藤波氏世袭,近代由皇族亲自担任。

顺德天皇

当今，武士已经完全成为天皇的保护者，宝剑正是适应这种社会形势才会消失的。……当今，武士大将军手握大权，若国主与武士大将军无法一致，社会必成乱世，大神宫、八幡大菩萨也不会允许，宝剑只会变得徒劳无益。

从当时的社会来看，《愚管抄》这本书提供了一种比较新奇的观察角度。

第10节 平氏被定刑

一、定 罪

元历二年（1185年）四月二十六日，平宗盛等俘虏到达京都。当日，为了方便民众观看，平宗盛和平时忠乘坐的八叶车①的竹帘均被掀开，以土肥实

---

① 八叶车，牛车的一种，车厢外表的竹箔上印有八叶的花纹。

伊势能盛

平、伊势能盛为首的众多武士伴其前后。前来观看的民众熙熙攘攘，络绎不绝，连后白河法皇也在秘密关注。朝廷即刻命人讨论平氏的罪名。时任明法博士中原章贞呈书表示，应该对平宗盛父子及其家臣处以死刑。

二、拘留源义经

在此之前，源赖朝请求朝廷批准平宗盛等人东下，获得了后白河法皇的许可。元历二年（1185年）五月七日，源义经带领平宗盛、平清宗父子及平氏家臣到达相模国酒匀驿站。源赖朝派遣北条时政前去迎接。同时，源赖朝派结城朝光传令于源义经，命源义经留在相模国待命，暂缓东下镰仓。平宗盛在会面时受到了源赖朝的礼遇，他始终痛哭哀号，表达了出家为僧的愿望。东国武士对平宗盛的这番举动深感不屑。

三、对平宗盛等人的处决

元历二年（1185年）六月，源赖朝命令源义经率领平宗盛等人再次返京。平宗盛与平清宗分别在近江国篠原宿和野路驿站被斩首，二人的首级由检非违史悬挂于牢门示众。由于平宗盛曾任朝廷内大臣，后白河法皇在向三公①咨询之后才确定对平宗盛的刑罚。在东大寺众僧徒的请求之下，平重衡被移交至南都②。因为平重衡曾经指挥部下烧毁东大寺，众僧徒拖着平重衡环绕寺院三圈，之后在法华寺的鸟居③前将其斩首。

四、对平氏一族的处分

此前，平氏家臣藤原忠清被捕，在六条河原被枭首示众。元历二年六月，在源赖朝的奏请之下，平时忠被流放至能登，平氏一族余党也被流放至各地。平时忠将神器归还一事视为一己之功，并因此逃脱死罪。然而，活罪难逃，平时忠终究未能出家隐遁，而被处以流刑。不过，平时忠始终留在京都，未曾前往流放地。

五、平赖盛幸免于难

平氏一门相继服刑，唯有平清盛之弟平赖盛幸免于难。平赖盛之母池禅尼曾于危难之际帮助源赖朝，源赖朝对此不胜感激。寿永三年（1184年），应源赖朝之邀，漂泊许久的平赖盛赶赴镰仓，受到源赖朝的款待。不止如此，源赖朝还恢复了平赖盛父子的官职，将他们的领地如数奉还。

六、平氏灭亡的感悟

为了活命，盛极一时的平氏一门在濒临末路之时也会对敌人苦苦哀求，丑态百出。平氏作为武家所取得的成功也化为乌有。这在极大程度上振奋了关东武士的人心，也向世人证明了骄兵必败的道理。在当时的武士之间，脱俗厌世的信仰开始盛行。

---

① 三公，太政大臣、左大臣、右大臣的统称。
② 南都，指奈良兴福寺。
③ 鸟居，日本神社入口处所建的大门，用以表示进入神域的入口。

七、平氏余党

平氏家臣之中不乏卧薪尝胆之人，他们伺机而动，企图颠覆源赖朝的统治。根据正史的记载，建久三年（1192年），镰仓永福寺施工之时，上总忠光乔装成乞丐，企图刺杀源赖朝；建久七年（1196年），平知盛之子平知忠在京都举兵。虽然这些行为都以失败告终，但这些人的忠肝义胆足以震慑敌军。此后，源赖朝行事极其慎重，每逢出行必定做好万全准备。建久六年（1195年），源赖朝再次进京，他命人在京都全城搜索，逮捕和处死了众多平氏余党，逃脱之人所剩无几。

第3章

源赖朝与源义经不和

第1节 源范赖与源义经

一、源范赖的谨慎

寿永三年（1184年），源范赖在出征之时曾经招致源赖朝的不快。自那以后，源范赖的言行举止更加谨慎，对源赖朝的命令一意顺承，从不违背。源赖朝派遣侍所别当和田义盛和千叶常胤、结城朝光等老将跟随源范赖出征，命令源范赖与他们共同进退，共商要事。源赖朝在写给源范赖的书信中，告诫源范赖一定要优待部下。源范赖谨遵命令，将军中的紧急事态和部下的战功全部上报幕府，听从源赖朝的指挥。同时，针对有罪之人的处分，源范赖也会征求源赖朝的意见，从不独断专行。源范赖的举动深得源赖朝的欢心。

二、源赖朝的袒护

然而，战争结束以后，源范赖的士兵肆意横行，他们抢走了宇佐神宫的黄金神像、流记①和各种文书。源范赖的士兵所到之处，一片狼藉，当地人民多有抱怨。后白河法皇命令源赖朝即刻召回源范赖。源赖朝替源范赖辩解，因为源范赖未曾侵犯寺院领地，不至于上京请罪。同时，源赖朝命令源范赖在处理完镇西事务之后踏上征途。元历二年（1185年）九月，源范赖从镇西赶赴京都，将名剑薄丸和吠丸献给后白河法皇之后，返回镰仓复命。寿永二年

---

① 流记，记录各寺院财产的账本类文书。

（1183年），平氏在京都失势之时曾将名剑盗走。在此之前，鹈丸曾被后白河法皇珍藏于法住寺殿，而吠丸曾是源义朝献给后白河法皇的贡品①。源范赖深知源赖朝嫉妒心强，只有顺其心意才能得到重用。因此，在听从命令的同时，源范赖也在韬光养晦。

三、源义经的性格与战略

与源范赖的性格完全相反，源义经不会被动地接受命令，而是积极主动。仅凭一战，源义经就将平氏驱出屋岛，在坛之浦之战中又将平氏彻底歼灭，前后不足四十日。源义经用兵神速，运筹帷幄，源范赖望尘莫及。在领命之时，源义经已将生死置之度外，在源范赖的军队弹尽粮绝、士气低迷之时，源义经毅然率领新锐部队勇赴沙场。毫无疑问，这些举措得益于源义经丰富的战场经验，源义经绝非世人所误解的有勇无谋之人，而是多谋善断之人。当时，仁和寺守觉法亲王亲切地会见了源义经，并这样评价他："源义经为真正之勇士也，如张良凭《三略》伴君左右，亦如陈平凭六计得以重用，源义经凭其战绩得此地位。"此种评价绝不为过。

四、源义经的命运

在源赖朝麾下期间，源义经始终不能做到绝对服从，更不会像源范赖一般曲意逢迎，因此，源义经的性命也难以保全。源赖朝命令源义经带兵讨伐平氏只是暂缓报复之期。待源义经完成使命之后，源赖朝泄愤的时日终会到来。一代枭雄逐渐从战场走向末路。

第2节 源义经与梶原景时的冲突

一、军队组织

源平合战之时，两军的战略都尚未成熟。平氏方面，侍大将②在征夷大将军之下行使参谋之职，可以左右全军行动。而源氏方面，源范赖与源义经二人

---

① 吠丸，原本是由源义朝献给后白河法皇的贡品，后来被平氏盗走，被源范赖寻回。
② 侍大将，在征夷大将军之下指挥一军的人。

不过是代替源赖朝行使统帅的职权，军中将士多为源赖朝的家臣，将士任免全凭源赖朝的专断。源赖朝遵从幕府的制度，在军中配备侍所别当和所司二职，一方面监视家臣的行动，另一方面行使参谋的职责。

二、源义经对梶原景时的蔑视

源范赖听从源赖朝的安排，无论军中大小事宜皆与和田义盛、千叶常胤等老将商量后决定，从不独断专行。而源义经向来桀骜不驯，自行其是，参谋之职如同虚设。梶原景时自称将军近臣，他恃宠而骄，妄图处处束缚源义经。然而，梶原景时的行为并未奏效，他反而因妨碍源义经的行动自由而被罢免官职。梶原景时心生怨恨，他开始监视源义经，为日后陷害源义经收集各种证据。根据《源平盛衰记》的记载，源赖朝曾经在源义经的部下中安插间谍，探察源义经的秘密。笔者无从得知梶原景时的此种举动是否出自源赖朝的直接命令，但毋庸置疑的是，梶原景时利用了源赖朝的弱点而刻意逢迎。梶原景时的此种行为与间谍无异。

三、梶原景时进言

坛之浦之战以后，梶原景时写信给源赖朝。信中，梶原景时详细地讲述了此战前后出现的种种喜兆，并告诉源赖朝，此战告捷，如有神助。同时，梶原景时也陈述了源义经的暴行，他表示众将士齐心协力只因景仰源赖朝，绝非出于对源义经的尊敬。而源义经将战功归于一己之身，众将士颇有不满。梶原景时请求源赖朝免除自己在军中的职务，希望尽快返回镰仓。

史书中对源义经的这种指责并不罕见，笔者认为并非全是妄言。而且对源义经不满之人也不止梶原景时一人。梶原景时的行为一再激发了源赖朝对源义经的猜忌之心，源赖朝与源义经的关系逐渐恶化。

第3节 源赖朝对源义经的冷遇

一、源赖朝表里不一

无论如何，源赖朝不能对源义经的战功视若无睹。源义经返京不久，源赖朝就通过院司①高阶泰经向朝廷请求任命源义经为伊予守。同时，源赖朝担心源义经在声名鹊起之后迅速扩大势力，所以他派遣使者将亲笔的密信交与田代信纲，信中强调，对关东有用之臣绝不可跟随源义经赶赴伊予国。随后，源赖朝写信给梶原景时，命令他今后听命行动。

二、源义经上书

此前，源义经带领平氏俘虏东下，源赖朝禁止源义经进入镰仓，源义经为此上呈多封誓文。在腰越驿站待命之时，源义经通过中原广元上呈亲笔书信，信中详细叙述了自己的功劳、苦衷、忠心，无一省略。世人将此信称为腰越状。

三、源义经失望

最终，源义经也未能如愿受到源赖朝的重赏，只能含恨踏上返京之途。不难想象，源义经当时肯定深感不平。据说，源义经在盛怒之下曾经扬言，对东国心怀怨恨之人皆可跟随他。其行事鲁莽，由此可见一斑。也有人怀疑这不过是梶原景时等人放出的谣言。

四、源义经未被封赏

回京之后，源义经始终郁郁寡欢。元历二年（1185年）六月二十九日，为讨好源赖朝，朝廷临时任命官职，将备前和播磨两国赐予平赖盛，战功卓越的源义经却没有获得任何封赏。九条兼实曾在《玉叶》中写道："九郎源义经未受封赏，定有内情。众人无从得知。"当时的民众深感震惊，同时多有怀疑。

五、源义经受封

元历二年八月十六日，朝廷再次举办临时任免仪式。源义经任伊予守，山名义范任伊豆守，大内惟义任相模守，足利义兼任上总介，加贺美远光任信浓守，安田义资任远江守。这就是历史上的源氏六人受封。六人受封皆是由于源赖朝的举荐。从源赖朝与源义经的关系来看，源赖朝对源义经的举荐实在令人费解。其实，源赖朝对各国长官的举荐早在元历元年（1184年）四月已经上报，他也不可能因源义经一人撤回上奏，只能违背内心遵从朝廷的封赏。

---

① 院司，在日本太上皇、法皇、皇后等院署中掌管事务的官员。

第4节 元历二年的大地震

一、地震带来的损失

元历二年（1185年）六月二十日夜，京都发生大地震。地震发生当天就有数次余震，直至元历二年七月仍未停止。元历二年七月九日，受地震的影响，大地开裂，洪水喷涌，皇宫的日华门和闲院西廊倒塌，公馆私宅多被破坏，压死之人不计其数。根据《山槐记》的记载，地震一直持续到元历二年九月二十九日。从《吾妻镜》的记录来看，镰仓也同时发生了地震。城中人心惶惶，流言蜚语不断。根据《愚管抄》的记载，鉴于当时的形势，很多人将地震的原因归结于平氏的怨灵，也有人将地震归结为"龙王动"，认为是平清盛化身龙王回归，引发了地震。

二、地震的影响

这次京都地震带来了诸多影响，现将重要的内容列在下方。

第一，皇宫房屋多处倒塌。元历二年七月二十二日，朝廷将皇宫迁至左大臣藤原经宗的宅邸大炊御门北富小路西。

第二，元历二年六月十六日，朝廷讨论平氏灭亡的善后之策和改元之事。因地震发生，改元之事迫在眉睫。元历二年（1185年）八月十四日，朝廷改元文治。文治二字取自《礼记》的"汤以宽治民""文王以文治"①。

第三，从源平两家的盛衰来考虑，很多迷信的世人将地震的原因归结为平氏怨灵作祟。坛之浦之战过后，世人甚至将京都流行的一种感冒称为"入海病"。朝廷为了给战死的士卒超度，每日为其诵经，还命令诸国人民建造了可容纳四万座墓碑的塔②。元历二年六月，朝廷再次讨论祈福之事，高僧佛严上人将梦中之事上奏后白河法皇。佛严上人在梦中被身着红衣之人告知，若不赦免被平氏株连的流人，祈祷便不会奏效。当时佛严上人在后白河法皇和贵族之间备受崇信。后白河法皇深受触动，下旨命令源赖朝释放流放中的僧徒。为了

---

① 商汤宽厚待民，周文王以文治国。——原注
② 文治元年（1185年）八月二十三日，朝廷在长讲堂举办塔供养仪式。——原注

消除灾难，源赖朝也请求后白河法皇亲自祈祷，施行德政，祭拜崇德天皇。随后，源赖朝奉旨赦免被流放的僧徒。

第四，地震之后，京都一片断壁残垣，强盗横行无忌，社会动荡不安。此时，源义经已经返回京都，虽然他与源赖朝已经反目，但朝廷仍然把源义经看作幕府的代表。源义经依旧深受后白河法皇的信任，奉命负责京中守备。

第4章

源义经、源行家叛变

第1节 源赖朝的迫害

一、源义经与源行家交好

源赖朝对源义经的迫害不断加剧。他将赐予源义经的二十余处平氏旧属领地强行没收，分给自己的家臣。源赖朝虽然举荐源义经担任伊予守，但伊予国的收入均用来补贴当地地头，伊予守之职有名无实。源行家与源义经素有嫌隙，而且源行家曾经独自追缴平氏却未能克之，一直仕途坎坷，郁郁不得志。在源义经沉沦逆境之后，二人反而意气相投，默契渐增。

二、源赖朝的离间计

源赖朝本想削弱源义经的势力，使源义经孤立无援，得知二人交好，源赖朝深感不安。元历二年（1185年）八月，源赖朝声称源行家倚仗源赖朝近亲的身份虐待伊予国人民，而且有反叛之心，他命令佐佐木定纲催促质边国家讨伐源行家。同时，源赖朝称源义经包庇平时忠等平氏家臣，派遣梶原景季、僧人成寻前往京都，将平氏家臣迅速发配，并传命于源义经，令其讨伐源行家。梶原景季到达京都，进入位于六条油小路的源义经宅邸。源义经表示，待自己病愈之后立刻起兵。然而，源赖朝对此托词完全不信。梶原景时将源义经与源行家共谋之事告知源赖朝，源赖朝对源义经的厌恶之情越发强烈。

三、派遣刺客

源义经备受后白河法皇的信任，又受到世人爱戴，源赖朝苦苦寻找排挤源义经的理由，却始终没有头绪。最终，源赖朝决定用阴险的手段挑拨源义经，使源义经自己走上叛变之路。出于此种考虑，源赖朝传令于佐佐木定纲与源义经，命二人讨伐源行家。由于源义经并未行动，源赖朝又派出刺客土佐坊昌俊刺杀源义经。文治元年（1185年）十月九日，土佐坊昌俊从镰仓前往京都。

四、土佐坊昌俊战败

文治元年十月十七日，土佐坊昌俊率领六十余骑精兵袭击源义经的宅邸。源义经及部下反应敏捷，猛烈反攻，再加上源行家的支援，终于将土佐坊昌俊逮捕。后来，土佐坊昌俊在六条河原被斩首。

五、源赖朝成功

面对土佐坊昌俊的进攻，源行家与源义经起兵反抗，源赖朝的目的终于达成。土佐坊昌俊等人以一己之身终其使命，源赖朝也不禁落泪。自此以后，源赖朝把土佐坊昌俊看作模范勇士的代表，向部下极力赞扬。源赖朝也在物质上对土佐坊昌俊的母亲提供了各种帮助。后来，源赖朝探望土佐坊昌俊的母亲，忆起往事，源赖朝再次落泪。

第2节 上奏请求追讨源赖朝

一、源义经上奏

土佐坊昌俊发动袭击之后，源义经与源行家二人出于自保，只能与源赖朝正面对抗，一赌成败。文治元年十月十一日，源义经向后白河法皇请安，将源行家背叛源赖朝之事上奏后白河法皇，表示自己已经加以阻止，却并未奏效。文治元年十月十三日，源义经再次上奏，表示自己将与源行家共同进退。而且由于源赖朝的部下突然袭击，源义经已出兵至墨股川边，打算与源赖朝一决生死。

武藏坊弁庆把土佐坊昌俊交给源义经

二、后白河法皇征询意见

最初,后白河法皇认为源义经的举动是为源行家开罪,他非常担心源义经会轻举妄动。然而,源义经深知形势紧迫。文治元年(1185年)十月十六日,源义经逼迫后白河法皇下旨追讨源赖朝,他表示,如果后白河法皇不同意,他们将拥护后白河法皇西下镇西。后白河法皇万分苦恼,他立刻召见左大臣藤原经宗和内大臣德大寺实定,并派院司高阶泰经征求右大臣九条兼实的意见。

三、九条兼实回奏

九条兼实通过高阶泰经回奏,他表示历来朝廷下旨追讨之人,一定是犯下八逆①之罪、危害国家之人。若源赖朝犯此重罪则毫无异议,若源赖朝未犯

---

① 八逆,日本古代的《大宝律令》和《养老律令》规定的特别重罪,即谋反、谋大逆、谋叛、恶逆、不道、大不敬、不孝、不义。

重罪却下旨追讨,实在万万不可。九条兼实还说,先前平氏家族和源义仲也曾上奏请求追讨源赖朝,即使并非后白河法皇的本意,也的确在社会上引起了叛乱。为了解决当下的燃眉之急,是否应该遵循不吉的先例,后白河法皇应该当机立断,不应该听取臣下私议。听此言论,高阶泰经向九条兼实秘密展示了院厅的宣旨。高阶泰经表示,既往两次宣旨并未招致源赖朝的怨恨,而且九条兼实的言论有庇护源赖朝的嫌疑,他恳切地劝导九条兼实同意此事。然而,九条兼实坚持认为今时不同以往,反复强调不应追讨无罪之人。

四、公卿会议

文治元年(1185年)十月十七日,源义经的要求越发急迫。朝廷召开公卿会议,讨论下旨追讨源赖朝的可行性,藤原经宗和德大寺实定等人全部参加。经过讨论,朝廷决定遵循平氏及源义仲的先例,下旨追讨源赖朝。藤原经宗认为,源赖朝不顾兄弟之情,在天子脚下引发祸乱,并导致多人遇难,朝廷应该尽快下旨讨伐,刻不容缓。德大寺实定也赞成这种观点。九条兼实和权中纳言[①]吉田经房持反对意见,却未能如愿说服众人。后白河法皇立刻批准了该项决议。

五、宣旨追讨源赖朝

文治元年十月十八日,右大臣藤原经宗以首席公卿的身份下发了追讨源赖朝的旨意。其文如下:

文治元年十月十八日宣旨:

从二位朝臣源赖朝无视法纪,恃势凌人,令前任备前守源行家、左卫门少尉源义经等人追讨源赖朝。

藏人头[②]右大辨兼皇后宫亮[③]藤原光雅奉

---

① 权中纳言,日本律令制下,中纳言是太政官的副官。权中纳言是指定员之外的中纳言,与中纳言的权限基本相同。
② 藏人头,日本宫廷事务管理机构的负责官职。
③ 皇后宫亮,皇后宫中的次官。

第3节 源行家、源义经出走

一、源行家与源义经的实力

源义经的势力完全是在代替源赖朝驻守京都期间所积累，直属于源义经的家臣寥寥可数。在与源赖朝反目以后，源义经对源赖朝的家臣多有防备，想征集有能力之人更是难上加难。源义经虽然享有赫赫盛名，却没有翻云覆雨的势力。源行家的势力更是不值一提。

二、自卫的穷极之策

既然已经公开与源赖朝对抗，源行家与源义经只能力求摆脱逆境，战胜源赖朝。二人深知势力单薄，无法与源赖朝抗衡，只有借助朝廷的宣旨，使源赖朝成为朝敌，才能获得各国武士的支持。

三、征兵失败

领旨之后，源行家与源义经首先在近畿地区召集武士。然而，因为外界传闻讨伐源赖朝并非后白河法皇的本意，前来归顺之人屈指可数。加之源义经要挟后白河法皇之事也被外界得知，源义经的威信扫地，其麾下之兵逐日减少。源行家与源义经陷入进退两难的境地。

四、朝廷的狼狈

此前，朝廷曾经两次下旨追讨源赖朝，源赖朝也都表示谅解，因此后白河法皇希望源赖朝此次也能原谅朝廷的无奈之举。源行家与源义经的军队势孤力薄，后白河法皇更加惶惶不安。不久，后白河法皇想依照前例，规劝源赖朝与源行家、源义经握手言和，他就此事征求了公卿的意见。藤原经宗曾经极力主张朝廷下旨追讨源赖朝，此时却对后白河法皇的提议表示赞同，他甚至请求朝廷即刻派遣专使前往镰仓。九条兼实则表示，派遣专使难平源赖朝的愤慨，此举并不妥当。朝廷的摇摆不定由此可见一斑。

五、源行家、源义经请求西下

朝廷势力不足以依赖，部下又不断减少，滞留京都只会更加不利，源行家和源义经决定前往镇西。文治元年（1185年）十一月二日，二人向院厅上奏，请求由源义经收缴山阳、西海两道的庄园及公田的租税，同时恳请院厅召集丰后国的武士援助二人。后白河法皇就此事征询了九条兼实的意见。九条兼实表示，此种琐事无须商讨，应该同意源义经的请求，使二人尽快离开京都。后白河法皇欣然接受，他即刻下发公文任命源行家为四国地头，任命源义经为九国地头，命令四国与九国的住民遵从二人的指挥。《醍醐杂事记》中写到，当时源义经就任太宰府①次官，源行家就任丰后守，笔者认为不足为信。

六、源行家、源义经西下

领旨后的第二天，即文治元年（1185年）十一月三日，源义经和源行家离开京都，踏上西下之途。此前，源义经曾宣扬要拥护后白河法皇和重要朝臣共同西下，为免于此难，后白河法皇命人举办了五坛法②的仪式。然而，源义经毫无行动。不仅如此，源义经和源行家在出发之前还命人向院厅陈述了事情原委。二人表示，此次西下是为逃脱镰仓的苛责，因行为不端，无法亲自向后白河法皇拜辞，只能率领二百余骑兵仓皇离开京都。即使身处逆境，二人行事依然十分周全，得到了朝廷上下的赞赏。

七、世人对源义经的同情

在平氏及源义仲的暴政之下，京都治安一片混乱。源义经进京以后，京都治安井然有序，恢复如常。世人对此感激万分，对源义经的同情之心也越发强烈。源义经在剿灭平氏之时立下赫赫战功，源赖朝却对此视而不见，众人也深感不公。源赖朝是源义经的同父异母兄长，源义经上奏讨伐实为大逆不道之举。然而，源义经西下并未胁迫后白河法皇，更没有任何暴行，九条兼实也曾感叹"义经之行，实为义士也"，"京都之人，无论尊卑，皆赞之"。这都是因为源义经的举动与平氏及源义仲大相径庭。此后数年，源义经在落魄潦倒之时几次幸免于难，也绝非偶然。

---

① 太宰府，日本律令制下的地方官厅，主要掌管九州的九国二岛。
② 五坛法，密教中，将五大明王安置于五个供台进行祈祷的仪式。在天皇或国家有难时举行。

第4节 源赖朝出征

一、源赖朝的应对策略

文治元年（1185年）十月二十二日，朝廷下旨追讨源赖朝不过五日，消息就已经传到镰仓。接到消息时，源赖朝未露惊容，似乎早已料到。文治元年十月二十四日，源赖朝在南御堂（即胜长寿院）大办佛事，并于当日传令讨伐源义经与源行家。文治元年十月二十五日，源赖朝命令小山朝政和结城朝光先行出发，同时要求二人制定进攻战略。文治元年十月二十九日，源赖朝亲自率领东国的家臣从镰仓出发，同时命令东山、北陆两道的家臣经山路至近江、美浓等地会合。文治元年十一月一日，源赖朝在骏河国黄濑川驿站驻营，窥探京中动静。

二、源义经迎击

文治元年十一月三日，源义经西下抵达河尻港，遭到摄津国源氏太田赖基的袭击。文治元年十一月五日，源义经又遭遇多田行纲和丰岛冠者的偷袭。

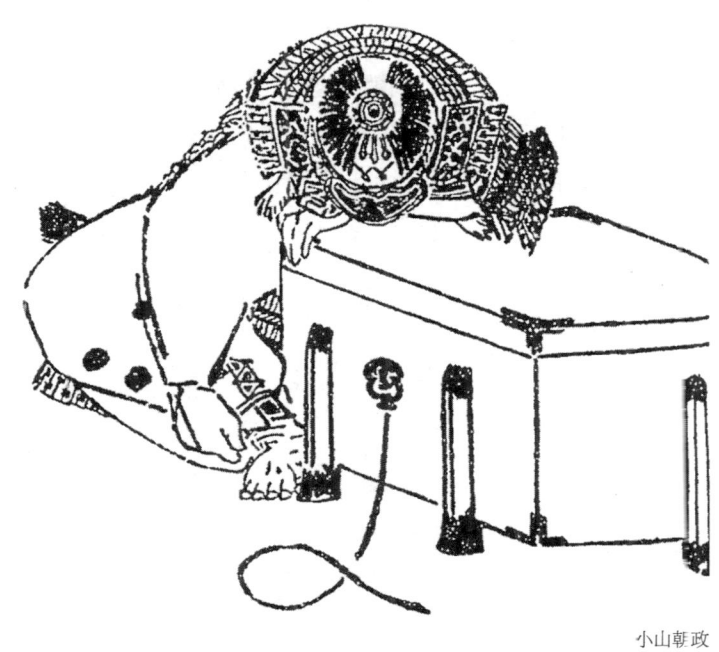

小山朝政

经过连续两次会战，源义经虽然杀出一条血路，但损失惨重。源行家与源义经起兵后不过两日，源赖朝的先锋部队已经抵京西下，近江、美浓等国的源氏家族也紧随其后。

三、在海上失散

文治元年（1185年）十一月六日，源行家和源义经欲从大物浦渡海，受到风浪的阻碍，众将士在海上离散。源义经暂时逃至和泉，在四天王寺过夜。源义经深知此地不可久留，携爱妾静御前及武藏坊弁庆等随从隐匿去向。

四、东国军队的示威运动与朝廷的反复

源赖朝的先锋部队一到京都就对藤原经宗大发雷霆，他们还表达了对后白河法皇的不满。梶原景时的代理官前往播磨国驱逐了小目代①，查封了所有库房。播磨国是院厅的知行国②，源赖朝的这种示威行为震惊了整个朝堂。源义经等人已经溃不成军，朝廷只能设法讨好源赖朝。不久，院厅向各国下旨搜捕源行家和源义经等人，解除源义经的伊予守和检非违使等官职。之后，朝廷下旨命令源赖朝逮捕源行家和源义经。朝廷反复可至如此境地，令人难以想象。

五、源赖朝凯旋

文治元年十一月八日，得知源义经等人在京都落败，源赖朝立刻停止进军，返回镰仓。随后，源赖朝派遣使臣对后白河法皇下旨追讨一事提出抗议。后白河法皇忐忑不安，他派遣密使将高阶泰经的书信送给源赖朝，极力辩解下旨追讨实为无奈之举。源赖朝在回信中表示，他本想自灭朝敌，将政事全部委托给后白河法皇，未承想反遭背叛，信中的语言极尽嘲讽。源赖朝的怨恨之情溢于言表。

---

① 小目代，辅佐目代的人。目代是平安、镰仓时代的国家长官的代理人。
② 知行国，在古代和中世纪的日本，指院政时期主要贵族、寺社、武家获得特定国家的知行权（也称为国务权、吏务）而获利的制度，也指该国。

第 5 章

源赖朝的新政

第1节 设置守护和地头及征收军粮税

一、源赖朝上奏

源行家与源义经虽然已经离开京都,但只要二人尚在人世,就难免东山再起。源赖朝对此深感忧虑,他决定在诸国安插精锐部队。文治元年(1185年)十一月十九日,土肥实平进京统领京都武士。中原广元献策表示:

> 当今社会,道德败坏,人情淡薄,反叛之徒恐会不断出现。若仅凭关东军队镇之,不仅会使军队疲于奔波,也会消耗大量军资。不如趁此时机,在国衙领地和庄园任命守护和地头,以备不时之需。

源赖朝大喜,即刻派遣岳父北条时政赶赴京都上奏。文治元年十一月二十五日,北条时政率领骑兵千人赶赴京都,并通过院司吉田经房上奏。院厅即刻下旨,命令源赖朝讨伐源行家与源义经。文治元年十一月二十八日,北条时政将要事上奏院厅,即刻获得了院厅的许可。朝廷决定在各国庄园设立守护和地头,无论庄园或公卿领地,每段①都征收五升②的军粮税。

---

① 段,日本度量衡中的土地面积单位,一段约合992平方米。
② 升,日本度量衡中的体积单位,一升约合1.8斤。

二、守　护

守护主要行使军事警察的职责，与历来各国的检非违使、押领使[①]和总追捕使的职责相近，所以当时也被称作总追捕使。此前，源赖朝曾任命家臣担任地方守护，直至此时，守护之职才在全国普遍设立。文治元年（1185年），守护制度一度废止，但不过是暂时的缓和政策。守护最重要的任务是监督大番。大番是延续镰仓时代的旧制度，是指响应征募来到京都、负责守卫皇官内外的武士。在源赖朝剿灭平氏后，各国武士几乎都成为源赖朝的家臣，这些家臣都需要服大番役，他们主要负责在诸国守卫，或应征到朝中各部门任职。

三、地　头

地头原本是庄园主任命的土地管理人，为庄官的一种。平氏家族得势之时，为了倚仗其势力，很多地头成为平氏的家臣。平氏衰败以后，他们的领地被没收并赐予源义仲，在源义仲战死之后，这些领地又被赐予源赖朝。这些领地就是所谓的平氏旧领地。根据《愚管抄》的记载，平氏旧领地大约有五百余处。源赖朝酌情处置了这些领地。有的罢免原任地头，任命家臣代行地头之职；也有的承认原任地头，一切照旧。源行家与源义经二人曾申请就任四国地头和九州地头，但二人与一般的地头性质极其不同。在诸国庄园设立的地头，是在源赖朝上奏后经过圣裁任命的官职，是拥有实权的地方行政官吏，绝不再是往日庄园主私设的庄官。在此之后，地头管理公私所有土地，征收租税，上缴至本所[②]、领家[③]或者国衙[④]，本所、领家、国衙及由他们任命的庄官（中间也有实际的土地所有者）都可以根据土地收益获取一定的份额。在管理的土地范围内，地头还负责纠察违法行为、逮捕盗贼等工作。与以往的地头相比，权力截然不同。在源赖朝推行的各项举措之中，在庄园领地普遍任命地头可算作一大要事。作为关东的家臣，地头隶属幕府，本所、领家和国衙均无权任免，若地头有不法行为，他们也只能间接通过院厅向幕府申请对地头的处分。

---

① 押领使，日本律令制下的令外官之一，负责警察、军事方面的事务。
② 本所，日本庄园制下最高级别的庄园领主。
③ 领家，日本庄园的上层占有者之一。
④ 国衙，日本律令制下各国国司处理政务的办公机构。

四、军粮税

此前，源赖朝曾上奏请求废除军粮税，但那只是对平氏和源义仲采取的反面政策，而不是因为没有必要。在平氏家族和源义仲相继灭亡之后，从政治策略考虑，源赖朝决定重新征收军粮税，而当时是比较适当的时机。新税法规定，无论庄园、公田，都应上缴一定的军粮，由地头负责军粮和其他租税的征收。过去一直有观点认为地方也有征收租税的权限，这很明显是错误的理解。

第2节 实施新政的影响

一、对新政的指责

新政开始实施之时，守护的职权比后世更加广泛，偶尔也会涉及文官的职权。之后，朝廷才将守护的职权确定为监督大番、消弭谋反和逮捕罪犯，也就是所谓的"大犯三条"。守护一职顺应时代而生，行使军事警察的职责，在当时受到了世人的欢迎。地头与军粮税直接影响本所、领家及国衙的收益，难免与他们产生利益冲突，地头中也偶有借关东威严滥用职权之人。在新政实施之后，对地头的指责批判之声不断，通过院厅请求幕府处分之事也时有发生。

二、废除军粮税

通过实施新政，幕府迅速掌握了土地兵马的实权，所以无须继续执行不人道的举措。不出三个月，源赖朝就命令尚在京中的北条时政上奏申请废除军粮税。文治二年（1186年）三月二十一日，朝廷下旨废除军粮税。

三、调整地头制

应朝廷、本所及领家的要求，幕府对地头进行调查，若认定地头存在不法行为，则予以警告；情势严重者，则改任他人，并根据土地的性质和历史，在某些地区取消了地头制。文治二年六月，因畿内近国的守护、地头以军粮税为由苛待人民，幕府向院厅上奏申请，除叛国者所在的诸国和凶徒的所属领地以外，在各地即刻取消地头制。文治二年七月，幕府再次上奏请求在权门望族世袭的领地取消地头制，平氏旧领地及凶徒居住地除外。虽然并未废止该制度，但幕府为了处分地头推出了一系列新方针，这也算是对守护、地头制度的一大调整。幕府几次提到的"凶徒居住地"一词意义并不明确，若从广义理解实施，必将带来重大影响，只会招致烦扰。文治二年（1186年）十月，朝廷下旨，明令禁止对地头进行干涉，叛国者居住地除外。幕府也谨遵旨意。

四、大势已定

朝廷的法令本应严格执行，但动辄因幕府或武士的利益肆意改动。与地头制相比，守护制度虽然并未受到诸多指责，但越权妨碍国衙的守护也大有人在。然而，大势已定，朝廷也无可奈何。

第6章

改革朝廷机构

第1节 任免朝臣

一、改革朝政

在朝廷丧失兵权之后,因为平氏、源义仲及源义经的请求,源赖朝曾三次背负叛国之罪名。朝廷虽是不得已而为之,但追讨源赖朝之事天下皆知,无可挽回。前两次,源赖朝忙于迎击平氏和源义仲,无法向朝廷宣泄怒气,只能含恨忍耐。此次源行家和源义经的部队迅速溃败,源赖朝毫无后顾之忧,他开始着手改革朝政。

二、源赖朝上奏

文治元年(1185年)十二月,源赖朝上奏请求朝廷将右大臣九条兼实任命为内览①。包括九条兼实在内,源赖朝选出中意的十位公卿担任新设的议奏公卿②一职,并请求朝廷将知行国赐予各位公卿。源赖朝同时要求朝廷任命藏人头及下属官职,罢免参议③平亲宗及下属官员。先前同意讨伐源赖朝的官员及源行家和源义经的党羽被悉数罢免。源赖朝还请求朝廷罢免大藏省④长官高阶泰经及刑部长官藤原赖经,同时将二人流放。

---

① 内览,日本古时呈给天皇的文件先由摄政等大臣阅览的政务处理方法。也指阅览文件的人。
② 议奏公卿,镰仓时代的官职。由源赖朝推荐的十位公卿担任,负责和议奏朝廷的重要政务。
③ 参议,太政官的宣职之一,是仅次于大、中纳言的要职。
④ 大藏省,日本律令制下的太政官八省之一,负责统辖各官厅的出纳、各藩国实物纳税的收纳及保管贡品等。

三、后白河法皇批准

因为触犯了源赖朝的忌讳，众公卿内心惶恐不安。左大臣藤原经宗和高阶泰经此前已派遣专使赶赴镰仓，向源赖朝解释先前支持朝廷下发追讨他的院宣别无他意。当时有传闻称源赖朝曾想对二人处以极刑，但最终采取了比较缓和的处理方式，二人也深感意外。藤原经宗虽然未被罢官，但未入选议奏公卿之列，他终日惶惶不安，曾提交辞呈，但未被许可。源赖朝上奏之后，后白河法皇勃然大怒，却无法拒绝，批准了包括公卿免职、流放、任命及赐予知行国在内的诸多事宜。

四、摄政以外的内览

当时的摄政近卫基通深受后白河法皇的信赖。近卫基通与平氏有姻亲关系，他曾经支持朝廷下旨讨伐源赖朝，源赖朝对他极其反感。而源赖朝对九条兼实却极其赏识。九条兼实素有贤名，他对追讨一事的态度更是令源赖朝大为赞赏。源赖朝请求朝廷任命九条兼实为内览之时，他曾表示希望近卫基通作为藤氏长者①继续行使旧职。自古以来，天皇年幼之时便由摄政代其处理国政，同时兼任内览之职。由摄政以外之人任职内览，不仅不合情理，此前更有不吉的先例。这不过是源赖朝针对后白河法皇使用的一种外交辞令，其本意在于更换摄政。后白河法皇不忍罢免近卫基通的职务，他决定由二人共同担任内览之职。九条兼实坚决推辞，但后白河法皇还是下达了旨意。

五、更换摄政

近卫基通明了源赖朝的意图，决定不再理会朝事，朝议因此无法如期举行。同时，源赖朝一再举荐九条兼实，后白河法皇终归无法保全近卫基通的地位。文治二年（1186年）三月，后白河法皇下旨罢免近卫基通，由九条兼实代任摄政。九条兼实位列左大臣藤原经宗之上，朝廷赐其贴身侍卫，并派遣牛车听之差遣。

---

① 藤氏长者，在日本古代，长者是指贵族家族中的代表人物。藤氏长者是藤原家族的代表人物，掌管藤原家族的政治、财务和宗教等事务。

六、保留近卫基通的领地

九条兼实就任摄政以后，源赖朝担心九条兼实的领地不足，试图将近卫基通的多处领地分给九条兼实，其中包括藤原忠实通过近卫基通献给鸟羽天皇的皇后藤原泰子的领地五十余处，僴子内亲王、堀河天皇的女御①藤原苡子的领地等。同时，源赖朝还想把自己的部分领地赠予九条兼实。源赖朝上奏之后，后白河法皇极力阻止，源赖朝只能放弃。

七、后白河法皇的疑心

后白河法皇怀疑九条兼实与源赖朝私下勾结，认为二人有不合臣道的行为。然而，在公开场合后白河法皇依然不动声色。他命令九条兼实赦免了近卫基通隐居家中的处分，并赐予近卫基通贴身护卫。

第2节 开设记录所

一、源赖朝的请求

幕府逐渐掌握政治实权，在朝廷统治下的人民开始寻求幕府的保护和救济。当时，土地是人民最重要的财产，与土地相关的纠纷时有发生。守护、地头及军粮税制度实施以来，公武两家的关系更加错综复杂，各种纠纷不断发生。但本所、领家只能直接或间接地请求幕府解决纠纷。从表面上看，本所和领家的态度非常恭顺，可他们为幕府带来了诸多麻烦。为了摆脱困境，源赖朝决定重新开设记录所。文治二年（1186年）四月，源赖朝向朝廷上奏，请求朝廷将各种诉讼交与记录所负责。朝廷方面认为，因幕府势力庞大，记录所恐怕难以发挥作用，对重设记录所之事犹豫不决。文治三年（1187年）二月二十八日，在幕府的催促下，朝廷任命上卿、勾当、寄人等官员，令他们在闲院殿中门以南、内侍所南面的长廊开展工作。

二、记录所的职责

文治年间，源赖朝重新起用记录所，当时记录所负责的事务主要有两项：

---

① 女御，日本古代在天皇寝宫中地位仅次于皇后、皇太后及太皇太后的女子。

一是调查、处理诸司诸国及民众的诉讼、庄园的券契①事宜；二是呈报大型仪式的经费。

自延久年间以来，记录所的职责便是管理庄园券契。如今，除了原来的本职工作，记录所还负责受理朝廷的大小官司、地方诸国衙②及人民的诉讼。同时，朝廷每年举办各种仪式的经费也由记录所确定并呈报。此后，本所、领家若对朝廷管辖的事宜提起诉讼，幕府不能受理；若领家与地头发生争执，应该将地头传唤至记录所进行审理。然而，朝廷忌惮幕府的势力，当诉讼涉及武士或武家领地时，依然交由幕府裁决，记录所的势力微不足道。

第3节 京都的守备

一、在京都委任代表的必要性

作为朝廷重地，京都的地位举足轻重。然而，京都时有祸乱发生，幕府远在东国，不便管理。因此，幕府需要在京都委任合适的代表，既可以负责皇宫内外及整个京都的守卫，统辖西国及畿内近国，还能集中充足的兵力为幕府妥善处理各种事务。

二、大内守护

源赖光及其子孙世代担任大内守护（也有人认为从源赖光之父源满仲就开始任职大内守护）。当时在任的是源赖政之子源赖兼。文治四年（1188年），源赖兼因兵力不足请求源赖朝增兵，经过与朝廷的交涉，源赖朝将北国的御家人划归源赖兼。建久元年（1190年），源赖兼再次上报兵力短缺，源赖朝也同样上奏朝廷。之后，朝廷任命远江守安田义定为大内守护。但安田义定主要负责管理武士轮值，与源赖兼的职责并不相同。

---

① 券契，土地执照、票据、符契等的总称。
② 国衙，日本律令制下，国司（国家的行政长官）管理政务的行政机关。

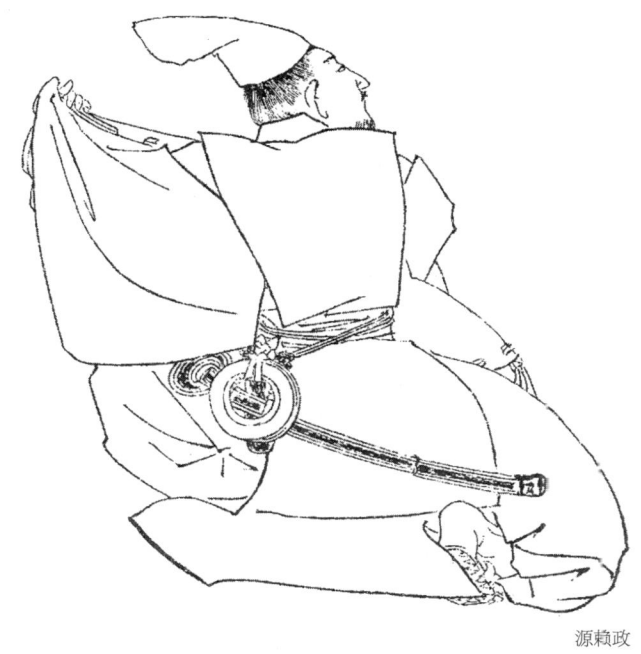

源赖政

三、内里大番

当时,全国各地的家臣都必须赶赴京都服役,行使内里①大番的职责。《承久军物语》引用北条政子的语言描述了当时的情势及大番制度的改革:

> 过去,日本国武士需服役三年,行使大番的职责——守护京都。所有武士都把此事看作头等大事,他们与同族子弟斗志昂扬地前往京都。然而,三年过后,众武士筋疲力尽,只能赤足徒步返回家中。征夷大将军源赖朝怜爱臣民,将三年期限缩短至六个月,众武士欢欣鼓舞。

由此可知,为了拉拢民心,源赖朝在执政期间将大番制度由三年缩短至六个月。

---

① 内里,皇宫,即天皇居住的宫殿。

四、大内夜行番

在京武士及其随行家臣中也有人负责皇宫的夜间巡逻，他们被称为大内夜行番。文治三年（1187年），八田知家的随从庄司太郎在任职大内夜行番期间疏于职守，被检非违使逮捕，八田知家派遣随从将其救出。经过与幕府的协商，朝廷处罚了庄司太郎，并处分了八田知家。

五、京都守护与驻京武士

文治二年（1186年），对守护制、地头制与军粮税制度的调整暂时告一段落，源赖朝召回在京都待命的北条时政，命令妹夫一条能保负责守护京都。一条能保在朝中任职，又是源赖朝的近亲，因他代表幕府的利益，朝廷对他多有忌惮。然而，一条能保并非武士出身，朝廷更加希望北条时政能够留任。随后，幕府命令北条时定就任京都守护一职，他所率领的家臣被世人称为驻京武士。当时，检非违使已经丧失实权，无法维持京中治安，幕府在必要时刻临时向京都派遣武士，他们与驻京武士共同为守护京都发挥了重要作用。

六、管辖范围

京都守护及驻京武士除维持京中治安以外，还可以受理畿内近国的诉讼，也可以前往诸国逮捕犯人。京都守护由幕府直接委任，这一职位的出现顺应了当时的形势，其职权不容置疑。

第 7 章

源行家与源义经的末路

第 1 节 源义经逃走及源行家伏诛

一、对静御前的拷问

源行家与源义经失踪后行踪不明，笔者只能参考以往史书进行推测。源义经在离开四天王寺后曾前往吉野金峰山。在与爱妾静御前诀别之后，源义经登上了多武峰。文治元年（1185年）十二月，静御前在吉野被捕，随后被交给北条时政。不久，静御前被幕府传唤询问，但她始终不肯透露源义经的下落。幕府将身怀六甲的静御前扣留在镰仓。在静御前诞下男婴之后，幕府派人将男婴淹死在由比滨，之后将静御前释放。

二、源行家伏诛

文治二年（1186年）五月左右，有传闻称源行家和源义经逃至京都附近，延历寺僧徒曾与二人正面交锋。公武两家就逮捕二人之事展开数次交涉。也有传言说源行家、源光家父子在和泉、河内两国肆意妄为。文治二年五月十二日，北条时定在和泉逮捕源行家父子，先后将二人的首级带至京都和镰仓。

三、源义经从南都逃至伊贺

在僧人圣弘的帮助下，源义经藏匿于兴福寺，住在圣弘的僧房中。不久，比企朝宗率兵围攻僧房，圣弘让源义经逃往伊贺国，比企朝宗只能无奈回到京都。

四、幕府煞费苦心

源义经一直潜逃在外，源赖朝忧心如焚。幕府抱怨朝廷行动迟缓，屡屡催促朝廷下旨命令诸国彻底搜查源义经的下落，但始终未见成效。与此同时，以守觉法亲王为首的诸位公卿，以及南都、北岭①、吉野和多武峰的诸位僧人都对源义经施以援手，幕府对此深感不平。为了恐吓朝廷，幕府声称要派数万大军在全国搜捕。此前，源义经与九条兼实之子九条良经的名字中都有"经"字，一时改名为源义行。幕府认为"行"字代表"能行"，有"能够逃走"之义，上奏要求将源义经改名为反义的"源义显"（后来，幕府又要求恢复源义经本名）。为了逮捕源义经，幕府可谓煞费苦心。然而，幕府的种种举动滑稽至极。

五、源义经投奔藤原氏

为了躲避追踪，源义经与妻子装扮成苦行僧家庭，他们途经伊势国、美浓国，转至北国，终于抵达陆奥国，受到陆奥守藤原秀衡的保护。

六、源赖朝暗中观察

文治三年（1187年）春，源义经抵达陆奥国的消息传到镰仓。文治三年九月，源赖朝假借增收年贡的理由申请探查陆奥国形势。当时，源赖朝已经察觉藤原秀衡的异心，但尚未得到准确消息。

第2节 诛杀源义经

一、藤原秀衡去世

文治三年十月，藤原秀衡因病去世，源义经深受打击。临终前，藤原秀衡命令儿子立书起誓拥护源义经。文治四年（1188年），源赖朝得到源义经藏匿于陆奥国的确切消息。文治四年二月，源赖朝请求朝廷下旨命令前任民部少辅②藤原基成和藤原泰衡追讨源义经，同时，源赖朝请求朝廷一并下发官

---

① 北岭，此处指延历寺。
② 民部省，日本古代律令制下的八省之一，掌管各地的户籍、租税、赋役等事务。少辅，八省的次官，级别次于大辅。

源赖政

符^①和院厅公文。文治四年十月，源赖朝派遣一条能保催促追讨之事，请求朝廷再次下旨下文。

二．源义经自杀

起初，藤原基成与藤原泰衡对藏匿源义经之事矢口否认，但他们也只能奉命行事。文治五年（1189年）闰四月三十日，藤原泰衡的家臣在衣川馆突袭源义经，源义经在手刃妻女后引刀自刎。藤原泰衡即刻派遣使臣前往镰仓复命，同时将源义经的首级带至镰仓。后世有传闻称，源义经此时尚在人世，他在逃至虾夷^②后潜入中国，成为清朝的先祖。然而，这种传闻只是出于对死者的不舍，并无事实依据。

---

① 官符．太政官向八省、诸国下达命令的公文书。
② 虾夷．日本明治时代以前，对北海道、千岛和桦太的总称。主要指北海道。

三、袭击贵海岛

文治三年至文治四年（1187—1188年），源赖朝命部下中原信房前往镇西剿灭贵海岛的源义经党羽。中原信房在镇西奉行人①天野远景的协助下完成使命。当时民间盛传源赖朝征服高丽，恐怕是混淆了贵海岛与高丽的地理位置。听此传言，九条兼实曾说："降伏高丽乃上古之事也，非当世之人力可为。"由此可知，传言并无依据。

---

① 镇西奉行人，也称作镇西守护。镰仓幕府为了统治镇西地区而开设的职位。

第8章

藤原氏灭亡

第1节 藤原氏与源赖朝的关系

一、奥州藤原氏

陆奥的藤原氏曾对源赖义及源义家等人俯首称臣，随着势力不断壮大，他们逐渐成为雄踞陆奥的领主，而源氏一族的势力却逐渐衰退。从地理位置上看，源赖朝在关东起兵，陆奥的藤原氏是镰仓幕府的腹背之患。民间不断传出藤原氏或与平氏联手、或与源义仲合谋夹击源赖朝的流言，源赖朝忧心忡忡。表面上，源赖朝与陆奥的藤原氏未起冲突，但考虑到二者曾经的主从关系，源赖朝的不满可想而知。

二、源赖朝与藤原秀衡

此前，藤原氏向朝廷进贡的金钱马匹都是直接运至京都。文治二年（1186年），在征得藤原秀衡的同意之后，源赖朝命其将贡品运至镰仓，再由幕府送至京都。源赖朝此举无疑是为了向朝廷彰显藤原氏为自家家臣。在写给藤原秀衡的信中，源赖朝这样写道："御馆（称呼藤原秀衡）统领陆奥六郡（指伊泽、和贺、江刺、稗拔、志波、岩手），本人为东海道总官，两地如鱼水，密不可分。"这充分彰显了源赖朝巧妙的外交手段。

三、源义经与藤原秀衡

藤原秀衡与源义经的关系匪浅,源义经成长为一代枭雄,藤原秀衡功不可没。源义经与源赖朝反目之后,藤原秀衡对源赖朝极其不满。后来,源义经饱尝辛苦逃至陆奥,寻求藤原秀衡的庇护,藤原秀衡对源赖朝的不满越发强烈。

四、源赖朝施压

得知源义经投奔藤原氏,源赖朝并未直接与之交涉,而是频繁催促朝廷追讨源义经。因藤原泰衡否认藏匿源义经,源赖朝请求朝廷一并讨伐藤原泰衡。藤原泰衡违背父亲遗命袭击源义经,并不是因为朝命难违,而是不堪忍受朝廷的追讨压力。

第2节 平定奥羽

一、果断出征奥羽

藤原泰衡听从朝廷的指示偷袭源义经,本以为如此便可与源赖朝重修旧好,事实却恰恰相反。源义经死后,源赖朝的态度丝毫未改,并再次请求朝廷讨伐藤原泰衡。文治五年(1189年)六月九日,源赖朝在鹤冈八幡宫为亡母祈求冥福,当时他就决定在祈福终了之后出兵陆奥,于是,他提前向朝廷提出申请。然而,朝廷认为源义经已死,再次出兵会对修缮中的东大寺和伊势神宫产生影响,命令源赖朝在年内停止军事行动。此时,源赖朝已做好出师准备,上千士兵集聚镰仓,如箭在弦,一触即发。老将大庭景能表示:"军队听将军之令,不听天子之诏。"认为无须等待圣命。源赖朝听从建议,决定即刻出兵陆奥。实际上,平定奥羽①是源赖朝多年的夙愿,源赖朝出兵绝非因为大庭景能之言,而是因为不想错过大好时机。朝廷也只能同意源赖朝的申请。文治五年七月十九日,朝廷下旨,委任源赖朝出征奥羽。

---

① 奥羽,陆奥国与出羽国。

二、出征部署

源赖朝决定兵分三路进军奥羽。千叶常胤与八田知家统率东海道军队,从磐城、磐前向逢隈河渡口进发;比企能员和宇佐美实政率领北陆道军队途经越后国进入出羽国;源赖朝亲率大部队从中路出发,畠山重忠任先锋。

三、在阿津贺志山交战

文治五年(1189年)七月十九日,源赖朝从镰仓出发。文治五年七月二十九日,源赖朝经过白河关。文治五年八月七日,源赖朝抵达伊达郡国见泽,在藤原泰衡的第一阵地阿津贺志山与其交锋。听闻源赖朝出征的消息,藤原泰衡在阿津贺志山修建了坚固的防御工事,还在此山与国见驿站之间修筑堤坝,从逢隈川引水储存。之后,藤原泰衡任命异母兄长藤原国衡为大将,迎战源赖朝的中路军队,自己则驻守在国分原鞭楯指挥全军,同时对抗东海道军队。藤原泰衡还命令田川行文和秋田致文出兵出羽国,迎击北陆道军队。

八田知家

四、遗　址

阿津贺志山又名国见山，位于岩代国伊达郡藤田村境内。大山周围多已变成农田，难见当年踪迹。只有半山腰至东边的逢隈河之间隐约可见战争痕迹。

五、阿津贺志山之战

为了迎战敌军，畠山重忠命令部下搬运泥沙埋入沟壕。文治五年（1189年）八月八日，畠山重忠与敌军在阿津贺志山交战。藤原国衡的军队出师不利，退至大木户。文治五年八月十日，源赖朝攻入大木户。战事正酣之际，结

畠山重忠

结城朝光

城朝光等人从土汤越迂回至大木户后方,与源赖朝军队两面夹击,藤原国衡的部队溃不成军,藤原国衡战死。藤原泰衡不战而逃。

六、占领平泉

源赖朝率兵即刻追击。文治五年(1189年)八月十二日,源赖朝抵达多贺国府与东海道军队会合,共同追剿残军。文治五年八月二十日,源赖朝抵达藤原氏首府平泉,期待与藤原泰衡正面交锋。藤原泰衡心知无力回天,纵火逃走。藤原氏三代荣华付之一炬。万幸的是,中尊寺的金色堂(也称光堂)所藏经藏①及数种佛像、经文未被烧毁,成为国宝永世流传。藤原清衡、藤原基衡及藤原秀衡三人的木乃伊也未受损害,至今尚存。

七、藤原泰衡被杀

源赖朝不费吹灰之力便占领了平泉。文治五年八月十三日,北陆道军队进入出羽国,力克田河行文和秋田致文。不久,藤原基成父子投诚,源赖朝无视藤原基成的乞求,下令在全城搜捕。文治五年九月,藤原泰衡的家臣河田次

---

① 经藏,佛教三藏之一,记录了释迦牟尼的教义。

郎杀死藤原泰衡，并将藤原泰衡的首级献给源赖朝。源赖朝在厨河对将士论功行赏。文治五年（1189年）十月二十四日，源赖朝返回镰仓。

八、大河兼任举兵

文治五年十二月，藤原泰衡的家臣大河兼任在出羽国举兵，猖獗一时。建久元年（1190年）正月，源赖朝任命足利义兼为追讨使，命令东海道和东山道军队同时出兵讨伐。建久元年二月，足利义兼在陆奥国栗原大破敌军，一路向北追击至衣川。大河兼任无力抵抗，暂时退守在多宇末井之梯。足利义兼率兵长驱直入，不久攻陷。后来，大河兼任在栗原寺被樵夫发现。此战也被称为春战。至此，源赖朝平定奥羽。

第3节 在奥羽的施政方针

一、奥州总奉行

在多贺国府滞留期间，源赖朝宣布陆奥国国务遵循藤原秀衡和藤原泰衡的先例，他善待奥羽两国人民，救济灾民，为拉拢人心付出了百般努力。源赖朝任命葛西清重总管陆奥武士，同时管理平泉的检非违使所。伊泽家景就任陆奥国留守，负责处理当地人民的诉讼。此后，伊泽家景将姓氏改为留守，与葛西清重并称奥州总奉行。留守所①负责出羽国国务，后来也处理农田丈量等事务。

二、管理奥羽两国

从地势方面考虑，只要奥羽两国未纳入幕府的管辖范围，幕府就难保自身安全。源赖朝果断出兵也是出于此种考虑。在平定奥羽之后，源赖朝谢绝了朝廷的赏赐，申请代替藤原泰衡亲自管理两国，朝廷许之。这标志着幕府开始了对奥羽两国的管理。

---

① 留守所，平安、镰仓时代，国家长官在京都时，由目代或在厅官人管理国务的机构。

第 9 章

源赖朝的黄金时代

第 1 节 源赖朝首次进京

一、源赖朝的知行国

源赖朝一人统领九个知行国，此前并无先例。这九个知行国包括相模国、武藏国、伊豆国、骏河国、上总国、下总国、信浓国、越后国及丰后国，也被称作关东分国。其中，丰后国并非源赖朝的永久领地，而是源赖朝在清除源行家和源义经的党羽时自行申请所获得的。或许因此，文治五年（1189年），在相继剿灭源义经和藤原泰衡之后，源赖朝上奏请求奉还所有领地。为了奖励源赖朝，朝廷将伊豆和相模两国作为永久领地赐予源赖朝，同时命令源赖朝上京觐见（此后源赖朝的领地也不止两国。根据《吾妻镜》的记载，此后，源赖朝曾统领八国，武藏国是其中之一）。源赖朝拜谢圣恩，向朝廷回复将于第二年上京觐见。

二、源赖朝进入六波罗宅邸

此前，源赖朝一直忙于为上京觐见准备宅邸。文治三年（1187年），源赖朝请求在山科建设新宅，因山科为后白河法皇的宠妃丹后局的领地，朝廷未许。建久元年（1190年），上京之行迫在眉睫，源赖朝决定在平清盛的故居修建宅邸，并命人即刻动工。建久元年十月三日，源赖朝从镰仓出发。建久元年十一月七日，在众将士的簇拥之下，源赖朝佩戴弓箭，骑马进入六波罗宅邸。为了一睹源赖朝的风采，前往鸭河原之人不计其数。

三、源赖朝受封

进京第二天，源赖朝在六条殿拜见后白河法皇，后白河法皇屏退旁人与源赖朝讨论政事。随后，源赖朝进入清凉殿昼御座拜见后鸟羽天皇，在鬼之间①会见九条兼实。为了奖赏源赖朝，朝廷直接任命源赖朝为权大纳言，准许佩剑进殿。源赖朝拜谢圣恩，接受佩剑的赏赐，却谢绝权大纳言的官职。朝廷并未允许。建久元年（1190年）十一月二十四日，朝廷又封源赖朝为右近卫大将。源赖朝依然谢绝任职，再次被朝廷驳回。建久元年十二月一日，朝廷为源赖朝举办了盛大的拜贺之礼。

四、返回镰仓

建久元年十二月四日，源赖朝辞去权大纳言和右近卫大将之职，命一条能保之子一条高能留守六波罗宅邸。建久元年十二月十四日，源赖朝从京都起程返回镰仓。当日，朝廷赐予源赖朝大功田②百町③，并为源赖朝的十位家臣授予卫府官职。朝廷原本命令源赖朝举荐二十位家臣，源赖朝坚决推辞。然而，朝命屡屡下达，源赖朝只能将人员减半，请求朝廷务必依例任用。

五、初次上京的目的

在平定天下以后，源赖朝首次进京主要是为了表示对朝廷的敬意。从政治角度分析，源赖朝此行也是为了沟通公武两家。当时，源赖朝奏请取缔畿内近国的不法地头。朝廷对近国一词备感困惑，甚至曾询问源赖朝近国的具体范围。最终，朝廷也并未正式看待源赖朝的请求。在京都滞留期间，源赖朝数次拜见后白河法皇和后鸟羽天皇，同时还巡游了京都内外的神社佛阁。

第2节 开设幕府政所

一、举办政所吉书始仪式

回到镰仓之后，源赖朝决定仿效公卿显贵，以前任右近卫大将的身份完

---

① 鬼之间，日本皇宫中，位于清凉殿西南的一间房屋。墙上挂有白泽王斩鬼的画。
② 功田，日本律令制下，朝廷赐给对国家有特别贡献者的输租田，分大、上、中、下四等。
③ 町，日本度量衡的面积单位。1町约合1公顷。

善幕府的组织。建久二年（1191年）正月十五，源赖朝举办政所的吉书始仪式①，公然将公文所改为政所，任命中原广元为别当，藤原行政为令②，藤井俊长为案主③，中原光家为知家事④。同时，源赖朝对已经上任的问注所执事、侍所别当、侍所所司、公事奉行人⑤、京都守护和镇西奉行人下达了正式任命。此后，公文所归属政所，专门负责文书记录的相关事务，由政所官员兼理。

二、修改公文形式

过去，源赖朝的家臣被授予官职、赐予土地，必须有源赖朝亲署的文书，同时需要奉行下发的奉书⑥。在幕府机构改革后，源赖朝决定更改公文的形式，由政所下发公文任免官员。下文附有改革后的政所公文。

前任右近卫大将政所下文

肥前国宇野御厨⑦内山代浦住民等：

任命源六郎园为地头。

此人奉命行使职权，收缴年贡交予本所，管理诸多事务，特此通知。

住民不可违抗。

案主藤井俊长（花押⑧）
令民部丞⑨藤原行政（花押）

---

① 在幕府，吉书是指在改元、征夷大将军升职或更替时首次下发的文书。
② 令，政所的次官。
③ 案主，平安时代和镰仓时代，在各官厅负责起草文书及保管的职员。
④ 知家事，政所的官职，与案主分管事务。
⑤ 公事奉行人，镰仓幕府的官职名称。负责执行政务的恩泽奉行、国家奉行等奉行的总称。奉行是日本武士执政时代的官名。负责奉命处理事务。
⑥ 奉书，传达上皇和将军之令的公文。
⑦ 御厨，日本中世神社庄园的领地。主要负责为皇室、伊势神宫、贺茂神社等提供食物或祭品。宇野御厨是位于肥前国松浦郡的御厨。
⑧ 花押，在署名下面添写的将汉字图案化的独特符号。
⑨ 令民部丞，日本律令制中的四等官之一。

知家事中原光家（花押）

别当前任因幡守中原广元（花押）

建久三年六月二日

第3节 后白河法皇驾崩及源赖朝就任征夷大将军

一、源赖朝的理想时代

建久二年（1191年）十二月，后白河法皇身体出现不适。建久三年（1192年）三月十三日，后白河法皇在六条殿驾崩，葬于莲华王院东法华堂。当时后鸟羽天皇年仅十三岁，关白①九条兼实总管政务，重大事件皆由幕府裁决后处理。源赖朝在进京时与九条兼实描述的理想时代终于到来。幕府势力如日中天。源赖朝也如愿就任征夷大将军。

二、实现夙愿

源赖朝对征夷大将军一职向往许久，但在后白河法皇执政期间终未如愿。后白河法皇驾崩以后，建久三年七月十二日，朝廷举办官员任职仪式，任命源赖朝为征夷大将军，并遣特使前往镰仓，源赖朝一时风光无限。《吾妻镜》中对此事也有简单记载：

> 源赖朝欲任征夷大将军之职，然许久未能如愿。如今后白河法皇驾崩，朝政更新，诸事需依仗源赖朝，故派御使前往通知。

三、政所始仪式

建久三年八月五日，幕府举办政所始仪式②，源赖朝亲自参加。幕府在此时已经形实兼备。此前，幕府在设立政所之时修改了公文形式，官员任免需由政所下发别当及下属官员联署签字的公文。与早期源赖朝亲署的公文相比，威

---

① 关白，日本辅佐天皇处理政务的最高职务。
② 政所始仪式，将军结婚或升迁后举办的仪式，代表政务的开始。

严略显不足。幕府的耆宿将领们对此举并不支持，千叶常胤正是其中一人。千叶常胤认为，此种公文难以被后世借鉴，所以他请求在公文中添加源赖朝的亲笔签名，以供子孙后代传阅。源赖朝同意，于当日即刻执行。之后，幕府向小山朝政下发的政所公文就附有源赖朝的亲笔文书。这也是幕府公文的一种新形式，具体如下所示：

（一）将军家政所下发
下野国日向野乡住民：
关于任命地头之事
左卫门尉藤原朝政
寿永二年八月，幕府任命藤原朝政就任地头。今日下发政所公文，尔等仍应奉命行事。

案主藤井俊长（花押）
令民部少丞藤原行政（花押）
知家事中原光家（花押）
别当前任因幡守中原广元（花押）
前下总守源邦业
建久三年九月十二日

（二）下野国左卫门尉藤原朝政
任命地头一事，同意政所下发公文。
如政所公文所述，同意朝政任命地头一职。

源赖朝（花押）
建久三年九月十二日

四、废除镇守府将军

源赖朝就任征夷大将军之后，其后代可世袭担任此职。《职原抄》①中记

---

① 《职原抄》，日本的官职制度书。叙述律令制以来的官职起源和变迁。

载："源赖朝就任后，朝廷重征夷废镇守。"其实，朝廷废除镇守府将军①并非因为对征夷大将军的重视，而是在陆奥、出羽两国归于幕府管辖之后，镇守府将军自然不再需要。

第4节 二度进京

一、曾我兄弟复仇、源范赖之死

此后数年，幕府局势稳定，曾我兄弟复仇与源范赖之死是仅有的波澜。建久四年（1193年）六月，源赖朝结束在入间野和那须野的狩猎活动，前往富士野开始第二次狩猎。当时，曾我祐成、曾我时致兄弟为父报仇，杀害工藤

曾我祐成

曾我时致

---

① 镇守府将军，日本在奈良时代至平安时代所设的一个令外官，职掌陆奥北方的防务。

祐经。建久四年（1193年）八月，源范赖受到此事牵连，源赖朝将其逐至伊豆国，后杀之。北条时政是曾我时致的乌帽父母①，曾我兄弟奉北条时政之命向源赖朝复仇也不无可能，然而此事没有定论。曾我兄弟百折不挠、得偿所愿的故事被后世传为佳话。源义经死后，源赖朝因嫉妒之心对源范赖早有不满，源范赖逆来顺受，最终却落此下场。而源范赖是否怀有异心根本无须深究。

二、二度进京的目的

建久六年（1195年）二月，源赖朝决定二度进京。此前，在皇室和幕府的大力支持下，南都与东大寺的修缮告一段落。源赖朝此行的主要目的是前往东大寺参加大佛供养仪式。

三、公武方面对重建东大寺的支持

治承四年（1180）十二月，东大寺与兴福寺被平重衡烧毁。重源奉后白河法皇之旨就任东大寺大劝进一职，掌管东大寺修缮事务。寿永二年（1183年），重源请宋人陈和卿铸造东大寺大佛头。文治元年（1185年），后白河法皇亲临大佛开眼仪式。朝廷将周防国赠予东大寺作为修建东大寺的料所②，后又将备前国献给东大寺，命令重源管理备前国国务。源赖朝也极力配合，不仅捐出巨资用于补充修建东大寺的原料，还命令诸国守护在国内举办募捐活动，为供养仪式筹集资金。源赖朝还命令家臣直接参与佛像和戒坛院的建造，要求他们以对待公务之心投入此事，对家臣提出严格的要求。东大寺再建也未曾受到战争的影响。文治二年（1186年），寺院举办杣始仪式③。建久元年（1190年），寺院举办上梁仪式。此后，举办大佛供养仪式的时机终于到来。

四、大佛供养仪式

建久六年（1195年）三月四日，源赖朝携夫人北条政子、嫡子源赖家及女儿赶赴京都，入住六波罗宅邸。建久六年三月十二日，源赖朝陪同后鸟羽天

---

① 乌帽父母，代父寺的形式之一。日本主要指武士家的男孩举行成年戴冠仪式时，代其父母为之戴黑漆帽、改乳名取正式名字的人。
② 料所，专门用于特别用途的领地。
③ 杣始仪式，为修建寺院，在砍伐木材之前举行的仪式。

皇和皇太后七条院①亲临东大寺，参加了盛大的供养仪式。源赖朝命令和田义盛和梶原景时在寺院内外严加守护，自己携北条政子等人陪同后鸟羽天皇观看仪式。此后，修缮工程不断完善，建仁三年（1203年）十一月，东大寺举办总供养仪式。

五、源赖朝的态度

从表面上看，源赖朝此次上京仍然没有明显的政治意图。在京期间，源赖朝与妻子在京都附近探访了石清水八幡宫、六条若宫等多处神社和寺院。源赖朝也屡次进宫与九条兼实谈论时事，与在京申次②吉田经房讨论政事得失。源赖朝充分利用了在京都的大好时机，而且毫不掩饰。与上次进京相比，源赖朝此次在京都的停留时间稍长。建久六年（1195年）六月二十四日，源赖朝离开京都。建久六年七月八日，源赖朝回到镰仓。

---

① 七条院，即藤原殖子，后鸟羽上皇的母后。
② 申次，在将军府邸向将军传达拜访者姓名及事情的人。

第 10 章

后鸟羽天皇让位

第1节 一条能保、一条高能父子去世

一、一条能保的无能

源赖朝对京中情势缺乏了解,而土御门通亲精通谋略、机智过人,源赖朝决定趁机拉拢土御门通亲一党。在这种形势下,作为幕府势力的代表,一条能保的举动值得期待。根据《愚管抄》的记载,一条能保一度病重,之后便皈依佛门。病愈以后,一条能保曾进宫觐见,但面对政坛巨变,似乎显得茫然无措。一条能保生病、出家皆是在建久五年(1194年)闰八月,至于其何时病愈并无详细记载。此后,一条能保的气势大不如前。然而,一条能保之子一条高能就任参议,女婿西园寺公经越过六位公卿一举成为藏人头。由此看来,一条能保的家族似乎并未受到影响。

二、一条高能与三幡

建久八年(1197年)十月,一条能保去世,二十一岁的一条高能继承家业。倚仗父亲的势力,一条高能权倾一时。此前,北条政子想把长女大姬嫁与一条高能,遭到大姬的拒绝。大姬曾与源义仲之子源义高定有婚约,源义高死后,大姬始终郁郁寡欢。建久八年七月,大姬去世,一条高能匆忙赶赴镰仓吊唁。此后有传言说源赖朝将携次女三幡上京,土御门通亲等人认为源赖朝的目的是将三幡送入宫中,故设计百般阻挠。根据《尊卑分脉》[①]的记载,三幡后

---

① 《尊卑分脉》,日本南北朝末期成书的族谱集。收录源、平、藤原、橘等主要宗族的族谱。

来被封为女御，然而缺少事实依据，根本不足为信。笔者推测，源赖朝此次上京是为了向一条高能解释情况并讨论善后之策，同时欲以次女三幡代替大姬嫁与一条高能。

三、一条高能早逝

源赖朝夫妻对一条高能寄予厚望，希望一条高能成为第二个一条能保，为幕府在朝中扩张势力。然而没过多久，建久九年（1198年）九月，一条高能早逝。作为幕府的近亲，一条能保在京都周旋于公家与武家之间，势力盛极一时。一条能保去世不过数年，其家族迅速由盛转衰，世人将此事归结于一条能保修建朱雀门一事。而且一条能保家族的不幸不止如此。正治二年（1200年）七月，一条能保之女（七条殿）在产后不久去世。七条殿是九条良经之妻，她生下了九条道家等七位子女。《明月记》①中曾经提及一条能保家族："藤原家族灭亡恐怕是因为鬼神作祟。而且灾祸连年发生，更可说明此事。"一条能保父子接连去世，幕府在朝廷痛失帮手，可谓损失惨重。

第2节 土御门天皇即位

一、源博陆

土御门通亲等人的政治阴谋得逞，外界诸多事宜进展顺利，他们的政治欲望也越发强烈。土御门通亲已权倾朝野，无人可及，世人称其为源博陆。关白近卫基通已经有名无实。土御门通亲还将养女送入宫中。后来，土御门通亲的养女受封承明门院，为皇室诞下第一皇子。土御门通亲的野心显而易见。

二、后鸟羽天皇决意让位

后鸟羽天皇已经成年，却碍于幕府势力无法亲政，甚至连出行都受到诸多阻碍。为了掌管朝政，后鸟羽天皇急于摆脱幕府的控制。土御门通亲察觉圣意，他决定趁此机会巧施离间之计。建久八年（1197年），后鸟羽天皇将决

---

① 日本藤原定家的日记。记录了治承四年（1180年）至嘉祯元年（1235年）朝廷与幕府的关系及歌道、书道的见闻等。

意让位之事告知幕府，寻求幕府的支持。源赖朝表示，扶持幼帝实为下策，请求后鸟羽天皇恩准此前离宫的中宫再次入宫。让位计划中途受阻，后鸟羽天皇并未气馁，他命令大江公朝屡赴镰仓传达圣意，源赖朝终于勉强同意。建久九年（1198年）正月四日，大江公朝回京复命。

三、让 位

让位一事尘埃落定，皇储问题却尚未解决。此时，后鸟羽天皇年方十九，大皇子为仁四岁，二皇子长仁三岁，三皇子守成不过两岁。后鸟羽天皇命人占卜，大皇子为仁的占卜结果为吉，朝廷一致决定立为仁为皇储。只是，为仁外祖父乃佛门中人，不免遭人议论。土御门通亲主张，若幼帝在两岁或三岁即位，也许会招致大祸，史上曾有过此种先例。近卫基通也表示确立皇储不应计较其外祖父身份，同意土御门通亲的主张。后鸟羽天皇将朝议结果告知幕府，未等幕府上奏，就于建久九年正月十一正式立为仁为皇太子，即日举行让位仪式。为仁就是此后的土御门天皇。近卫基通改任摄政，后鸟羽天皇被尊为太上天皇。

土御门天皇

四、源赖朝计划三度上京

短短数日之间，天皇退位，新皇登基，朝野上下一片哗然。源赖朝也对此事心存芥蒂。因朝政诸事不遂其意，源赖朝曾在写给九条兼实的信中吐露不满，并表示将于建久十年（1199年）再度上京，以期重振朝纲。源赖朝认为，通过此行定能寻得匡扶朝政之良策，并重振幕府的势力。他还表示，土御门通亲一党听此传闻必会大惊失色。

第11章

源赖朝逝世

第1节 伟人逝世的影响

一、源赖朝死因

建久九年（1198年）冬，源赖朝罹患重病。正治元年（1199年）正月十一，源赖朝病入膏肓，剃度出家。正治元年正月十三，源赖朝撒手人寰，时年五十三岁。《猪隈关白记》中曾记录了源赖朝死于饮水重病①的传言。但根据《吾妻镜》的记载，建久九年十二月二十七日，源赖朝在相模川参加大桥落成典礼，在返程途中不慎落马，恐怕这才是源赖朝的真正死因。

二、世人惋惜

回顾源赖朝的政治生涯，功过是非暂且不论，自治承四年（1180年）起兵以来，源赖朝拨乱反正，巩固朝纲，立下的奇功无人能及。世人也将源赖朝去世看作国家大事，他们对源赖朝之死深感惋惜，难以抑制心中的悲痛。《明月记》中曾这样描述了当时的情形："朝中从未发生如此大事，形势非常紧张。"

三、源赖朝的风采

源赖朝不同于普通武士，他举止文雅，文采横溢。《源平盛衰记》中曾

---

① 饮水重病，日本古时糖尿病的说法。

描述了源赖朝领旨就任征夷大将军的情形。书中写道，源赖朝脸庞大而长，容貌华美，体态优雅，语言清晰，书中的描述虽然不太详细，但足可展现源赖朝的风采。源赖朝被称为大头将军也是源于此书。

四、源赖朝葬于大仓山

因《吾妻镜》自建久七年（1196年）至正治元年（1199年）的资料缺失，所以源赖朝去世前后的史料并不充足。源赖朝的遗体被葬于幕府后面的大仓山。供奉源赖朝牌位的佛堂后来更名为法华堂，源赖朝生前所用佩剑等遗物皆存放于此。法华堂别当行慈管理源赖朝的遗物，负责每月的祭奠法事。源赖朝死后十二年，即建历元年（1211），当时的歌人鸭长明曾探访此地，他在法华堂廊柱上留下和歌一首，表现出对此情此景的无限感慨：秋霜消逝草木枯，山风瑟瑟抚青苔。

五、岛津氏改建墓穴

现存的五轮塔是近代由岛津氏改建而成的。《尘塚谈》①中曾记录了与此相关的一则趣谈。据此书记载，源赖朝之墓原本只是三尺有余、长满青苔的五轮小石塔。安永八年（1779年），岛津重豪②在附近修建岛津忠久③之墓时，同时扩建了源赖朝的墓穴。当时有人目击此事，曾感叹道，日本总追捕使源赖朝之墓本是质朴的古代遗迹，可用来规劝世人，盲目扩建实在是欠缺考虑。

六、白旗神社

鹤冈八幡宫西面有一座小祠堂，叫作白旗明神。这里供奉着源赖朝的牌位，据传是源赖家请求朝廷赐予神号后修建的。这种说法虽然并不可信，但此祠堂的确历史悠久。后来，关东管领④在每年年初先后在白旗明神和鹤冈八幡宫拜祭，皆是遵循镰仓时代的古制。明治五年（1872年），白旗明神搬迁至

---

① 《尘塚谈》，小川显道的随笔集。描写了日本的风俗文化。小川显道为江户后期的医生。
② 岛津重豪，江户后期的大名。岛津氏第二十五代当家，萨摩藩的第八代藩主。第十一代将军德川家齐的正室广大院的父亲。
③ 岛津忠久（？—1227），平安时代末期至镰仓时代前期的武将。镰仓幕府的御家人。岛津氏的祖先。
④ 关东管领，日本室町幕府的官职名称。主要负责辅佐征夷大将军。自贞治二年（1363年）上杉宪显担任此职之后，由上杉家族世袭。

鹤冈八幡宫以东的现址，改称白旗神社。源赖朝作为一代稀世之才，供奉他的神社却无法享受官币①，源赖朝墓穴更是受到风霜雨露的侵蚀，当今太平盛世却有如此疏漏，实在不该。

七、武家典范

源赖朝虽死，他的卓越功绩与伟大思想却永传后世，有形或无形地影响着每一代人。源颛朝实施的几项重要政策具有深远的影响，他本人成为后世幕府统治者的典范。

第2节 源赖朝对家臣的政策

一、御家人制度

源赖朝举兵以来，无论源氏历代家臣或平氏家臣，只要宣誓诚意服从，皆可归至其麾下，成为光荣的关东御家人。源赖朝或承认他们的原属领地，或赐予新的领地，皆会给予他们特别保护。御家人类似于江户幕府时代的旗本②，其地位高于武士之外的平民，即凡下；也高于御家人之外的武士，即非御家人。御家人是代表荣誉的特殊阶级。同时，源赖朝也在诸多方面控制着御家人。御家人有义务以内里大番的身份在皇宫服役，无人可免。因为朝廷官职象征名誉，御家人若想在朝为官，需要源赖朝亲自举荐，并遵守成功③以外的普通制度，绝不允许私自接受官职。源赖朝对御家人的官位级别也有限制，禁止御家人担任幕府认定的朝中要职，受领④除外。违反者会被立即处分，源赖朝还会请求朝廷撤销其官职。为了巩固武家社会的中心势力，源赖朝身体力行，避免了京都的歪风恶习，维持并发挥了武士特色。

---

① 官币，日本律令制下天地神祇官在祈年祭、月祭、新尝祭等节日进贡的币帛。能够享受官币的神社叫作官币社。
② 旗本，日本江户幕府时代直属征夷大将军的武士，有拜谒征夷大将军的资格。
③ 成功，日本平安中期以后执行的一种卖官制度。为朝廷造宫建寺等捐献费用的人可以当官。
④ 受领，"国司"的别称。一般指到任职之地，实际上担任负责行政的国守、权介或权守的职务。

二、宣扬崇武节俭的风气

源赖朝对武士的道德与能力都很重视,要求武士尊重并恪守礼义廉耻,提倡节俭,奖励武术高超之人。源赖朝目睹筑后国权守[①]藤原俊兼身穿华服,用随身佩刀毁其衣衫,以惩戒奢侈之风。而精于骑射之人,即使是罪犯俘虏,也可获释成为御家人。若有无故疏于职守或行为卑劣之人,源赖朝也绝不姑息。在追讨藤原泰衡之时,叶山宗赖私自脱离队伍,逃回领国,源赖朝即刻没收其领地;因惧怕曾我祐成兄弟夜袭,常陆国久慈郡的家臣临阵逃脱,源赖朝也给予相同处分。

三、鼓舞士气

建久四年(1193年),曾我时致袭击源赖朝营地,杀害源赖朝的宠臣工藤祐经。为报杀父之仇,曾我兄弟隐忍多年,苦心经营,源赖朝被二人感动,决定赦免二人的死罪。但工藤祐经之子苦苦哀求,源赖朝不得已才诛杀二人。曾我兄弟死后,源赖朝将他们的遗书珍藏于文库,免除曾我庄的租税,为二人祈求冥福。由此也可看出源赖朝爱护人才,重视武道之心。源赖朝的军队也因此士气大振,形成了镰仓幕府的精神支柱。后世宣扬的武士道精神正是在此时开始萌芽的。

第3节 源赖朝的复古政策

一、针对平氏和源义仲采取的复古政策

源赖朝在平氏和源义仲的弊政之后掌握政权,因此,从政治角度考虑,他应该采取与二者相反的政略。为了收揽民心,源赖朝决定首先恢复被平氏和源义仲损坏的诸多设施。笔者将这种做法称作源赖朝的复古政策。

二、修建神社、寺院和皇宫

文治二年(1186年),在推行政治举措的同时,源赖朝向朝廷建议修建在战争中损坏的各国神社及寺院。上奏之后,源赖朝即刻命令东海道诸国的守

---

① 权守,日本律令制下守(一国的长官)的权官。权官是指定员以外的官员。

护在各自境内调查，查看合祭神社、国分寺①及尼姑庵的破败情况。之后，源赖朝又上奏请求修建禁宫、法皇住处及皇宫，并由自身的知行国筹集修缮经费。朝廷批准了源赖朝的请求，命其立刻着手修建内里皇居和鸟羽殿②，之后又命其修建皇宫。朝廷命令其他各国负责修建皇宫的经费，但各国多有懈怠，大部分经费仍由源赖朝的知行国承担。当时源赖朝已开始修建内里皇宫和六条殿③，在写给后白河法皇的回奏文书中，源赖朝这样写道："宫中之事为朝中大事，源赖朝定会尽个人愚力四处奔走，完成朝廷嘱托。"在修建工作完成之后，源赖朝谢绝朝廷的封赏，将天子的赞誉视为无上光荣。

三、社寺修建上卿

源赖朝上奏以来，朝廷决定选拔一位上卿总管社寺修建事宜。文治二年（1186年）六月，朝廷任命吉田经房为社寺修建上卿。当时，修缮经费极其匮乏，修建工作也进展缓慢。文治三年（1187年）四月，工事拖延，后白河法皇万分苦恼，吉田经房担负起督促之责。

四、代表性建筑

源赖朝此番作为促进了神社与寺院的兴旺。在朝廷和幕府的保护下，以伊势神宫、石清水八幡宫、宇佐八幡宫、住吉神社、鹿岛神宫为代表的诸多神社，以及东大寺、东寺、兴福寺、高野山大塔和不动堂等多家寺院修缮完毕。幕府还新建了胜长寿院和永福寺等寺院。很多寺院和神社至今仍受到国家的重点保护。

五、大劝进层出不穷

当时朝廷国库亏空，无法举办各种仪式，只能依赖以任官为目的的捐款，即成功制度。而修缮社寺这种大型工事需要多方经费，仅靠国库与任官者的捐赠远远不够。为使修缮工事顺利进行，朝廷只能倚仗德高望重的僧人号召全国广泛募捐，并在诸多方面给予特权。在此种情形下，文觉、重源和荣西等热心能干的大劝进应时而生。文觉等人虽然傲慢刚愎，对王侯将相不屑一顾，

---

① 国分寺，日本圣武天皇为镇护国家下令在各藩国兴建的寺院。
② 鸟羽殿，后白河法皇让位后在山城国鸟羽建造的离宫。
③ 六条殿，后白河法皇住址，文治四年（1188年）四月被烧毁。

但他们本领出众，精明强干，完成了众多寺院的修缮工作，对历史文化贡献良多。特别是高僧重源，他穷其一生修建了无数佛堂、佛塔与佛像，还修筑公路、建设港口、搭建桥梁，造福了无数百姓。

第4节 美术工艺的发达

一、宋朝工艺人的手艺

社寺修缮工作虽未如期完成，日本的工艺美术却发展起来。大劝进本身既非建筑家，也非美术家，但他们招揽了众多优秀的工艺人大展身手。提起东大寺大佛与大佛殿，世人总会把重源与宋朝人陈和卿联系起来。陈和卿被重源任命为东大寺的总工匠长，他仗着技艺高超，蔑视当地工人，甚至对重源之命置若罔闻。但重源宽以待之，陈和卿也得以发挥绝技。《东大寺续要录》中曾记载，李宇其人，因造寺之功，得俸田五町。这里提到的李宇恐怕也是宋朝人。《东大寺造立供养记》中也曾提到，东大寺现存的石狮出自宋人六郎等四人之手，所用石材均从宋朝购入，仅搬运费就达三千余石。

二、名匠辈出

此时，优秀工匠不断涌现，他们适应时代风尚，在建筑、雕刻和绘画领域发挥各自技巧，屡屡创造出别出新裁的作品，展现出时代特色。单纯从美术角度来看，某些作品可能有少许退步，但比起藤原式的纤巧柔弱，这些作品已逐渐变得强健奔放，形成了比较理想的写实风格。其中，藤原隆信、藤原信实父子以人物画见长，宅间胜贺擅长佛画，运庆、湛庆、快庆和定庆为著名的造佛师。工艺美术的发展为当时的社会带来了些许活力，抵御了不良风气，这也可以看作源赖朝施行复古政策的间接效果。

第 12 章

土御门通亲的活动

第1节 源赖朝去世以后的官员任免情况

一、土御门通亲得势

建久九年（1198年）正月，土御门通亲就任后院①别当。后鸟羽天皇退位之后，土御门通亲成为院司长老，掌握院厅的实权。九条兼实在《玉叶》中这样写道："土御门通亲突然就任后院别当，皇宫仙洞②皆受其掌控。现今他独掌朝政，世人称之为源博陆，后又称其土御门。通亲借天皇外祖之名独步天下之日，可拭目以待。"土御门通亲在朝中的地位由此可以想见。

二、源赖朝去世后的朝廷形势

源赖朝之死给土御门通亲等人带来了绝好的机会，他们认为此后前途将一片光明。此前，朝廷刚刚举行春季任职仪式，源赖朝去世不过七日，朝廷再次举办临时任命仪式，罢免了右大臣藤原赖实的右近卫大将之职，由权大纳言土御门通亲兼任。本应被罢职的源赖朝之子源赖家却被任命为左近卫中将。当时，土御门通亲一人决定官员任免，绝对不容他人置疑。与建久九年正月五日的任职仪式相同，此次任免也出自土御门通亲一人之意，摄政完全不知内情。早在后鸟羽天皇让位之时，民间就盛传土御门通亲将利用外戚身份担任大臣或

---

① 后院，皇宫以外的离宫，经常为退位后的上皇居住。
② 皇宫仙洞，上皇、法皇居住的宫殿。也指上皇或法皇。

大将军之职，如今土御门通亲也正如民间传闻所说，逐步达成了部分愿望。外界甚至有传言，在秘密得知源赖朝去世的消息后，土御门通亲一党即刻举办了此次任免仪式，翌日又假装毫不知情，关门表示哀悼。不过，土御门通亲也曾劝诫后鸟羽上皇为源赖朝诵经祈福。在此次任职仪式中，土御门通亲再次发挥巧思，他不仅没有罢免源赖家的官职，反而授予其要职，这与过去九条兼实一门遭贬黜时他任命一条高能、藤原公经的做法如出一辙。

第2节 正治元年的疑案

一、清除武家势力

源赖朝去世以后，天下风云突变。因为一条能保未能善终，民间盛传一条能保的原下属左卫门尉中原政经、后藤基清和小野义成三人，即所谓的三左卫门，将偷袭土御门通亲。土御门通亲深感形势紧迫，他躲在后鸟羽上皇的宫中。同时，土御门通亲命令京中武士加强戒备，他将三人逮捕后带至院中，并通过中原广元向幕府施加压力，要求幕府处分三人。京中武士将三人送至驿站，但幕府拒绝接收，希望将他们遣返至京都，听凭朝廷的裁决，同时，幕府派中原亲能进京，处理善后事宜。此后，后藤基清被免除赞岐守护一职。一条能保的近亲西园寺公经、藤原保家及左马头源隆保也因此事被暂时停职。后来，源隆保被罢免官职，并因谋反罪名流放至土佐国。曾经备受幕府推崇的僧人文觉也在此时被流放到佐渡国。

二、铲除异己

当时，外界盛传有多位公卿因此事牵连而受到处分，九条兼实一门尤其不安。然而，藤原家族最终平安无事。根据《平家物语》的记载，文觉被流放是因其有反叛之心，但这种说法根本不足为信。利用当时的大好时机，土御门通亲铲除了亲近幕府之人，巩固了自身的势力。

三、土御门通亲成为大臣、大将军

政治上的胜利给土御门通亲带来了诸多战果。正治元年（1199年）六月二十二日，在任免大臣的宴会上，土御门通亲终于达成夙愿，就任内大臣。土御门通亲的政敌九条兼实之子内大臣九条良经也免于责难，他终于结束闭门思过的惩罚，荣升左大臣。《愚管抄》中曾记载，对九条良经的任命虽然出自后鸟羽上皇的旨意，但其实是土御门通亲的谋略，这正是他最得意的奇谋之一。

第3节 守成亲王被立为皇太弟

后鸟羽上皇传位于土御门天皇主要是因为占卜结果，绝非出自后鸟羽天皇的本意[1]。后鸟羽上皇对承明门院的宠爱也逐渐转移至修明门院，他非常疼爱守成亲王，在守成亲王四岁时，还决定将守成亲王立为皇储。善于审时度势的土御门通亲不仅未予阻止，反而极力促成此事。正治二年（1200年）四月十五日，守成亲王被立为皇太弟，土御门通亲成为皇太弟师傅。此事再次体现了土御门通亲的圆滑世故，也展示出他非凡的政治才能。

第4节 朝幕关系大变

一、院政的第一阶段

土御门通亲得势以后，后鸟羽上皇的院政[2]也进入了第一阶段。土御门通亲利用出众的谋略抑制了幕府的专政，奠定了院政的基础。立皇太弟之时，土御门通亲也未曾提前知会幕府。若发生紧急事态，土御门通亲会直接命令幕府的京都守卫或驻京武士，要求他们以追讨使的身份行使征伐之责，或是率领官兵负责京中警卫。

二、处分佐佐木经高

正治二年七月，淡路、阿波、土佐三国的守护佐佐木经高秘密得知大和国有逆贼谋反，他在京都集结兵力，以做好应对的准备。身为京都警卫，佐佐

---

[1] 出自《五代帝王物语》。——原注
[2] 院政，天皇让位后作为太上皇或法皇继续处理国政的政治形态。

木经高擅自举兵扰乱京都，后鸟羽上皇勃然大怒。幕府顾及佐佐木经高曾立下卓越战功，试图从宽处理，朝廷方面却多加责难，不允许从轻发落。幕府只能免除佐佐木经高的三国守护之职，没收其所有领地。建仁元年（1201年），佐佐木经高上书辩解，幕府赦免了他的罪行。

三、追讨柏原弥三郎

正治二年（1200年）十一月，近江国武士柏原弥三郎违背圣意，京都武士奉命追讨。正治二年十二月，幕府任命涩谷高重和土肥惟光为追讨使。在二人的军队到达之前，朝廷官兵已先行攻破柏原庄，柏原弥三郎不知去向。建仁元年五月，佐佐木信纲将其诛杀。

由此可见，朝廷与幕府的关系已不复从前，这也是源赖朝之死带来的间接影响。

第 13 章

源赖家治世

第1节 幕府政治局面的改变

一、源赖家继承家业

源赖朝之死在实质上促进了幕府的变革。正治元年（1199年）正月，源赖朝之子源赖家就任左近卫中将。正治元年正月二十六日，源赖家奉旨继承家业，其家臣随从仍作为诸国守护行使旧职。

二、北条政子与北条时政

源赖家上台以后，冷落幕府重臣，沉迷宴会出游，逐渐丧失民心。幕府的实权落入源赖朝的遗孀北条政子手中。北条政子之父北条时政逐渐展露出野心，形成专权的基础。自幕府开设以来，北条时政一直兼任源赖朝的顾问，并参与重要国政事务，在源赖朝的严密监视之下也难掩其出色的政治手腕。

三、源赖家的政治

幕府的政治开始呈现出一种异常的局面。为了避免源赖家徇私舞弊、妄断是非，在他继承家业后不久（正治元年四月十二日），幕府就禁止源赖家独立裁决诉讼，改由北条时政、北条义时、中原广元和三善康信等十三位亲族旧部协议裁决。源赖家也即刻下令，除近臣小笠原长经等五人之外，禁止任何人入内拜见，违反命令者将严加惩处，不准抵抗。同时，源赖家还下发文书规定，凡是御家人在治承、养和年间以后获得的封地，只要超过五百町，就要被削减，转赐给没有领地的近臣。由于三善康信的谏言，削减超出封地的命令得以推迟执行。源赖家毫无政治常识，令人担忧。而且幕府只是暂时限制了源赖家独立裁决诉讼的自由。根据《吾妻镜》的记载，源赖家此后曾前往陆奥国葛田郡新熊野神社，亲自裁决僧人领地争端一事。他执笔在地图中央画一直线作为宣判结果，二人领地大小全凭运气。

四、骄纵与反抗

建仁二年（1202年），源赖家就任征夷大将军，官阶升至从二位。源赖家虽然不像世人所说的那样愚钝不堪，但他的确骄纵任性，他不堪忍受幕府众臣的压迫，最终自暴自弃。

第2节 诛杀梶原景时

一、梶原景时任侍所别当

自养和元年（1181年）初次拜见源赖朝，梶原景时便深知源赖朝的弱点，并刻意迎合。在幕府之中被梶原景时中伤之人不计其数，源义经也是其中一人。然而，梶原景时始终深受源赖朝的信任，他在幕府担任侍所所司，同时兼任御厩别当，权倾一时却并不满足。建久三年（1192年），梶原景时在别当和田义盛身上找到了可乘之机。在和田义盛休假期间，他暂代侍所别当，直至和田义盛结束休假，梶原景时仍继续留任。源赖朝去世以后，梶原景时仍被源赖家重用。作为两代元老，梶原景时恃宠而骄，幕府上下怨声载道。

二、同僚结盟抵抗

正治元年（1199年）十月，梶原景时偶尔听闻结城朝光曾说"忠臣不事二君"，将结城朝光怀有异心之事告知源赖家。结城朝光担心引火上身，向三浦义村求救。三浦义村与和田义盛、足立盛长合谋，他们联合千叶常胤、畠山重忠、小山朝政等六十六位重要家臣联名上书，要求源赖家处分梶原景时。正治元年十二月，梶原景时被逐出镰仓，其宅邸也被没收。

三、梶原景时战败

梶原景时率领部下前往相模国一之宫，在此处驻寨扎营。他善于玩弄权术，绝不可能坐以待毙。梶原景时号称自己奉旨接管镇西领地，并拥戴武田信光纠合当地武士，企图举兵谋反。正治二年（1200年）正月，梶原景时与儿子和部下离开一之宫，赶赴京都，幕府派三浦义村等人追剿。在抵达骏河国狐崎时，梶原景时等人遭到当地武士的伏击，梶原景时战死。

四、幕府的赏罚

梶原景时出走的消息传至京都，朝堂上下备感惶恐，朝廷甚至命人作法祈求平安。在幕府派遣使者上报梶原景时战死的消息之后，朝廷才终于安心，众臣的喜悦之情溢于言表。此后，朝廷开始在京都及地方诸国大肆搜捕梶原景时的余党，受到处分之人不计其数。幕府罢免梶原景时的美作国守护之职，没收梶原景时父子的所有领地，同时奖励有功将士，恢复和田义盛为侍所别当。

五、众将领的优势

梶原景时伏诛虽咎由自取，但与源赖家无法统率部下也有很大关系。面对众将领的联名请求，源赖家无法拒绝，幕府一度陷入无政府状态。源赖家威信由此丧失殆尽，已无能力统御家臣。《愚管抄》认为梶原氏的灭亡与源赖家有直接关联，书中主张因为源赖家不善用人才导致了梶原事件的发生。笔者认为这种观点有一定道理。

第3节 叛徒频出

一、陆奥国芝田氏造反

源赖家继任征夷大将军以后，各地造反之徒接连出现。正治二年八月，陆奥国芝田三郎拒绝幕府的召见，幕府派宫城四郎出兵讨伐。宫城四郎攻下陆奥，诛杀芝田三郎。

二、城长茂造反

建仁元年（1201年）正月，越后国武士城长茂率兵拜谒二条殿，请求后鸟羽上皇赐旨讨伐源赖家。当时，后鸟羽上皇秘密出访，不在宫中。城长茂未达目的，仓皇逃走。之后，城长茂在吉野自杀，其余党皆被诛杀。

三、城长茂与梶原景时

城长茂曾与平氏结盟攻打源义仲，最终以失败告终。文治五年（1189年），城长茂被特许以囚徒之身加入征奥军队，因立下战功得以恢复领地。此次，城长茂匆忙举兵，动机虽然尚不明确，但恐怕与梶原景时有关。城长茂在狱中曾蒙受梶原景时的恩惠，日后也曾协助梶原景时举兵谋反。后来，城长茂之侄城资盛在越后国举兵，幕府命令佐佐木盛纲率同家臣予以讨伐。佐佐木盛纲攻破鸟坂城，大胜城资盛军队，俘虏了城资盛的姑母、有名的女武将板额御前。

四、阿野全成造反

建仁三年（1203年）五月，源赖朝之弟阿野全成企图谋反。事情败露以后，阿野全成被流放到常陆国，之后伏诛。

第 14 章

土御门通亲去世

第1节 土御门通亲去世后的官员任免

一、土御门通亲猝死

自建久七年（1196年）的政变以来，土御门通亲在宫中和院中充分发挥了出色的政治才能。建仁二年（1202年）十月，土御门通亲暴毙，享年五十四岁。即日土御门通亲被追授从一位。《愚管抄》中曾记载，土御门通亲的死讯被秘密上报宫中，其朝敌十分震惊。

二、院政的第二阶段

后鸟羽上皇退位后不过一年，源赖朝便离开人世。后鸟羽上皇也无须忌惮幕府的势力，他每日沉迷蹴鞠，享受出游，甚至任由后宫干涉朝政。土御门通亲得势之后，朝廷任官叙位①皆由土御门通亲掌控。土御门通亲去世之后，后鸟羽上皇得以亲政，这标志着院政进入了第二阶段。后鸟羽上皇的首要举措就是更换内览和藤氏长者。

三、摄政更替

土御门通亲去世后的第二个月，后鸟羽上皇罢免近卫基通的藤氏长者之职，由左大臣九条良经代之。九条良经同时兼任内览。文治元年（1185

---

① 任官叙位，指被授予官位级别。

年），九条兼实曾在近卫基通任职摄政期间就任内览。此次任命的目的与任命九条兼实的情形如出一辙，主要是为了给摄政施加压力，逼迫摄政辞职。此后，近卫基通上书请辞，其子近卫家实也闭门隐居。建仁二年（1202年）十二月，朝廷罢免近卫基通的摄政之职，由九条良经代之。太政大臣藤原赖实成为皇太弟师傅。流放在外的僧人文觉奉命回归（与此同时，近卫家实也走出家门）。

四、后鸟羽上皇的思虑

由于此次任免发生在土御门通亲去世后不久，所以显得尤其引人瞩目。近卫基通属于土御门通亲一党，而九条良经却与之相反。此前，藤原赖实曾沦为土御门通亲的政治野心的牺牲品，故而他对土御门通亲一党敬而远之。僧人文觉曾因冒犯土御门通亲被流放至佐渡国。土御门通亲去世以后，朝廷风云诡谲，荣辱盛衰转瞬骤变。政界的独裁专制虽然并不罕见，但其中必有缘由。根据《愚管抄》的观点，建久七年（1196年）的政变完全出自土御门通亲之意，并非后鸟羽上皇的本意。因此，在土御门通亲死后，后鸟羽上皇即刻进行了颠覆性的官员任免。《愚管抄》的观点恐怕确是事实。

第2节 混乱的院政

一、后鸟羽上皇的专制

土御门通亲去世以后，其党羽逐渐失势，但这并不代表其政敌九条兼实挽回了势力。此次任免完全是后鸟羽上皇一人的想法，并非两党相争的结果。

二、后鸟羽上皇的弊政

自迁官以来，后鸟羽上皇屡次修建院官及离官，将二条、京极、鸟羽、水无濑、宇治等多处官殿修建得宏伟又不失雅致。修缮费用主要来自捐官制度。当时，朝廷每次任免都有无法入选的剩余人员，且任官者大多为无能之人。后鸟羽上皇拥有众多的宠臣与宠妾，他也曾宠幸舞女，从而使舞女为他诞下皇子与皇女。其中最受宠爱的莫过于龟菊，而她也是引发承久之乱的直接原

藤原定家

因。后宫的混乱间接导致了政治的腐败,贿赂请托之事时有发生,官员任免叙位也脱离正轨。九条良经虽任摄政之职,却也无可奈何。藤原定家曾对当时的官员任免感慨良多:

> 官员任免一片混乱,却皆出自圣意。建久年间,入道①殿下(指九条兼实)任免官员,不拘时令却正直不阿。至于去年,内府(指土御门通亲)独掌大权,官员任免尚且合乎规矩。现今,权贵女官肆意妄为,殿下(指九条良经)无能为力,传至后世,实在可耻。

三、藤原兼子的势力

在众多女官之中,最具权势的就是典侍②藤原兼子。藤原兼子是藤原范兼之女,她与承明门院的母亲藤原范子及修明门院的父亲藤原范季是同胞兄妹。

---

① 入道,指皈依佛门的皇族及三品以上的贵族。
② 典侍,日本内侍女官。

正治元年（1199年），藤原兼子被封为典侍。承元元年（1207年），藤原兼子的位阶由从三位升至从二位，此后，藤原兼子常被称作卿局或卿二位。藤原兼子权倾院中，与后白河法皇掌管院政时期的丹后局地位相当。丹后局又名高阶荣子，也被称作高阶氏。她最初嫁与相模守平业房，后来受到后白河法皇的宠爱，生下宣阳门院，位阶也由从三位升至从二位。因丹后局住在净土寺，也被称作净土寺二位。丹后局的权势完全仰仗后白河法皇的宠爱，再加上九条兼实与源赖朝的限制，她的势力主要局限在宫中。而藤原兼子却完全不同。藤原兼子原本是权大纳言藤原宗赖之妻。藤原宗赖是九条兼实的家司①，原配妻子为藤原惟方之女民部卿局，藤原宗赖在与原配妻子离婚后迎娶了藤原兼子。作为九条兼实的党羽，藤原宗赖却并未受到土御门通亲的排斥，他在院中担任执事，势力不容小觑。此后，藤原宗赖不断晋升，官位升至权大纳言。这些全部都是仰仗藤原兼子的势力。据说九条兼实也曾经试图利用藤原宗赖的势力来挽回地位。建仁三年（1203年）正月，藤原宗赖去世，藤原兼子改嫁太政大臣藤原赖实，同时就任院中后见②。藤原赖实本想借助藤原兼子的势力达成两件事情，一是就任左大臣，二是将与前妻所生之女藤原丽子送入宫中，但因为没有获得院厅的许可，藤原赖实未能如愿就任左大臣。经过与九条良经的竞争，藤原赖实顺利将藤原丽子送入宫中。元久二年（1205年）四月，藤原丽子被封为女御，后来又成为中宫，院号为阴明门院。土御门通亲去世以后，藤原赖实虽然一时失意，但最终否极泰来，再次得到重用。

四、后鸟羽上皇与藤原兼子

建仁三年（1203年），藤原宗赖去世，享年五十岁。藤原兼子时年四十九岁③。藤原兼子对后鸟羽上皇似乎有一种魔力，能够使后鸟羽上皇对她言听计从。九条道家曾在《玉蕊》中描述："朝中诸事，后鸟羽上皇皆在咨询卿二品后执行。"藤原定家在前文中提到的权贵女官应该也是指藤原兼子。

---

① 家司，操持显贵家族的家政而位居四品或五品的有关人员。
② 后见，在背后监督职务或辅佐政权的人。
③ 《明月记》补写本记载，宽喜元年（1229年）八月十六日，藤原兼子去世，享年七十五岁。——原注

九条道家

当时,朝廷经常通过秘密文书任命官员,藤原定家对此多有不满,但他在日记《明月记》中记录了自己通过藤原兼子晋升从三位的经历。根据《明月记》的记载,建历元年(1211年)九月,藤原定家将希望晋升至从三位的愿望秘密告知藤原兼子,并在公布前日得到了能够晋升的确切消息。藤原定家欣喜若狂,他立刻登门拜访,通过女官向藤原兼子表达了谢意。藤原兼子以巾帼之身独得圣宠,玩弄权术,满朝文武都对她有所忌惮。由此推测,藤原兼子一定是才华横溢、智勇双全之人。

五、藤原兼子与山门①

当时,依靠藤原兼子的势力达成愿望的绝对不止藤原赖实一人。建仁三年(1203年),延历寺堂众②与学徒发生争执,一时难以控制,朝廷派遣官兵镇压,延历寺堂众陷入窘境。此事其实是藤原兼子宠爱的某位法眼和尚③的

---

① 日本以比叡山延历寺为总寺院的天台宗的一派。
② 堂众,日本延历寺等寺院的下层和尚,僧兵的主要成员。
③ 法眼,僧人的级别之一,次于法印。

苦肉计。此后，这位法眼和尚将延历寺堂众的房舍资产占为己有。元久元年（1204年），延历寺学徒上书申诉，朝廷将延历寺堂众流放远方。在幕府的要求下，这位法眼和尚也被处以同种刑罚。建历元年（1211年）八月，朝廷赦免延历寺堂众，准许他们回归寺院。延历寺众僧认为藤原兼子与院司藤原光亲包庇堂众，将二人的名字刻于金毗罗大将脚下，持续诅咒。得知此事，藤原兼子大惊失色，她立刻修书请愿，辩解自己别无他意，众僧最终去掉了藤原兼子的名字。土御门通亲去世之后，院政形势一片混乱。

第15章

幕府的内讧

第1节 比企氏造反

一、源赖家病中授命

建仁三年（1203年）七月，源赖家罹患急病，病情严重。为了祈祷病愈，源赖家曾亲自摘抄《心经》一卷敬奉于伊豆国三岛社，其抄本至今尚存。建仁三年八月二十七日，源赖家病危，他决定由长子一幡（六岁）继承家业，由一幡担任总守护一职，同时就任关东二十八国（包括五畿内、东海、东山诸国）的地头，由源赖家之弟千幡（即源实朝，十二岁）就任关西三十八国（包括北陆、山阴、山阳、南海和西海诸国）的地头。源赖家的这次任命略显异常。所谓总守护一职，本应统辖全国，负责全国守卫，如今却并非如此，关东与关西的地头只能分别管理各自区域。

二、北条氏与比企氏的争端

源赖家此次任命意外引起了北条氏与比企氏的争端。北条时政是千幡的外祖父，而比企能员是一幡的外祖父。二人的矛盾不断升级，建仁三年九月，北条时政奉北条政子之命诱杀比企能员。此后，比企家族的百余人占领了一幡的住所。北条时政派人追剿，一幡被烧死，比企氏党羽相继被捕。岛津忠久也受到牵连，他被罢免大隅、萨摩和日向三国的守护之职。根据《岛津国史》的记载，岛津忠久是比企能员的外甥。

第2节 源赖家被禁闭

一、北条政子的压迫、源赖家出家

听闻一幡及比企氏的噩耗,源赖家对北条时政的专权极其不满,他命令和田义盛和新田忠常等老将讨伐北条时政,但未能如愿。北条政子宣称源赖家因病重无法处理政事,逼迫源赖家出家。源赖家出家当日,朝廷下旨任命千幡为征夷大将军。

新田忠常

藤原定家

二、源赖家去世

据说，源赖家在出家以后病情迅速好转。只是源赖家已被罢免征夷大将军之职，如果他继续留在镰仓，恐怕会对北条时政造成不利。于是，北条政子将他幽禁在伊豆国修禅寺。源赖家百般寂寥，他写信请求北条政子派遣近臣陪伴，遭到北条政子的拒绝。元久元年（1204年）七月十八日，源赖家死于修禅寺，时年二十三岁。《愚管抄》、《增镜》和《梅松论》等书中都认为源赖家是遭人暗杀，事实也可能确实如此。《吾妻镜》中没有此事的相关记载，笔者认为可能是故意避而不谈。听闻源赖家的死讯，其家臣曾意图造反，幕府即刻派兵镇压。一代征夷大将军落此下场，令人唏嘘。

第3节 源实朝继任征夷大将军

一、幕府的诬奏

建仁三年（1203年）九月七日，幕府向朝廷上奏。奏文中称，源赖家病逝，源赖家之子一幡及其外祖父比企能员已因千幡被杀，关东国主之位空悬。

幕府请求朝廷批准由千幡继任征夷大将军。朝廷即日下旨任命千幡继任征夷大将军，赐名实朝，将他的官阶提升至从五位下。因为关东之地尚有污秽，朝廷推迟向伊势神宫进献币帛。

二、北条时政等人的计谋

笔者在《吾妻镜》中找到了相关内容：

> 征夷大将军（指源赖家）罹患重病，祈祷及治疗毫无效果。镰仓城内一片混乱。掌管各国的御家人也相继到达镰仓。人们对叔侄之争议论纷纷，关东局势堪忧。

由此可知，源赖家此时虽然病重，但尚在人世，比企能员也并未发动叛乱，北条时政等人已经筹划好歼灭比企能员的计划。为了在事后平定民心，北条时政等人急于让千幡坐上征夷大将军之位，所以才敢将虚假事实上奏朝廷。建仁三年（1203年）九月下旬，源赖家尚在人世的消息逐渐传到京都。《一代要记》等书中将此事记录为源赖家重生。

第16章

北条时政的势力

第1节 北条时政任执权

一、北条时政的专权

源实朝继任征夷大将军以后,北条时政在幕府的势力已经无人比肩。北条时政让源实朝从北条政子的宅邸迁至名越的私宅,并亲自签署文书统领御家人,承认御家人的旧领地。下文列举两例文书。

信浓国奉近领志久见乡地头一职
藤原能成
上述人员将担任该地地头一职。比企能员造反,其领地也被悉数没收。而藤原能成一直效忠幕府,可继任地头之职。以此书为证。

远江守(北条时政花押)
建仁三年九月二十三日
——选自《市河文书》

越后国中河保地头一职
小代八郎行平
上述人员受到幕府认可,可继任地头一职。以此书为证。

> 远江守（北条时政花押）
>
> 建仁三年十月五日
>
> ——选自《小代文书》

二、政所始仪式

建仁三年（1203年）十月，源实朝在名越宅邸行元服之礼，幕府同时举办政所始的仪式。北条时政与中原广元共同担任政所别当，在政所文书中亲自署名。此后，北条时政派遣京都守护平贺朝雅和中原亲能前往京都，命二人向京畿的御家人征集起誓书，要求他们宣誓对征夷大将军效忠。这也标志着北条时政代替征夷大将军行使职权的开始。后来，幕府曾向武藏国的御家人表明北条时政并无异心，但这绝非出自北条时政的本意。相反，这更加说明了北条时政的心思。

源实朝

第2节 京都守护平贺朝雅

建仁三年（1203年）十月，幕府任命平贺朝雅为京都守护，令其即刻上京。此后，平贺朝雅统领西国的御家人驻守京都。平贺朝雅是大内守护①大内惟义之弟，他不仅是源赖朝的义子，他的妻子还是北条时政之女，由北条时政最宠爱的后妻牧氏所生。平贺朝雅还与达官贵人结成姻亲，他在京都权倾朝野，经常出入院厅，与后鸟羽上皇十分亲近。平贺朝雅在京中的地位虽然不及一条能保父子，但作为幕府势力的代表，在一条能保父子去世之后，他在朝中的地位无人能及。

第3节 伊势国平氏的叛乱

一、平基度造反

此前，平氏残党几乎被悉数剿灭，但平氏在伊贺、伊势两国根基牢固，两国内不乏卧薪尝胆之人。建仁三年，平基度的女婿近江国人盘五家次煽动延历寺堂众起义，被官兵轻易剿灭，盘五家次未能达成目的。元久元年（1204年）正月，盘五家次拥护平基度在伊贺和伊势起兵，驱逐当地守护山内首藤经俊，占领铃鹿关和八峰山，一举攻下两国。

二、平氏三日之乱

幕府即刻命令平贺朝雅率领京畿地区的御家人讨伐平基度。后鸟羽上皇也同时传旨，命令平贺朝雅率领伊贺国武士追讨叛徒。元久元年三月，平贺朝雅率数百骑精兵经过美浓国进入伊势国，与伊势、尾张和美浓三国的武士一起，在所到之处歼灭敌兵。不出三日，平贺朝雅就将伊贺国的平氏余党悉数剿灭，返回京都。世间将这次叛乱称为平氏三日之乱。

三、清剿残党、论功行赏

元久元年四月，平氏残党势力再起，平贺朝雅再次赶往伊势国，诛杀叛

---

① 大内守护，负责守护皇宫的官职，设置于平安中期，由武家世代任职。

军首领若菜盛高,清剿平氏残党,屡立战功。幕府赏罚分明,罢免山内首藤经俊在伊贺、伊势两国的守护之职,由平贺朝雅代之。针对在战争中不听号令的近国①御家人,幕府没收他们的领地赏赐给有功将士。

四、此后的平氏

承元元年(1207年)九月,中原亲能的手下逮捕叛军首领盘五家次,将他押送至幕府。平氏的复兴运动也如风中残烛,朝夕难保。此后,平氏一族暂无轻举妄动之人,但他们并未销声匿迹。建保六年(1218年)正月,听闻伊势国的平氏残党平正重在白河边意图造反,京都武士后藤基清立刻将其诛杀。以上种种事实足以证明平氏余党的顽强不屈。

第4节 诛戮畠山重忠

一、畠山氏与北条氏的争端

元久二年(1205年),北条时政杀害幕府老将畠山重忠。畠山重忠是北条时政的女婿,根据《吾妻镜》的记载,元久元年(1204年)十一月,北条时政后妻牧氏的女婿平贺朝雅与畠山重忠之子在酒席间发生争执,牧氏在北条时政面前中伤畠山重忠,北条时政对畠山重忠父子起了杀意。然而,根据《明月记》的记载,元久元年正月,关东发生叛乱,北条时政被畠山重忠打败,逃至山中,中原广元也在战争中遇害。消息传至京中,震惊了整个朝堂。后来,该消息被证实为谣传,民间将此事归于天狗所为。然而,畠山重忠与北条时政的确有矛盾。

二、畠山重忠父子被杀

元久二年四月,镰仓形势出现动荡。元久二年六月,不顾儿子北条义时的反对,北条时政与稻毛重成合谋,以镰仓战乱为理由,将畠山重忠父子召至镰仓。畠山重保先行到达,即刻被杀。同时,北条时政命令北条义时在武藏国

---

① 近国,日本律令制下,临近京都的各国。指伊贺、伊势、志摩、尾张、三河、近江、美浓、若狭、纪伊、淡路、播磨、美作、备前、丹波、丹后、但马、因幡十七国。

畠山重忠被箭射中

与相模国的边境二股川伏击畠山重忠的军队，逮捕了畠山重忠。当时，畠山重忠所领的军队仅有百余骑兵，而他的部下大多在异国他乡。因此，北条义时更加认定畠山重忠并无谋反之心。北条义时在返回镰仓以后，说服北条时政诛杀了中伤畠山重忠的稻毛重成父子及榛谷重朝父子。

三、源赖朝的嘱托

畠山重忠原本是平氏家臣，在源赖朝举兵之时，他曾打败三浦义明并将其杀害。之后，畠山重忠归顺源赖朝，在军中屡立战功，成为源赖朝军中的先锋。畠山重忠为人豪爽，与部下精诚团结，是镰仓武士的典范。然而，畠山重忠生性刚直，不与奸人同流合污，为此经常招致同僚怨恨。源赖朝的宠臣梶原景时对畠山重忠多有中伤，但畠山重忠幸免于难，始终受到源赖朝的礼遇。源赖朝在去世之前，还嘱托畠山重忠拥护其子孙。由此看来，北条时政对畠山重忠的厌恶并非仅因为牧氏的谗言。

第17章

北条时政失势

第1节 牧氏的阴谋

建仁三年（1203年），源实朝被封为征夷大将军之时，居住在北条时政的宅邸。北条政子秘密得知牧氏的谋反企图后，将源实朝接到自己的住处。不久，源实朝再次搬进北条时政的宅邸。在成功构陷畠山重忠父子之后，牧氏越发洋洋得意，她企图劝服北条时政拥立女婿平贺朝雅为征夷大将军。然而，牧氏的阴谋泄露，北条政子担心她会伤害源实朝。元久二年（1205年）闰七月十九日，北条政子派遣将士将源实朝接到北条义时的宅邸，反对北条时政的家臣也纷纷前去保护源实朝。见此情形，北条时政匆忙出家。元久二年闰七月二十日，北条时政退隐到伊豆国。北条时政剃发归隐，很有可能是因为受到北条政子的胁迫（根据《北条九代记》、《将军执权次第》和《镰仓大日记》的记载，北条时政被幽禁在修禅寺）。北条时政的政治生涯就此画上了句号。建保三年（1215年）正月，北条时政病逝，享年七十八岁。

第2节 诛杀平贺朝雅

一、北条义时就任执权

北条时政失势后，平贺朝雅也难逃罪责。北条时政退隐当天，其子北条义时代任执权。《吾妻镜》中也首次出现了执权的称呼。执权相当于政所别当，此后开始沿用这种称呼。北条义时上任以后，即刻命令京中武士号召畿内的御家人讨伐平贺朝雅。元久二年（1205年）闰七月二十六日，五条有范、后藤基清、佐佐木广纲等人请求院厅关闭四处宫门，禁止人员出入。不久，他们攻破平贺朝雅在六角东洞院的宅邸，一路向北追逐，将他杀害。

二、将士的疑心

此后，众将士互相怀疑，东国不再宁静。当时，将士间传言下野国豪族宇都宫赖纲也意图谋反，宇都宫赖纲听闻后大惊失色，他向北条义时上呈亲笔书信以表忠心，并亲自前往镰仓陈述缘由。北条义时拒绝会见，宇都宫赖纲通过结城朝光献上他的发髻，以诉冤屈。

三、任命京都守护

幕府任命大内惟义之子大内惟信（平贺朝雅之侄）为伊贺和伊势两国的守护，任命中原亲能之子中原季时为京都守护。此后，中原季时与父亲共同负责京都守护。承元二年（1208年）十二月，中原亲能在五条大宫的宅邸去世。

第 18 章

源空被流放

第1节 南都北岭的跋扈与幕府的态度

一、各大寺院的专横

自中古时代以来，在朝廷的特别保护下，各大神社寺院发展兴盛。其中延历寺、兴福寺等大寺院领地丰富，僧徒众多，堂塔伽蓝都修建得美轮美奂。历代以来，朝廷虽然不断颁发禁止僧徒携带武器的法令，但由于朝廷兵力减弱，寺院势力不断强大，此种法令如同一纸空文。各大寺院不仅公开征集士兵负责夜间警卫，僧徒自身也全副武装以备不时之需。然而，过度保护经常引起腐败。这些寺院仰仗朝廷的优渥待遇，行事专横跋扈，一旦朝廷不顺其意，立刻抬起神舆①，供奉神木强行要求。若朝廷意欲审理，则摆出高姿态，声称寺院诉讼无论是非都应批准，拒绝朝廷审理；若朝廷不同意寺院的要求，他们则诅咒权臣，关闭庙宇，熄灭香火，甚至私自散去。因此，朝廷厚待寺院僧徒，对他们的要求来者不拒，纵使寺院发生暴动，也不敢加以镇压。寺院僧徒也愈发放荡不羁。

二、朝廷与山门

文治二年（1186年），传闻源义经逃至比叡山，朝廷本想派武士前去逮

---

① 神舆，祭祀时安置神体或神灵的轿辇。

佐佐木高纲

捕,经过公卿的讨论,因为担心佛法消亡,朝廷决定放弃追捕行动,而是传令于天台座主①,令其逮捕源义经后押送进京。建久二年(1191年),延历寺僧人催促近江国佐佐木庄缴纳千僧贡品,被佐佐木定纲之子佐佐木定重打伤。延历寺僧徒抬神舆进京,要求朝廷处分佐佐木定纲父子。朝廷派遣北条时定和佐佐木高纲负责京中警卫,但佐佐木高纲是佐佐木定纲之弟,他担心受到牵连,意图避开此事。当时,大内惟义已经就任大内守护,他遵从幕府的命令,尽量避免与延历寺僧徒发生冲突,轻而易举便战胜了延历寺僧徒。虽然幕府欲施以援手,但佐佐木定纲还是被处以流刑,肇事者佐佐木定重被斩首示众。

三、源赖朝与山门

从某种意义上来说,源赖朝的政敌平氏及源义仲也是南都北岭②的佛法之

---

① 天台座主,日本比叡山延历寺的住持,统辖天台宗一门。
② 南都北岭,南都指奈良兴福寺,北岭指延历寺。

敌。源赖朝对寺院的态度与他们截然不同，他一直在努力讨好各大寺院。然而，延历寺僧徒的种种暴行也难免招致源赖朝的不满。当时，源赖朝曾通过高阶泰经向后白河法皇上奏，他在奏文中提到了南都北岭过去的功绩，也谴责了僧徒现今的暴行：

> 无论是天台宗，还是法相宗，赖朝都尽忠职守，从未怠慢。源义仲造反之时曾经诛杀天台座主明云，不久，赖朝将其剿灭。后来，平重衡得势，他烧毁奈良寺院，杀害僧侣，赖朝将其逮捕，并在奈良斩首示众。二人为赖朝的政敌，也是天台宗与法相宗之敌。赖朝剿灭平氏，奈良兴福寺对此万分感激，而延历寺却毫无表示。现今，延历寺因僧人被伤，盛怒之下，竟敢威胁朝廷。源义仲诛杀明云之时，为何不起身反抗？僧人与天台座主，孰轻孰重？延历寺无法应付源义仲的暴行，也并未上诉请求，此时却信心倍增，不管大小诸事，都敢上奏朝廷。此等僧徒今后定会引起更大的混乱。

——选自《吾妻镜》

四、源赖朝与兴福寺

源赖朝将这些僧徒视作叛党，希望朝廷也无视僧徒的要求。建久九年（1198年），因为和泉国司虐待兴福寺领地的杂役神官，兴福寺僧徒要求朝廷处分和泉国司，同时要求幕府一起上奏。源赖朝认为此等僧徒罔顾朝廷修建东大寺的恩惠，还动用春日神社的神舆惊动天皇，此种行为无异于谋反。源赖朝还下达文书警告僧徒谨言慎行，明确地表达了自己的态度：

> 赖朝奉圣命追讨凶徒，虽为一介武夫，也有兴盛佛法之志。即使这样，赖朝也不敢时存杀念，只是奉家父遗志，侍奉主上。众位僧人应明辨是非，若有企图进京之人，赖朝定派关东武士进京阻

挡。若仍有不惧皇威，企图谋反之人，赖朝定以一己之力，竭力反抗。争斗中绝不会对众位僧人手下留情，恐怕难免出现死伤。

——选自《兴福寺牒状》

看到此文，众僧徒不敢再强行对朝廷提出要求。源赖朝的恐吓发挥了作用。然而，鉴于平氏和源义仲的下场，源赖朝也不会重蹈覆辙，更不敢真正诉诸武力。此后，幕府也一直奉行源赖朝的宗教政策。

第2节　新佛教盛行的机遇

一、各大寺院的监视行为

延历寺、兴福寺等大寺院势力不断增强，许多僧人也妄图加官晋爵，出人头地。当时的僧人中少有钻研佛理、宣扬教义之人。很多僧人倚仗教义，独断专行，以猜忌的眼光监视他人的行动，若发现有任何新奇动向，不论是否同宗同派，他们绝不放过，直接、间接地采取各种行动加以迫害，使其消亡。

二、内　讧

一时间，党同伐异的风气盛行，监视等小人行径也时有发生，在僧徒间不断引起纷争。僧人之间动辄因为蝇头小利发生纠纷。且不说延历寺的分寺、庄园等与兴福寺时有纷争，在设立戒坛、任命四天王寺别当之时，延历寺僧人甚至极力排斥同一宗派的智证大师门下僧徒。园城寺独立运动发生之时，延历寺僧人也实施了野蛮的制裁。在天台宗内部，堂众与学生、西塔与东塔、梨本坊与青莲院也反目成仇，冲突不断。

三、新佛教盛行的机遇

中古时代末期，反对寺院腐败风气之人不断涌现，他们或潜心钻研佛理，或致力于教化众生，为前途渺茫的日本佛教界带来一线光明。其中，以净土宗的源空（法然上人）、重源，禅宗的荣西、能忍，华严宗的高辨（明惠上

高辨（明惠上人）

人），法相宗的贞庆（解脱上人）为代表性人物。佛教的各种新宗派也在此时开始萌芽。

第3节 对禅宗的迫害

一、开山祖师的包容态度

新佛教的宣扬者深知旧佛教具有排他性的倾向，为了广泛传播教义，他们主要采取包容性态度。例如，荣西在禅宗中倡导的教义与天台宗密教有共通之处，当时密教尚未成为一个独立的宗派。念佛是显教与密教通用的修行方法，源空最初开创净土宗之时，也是通过与旧宗教的融合，博得了天台宗高僧的同情。

二、能忍与荣西

能忍在摄津国水田的三宝寺倡导禅道，因他无师自通，世人对他多有诟病。文治五年（1189年），能忍派弟子前往宋朝请教阿育王寺的拙庵、佛照德光），获得法衣道号，并获赠拙庵亲笔题词的达摩画像。此后，能忍进京广泛宣传禅宗要义。建久二年（1191年），荣西从宋朝归国，到达京都。他担心被世人误认为是能忍的弟子，所以致力于驳倒能忍的观点，努力宣传深远的教义。一时间荣西的声望急升，招致南都北岭的嫉妒。其中，有些能言善辩之人挑拨延历寺僧徒向朝廷表达了对荣西的不满。《元亨释书》中曾记录了荣西的反驳之词：

> 禅门并非新兴宗教，是由比叡山传教大师引进，最初承袭自达摩祖师，与现今佛法一脉相承。有愚昧无知的善辩之人，竟然引诱天台僧徒诬蔑于我。禅宗若假，佛教亦假。佛教若假，天台不立。天台不立，天台僧徒何以诬我？如此僧徒，实在辱没先祖。

荣西承认事实，主张禅门并非自创新教，为此费尽苦心。由此可见，在当时的日本，开创佛教新宗派绝非易事。

三、禅宗禁止令

建久五年（1194年）七月，延历寺通过申诉获得了朝廷的认可，朝廷下令废止达摩宗。《百练抄》中曾经记载：

> 入唐上人荣西和在京上人能忍开创达摩宗，可利用谣言，使其废止。天台宗僧徒上奏，朝廷终于下令废除。

由此可见，朝廷也反对达摩宗（即禅宗）成为独立的宗派。

四、后来的荣西

此后，荣西主要居住在镰仓，他受到源赖家和北条政子的敬奉，屡屡为他们诵经祈祷。正治二年（1200年），北条政子在源义朝旧居的遗址修建寿福寺。建仁二年（1202年），荣西在鸭河原东面修建建仁寺。建仁寺是延历寺的分寺，是一所禅宗、天台、真言三宗兼学的寺院。建保元年（1213

年），在法胜寺九重塔竣工以后，荣西自行申请受封大师的封号，但历史上并无生前受封的先例，朝廷提升他为权僧正①。荣西原本并不热衷于为人祈福或劝人入佛道，如今却一改常态，开始积极接纳信徒，并且因此一路飞黄腾达，世人不禁对他的禅宗教义产生怀疑。荣西本来希望开创新的宗派，但察觉时势不济，于是，他立刻改变方向。《沙石集》对荣西做了正面评价：

> 荣西在镰仓开创寿福寺，在镇西建立圣福寺，此乃禅宗寺院的开端。因形势所迫，荣西转而宣传律宗、天台和真言三宗，他所修建的寺院也并未采取禅宗风格，可谓顺时施宜、随机应变。

第4节 对净土宗的迫害

一、源空的教化

当时，禅宗一般被称作达摩宗，净土宗经常被叫作念佛宗。以往的旧宗派宣扬现世主义精神，难以理解，而净土宗主要宣传来世，以平时称念佛名为主要修行方法。净土宗认为只要仰仗弥陀愿力，无须自力②，即可往生于西方极乐净土。当时的信仰界厌烦旧宗教教义，念佛宗正好投其所好，受到众人追捧。九条兼实就是其中一人。他极度景仰源空，跟随源空学习佛法并受戒。建久九年（1198年）三月，源空将著作《选择本愿念佛集》送给九条兼实。源空起初在黑谷居住，后来迁至吉水，他舍弃名誉，潜心念佛教化。他曾被朝廷任命为东大寺大劝进却拒绝接受，反而推荐弟子重源就任。荣西为重源的胞弟，他跟随源空学习多年，自称南无阿弥陀佛，为其弟子也都取名为某阿弥陀佛，认为在以后面对阎魔苛责之时，便可以佛名回答。源空门下有像重源一样的得力弟子，这越发促进了净土宗的发展。

---

① 权僧正，僧官的级别。仅次于大僧正、僧正。
② 自力，是指修净业三福和自性念佛。

二、别时念佛与六时礼赞

源空晚年，弟子安乐房（中原师秀之子，曾跟随高阶泰经，出家后法号为遵西）与住莲房（兴福寺僧人实遍之子）等人开始修行别时念佛①之法，昼夜六时礼赞②佛德。二人唱诵的曲调哀婉，令人心生佛念。二人甚至宣扬，修行之人即使接近女色、食用鱼鸟，但只要专心念佛，就可免受佛祖责难，临终时佛祖也将偕菩萨前来接引。这种教义在城乡间大受欢迎，尤其是在女子中，当时抛弃丈夫遁入佛门的女子不计其数。《明月记》建保元年（1213年）七月十八日条中写道："传闻左中将伊时之妻出家为尼是因近代念佛宗法师的宣传。天下不守妇道的女子变身尼姑追随狂僧之事，最近时有发生。"由此可以看出念佛宗带来的负面影响。

三、七条呈请文

源空的门徒在传布教义之时经常指责其他宗派，向世人鼓吹只有依靠念佛才能脱离俗世。此举引起其他旧宗派的反感。兴福寺僧徒提出控诉，要求朝廷处分源空门徒。元久元年（1204年）十一月，源空起草有名的《七条呈请文》，要求门人戒除偏执，禁止门人违反戒律或劝人接近女色、饮酒食肉。同时，源空将此文上呈朝廷，宣誓不再诽谤其他宗派。

四、兴福寺的抗议

源空的门人并未因此收敛。兴福寺僧徒认为源空违抗圣命，将他视为佛法之敌。他们再次向朝廷上奏，请求将源空及法本房、安乐房等人处以流刑，以断除佛法消亡的根源。建永元年（1206年）二月，朝廷下令，因法本房和安乐房用一念往生的教义诽谤其余宗派，命人将其逮捕。然而，兴福寺僧徒发现，朝廷在宣旨中将源空称作源空上人，写有"门徒才疏学浅，违背源空本意"，"不应对潜心念佛之人加以处罚"等内容，他们认为此种宣判违背了当初提出诉讼的本意，怀疑职事官藤原长兼修改圣旨，庇护源空。此后，兴福寺僧徒请求将他们的起诉文登载于朝廷宣旨中。

---

① 别时念佛，也称如法念佛。指行者在特定的时间进行专修念佛。
② 昼夜六时礼赞，指昼夜六时礼赞弥陀之偈颂，即昼夜六时勤行。也指唱诵的赞文。

五、对源空的庇护

后鸟羽上皇认为此次宣旨的主要目的是兴隆佛法，而上次宣旨尚未执行，所以同意兴福寺的申请。后鸟羽上皇表示，源空专心劝诫念佛，并无罪责，应该主要处罚法本房和安乐房二人。他命令明法博士①制定二人的罪责，认定二人在宣传念佛教义之时诽谤其他宗派，同时罢免了为二人提供住处的国司。兴福寺也服从此次处分②。关于是否依据兴福寺的起诉文进行下旨，后鸟羽上皇咨询了朝臣的意见。众朝臣担忧民众误解旨意，担心民众或因此而停止念佛，他们认为即使只有一人对佛法丧失信心，也是极大的罪孽。由此看来，当时，念佛宗在朝廷贵胄间颇有影响力。

六、禁止专修念佛

然而，院中多位女官皈依念佛宗，坊门局（仁和寺道助入道亲王之母）也加入其中，宫中甚至出现了私自离宫剃发修行之人。后鸟羽上皇大发雷霆，承元元年（1207年）正月，他再次下旨禁止专修念佛。众多僧徒相继被捕，接受拷问。承元元年二月，主犯安乐房和佺莲房被问斩，其他僧徒大多被关入牢狱，其中不乏女性信徒。源空也因此被流放到土佐国（出自《皇帝纪抄》、《皇代历》、《兴福寺略年代记》和《尘添埃囊抄》等。《黑谷源空上人传》、《元亨释书》等认为源空被流放到赞岐国，或之后迁移到赞岐国，或后来定居赞岐国）。根据本愿寺方面的记载，亲鸾（曾名范宴、绰空，后改名亲鸾）也是源空的弟子，当时被流放到越后国。

七、赦免源空

五年过后，建历元年（1211年），源空被赦免。他回到京都，居住在东山的大谷。据说亲鸾也被赦免，此后在关东诸国传播教义。建历二年（1212年）正月，源空圆寂，享年八十岁。元禄一年（1697年）正月，朝廷追封源空为圆光大师。

---

① 明法博士，日本古代在大学寮（培养贵族子弟成为官吏的学院和研究机构）教授法学的教官。
② 出自《三长记》。在日莲上人所著的《念佛无间地狱抄》中南都山门的三井诉讼、《皇帝纪抄》中的诸宗诉讼、《尘添埃囊抄》中的南北两宗诉讼中也有相关记载。——原注

八、山门的迫害

源空门下人才辈出，其中有很多利用文字或口头宣传教义之人。因源空受罚而趾高气扬的旧宗派教徒对此十分愤慨。建保五年（1217年）三月，源空的弟子空阿弥陀佛与门下四十八人在九条油小路堂口称念佛之时，延历寺僧徒加以妨碍。此后，延历寺的迫害逐年加剧。元仁元年（1224年）八月，朝廷再次下令禁止专修念佛，恐怕也是源自延历寺的起诉[①]。此后，源空的门人也持续开辟提倡念佛的新型宗派，排斥旧宗派，将其他宗派的修行视作杂行。延历寺对此极其不满，他们向朝廷提起公诉，朝廷未许，他们更加愤愤不平。安贞元年（1227年）六月，延历寺众僧挖掘位于大谷的源空坟墓，同时拥抬神舆威胁朝廷。安贞元年七月，朝廷终于下旨，将源空门徒隆宽流放到陆奥国，将空阿弥陀佛下放到萨摩国，将成觉流放到壹岐。安贞元年十月，延历寺三纲[②]与日吉大社社司再次向朝廷请求废止专修念佛宗。

九、镰仓的念佛宗

念佛宗在镰仓也同样受到了迫害。正治二年（1200年）五月，幕府剥夺念佛宗僧人的袈裟并烧毁，但当时并未全面禁止念佛宗。根据《吾妻镜》的记载，建保元年（1213年）三月，源实朝召见净遍僧都和净莲房，请二人讲述法华宗和净土宗的宗旨。法华宗即天台宗。

十、武士的厌世观

自源平合战以来，领地更替，荣枯转瞬，思想单纯的武士极易产生悲观主义倾向，武士中动辄出现因世事无常而遁入佛门之人。建久六年（1195年），畠山重忠跟随源赖朝上京，他在栂尾拜访高辨，听取了净土宗的入门教义。这些教义正好满足了畠山重忠的精神渴望。此后也有很多像熊谷直实、佐佐木高纲等希冀念佛往生的热心信徒。

---

① 根据《皇代历》和《高祖遗文录》的记载，承久元年（1219年）闰二月，朝廷下达了禁止专修念佛的圣旨，因其内容值得怀疑，本书中不予讨论。——原注

② 三纲，负责寺内管理、统辖的三种僧官。

第19章

土御门天皇让位

第1节 九条良经去世

一、九条良经遭暗杀的传闻

土御门通亲去世后,从一位摄政九条良经得到后鸟羽上皇的厚爱。建永元年(1206年)三月,九条良经忙于准备曲水之宴①。建永元年三月七日夜间,九条良经突然暴毙。世间传言九条良经在寝室死于刺客毒手,《尊卑分脉》也明确记载九条良经"遭刺杀",而指使刺客之人却有多种可能。一种说法认为是菅原为长派人行刺。菅原为长曾希望为《新古今和歌集》作序,却因为九条良经而导致希望落空。也有人认为藤原定家与九条良经在和歌的才能上不分伯仲,藤原定家因嫉妒而起了杀心(藤原定家一直对九条良经行臣下之礼)。更有甚者认为,九条良经才艺出众,且与幕府关系亲密,后鸟羽上皇派人杀之。《续本朝通鉴》认为,藤原定家及菅原为长的地位和势力均无法与九条良经抗衡,更不至于忌恨九条良经,否定了二人行刺九条良经的说法。还有人将此事归结于藤原赖实和藤原兼子夫妻的阴谋,他们同时怀疑后鸟羽上皇也对二人提供了帮助。后来,刺客也未被抓捕归案,一方面是因为朝中忌惮藤原

---

① 曲水之宴,三月初三在宫中或贵族府邸举行的活动。当漂浮在水上的酒杯流到自己面前时作诗歌,然后取杯饮酒。

赖实与藤原兼子的势力，另一方面是因为后鸟羽上皇故意疏于督察。此种说法出自《愚管抄》，但只是编者的臆测，书中没有任何明文记载。

二、九条良经其人与死因

文治四年（1188年），在兄长九条良通去世后，九条良经继承九条家族，他遵从家训，学习了各种朝廷仪式。在妻子藤原氏（一条能保之女）去世后，九条良经迎娶前任关白松殿基房之女为妻，这为他通晓公家事宜提供了极大的方便。然而，九条良经真正的长处是在文学方面。他自幼跟随清原赖业学习经史，擅长诗歌文赋，精通书法，书道后京极派将他奉为先祖。九条良经天性温厚，与人无争，他在就任摄政期间，谨遵院厅旨意，从未仰仗幕府势力而有所僭越，也无归善劝过之举。其家臣藤原定家也对此略感遗憾。九条良经一直受到后鸟羽上皇的恩宠，恐怕也是因为他的态度。九条良经绝非政治家，而是文学家。关于九条良经的死因，世间有多种猜测，某些文学上的原因也并非完全虚假。藤原赖实与藤原兼子虽然奸诈，但九条良经在政治上毫无建树，二人无须做无益之举。笔者猜测，九条良经与兄长九条良通的死状极其相似，虽然他们有一定的年龄差异，但恐怕都是死于遗传性的脑部疾病（九条良通在二十二岁去世，九条良经在三十八岁去世）。

三、近卫与九条两家交替掌权

九条良经去世后，左大臣近卫家实继任摄政，其父近卫基通同时被赐予随身侍卫。之后，近卫家实曾上表辞去官职。建永元年（1206年）十二月，近卫家实正式就任关白。在当时的政界，近卫、九条两家交替掌权是一种自然现象，并无任何政治意义。

第2节　顺德天皇即位

一、皇太弟成人

土御门天皇宽厚仁慈且为人豁达，他听从后鸟羽上皇的旨意，同意让位于皇太弟守成亲王。随着守成亲王逐渐年长，后鸟羽上皇拥立新帝的愿望也越来越迫切。承元二年（1208年）十一月，守成亲王年方十二，后鸟羽上皇决定仿效后三条天皇的吉例，为守成亲王举办元服之礼。皇太弟师傅前任太政大臣藤原赖实也官复原职，为守成亲王授冠。承元三年（1209年）三月，后鸟羽上皇将九条良经之女九条立子嫁与守成亲王，将其送入东宫。这也是已故摄政大臣九条良经的夙愿。九条立子年方十八，比守成亲王年长五岁。当时，侍奉阴明门院的藤原兼子也对未来中宫的入宫感到万分喜悦，在入宫仪式上，她亲自为九条立子穿戴衣衫。

二、让 位

让位一事准备就绪，只需等待合适的时机。承元四年（1210年）九月，大彗星在西方出现。在当时的天象变化中，彗星被认为是最重大的异变。朝廷决定让土御门天皇迅速退位。承元四年十一月二十五日，后鸟羽上皇命令土御门天皇让位于皇太弟守成亲王，这就是之后的顺德天皇。同时，后鸟羽上皇被奉为太上天皇。因为后鸟羽上皇的思虑，朝廷决定免去让位仪式，此事遭到了世人的谴责①。此后，两位上皇共存，后鸟羽上皇称作本院，土御门上皇称作新院。本院一如既往主宰院政。

三、即 位

承元四年十二月二十八日，朝廷在太政官厅举办即位大典。建历元年（1211年），朝廷本应举办大尝祭②，因后鸟羽上皇之女春华门院薨逝，大尝祭推迟至建历二年（1212年）十一月。顺德天皇即位次日，九条立子被封为女御，院号为东一条院。建历元年正月，九条立子被封为中宫，权大纳言西园寺公经就任中宫大夫。当日，顺德天皇的生母修明门院正式入宫，八面玲珑的藤原兼子（修明门院的姑母）在车中随行侍奉。建历元年五月，修明门院的父亲——已故的藤原范季被追封为左大臣，位阶也由从二位升至正一位。承明门院感到孤独无助，于建历元年十二月剃发出家。

---

① 出自《代始和抄》。——原注
② 大尝祭，日本天皇即位后第一次举行的新尝祭，由天皇亲将当年的新谷献给神的大祭典。

四、众人对让位一事的看法

顺德天皇接受让位之时,权大纳言九条道家在日记《玉蕊》中表述了自己的心情:"听闻此事,喜极而泣,手舞足蹈。"九条道家是中宫九条立子之弟,有此反应实为人之常情。然而,将土御门天皇让位之事归结于天象异变不过是掩人耳目。听闻让位一事,德大寺公继曾在《宫槐记》建历元年(1211年)十一月二十日的记录中写道:"(让位之事)流传许久,今日决定,是因灾星(彗星)所致。如此大事,不应仅凭天运决定。"当时,土御门天皇已年满十六,可谓前途远大。他毫无过失,却不得已将皇位让于皇太弟守成亲王,这主要是因为后鸟羽上皇对守成亲王的厚爱。在院政时代,这种让位极其普遍,也不足为奇,但史学家在《六代胜事记》、《神皇正统记》、《增镜》和《源平盛衰记》等书中都表达了对土御门天皇的同情。

五、幕府毫不知情

决定让位之前,朝廷并没有咨询幕府的意见。后来,幕府只是在京都的报告中得知朝廷决定遵循后朱雀天皇的先例迅速促成让位一事。

第 20 章

北条义时的势力

第1节 北条义时就任执权

一、北条义时兄弟担任国守

承元元年（1207年）正月，朝廷举办官员任免仪式。幕府执权北条义时就任相模守，官位晋升至从五位上。后来，北条义时之弟北条时房就任武藏守。听闻已故武藏守平贺义信施行仁政，幕府命令北条时房遵循先例处理国务。此后，幕府的知行国武藏国和相模国由北条氏的执权接管。或者也可以说，因为北条氏就任执权，北条义时兄弟才得以统辖两国。

二、北条义时笼络御家人

北条义时胸怀大志，他在上任后一直努力笼络御家人。东重胤曾经因为违背源实朝的命令遁世隐居，北条义时施以援手，使他再次入朝为官。东重胤对北条义时感激涕零，他宣誓子孙后代永远追随北条氏。此后，越来越多的关东御家人对北条氏心悦诚服，愿意居于北条氏门下。然而，也有人嫉妒北条氏的专权，与北条氏交恶。为了扩张势力，北条氏必须扫除这些障碍。两者冲突不可避免。

第2节 泉亲衡造反

建历元年（1211年），信浓国源氏家族的泉亲衡秘密召集数百人，他意图颠覆幕府，拥立源赖家的第三子千寿登上征夷大将军之位。前任征夷大将军悲惨的下场博得了御家人的同情，而这种同情全部转嫁为对北条氏的憎恶。建历二年（1212年）十二月，镰仓城中盛传有人意图谋反，一时间人心惶惶，但并未酿成大事。建保元年（1213年）二月，幕府听到风声，但泉亲衡早已销声匿迹。泉亲衡的党羽相继被捕。此次搜捕直接引起了和田氏的叛乱。

第3节 诛戮和田义盛

一、和田义盛大失所望

幕府逮捕的泉亲衡党羽中包括和田义盛的外甥和田胤长，以及和田义盛之子和田义直、和田义重。听闻此事，和田义盛即刻率领部族前往幕府，请求幕府将三人释放。源实朝顾虑到和田义盛以往的战功，决定特赦和田义直和和田义重，但不予赦免和田胤长的罪责。不仅如此，源实朝不顾和田义盛的恳切请求，故意刁难和田义盛，在和田氏一族面前宣布将和田胤长流放到陆奥国，并将其宅地赐予北条义时。执权北条义时在征夷大将军背后的势力不容小觑。

二、北条义时的挑拨

作为侍所别当，和田义盛在御家人中拥有一定的势力。纵使和田胤长的罪责无法赦免，仅凭北条义时的挑拨，和田义盛也不至于丧失别当的威严，更不会因此招致同族的怨恨。然而，自从掌握幕府实权以来，北条义时深知和田义盛对此极其不满。为了巩固自身势力，剿灭权门政敌，北条义时刻意挑拨，最终诱发了和田氏的叛乱。

三、和田氏与北条氏的战斗准备

和田义盛的不满越发强烈，这种不满驱使他最终决定将权力之争诉诸武力。他联合亲属部下密谋讨伐北条义时，幕府形势动荡不安。听闻此事，源实朝命令和田义盛解散兵力。《吾妻镜》中曾记载，和田义盛拒绝执行源实朝的命令，他说道：

> 臣下对将军并无任何不满，但北条义时目中无人，行事偏颇。年轻一辈正在详细商谈，臣下曾劝诫多次，但他们毫无回应，似乎已经达成共识。事到如今，臣下已经无能为力。

书中对北条氏的庇护显而易见。从当时的形势来看，《明月记》的记录似乎更加合理，书中记载和田义盛露出"和解之色"，由此推测和田义盛至少在表面上听从了源实朝的命令。笔者认为，《明月记》的记录更加接近事实。

四、和田义盛先发制人

建保元年（1213年）五月二日，和田义盛突然起兵，他命人从三方分别袭击幕府、北条义时和中原广元的宅邸。北条义时和中原广元迅速得到线报，二人先行赶至幕府通报消息。北条政子逃至鹤冈别当坊避难，源实朝躲避在供奉源赖朝牌位的法华堂。之后，和田义盛等人纵火烧毁幕府，北条义时之子北条泰时和北条朝时率众抵抗。北条义时早有准备，即使在危急时刻，他也处变不惊，指挥得当。

五、和田军溃败

三浦义村曾与三浦胤义相约共同协助和田义盛抵抗幕府的攻击，然而，三浦义村突然变节，他将密谋计划告知北条义时，并亲自部署幕府的警卫。这对和田氏是一个巨大的打击。两军交战，兵力消耗巨大，进入夜间更是胜负难分。建保元年五月三日清晨，和田义盛溃败，退至由比滨。北条泰时等人继续前进，他们占领中下马桥，出兵进击米町路口和大町大路等地区。此时，武藏七党之一的横山党首领横山时兼前来援助，和田义盛恢复兵力，他再次攻击幕府，但并未成功。建保元年五月三日傍晚，和田义盛战死，残兵溃不成军。战事正酣之际，北条义时和中原广元奉征夷大将军之命号召近国的御家人讨伐反徒，逮捕了逃至西海的和田氏残党，并及时将战报上报幕府。

六、京都的警备

建保元年（1213年）五月九日，幕府交战的消息传到京都，城内人心惶惶。驻京武士准备立刻赶赴战场，但为了京都的警备，后鸟羽上皇将武士留在京都。随后，幕府也命令在京武士保护后鸟羽上皇，同时命令他们讨伐逃至西海的叛贼。

七、论功行赏

幕府没收和田氏与横山氏所有叛徒的领地，将这些领地赐予有功的将士。和田义盛之妻度会氏也被捕入狱，同样被没收领地。度会氏领地中的远江国兼田自古以来为祭神食品提供原料，度会氏将该地区归还伊势神宫，幕府因此特赦其罪。这充分表现了幕府对神的敬意。北条泰时谢绝赏赐，他请求将领地分给未受嘉奖的御家人。三浦义村在此战中立下卓越功勋，北条义时任命他为厩别当①。

八、千寿自杀

幕府被烧毁后，源实朝暂时居住在北条政子的居所东殿。建保元年八月，修缮工事竣工，源实朝搬回征夷大将军宅邸。建保元年十一月，遵从北条政子的命令，千寿出家为僧，法号荣实，此后迁居京都。建保二年（1214年）十月，和田氏余党意图拥立荣实造反，中原广元的家臣在一条北边的旅馆伏击叛贼，荣实自杀，和田氏党羽逃之夭夭。

第4节 重新任命侍所别当、所司

一、北条氏与侍所别当

和田氏之乱过后，北条义时代替和田义盛就任侍所别当，北条氏占据了文武两方面的所有要职。之后，金洼行亲就任空缺许久的侍所所司。梶原景时在任期间，所司与别当势力相当，而现今的所司已完全变成别当的下属。建保二年七月，反贼富田三郎因为力大无穷得到源实朝的赞赏，罪行也得以赦免。

---

① 厩别当，在院司、国司、家司之下负责管理马厩的官员。

当时，北条义时命令金洼行亲处理此事，由此可以看出侍所所司的地位。建保六年（1218年）七月，源实朝任命北条泰时为侍所别当，令他与山城行村和三浦义村共同管理御家人，同时命令大江能范和伊贺光家分担将军出行的相关事宜。但这只是临时的制度，此后并未沿袭。

二、幕府公文的新格式

当时，除政所公文以外，幕府对御家人下发了一种新的公文。公文中有执权和连署①两人的签名，并附有将军的袖判②。这种文书后来演变成两位执权共同署名的格式。北条时政就任执权之时，曾在幕府的公文中亲自署名。显而易见，北条义时的这种举措更加谨慎周到。

---

① 连署，镰仓幕府的官职名，辅佐执权处理公务。
② 袖判，指写在公文右端的花押。

第 21 章

源实朝治世

第1节 源实朝结婚

一、源实朝结婚与藤原兼子和坊门信清的关系

源实朝继任征夷大将军以后,他的婚姻问题也提上了日程。元久元年(1204年),源实朝在京都迎娶前任权大纳言坊门信清之女坊门信子。当时,源实朝十三岁,坊门信子十二岁。藤原兼子在此事中多方斡旋。坊门信子在离开京都之时曾居住于藤原兼子在白川中山的宅邸,这不禁令人怀疑其中有政治关系。坊门信清是后鸟羽上皇之母七条院的胞弟,坊门信清之女坊门位子(大纳言局)嫁给顺德天皇,坊门局(西御方)嫁给后鸟羽上皇,都为皇室诞下了皇子或皇女。通过此次联姻,坊门信清可以同时成为朝廷和幕府的外戚,甚至可能成为联系朝廷与幕府的媒介。此后,坊门信清与西园寺公经共同负责传递朝幕间的消息。建历元年(1211年)九月,为了就任内大臣,坊门信清再次担任权大纳言。建历元年十月,坊门信清达成夙愿,就任内大臣。《玉蕊》中曾经评论此事:"朝中有数位关白就任内大臣,凭借上皇外戚的身份就任内大臣之人实属罕见。"书中从侧面表达了对此事的看法。书中还记载,身为幕府外戚,坊门信清受到破格礼遇,这层身份为他带来了多种裨益。建保二年(1214年)十二月,坊门信清搬入源实朝在八条的宅邸。建保三年(1215

年）二月，坊门信清在嵯峨的府邸出家。建保四年（1216年）三月，坊门信清病逝。

二、对征夷大将军夫人的选择

此次婚姻是源实朝个人的选择，并非他人的决定。《吾妻镜》曾记载，足利义兼之女也是征夷大将军夫人的候选人之一，但源实朝坚持迎娶坊门信清之女。年仅十三岁的少年能有这种想法，必然是当时的生理和心理因素所致，这也足以说明源实朝是心智早熟之人。

第2节 源实朝的文艺爱好

一、源实朝的性格

源实朝的性格在历史上是一个未解之谜。笔者认为，源实朝天性率真，富于同情心，喜爱华美之物，颇有贵公子风范。无论是源实朝迎娶公卿之女的举动，还是他的各种嗜好，都可以看出源实朝的性格。源实朝最擅长和歌，也钟爱蹴鞠。《吾妻镜》中曾记载："征夷大将军源实朝多才多艺，尤喜和歌与蹴鞠。"由此可知，源实朝与后鸟羽上皇的爱好极其相似。

二、后鸟羽上皇的兴趣

后鸟羽上皇自在位时就喜欢蹴鞠，他听说飞鸟井雅经精通于此，特意将他从镰仓请到京都。后鸟羽上皇与近臣频繁开展蹴鞠活动，他的蹴鞠技艺也十分高超。飞鸟井雅经是蹴鞠世家飞鸟井家的祖先。他同时精通和歌，其兄长藤原宗长是难波家的先祖。后鸟羽上皇在和歌方面也造诣极深，可谓天赋异禀。当时，和歌的发展进入全盛时期。建久元年（1190年），歌人西行去世。西行是当时著名的歌人，被称作柿本人麿[①]再世。虽然如此，一代名人藤原俊成（正三位，晚年出家后法号为释阿）尚在人世，和歌界名流辈出，潜心研究之人层出不穷。建仁元年（1201年）七月，后鸟羽上皇在二条殿的弘御所开设和歌所，任命摄政近卫基通、左大臣九条良经、内大臣土御门通亲、云台座

[①] 柿本人麿，飞鸟时代的歌人。也写作柿本人麻吕。与山部赤人并称歌圣，三十六歌仙之一。

藤原家隆

主慈圆、藏人头源通具、藤原俊成、藤原有家、藤原定家、藤原家隆、飞鸟井雅经、源具亲、寂莲、藤原清范、藤原隆信、鸭长明和藤原秀能为寄人,右马助①源家长为开合②(即年预③)。此后,后鸟羽上皇经常与寄人在和歌所举办和歌竞赛,共同撰写和歌集。建仁三年(1203年)十一月,藤原俊成在此庆祝九十岁寿辰,和歌所备感光荣。元久元年(1204年),藤原俊成去世。元久二年(1205年),和歌所完成和歌集的编纂,这就是《新古今和歌集》。书中收录的和歌大多歌风华丽、精巧细致,体现了当时的时代潮流。

---

① 马助,右马寮的次官。
② 开合,在和歌所负责书籍的出纳、记录、文案等工作的官员。
③ 年预,在别当、执事手下负责实际事务的中级职员。

三、源实朝的和歌

源实朝听说父亲源赖朝的和歌入选《新古今和歌集》,便命令御家人内藤知亲把《新古今和歌集》带到镰仓。内藤知亲也是一位歌人,他是藤原定家的门徒,他的和歌同样被选入《新古今和歌集》。在拜读歌集后,源实朝开始跟随藤原定家学习作歌,并研读藤原定家的著作,穷究书中的奥义。藤原定家将珍藏的《万叶集》赠予源实朝,源实朝大加赞赏,曾说"此种珍宝,无物可及"。从源实朝的歌集《金槐和歌集》来看,里面不乏万叶风格的作品。下文列举几句源实朝的和歌:

住吉明神与藤原定家(右)

箱根径凄清，寂寞开无主。
唯有伊豆海，波涌自天涯。
万事应有定，浮游美久长。
远观纤拉人，百感九回肠。
架箭整戎装，弯弓向苍穹。
雪声偏傍竹，千骑卷那须。

藤原定家从不轻易认可他人，却在《愚秘抄》中盛赞源实朝的歌艺，他认为源实朝绝不逊于古代的优秀歌人，甚至还有无可匹敌的文人风骨。源实朝的和歌可谓浑然天成。

四、京风东渐

此时，感伤物哀的风气逐渐开始盛行。源实朝与源赖朝或源赖家截然不同，他从未举办狩猎活动，反而经常与歌人去郊外赏花或赴海边观月，颇有闲情雅兴。受到源实朝的影响，向来擅长骑马射箭的御家人也开始吟诗作赋。中原广元、北条时房、北条泰时、三浦义村、结城朝光、内藤知亲和东重胤等幕府重臣都加入了歌人的行列。纪康纲曾在和歌中感叹自己劳苦功高却赏赐极少，源实朝咏读后深受触动，他承认纪康纲的领地，并特许免除赋税。源实朝在任期间，幕府开始举办咏歌会，镰仓也开始盛行极尽奢华甚至有歌妓相伴的京都式赌物游戏。幕府的风气出现了颓废的倾向。此后，在年轻的御家人之间，尚武的风气越发淡薄，很多武士沾染了游手好闲的恶习。受此影响，武家的特色也逐渐丧失，很多幕府老将感到痛心疾首。

五、御家人的不满

承元三年（1209年），因源实朝沉迷于文学艺术，荒废武艺活动，北条义时与中原广元共同向源实朝进言。二人表示只有振兴武艺才是保持关东不败的长久之计，请源实朝在征夷大将军宅邸的庭院观看御家人的射箭表演。当时有很多御家人对源实朝的行为表示不满。建保元年（1213年）九月，日光山别当法眼辨觉向幕府告发畠山重忠的小儿子畠山重庆意图谋反，源实朝命令长沼宗政逮捕畠山重庆。长沼宗政直接斩杀了畠山重庆，将其首级带回幕府。源实朝指责长沼宗政违反命令，长沼宗政直言，他担心源实朝听从女流之言释放畠山重庆，于是，决定自行处决。长沼宗政列举了源实朝的各种恶习，他表示源赖朝任征夷大将军时重视战备，善待勇士，而源实朝却完全相反，沉迷于歌鞠与女色，还将没收的领地赐予近臣而并非有功将士，他甚至断言以后不会有人对源实朝忠心耿耿。

第3节 源实朝的政策

一、源实朝的仁政

源实朝绝不是平庸的纨绔子弟。很早之前，源实朝就经常召见御家人共同研读父亲的遗书，与耆老谈话。为了继承父亲遗志，源实朝潜心学习治世之道，在告诫部下时也谨遵右近卫大将家族的先例。源实朝还富于同情心，善于聆听。在就任征夷大将军的第二年，源实朝亲自裁决地头之争，派遣奉行到各领国听取民众诉讼，监督案件审理，简化提出诉讼的手续。源实朝还允许民众来到庭中（征夷大将军亲临的法庭）向自己直接上诉。幕府是从源实朝在任时才开始开设庭中的。建保五年（1217年），北条政子和源实朝最敬重的寿福寺长老退耕行勇为庇护原告屡次请求源实朝，源实朝大为光火，他要求退耕行勇遵守僧徒礼仪，潜心修炼佛道，不得干涉政事。建保二年（1214年），相模川的桥梁老化，源实朝与众家臣讨论修缮事宜，北条义时、中原广元和三善康信都认为史上曾有不吉的先例，不可轻易施工。为了交通便利，源实朝断然决定施工。建保二年，源实朝传令于各地地头，命他们用造船费用冲抵过关税和港口税，不得随意干扰路人。由此可见，源实朝为民着想，重视公共利益。

二、严管部下

源实朝对待部下极其严厉，铁面无私。因三浦义村的代理官与小笠原牧场的牧民发生争斗，源实朝罢免了三浦义村的奉行职务。源实朝还驳回北条义时的请求，拒绝批准北条义时的部下成为武士。另外，和田义盛怀疑越后国三味庄的地头代理官杀害当地领家的杂掌[①]，将其逮捕入狱，其亲属攀附北条政子请求释放。源实朝认为和田义盛的举措比较妥当，斥责了申次女官骏河局。源实朝公正无私、不畏权势的作为，绝非一般昏庸之辈可以做到。

第4节 源实朝的政治地位

一、周围的压迫

源实朝是一位治世人才。与源赖朝不同，源实朝没有栉风沐雨、纵横沙场的经验，也缺少屡出奇计、笼络人心的能力。源实朝继任征夷大将军之初，外祖父北条时政干涉幕政，在北条时政隐退之后，他也受到了北条政子和北条义时等人的多方约束。承元三年（1209年），和田义盛请求出任上总国司，源实朝咨询了北条政子的意见。北条政子认为，源赖朝在位时已经禁止武士出任国司，女性（北条政子自称）不应干涉幕政开此先例。源实朝虽然内心同意和田义盛的请求，却不敢贸然许之。北条义时和中原广元也一直关注源实朝的行动，并时常向他进呈忠言。建保三年（1215年），因天象异变，北条义时和中原广元频繁向源实朝献言，劝他施行仁政。可想而知，源实朝在处理日常政务时也有诸多不如意之事。源赖家在任时做出了很多缺乏常识的举动，这也是导致源实朝受到多方压迫的直接原因。而这些压迫给不通世故的源实朝带来了内在的影响。更何况源实朝体弱多病，甚至有些神经质。

二、对源实朝的影响

虽然《吾妻镜》的内容有为了庇护北条氏而歪曲事实的嫌疑，但书中同样记载了源实朝对北条政子和北条义时的反抗态度，以及他对自身命运的悲观倾向。源实朝曾经驳回北条义时的请求，拒绝特许北条义时的有功部下成为武士。一方面，源实朝担心其子孙后代会忘记此种特殊恩典；另一方面，源实朝更担心此事会滋生御家人的野心。源实朝富有同情心，这种行为看似并非他的往日作风，他甚至下达了永久禁止北条义时部下成为武士的禁令。由此看来，

---

① 杂掌，日本旧时庄官之一。贵族、社寺的家丁，奉命作为代理，分管年贡及其他事务。

他对外戚执权北条义时的态度极其冷酷。源赖朝在位期间，事事咨询老臣的意见，而源实朝却向来独断专行，中原广元感到十分愤慨。笔者推测，如果顾忌周遭情况，源实朝担心自己也会陷入与源赖家相同的境地，所以他才采取这种策略。再加上年轻人的骄纵使然，他逐渐舍弃了自制克己之念，才导致了这种缺乏常识的行为。

第5节 源实朝计划赴宋

一、宋人陈和卿

宋人陈和卿的到来引起了源实朝内心的波动。陈和卿是负责东大寺修缮的总工匠长，他为铸造大佛、修建佛殿立下了大功。后白河法皇将他视为毗首羯摩①再世，将平氏旧领地伊贺国山田郡赐予陈和卿。建久六年（1195年）二月，源赖朝参加东大寺大佛供养仪式。在拜见大佛时，源赖朝被陈和卿的非凡工艺所折服，请求重源引见。但陈和卿因源赖朝曾杀死多条人命，罪孽深重而拒绝会面。陈和卿同时还拒绝了源赖朝赠予的金银马匹，只接受了他在征伐奥州时穿着的甲胄和马鞍，将这些物品捐给了寺院。据说甲胄用来充当营造用钉，马鞍被十列②所使用。这种离奇行为使人们将陈和卿视为行动异常之人。然而，他的这种品行不过是傲慢的性格和匠人根性所致。陈和卿放荡不羁，烦躁易怒，而且一向善妒，他倚仗自己的高超技艺恣意妄为。他曾经在铸造大佛之时，向日本工匠铸造的模具投掷瓦片，也曾在修建寺院时，故意弄错设计图，连重源也对他束手无策。鉴于修缮东大寺的功绩，朝廷本想对他宽大处理，但建永元年（1206年），陈和卿侵犯寺院领地，三纲向朝廷提出申诉。朝廷强行制止了陈和卿的恶行。当时，寺院也有精通工艺的木工，已经不需要依赖陈和卿，他的待遇大不如前，陷入贫困潦倒的境地。

---

① 毗首羯摩，帝释天（佛教中的守护神）的侍臣，能制作工巧之物，是负责掌管建筑的天神。
② 十列，在贺茂祭礼时，由左右近卫官人进行的一种赛马活动。

二、源实朝与陈和卿

陈和卿不堪忍受此种冷遇,建保四年(1216年)六月,他盛赞源赖朝之子源实朝为权化①的现身,请求拜见源实朝,并提前抵达镰仓。陈和卿说,源实朝前身是宋朝医王山的长老,自己是长老的门生。而源实朝曾在梦中听到某位高僧提及此事,所以对陈和卿深信不疑。陈和卿劝诫源实朝前往宋朝,主动提出要尽东道主之谊。为了查看前生的住处,建保四年十一月,不顾北条义时和北条时房等人的反对,源实朝开始着手准备赴宋事宜,他选定了六十余位随行人员,委任结城朝光掌管此事。

三、赴宋计划受挫

陈和卿精于造船技艺。东大寺三纲在起诉书中就曾提到,在营建大佛殿时,陈和卿将数丈长的柱子挪为私用,铸造了一艘中国船。然而,陈和卿的技艺终究未能经受考验。建保五年(1217年)年四月,陈和卿完成造船,源实朝和北条义时等人前来视察。陈和卿在由比滨召集了数百位船夫,然而船夫从午时一直划到申时,船却丝毫未动。源实朝赴宋的计划化为泡影,陈和卿也生死未卜。此后,源实朝派遣使臣到宋朝能仁寺求来佛牙舍利,安放在胜长寿院,后又将舍利迁至大慈寺。北条贞时在位期间将舍利转移到圆觉寺的舍利殿(受到特别保护),至今尚存。

第6节 后鸟羽上皇与源实朝

一、源实朝晋升

源实朝的性格决定了他对功名的执着。元久二年(1205年),源实朝就任右近卫权中将,在举办就职庆典时专门前往鹤冈八幡宫。承元三年(1209年),源实朝就任右近卫中将,从三位。建历二年(1212年),因修建闲院内里有功,源实朝被升为从二位。建历三年(1213年),皇宫修缮完工,顺德天皇迁宫,源实朝被升为正二位。建保四年(1216年),源实朝自荐就任

---

① 权化,指佛或菩萨为普度众生,临时以人的姿态出现。

权中纳言，同时继续兼任右近卫中将，后来他又改任左近卫中将。在举办就职庆典时，源实朝亲临鹤冈八幡宫的祭神仪式，之后举办直衣始①的仪式。源实朝还打破源赖朝以来的惯例，经常举荐御家人入朝为官，满足他们的愿望。建保元年（1213年），为了达成就任国司的夙愿，圆田成朝意图协助泉亲衡造反。听闻此事，源实朝对圆田成朝深表同情，命人赦免他的罪名。

二、大江广元的谏言

然而，北条政子和北条义时等人都希望源实朝继续遵循源赖朝的遗志。建保四年（1216年），北条义时召见大江广元（同年，中原广元上奏请求改姓大江），二人谈到源赖朝拜辞了朝廷的所有任命，为子孙树立了良好的榜样。而源实朝不满三十，实在不应该升迁过快。北条义时请大江广元向源实

大江广元

---

① 直衣始，三位以上的公卿接受朝廷任命首次穿着直衣时举办的仪式。"直衣"是日本平安时代以后朝臣的便服。

朝谏言。大江广元如实传达了北条义时的想法，请求源实朝辞去除征夷大将军以外的官职，表示待他年老之时可同时兼任近卫大将。源实朝认可大江广元的想法，但同时表示，源氏的血统在他这一代即将终结，以后也没有子孙继承家业，所以只能出人头地，扬名天下。大江广元无法辩驳（《吾妻镜》）。从《吾妻镜》的其他记录来看，源实朝此时似乎已经预见到了后日的遇难，这让人不禁怀疑此事是否为编者虚构。然而，源实朝此时恰好热衷于赴宋的计划，他的精神状态也时常出人意料，偶尔出现此种悲观倾向也极有可能。

三、源实朝的尊皇态度

源实朝不断晋升，世人认为他和后鸟羽上皇之间一定有某种默契。他的几首和歌也为此提供了有力的证据，摘录几句如下：

> 谨遵圣命多惶恐，种种心绪无人诉。
> 东国忠心护主上，愿做影子永追随。
> 山崩海枯无宁日，忠君爱国无二心。

源实朝身居东国，对朝中形势不甚了解，这几首和歌可能也只是偶然吟出，无法提供确切的事实。《愚管抄》中曾经记载，文章博士、天皇侍读源仲章往返于京都和镰仓之间，他曾劝说源实朝研究文艺，并引用汉家先例影响身为征夷大将军的源实朝，引起了世人的注目。源实朝一直以恭顺的态度对待朝廷。建历二年（1212年），朝廷命令幕府修筑贺茂河堤，幕府传令于九国御家人，要求神社、寺院和权门世家的庄园也必须平均分担修筑的劳役。然而，贺茂神社和石清水八幡宫的庄园不断抱怨，朝廷同意两社的领地可以免除劳役，同时免除负责大尝祭的近江、丹波两国的劳役。源实朝虽然备感压力，但深知此事出自圣意，他即刻向御家人下达了命令。建保元年（1213年），幕府召开会议讨论是否应该配合朝廷处理在西国领地的临时公事。大江广元等人认为完全无须顾及朝廷的要求，但源实朝持反对意见。源实朝下令，此后无论朝廷下达任何征收命令，幕府都应积极响应。自源赖朝在位时期，幕府对待朝廷的方针已经确定，源实朝只是继承了父亲的遗志，他的尊皇态度也并非完全由于源仲章的诱导。

四、与后鸟羽上皇兴趣的异同

源实朝的性格爱好虽然与后鸟羽上皇有相似之处，但只是偶然。例如，源实朝对武艺漠不关心，而后鸟羽上皇却对武艺有浓厚的兴趣。源实朝的文艺爱好在一定程度上受到了京都的影响，但若没有天赋英才，恐怕难以达到此种高度。

五、源实朝的自主性态度

朝幕关系发生改变，与源赖朝在位时期相比，幕府的势力大不如前。虽然如此，源实朝也一直努力在朝廷面前保持幕府的颜面，因此，当他看到御家人对朝廷的推崇态度，心中备感不悦。建保五年（1217年）十一月，西园寺公经受到后鸟羽上皇的斥责，暂时隐居家中①。根据《愚管抄》的记载，西园寺公经希望就任右近卫大将，后鸟羽上皇也已经同意，但藤原兼子的夫君藤原赖实同时推荐儿子藤原师经就任此职。尽管西园寺公经的资历长于藤原师经，后鸟羽上皇还是决定由藤原师经就任右近卫大将。西园寺公经大失所望，他甚至向人透露了决定出家为僧，并前往镰仓跟随源实朝度过余生的想法。听说西园寺公经以幕府的名义威胁朝廷，后鸟羽上皇勃然大怒，他禁止西园寺公经参与朝中要务，命令他闭门思过。此事并非只是右近卫大将之位的竞争，同时关乎顺德天皇的废立。听闻此事，源实朝也惊慌失措，他向后鸟羽上皇辩解西园寺公经并无异心，将所有罪过归于藤原兼子。建保六年（1218年）二月，西园寺公经被允许重新入朝，他终于先于藤原师经达成夙愿，成功就任右近卫大将。建保六年，藏人、左卫门尉大江时广为了就任检非违使请求上京，源实朝认为大江时广忽略关东，奉京都为主君，盛怒之下并未允许。由此可知，源实朝对朝廷的态度与世人的议论并非完全一致。

---

① 出自《愚管抄》和《公卿补任》。《公卿补任》在建保六年正月的记录中再次提及此事。——原注

六、对后鸟羽上皇的感恩

然而，源实朝诚心实意敬奉后鸟羽上皇确实是不争的事实。建保三年（1215年），后鸟羽上皇得知源实朝精通歌道，他传旨于坊门信清之子权中纳言坊门忠信，命他将《仙洞歌合》的誊本赠予源实朝。源实朝感到无上光荣，对后鸟羽上皇感激不尽。而这种感激在很大程度上是因为后鸟羽上皇达成了他对官运的渴望。

七、源实朝的自由意志

作为征夷大将军，源实朝的行动受到北条政子和北条义时等人的多方掣肘，但他表现出的自由意志是自身性格和所处境遇的体现，绝非因为他人的诱惑所致。因此，即使后鸟羽上皇对幕府有别样的企图，笔者深信源实朝并不知情也未曾援助。

第7节 北条政子赴熊野参拜

一、两次熊野参拜

承元二年（1208年）十月，为了达成宿愿，北条政子从镰仓前往熊野参拜。承元二年十二月，北条政子回到镰仓。这是北条政子首次赴熊野参拜。当时，北条政子沿途经过京都，但京都并未得到消息。建保六年（1218年）二月，北条政子再次赶赴熊野参拜，北条时房等人随行。通过此行，北条政子希望将已故稻毛重成（稻毛重成是北条时政的女婿）的外孙女嫁与土御门通行，所以她在京都滞留的时间稍长。在京期间，藤原兼子多次探访北条政子下榻的旅馆，引起了世人的注目。

二、公武两位女杰的握手

藤原兼子在宫中的地位与北条政子在幕府的地位相当，二人分别是朝廷与幕府最具权势的女性政治家。《愚管抄》的作者曾经这样描述：

> 北条政子掌管幕府大局，她是北条时政之女，也是源实朝与

源赖家之母。北条时政之子北条义时虽年资尚浅，却就任右京权大夫，主要是倚仗北条政子在关东的势力。在京中，卿二位（指藤原兼子）一手遮天，日本国即将进入女性掌权的时代。

两位稀世女杰共处一室握手相谈，可以想象，当时的场景肯定是极富诗意。从两人的地位推测，她们的一颦一笑肯定都有深刻的政治含义。当时，藤原兼子因西园寺公经事件与幕府产生隔阂，后来她却一反常态，请求后鸟羽上皇赦免西园寺公经。北条政子进京给藤原兼子提供了大好良机，藤原兼子可以趁此机会拉近与幕府的关系。此前，出家后叙位的女性并不多见，藤原兼子却为北条政子多方斡旋。建保六年（1128年）四月十四日，北条政子叙从三位，叙位证书下发到北条政子下榻的旅馆。藤原兼子还请求后鸟羽上皇特许北条政子面圣，建保六年四月十五日，藤原兼子得到后鸟羽上皇的许可。北条政子坚决推辞，她认为自己这种乡下老尼不应面见龙颜。随后，北条政子也不曾参观神社寺院，她将北条时房留在京都，自己匆忙踏上归途。建保六年十一月十三日，朝廷举办叙位仪式，北条政子叙从二位。此后，北条政子被世人称为二位尼，《吾妻镜》中称她为禅定二品或禅定二品家。

三、秘密商讨将军继承人

根据《愚管抄》的记载，北条政子滞留京都期间，藤原兼子曾表示，若将来源实朝没有子嗣，幕府可向朝廷请求由后鸟羽上皇的皇子东下镰仓就任征夷大将军。当时，二十七岁的源实朝尚无子嗣，赴宋计划受挫使他加官晋爵的欲望越发强烈，北条政子对此也无能为力。她对源实朝的前途极其担忧，很有可能主动向藤原兼子提出征夷大将军后继人之事。世人传闻，北条政子得知后鸟羽上皇有倒幕的意图，此番上京主要是为探察京都的情形，但似乎有点操之过急。

第22章

源实朝遇难

第1节 源实朝就任大臣、大将

一、建保六年的升迁

建保六年（1218年），源实朝在短短数月间连续晋升。建保六年正月二十一日，朝廷任命源实朝为权大纳言，源实朝欣然接受。建保六年二月十日，源实朝派使臣前往京都，请求就任左近卫大将。大江广元奉命向朝廷派遣使臣，想来大江广元对源实朝的决定也无可奈何。

二、源实朝就任大将

因源赖朝曾出任右近卫大将，朝廷本想遵从先例，任命源实朝为相同官职。在收到幕府的请求以后，朝廷只能改变策略。建保六年二月二十六日，时任左近卫大将的右大臣九条道家辞去官职。于是，朝廷同意源实朝的请求，赐予他随身佩剑和随行侍卫。建保六年三月六日，源实朝就任左近卫大将和左马寮御监。随后，朝廷御使抵达镰仓，向幕府传达后鸟羽上皇的旨意。源实朝大喜过望，热情招待朝廷御使，并为其设宴饯行。当时，北条泰时同时被封为赞岐守，但他却坚称自己愧不敢当，坚持拒绝朝廷的任命。二人形成鲜明的对比。

三、庆祝典礼，源实朝就任大臣

源实朝为此举办了盛大的庆祝仪式。后鸟羽上皇专门派播磨守藤原忠纲前往镰仓赐予源实朝各种必需用品。一条能保之子一条实雅、一条高能之子一条能氏和一条信能、平赖盛之子平为盛、源赖兼之子源赖茂等很多官员都前往镰仓。这些官员大多与幕府有一定关联。源实朝盛情款待众人，场面极尽奢华，据说民众叫苦不迭。建保六年（1218年）六月二十七日，源实朝在鹤冈八幡宫举办盛大的拜贺仪式。建保六年七月八日，幕府举办直衣始的仪式，源实朝再次前往鹤冈八幡宫祭拜。建保六年十月九日，源实朝就任内大臣。建保六年十二月二日，源实朝改任右大臣。

第2节 公晓复仇

一、任大臣后的政所始仪式

建保六年十二月二十日，源实朝在就任右大臣后，首次举办政所始仪式，并再次举办拜贺典礼。后鸟羽上皇赐予源实朝很多装束用具，命令权大纳言坊门忠信、权中纳言西园寺实氏（西园寺公经之子）、权中纳言藤原国通（平贺朝雅前妻的第二任丈夫）、参议平光盛、刑部卿藤原宗长等人东下镰仓。

二、公晓暗杀

承久元年（1219年）正月二十七日，源实朝在鹤冈八幡宫的神殿前举办拜贺仪式。当天夜晚，源实朝在神前献完币帛，走下石桥①（《增镜》认为源实朝是在拜神的时候经过石桥），穿过众位公卿排成的队列。当时，有位僧人模样的刺客突袭，砍下源实朝的首级②，刺杀奉剑随行的源仲章，大声呼喊"别当公晓，为父报仇。"当日，北条义时陪同源实朝参加拜贺仪式，因身体不适中途缺席。北条义时将奉剑交给源仲章后离开，源仲章因此被误杀。公晓携带源实朝的首级逃至雪下北谷。三浦义村之子驹若丸是公晓的门生，他向三浦义村建议拥立公晓为征夷大将军继承人，三浦义村假意许之，背后与北条义时合谋派兵诛杀了公晓。鹤冈八幡宫的僧人也因此受到处罚。白河义典奉公晓

---

① 出自《愚管抄》和《历代编年集成》。——原注
② 根据《吾妻镜》的记载，刺客从石阶中突然蹿出。——原注

的命令向伊势神宫进献币帛，在回归途中经过三河国矢作驿站时听闻公晓的死讯，白河义典自杀，幕府没收他的领地。承久元年（1219南）正月二十八日，源实朝的遗体被葬在胜长寿院旁边。源实朝的妻子坊门信子及多位御家人遁入佛门，据说共计百余人[①]。当日，幕府将此事上报朝廷。

三、公晓的宿怨

公晓是源赖家之子，一幡之弟，幼名善哉。元久二年（1205年）十二月，北条政子让善哉投到鹤冈八幡宫别当尊晓的门下，为他改名为公晓。建永元年（1206年），北条政子命令源实朝收公晓为义子。公晓随后前往园城寺，跟随僧正公胤学习。建保五年（1217年），鹤冈八幡宫别当定晓圆寂，公晓奉北条政子之命回到镰仓，担任鹤冈八幡宫别当，师从胜园学习佛法。胜园表示，"佛教真言极少，虽奉命授教，然才疏学浅，无以传授"，他认为佛教造化主要看个人的修养。公晓对父亲之死念念不忘，同时对源实朝恨之入骨，一直伺机报复。建保六年（1218年）十二月，公晓下定决心，他派遣下属到伊势神宫及其他神社进献币帛，自己则潜伏于宫寺之中，久未出门。公晓终于得报宿怨，世人称他为恶别当。

四、关于公晓复仇的怀疑论

若公晓为源赖家复仇，他最大的敌人应该是北条政子和已故的北条时政。然而，公晓却撇开北条政子，视源实朝为仇敌。公晓并不了解内情，而且年轻气盛，很容易被人挑拨利用。建久四年（1193年），源赖朝在富士野狩猎，曾我祐成和曾我时致兄弟杀害工藤祐经，企图攻击源赖朝。曾我祐成兄弟自幼投到北条时政门下，受到北条时政的庇护，北条时政还是曾我时致的乌帽父母，而两人却试图袭击源赖朝。巧合的是，北条政子也对公晓频繁示好，没想到最终却招致爱子的灾祸。这两件事情的相似实属偶然，可算是历史上一大奇观。

---

① 出自《吾妻镜》。《愚管抄》的记载为七八十人。——原注

第 23 章

征夷大将军继承人的问题

第1节 源实朝遇难的影响

一、公武的祈祷

承久元年（1219年）二月二日，源实朝遇害的消息传至京都，朝堂上下十分震惊。一时间，武士争相起义，天下大乱。后鸟羽上皇在离宫水无濑殿听闻此事后，即刻传旨于武士，命他们镇压各地的叛乱。同时，后鸟羽上皇命令神宫寺院进行五坛法、八坛法和仁王经法等多种法事，祈求朝堂安稳、天下太平。作法百日之后，天下恢复太平，后鸟羽上皇赏赐众臣。北条义时也在镰仓为天下太平不断祈祷。由此推测，巨变发生之后，东西两方皆有心怀鬼胎之人。

二、阿野时元造反

承久元年二月十一日，阿野全成之子阿野时元[①]在骏河国深山占据要塞，号称奉朝廷之命统领东国。北条义时奉北条政子的命令，派遣金洼行亲等家臣前去讨伐。阿野时元的军队迅速败退，承久元年二月二十日，阿野时元自杀。阿野时元之父阿野全成也因谋反之罪被杀，他是源赖朝的异母弟，妻子是北条

---

① 出自《吾妻镜》。《尊卑分脉》中写作阿野隆元，《北条九代记》中写作阿野隆光。——原注

时政之女阿波局,阿野时元正是二人所生。阿野时元想趁此机会坐上征夷大将军之位,结果以失败告终。

三、近江局势不稳

承久元年(1219年)三月初,传闻近江国有谋反之徒,幕府派伊贺光季赴近江国搜捕。伊贺光季只抓到一两个嫌疑人,没有其他收获。源实朝遇难之后,幕府的时局并未出现很大的动荡。然而,只要继承人尚未决定,始终有潜在的危机。征夷大将军继承人问题已是燃眉之急,亟待解决。

第2节 上奏申请亲王将军

一、名义上的征夷大将军

源实朝遇难时仅二十八岁,并无子嗣,所以众将士请求由北条政子垂帘听政。北条义时仍然担任执权。幕府虽然得以存续,但名义上的征夷大将军却不可空缺。在北条政子统治下的幕府重臣将如何解决这一难题呢?源实朝虽然没有子嗣,但源赖家尚有遗孤禅晓常年住在京都。如果众人怀念已故右近卫大将(即源赖朝)的恩情,追求正统的源氏血统,则可拥立禅晓为征夷大将军。然而,出人意料的是,幕府决定推选亲王将军。承久元年二月十三日,北条政子命令政所执事二阶堂行光前往京都,请求后鸟羽上皇批准雅成亲王(顺德天皇的同母兄弟,母亲为修明门院)或赖仁亲王(母亲是坊门局)的其中一人东下镰仓。尤其引人注目的是,所有重要的御家人在奏折中联名签署。笔者推测,幕府担心突然上奏会招致朝廷的误解,以此证明这是大家共同商讨的结果。

二、京都守护

几乎同时,北条政子派遣伊贺光季前往京都,随后又派大江广元之子大江亲广进京,命二人共同负责京都守卫,安抚京畿近国的民心,以备不时之需。伊贺光季是北条义时之妻伊贺氏的兄弟。北条政子思虑周全,丝毫不显狼狈。

第3节　上奏后的波澜

一、后鸟羽上皇改变态度

得知源实朝遇难的消息，后鸟羽上皇备感惋惜。建保六年（1218年）十一月，左大臣九条良辅（九条兼实之子）刚刚过世，后鸟羽上皇痛失文武两位良臣。此后，后鸟羽上皇对幕府的态度发生了翻天覆地的改变。

二、拒绝亲王将军的内幕

北条政子进京之时就亲王将军之事与藤原兼子达成了默契。赖仁亲王由藤原兼子抚养长大，藤原兼子希望他能继承皇位，但后鸟羽上皇偏爱顺德天皇，于是，藤原兼子决定推举赖仁亲王就任征夷大将军。北条政子上奏之后，藤原兼子多方协调。北条政子了解藤原兼子在宫中的势力，对此事也胸有成竹。然而，两人的希望最终化为泡影。后鸟羽上皇认为若顺德天皇的皇弟东下就任征夷大将军，将来可能导致国家分裂，所以他坚决反对亲王继任征夷大将军之事。随后，后鸟羽上皇传旨于北条政子，声称将来一定会选择一人东下镰仓，巧妙地回绝了北条政子。二阶堂行光未能完成使命，失望地返回镰仓。

三、罢免地头的院厅旨意

承久元年（1219年）闰二月九日，后鸟羽上皇的御使藤原忠纲到达镰仓，他向北条政子表达了对源实朝的深切哀悼，同时命令北条义时罢免摄津国长江、仓桥两庄的地头。此事与北条政子上奏相隔不过数十日。若在平时，公武之间的此种交涉实属平常，但恰逢征夷大将军过世，幕府上下仍旧沉浸在悲痛之中，由吊唁使臣下达此等命令，的确有失稳妥，更何况此举是为了维护两庄领家、后鸟羽上皇宠妃伊贺局的利益。

四、地头权益的保障

伊贺局原为舞女，曾名龟菊，后来被后鸟羽上皇宠幸，一时宠冠后官。北条政子知晓此事出于后鸟羽上皇的授意。但源赖朝在任期间，朝廷不可轻易任免地头，对御家人的权益也有一定的保障。建永元年（1206年）正月，幕府颁发法令，规定只要御家人不犯重罪，源赖朝下发的领地就不会被收回。如果幕府违反规定，御家人必然会担心他们的财产安全，这会直接导致他们对幕府失望，从而危害幕府的根基。因此，自源赖朝在任以来，朝廷、本所或领家提出交涉之时，幕府会仔细调查详情，若发现地头行为正当，则列举事实，拒绝对方的要求。下面列举源实朝在任期间的两个例子。

建永元年（1206年），后鸟羽上皇要求幕府重新任命备后国太田庄的地头。备后国太田庄是高野山金刚峰寺的领地。源实朝上呈如下文书，拒绝朝廷的要求：

> 备后国太田庄地头善信法师（三善康信）因阴谋被没收领地。已故征夷大将军（源赖朝）曾经规定，若地头并无过错，不可随意任免。此番也遵循先例，不可罢免。诚惶诚恐。
>
> 源实朝
> 左近卫中将
> 建永元年十二月二十九日
> ——选自《高野山文书》

承元四年（1210年）六月，崇德院御影堂请求废除所属领地的地头，幕府表示，源赖朝在位时起就规定不可亏待有功之臣，拒绝回应此种要求。

五、幕府的密谋

北条政子有充分的理由回绝院厅，但当时幕府正在申请亲王将军东下，这两件事情似乎形成了一种交易，北条政子无法按照以往的方式做出处理。因为事态严重，承久元年（1219年）闰二月十二日，北条政子召集北条义时、大江广元、北条时房和北条泰时共同讨论。随后，北条政子派北条时房进京复命，同时再次请求亲王将军东下镰仓。承久元年闰二月十五日，北条时房率领骑兵千骑从镰仓出发，幕府的示威意图显而易见。

六、申请摄家将军

北条时房在京都滞留数月，《吾妻镜》中没有相关的记录，笔者只能综合前后的事实加以推测。根据源赖朝在位时颁布的幕府法规，幕府不可无故罢免有功之臣的地头之职，所以北条义时坚持拒绝罢免长江、仓桥两庄的地头。而后鸟羽上皇也断然拒绝了派遣亲王将军的申请，但他委婉地表示，朝廷可以接受摄政将军。于是，北条政子撤回了申请亲王将军的奏折，她采纳三浦义村的建议，向朝廷请求左大臣九条道家之子九条赖经东下镰仓。九条赖经是源赖朝胞妹坊门姬的曾孙，与前三代征夷大将军有血缘关系。同时，后鸟羽上皇派养子藤原忠纲前往镰仓，提出了立九条基家为征夷大将军的建议。九条基家是九条道家的异母弟，他自幼跟随藤原忠纲长大，其母是松殿基房之女、九条良经的后妻。北条政子坚持原来的决定，没有做出回复。幕府申请亲王将军以来，风波迭起，险象环生。

第4节 九条赖经东下

一、九条赖经上任后的政所始仪式

北条政子这次的请求有充分的理由，而且她的态度极其强硬。承久元年（1219年）六月初，朝廷同意了北条政子的请求。承久元年七月，九条赖经在武士的簇拥下抵达镰仓，住进北条义时在大仓修建的宅邸。当日，幕府举办政所始仪式。因为九条赖经尚且年幼，幕府依然由北条政子听政。

二、九条赖经与北条政子及西园寺公经

源赖朝的胞妹坊门姬是一条能保的妻子，二人之女藤原全子嫁与西园寺公经，生下女儿西园寺伦子。藤原赖经正是九条道家与西园寺伦子所生，他生于建保六年（1218年），东下镰仓时只有两岁，因为出生时间为寅年、寅月、寅时，所以幼名是三寅，也被称作三郎君。嘉禄元年（1225年）十二月，在举办元服之礼以后，三寅改名赖经。此前，藤原赖经由外祖父西园寺公经抚养，在东下之后他成为北条政子的养子[①]。出于对已故征夷大将军源赖朝的怀念，北条政子对藤原赖经爱护有加。藤原赖经东下镰仓以后，幕府与九

---

① 出自《樵谈治要》《建仁寺年代记》。——原注

条家族和西园寺家族的关系越发亲密。或许因此，承久元年（1219年）十一月，西园寺公经终于达成夙愿，就任右近卫大将，同时兼任右马寮御监，可谓春风得意，踌躇满志。

三、禅晓被杀

先前，二阶堂行光离开京都之时，将禅晓带到了镰仓。这恐怕也是出自北条政子等人的用心，他们希望在幕府决定征夷大将军继承人之前将禅晓软禁在镰仓。然而，承久二年（1220年）四月，禅晓在东山被人杀害。世人猜测，可能是幕府担心将来禅晓谋反，于是，提前派人诛杀，以绝后患。源赖家仅存的男丁也离开了人世。

第5节 诛戮源赖茂

一、承明门之战

九条赖经东下以后，京都的形势出现动荡，后鸟羽上皇命人在高阳院殿修五坛法，目的昭然若揭。承久元年七月十三日，大内守护源赖茂一如往常地在昭阳舍巡逻守卫，后鸟羽上皇突然派官兵攻击他。源赖茂关闭宫门，躲避到仁寿殿，只打开承明门迎战，最终他寡不敌众，放火自焚。源赖茂之子源赖氏也被官兵逮捕。宣阳殿和校书殿等皆被焚毁，朝廷即刻派人修缮。承久二年十月，朝廷在殿舍门廊举办上梁仪式。

二、讨伐源赖茂的原因

源赖茂是源赖兼之子，源赖政之孙。源赖兼在源赖朝的帮助下就任大内守护，在死后将职务传于源赖茂。建保六年（1218年），源赖茂曾参加源实朝就任左近卫大将的拜贺仪式。建保七年（1219年），他也同样参加了源实朝就任右大臣的拜贺仪式。关于后鸟羽上皇讨伐源赖茂的原因，《吾妻镜》中认为源赖茂之子源赖氏违背了后鸟羽上皇的旨意，《仁和寺日次记》认为源赖茂有谋反之心，《愚管抄》则认为源赖茂觊觎征夷大将军之位。源赖茂虽为源氏一族，但并非嫡流，觊觎将军的说法值得怀疑。即使事实果真如此，后鸟羽上皇在九条赖经东下之后突然袭击，这也让人怀疑其中必有隐情。根据《愚管抄》的记载，源赖茂与后鸟羽上皇的近臣藤原忠纲共同筹划了谋反之事。藤原忠纲深受后鸟羽上皇的信赖，他的官位升至内藏头，经常因公前往镰仓。然而，他也的确屡次篡改后鸟羽上皇的旨意。源赖茂伏诛不久，藤原忠纲也遭到贬黜，藤原兼子为他求情却并未奏效。事实的真相充满疑团，无人知晓。藤原忠纲恐怕只是后鸟羽上皇秘密筹谋的牺牲品。

第 24 章

倒幕计划

第1节 后鸟羽上皇的爱好

一、源家长的日记

后鸟羽上皇性格开朗，全知全能，他精通各种技艺，连身边的近臣也时常感到惊讶。下文借后鸟羽上皇近臣源家长之笔代以说明：

> 上皇思虑，犹如圣光。上皇精于多种技艺，几乎没有不擅长之领域，不论何种技艺，不管与何人相比，上皇皆不逊于旁人。上皇曾在多个领域苦心研究，身边之人皆会被其吸引，沉迷其中。即使是触犯佛教的十恶五逆之人，上皇也不曾舍弃，积极引导。上皇潜心学习各种技能，甚至包括一些微不足道的手艺，众臣对他心悦诚服，知无不言。上皇尤其精通和歌之道。……在音律方面的优异表现也令人折服。在上皇精通的各种技艺之中，他的语言与文笔难以超越，在各个方面给彷徨的人们带来希望。

二、后鸟羽上皇的日常生活

在日常生活中，后鸟羽上皇时常与近臣举办和歌竞咏或诗歌比赛等文艺活动，他也会参加斗鸡、双六①这种天真的游戏。他屡次亲临皇宫大内，与朝臣讨论公事，视察大臣、大将的工作，阅览抓捕强盗的诉状，偶尔还会亲自审问犯人。

承元元年（1207年），大判事明法博士坂上明基奉后鸟羽上皇之命撰写的《裁判至要抄》成书。后鸟羽上皇每次前往水无濑殿，都会命歌妓与近臣举办歌舞宴会。他还热衷于相扑、游泳、赛马、流镝马②、犬追物③、悬笠④等武艺活动，偶尔在京都的神泉苑举办规模稍大的狩猎活动。后来，后鸟羽上皇在朱雀院修建围墙，把这里作为御用猎场。他还经常与近臣到山崎、片野等近郊地区打猎游玩。曾任太政大臣藤原赖实已年过五十，但他也身穿武士便服，头戴折顶乌纱帽，与众臣一起驰骋猎场。此外，后鸟羽上皇擅于鉴赏刀剑，他亲自尝试锻造刀剑的故事广为人知。

三、公事演练

后鸟羽上皇的兴趣爱好影响了顺德天皇和众位皇子，宫中近臣也开始纷纷效仿，朝中的有识之士非常不满。建历二年（1212年），后鸟羽上皇在皇宫大内频繁进行公事演练活动，九条道家在《玉叶》中这样评论："近日来，演练活动时有发生，实为悲世也。"承久二年（1220年）三月，顺德天皇效仿后鸟羽上皇，在弓场演练赌弓⑤仪式，命令近臣代其管理朝务。后鸟羽上皇也认为顺德天皇之举不够稳妥，他向九条道家表示，史上曾有不吉先例，要求九条道家向顺德天皇谏言。

四、藤原定家的评价

遵从后鸟羽上皇的指示，他的皇子雅成亲王也荒废文事，沉迷武艺。藤原定家在《明月记》中写道：

---

① 双六，一种盘上游戏。两人交互从竹筒中摇出两个骰子，根据点数走棋子，先进入对方阵地者获胜。
② 流镝马，骑射比武。射手边策马奔驰，边依次射击竖在三个地方的靶子。
③ 犬追物，一种骑射活动。把狗放入围子里，射手从马上对狗射箭，箭不带箭簇。
④ 悬笠，一种骑射活动。在射箭场上悬挂斗笠做靶，从马上射箭。
⑤ 赌弓，宫中的重要活动。天皇亲临弓场，观看左右近卫府和兵卫府的官员比赛射箭的仪式，赢的人获得赏赐，输的人罚酒。

雅成亲王勤于学习，富有文采，才名誉满天下。然而，从建历元年（1211年）夏天开始，在后鸟羽上皇的训导之下，雅成亲王开始偏爱骑射、游泳和相扑。长此以往，臣难以为伴，雅成亲王的文采也将不复从前。臣深感惋惜。建历二年（1212年）十二月二日，后鸟羽上皇召见菅原为长，命他劝行文事，表示雅成亲王之举并非圣意。

——建历二年十二月三日

藤原定家听说后鸟羽上皇沉迷于蹴鞠与狩猎，曾在日记中这样写道：

早年间，神泉麋鹿被放回深山，世人将此视为仁政。建历二年春天，后鸟羽上皇召见众位良臣，询问固国安邦之策。楚庄王在伍举的劝诫下励精图治，齐威王在即墨大夫的辅佐下弘扬国威。后鸟羽上皇却整日举办各种朝堂仪式，各种用度远远超出往年。

——建保元年六月七日

藤原定家之子藤原为家是后鸟羽上皇的近臣，他沉迷于蹴鞠，被赞为名将。藤原定家深感惋惜，他认为藤原为家违背家训，荒废祖业，曾写道：

家中子嗣单薄，只有两位嫡子，但他们却不练习假名书写，家道何以存续？不守本分的近臣即是恶缘，悲痛之余，臣希望以此作为后世之鉴。

——建保元年五月十六日

藤原定家还写道：

长男藤原光家违背父命，年至三十也未曾学习假名书写，藤原为家更是如此。二人忤逆父亲教训，实为不孝不善之人。悔不该为他们殚精竭虑，悲哉。

——建保元年五月二十二日

藤原定家的评价难免有偏文学性、保守性倾向，但足以代表世人的某些观点。

五、尚武方面

单纯从后鸟羽上皇的武艺爱好分析，很多人认为承久之乱在此时已经萌芽。然而，后鸟羽上皇的爱好极其广泛，人们无法找出贯穿始终的精神依据。笔者推测，后鸟羽上皇不满二十岁就退位让贤，在政治上一帆风顺，这使他形成了放荡不羁的性格。他天资聪颖且充满好奇心，和歌、蹴鞠和音乐难以满足他的兴趣，于是，他开始尝试当时的名门贵族不屑一顾的各种杂艺。而且他的武艺爱好不过是常见的骑射狩猎，笔者认为后鸟羽上皇的武艺爱好只是出于娱乐，并无其他意义。

第2节 任命西面武士

一、院厅与武士

为了加强守卫，后白河法皇在院政时期曾经任命北面武士。这些武士时常蔑视源氏或平氏的武士，他们之间的冲突不断发生。源赖朝创立幕府以后，因北面武士肆意妄为，他请求朝廷予以处分，遭到后白河法皇的反对。后鸟羽上皇掌管院政以来，幕府受到土御门通亲的多方阻挠，在政治上不得不一再让步。再加上幕府内部争斗不断，无暇顾及西国事宜，幕府逐渐丧失了在朝廷中的威力。尤其是在源实朝执政以后，他打破源赖朝的旧制，屡次向朝廷索官，使御家人有更多机会接近朝廷，朝廷对御家人的影响力不断提升。因此，越来越多的武士在朝中任职，负责朝廷警备。一旦面临突发事件，后鸟羽上皇可以直接号令武士讨伐叛贼。

二、西面武士

后鸟羽上皇选拔出一批有能之士在院官西面随时候命,充实院中的兵力。藤原秀康就是其中的代表人物。关于西面武士的任命时间,史书并没有明确的记载,但有关记录大多出现在建永年间,笔者推测应该与此相差不远。

三、征集泷口武士的院旨及申请北面武士的上奏

承元四年(1210年),后鸟羽上皇向幕府下达旨意,命令幕府号召御家人在藏人所的泷口随时候命。源实朝命令小山、千叶、三浦、秩父、伊东等十三个家族负责此事。此前,为了寻求蹴鞠名师,源实朝曾上奏请求精于蹴鞠的北面武士东下镰仓。将这两件事情放在一起考虑,不免令人备感惊奇。

四、武士的报效

泷口武士上任以后,经常跟随后鸟羽上皇出行,负责随行护卫。他们虽是草莽出身,却得以陪伴后鸟羽上皇左右,对后鸟羽上皇的恩赐感激不尽,祈

早期的日本武士

祷有朝一日能报效圣恩。后鸟羽上皇下令追讨源赖茂时，这个机会终于到来。他们努力奋战，一举将敌人粉碎。《六代胜事记》中曾这样描述：

> 自从后鸟羽上皇开始选拔西面武士，很多自称擅长骑射的人被授予官职，他们日日饮酒作乐，实为朝廷之哀。未承曾想他们却一马当先，头戴乌纱帽、身着武士便衣，在皇宫大获全胜。

此次平叛原本不值一提，但武士们气宇轩昂的精神令人叹服。看到拼死效忠的勇士，后鸟羽上皇也备感欣慰。在名誉的驱使下，这些勇士越发渴望得到后鸟羽上皇的赞赏，他们极有可能倚仗武力平地起风波。承久之乱发生之前，宫中的情形正是如此。

第3节　倒幕的动机

一、史书的多种观点

直到现在，后鸟羽上皇讨伐幕府的动机和时间也是一个疑团。《承久兵乱记》、《承久记》和《承久军物语》等书中虽然有详细记载，但由于这些书本身的历史价值不高，其内容也难以令人信服。《神皇正统记》认为倒幕运动发生在承久三年（1221年）春天，但似乎太晚。根据《吾妻镜》的记载，后鸟羽上皇再次命令幕府取消摄津国长江、仓桥两庄的地头，北条义时仍然拒绝，后鸟羽上皇怒不可遏，他同意藤原秀康和藤原秀澄等人的计谋，决定出兵讨伐幕府。《增镜》的记载讨伐是在藤原赖经东下之后，与《吾妻镜》记载的时间大致相同。关于长江、仓桥两庄的地头事件，即使北条义时有充分的理由，但他违背后鸟羽上皇的旨意，很可能因此引发圣怒。但如果说后鸟羽上皇仅凭此事就出兵幕府，实在令人难以赞同。还有学者认为，后鸟羽上皇在让位之时已经做出倒幕的决策，梶原景时的造反也与此事有关，这种观点未免太过草率。

二、对幕府势力的误判

笔者推测，当时幕府对朝廷做出了错误的决策，同时还面临内部争斗，所以不得不对朝廷采取消极的态度，这使很多朝臣认为幕府软弱无能。而与此同时，后鸟羽上皇的专政进展顺利，院政发展充满活力，朝臣们认为院政复兴有望，甚至可以在不久的将来迎来黄金时代。于是，为了实现理想，一些激进的朝臣非常期待幕府的灭亡。同时，源赖朝去世以后，幕府的威严尽失，尤其是在北条氏执政以后，幕府内部缺乏统一，动辄发生内乱，这些朝臣终于等到了合适的时机，他们开始秘密筹划。

三、调伏关东说

根据《承久记》等史书的记载，后鸟羽上皇修建最胜四天王院，在院中设坛调伏①关东。该院位于白河，承元元年（1207年）十一月，后鸟羽上皇亲临供养祈福仪式。承元二年（1208年）三月，后鸟羽上皇与七条院、修明门院共同参加院内的药师堂供养仪式。建历元年（1211年）四月，后鸟羽上皇在最胜四天王院抄写《大藏经》祈愿，《业资王记》曾记载后鸟羽上皇的愿望极其稀奇。所谓稀奇，必然是指后鸟羽上皇的愿望有特别之处。为了颠覆幕府，后鸟羽上皇希望采取当时最有效的诅咒调伏之法也极有可能。《业资王记》还写到，此后不久，源实朝遇难，后鸟羽上皇命人毁掉最胜四天王院。《百练抄》中也曾记载，承久元年（1219年）七月十九日，后鸟羽上皇命人将最胜四天王院从白河迁至五辻殿，这与《业资王记》的记录吻合。根据《六代胜事记》的记载，承久三年（1221年），后鸟羽上皇在前往隐岐国的途中经过摄津国，他派人修缮平清盛建造的经岛，并专门命人将美名传于后世，这恐怕是因为他联想到了曾经毁坏的最胜四天王院。书中还提到，因天魔所害，最胜四天王院被毁。这也与前面几部书的记载有相似之处。《最胜四天王院名所障子和歌》中曾提及，除了花开时节，后鸟羽上皇在其他时间也经常驾临白河。承久元年十月十日，后鸟羽上皇驾临最胜四天王院，以名景为主题与众臣共咏和歌。此事看似异常，但应该是发生在寺院的搬迁施工过程中。根据《百

---

① 调伏，佛教语。向神佛祈祷镇住仇敌和恶魔。

练抄》的记载，承久二年（1220年）十月十八日，最胜四天王院举办上梁仪式，这标志着寺院施工完成。由此看来，《承久记》等书中关于最胜四天王院的记载并非完全虚构。

四、官打之说

《承久记》中也曾提到，源实朝升官叙位的愿望过于强烈，使后鸟羽上皇有了"官打"①的想法。源实朝后期的任官大多出于自荐，很多并非出自后鸟羽上皇的本意，但他还是排除众议，同意了源实朝的请求。源实朝就任左近卫大将正是此种情形。而后鸟羽上皇的破格恩宠是否出于其他目的，笔者不得而知。关于这一点，笔者在《承久记》中并未找到否定此事的依据。书中的记载作为史料虽然略显单薄，但读者却可依稀得知，从源实朝在世时起，后鸟羽上皇已经采取了隐秘的手段祈祷幕府灭亡。

五、公武合体说

在朝中的激进派看来，源实朝遇难是瓦解幕府、达成夙愿的大好良机。然而，即使遭遇如此不幸，北条政子和北条义时也以从容不迫的态度迎来了藤原赖经的东下。这使朝廷众臣深感意外。同时，也有一些公卿贵胄对藤原赖经东下持乐观的态度。根据《愚管抄》的记载，自保元、平治之乱②后，武家治世的时代到来，摄政家族的地位难以与其相提并论。而藤原赖经东下代表了摄政家族与武家的合体，标志着文武兼修、护主卫国的时代即将到来。作者对此事大力赞扬，认为这是八幡大菩萨显灵的结果。《增镜》中记载，作为摄政之子，藤原赖经担任征夷大将军是史无前例之事。书中还说，平氏执政后期，曾有人在梦中得到神谕启示，在源赖朝之后，武士刀将被搁置。这与藤原赖经就任征夷大将军之事正好呼应③。这些史书的描述都表明，世人认为藤原赖经东下实现了公武的合作，对此事十分支持。然而，此后的幕府实权仍然掌握在北

---

① 官打，因为官位过高，反而招致不幸。
② 保元、平治之乱，平安时代末期的两起叛乱。保元之乱是指保元元年（1156年）发生的崇德上皇、藤原赖长与后白河天皇、藤原忠通的争斗。以后白河天皇一派取胜告终。平治之乱是指平治元年（1159年）由平清盛和源义朝发起的内乱。
③ 《保历间记》也叙述了托梦之事。——原注

条政子和北条义时手中，朝幕关系不仅毫无改变，幕府甚至动辄做出对朝廷有失恭敬的举动，这令朝廷众臣再次感到意外。

六、从幕府自灭到讨伐幕府的转变

当时形势难以改变，朝廷的激进派朝臣意识到幕府自灭已经无望，只有出兵讨伐幕府才能实现他们的目的。在激进派朝臣看来，幕府当时的统治基础极其薄弱，一旦朝廷追究北条义时的罪责，下发追讨幕府的旨意，平时对北条义时不满的朝臣一定会云集响应，幕府也会立刻瓦解。后鸟羽上皇似乎也十分支持此事。此后不久，朝廷便下达了讨伐幕府的旨意。

第4节 倒幕的准备

一、顺德天皇与土御门上皇

顺德天皇受到后鸟羽上皇的格外恩宠，他经常驾临后鸟羽上皇的住所，陪同上皇游玩。想来顺德天皇应该也参与了讨伐幕府的计划。皇弟雅成亲王、赖仁亲王和尊快入道亲王也并不例外。唯独土御门上皇在让位后悠闲度日，很少与后鸟羽上皇同时出现，在外人看来，二人的关系也比较疏远。在《神皇正统记》和《保历间记》中都有记载，土御门上皇认为倒幕时机尚未成熟，屡次向后鸟羽上皇提出谏言，但后鸟羽上皇并未采纳。然而，从二人的关系来看，无论是后鸟羽上皇与土御门上皇共商大事的举动，或是性格温顺的土御门上皇向后鸟羽上皇提出谏言的举动，都令人难以信服。根据《增镜》的记载，土御门上皇最初并不知情，笔者认为这种说法最接近事实。

二、未参与倒幕计划的公卿

在朝中身居要职的公卿，容易受到自身保守思想的支配，他们并不适合参与此种秘密行动。《承久兵乱记录》中曾经提到，摄政、关白等朝廷重臣不应事事逢迎，理应分辨是非。但面对天下大事，君臣应该共同应对。九条道家虽是顺德天皇的外戚，但他与幕府关系亲密，并未获得后鸟羽上皇的信任。而西园寺公经更是后鸟羽上皇极其抵触之人，后鸟羽上皇肯定会对他严守秘密。

《增镜》中曾经记载，出于对幕府的考虑，西园寺公经从最初就未曾参与倒幕计划，而且他一直担心后鸟羽上皇会轻举妄动。同时，后鸟羽上皇对西园寺公经也非常了解，他始终对西园寺公经严加防范，担心他会向幕府泄露秘密。

三、多位公卿参与倒幕计划

在此次倒幕计划中，权大纳言坊门忠信（坊门信清之子，七条院的侄子）、参议水无濑信成（坊门忠信的养子）、参议藤原范茂（藤原范季之子，修明门院的胞弟）、参议一条信能、按察使叶室光亲、前任权中纳言源有雅、前任权中纳言中御门宗行等多位公卿受到后鸟羽上皇的信任，为后鸟羽上皇出谋划策。刑部僧三长严、二位法印尊长、贺茂祢宜①祐纲、贺茂神社神主能久等多位僧官，以及藤原秀康和藤原秀澄等武士也参与了此次倒幕计划。讨论之初，他们并未达成一致意见。身为院中执事，叶室光亲受到后鸟羽上皇的特别恩宠，但他屡次上书表明倒幕行动并不可取。然而，后鸟羽上皇已下定决心，事情没有回转的余地。这些公卿虽然表面上装作若无其事，却在暗地里利用命令或诱惑等各种手段招兵买马。起初只是毫无意义的尚武游戏，慢慢地演变成了实用性的武艺练习，不知不觉间，士气逐渐提升。

第5节 顺德天皇让位

一、立皇太子的情形

建保六年（1218年）十月十日，顺德天皇的中宫九条立子诞下皇子，后鸟羽上皇大喜过望。建保六年十一月二十一日，后鸟羽上皇封皇子为亲王，赐名怀成，任命大纳言西园寺公经为敕别当②。建保六年十一月二十六日，后鸟羽上皇立怀成亲王为皇太子，任命右大臣九条道家为东宫傅③，任命西园寺公经兼任东宫大夫。《增镜》曾提及此事：

---

① 贺茂祢宜，旧时神官的职位。位居神主之下、祝之上。
② 敕别当，由天皇或上皇等亲自任命的别当。一般由公卿兼任，负责掌管亲王家族的事务。
③ 东宫傅，日本律令制规定的教导皇太子（东宫）的教育官之一。

> 立皇太子之事许久未定，如今却突然决定，实在稀奇。后鸟羽上皇一直犹豫不决，如今迅速确定皇太子人选，可喜可贺。这可能是与新院（土御门上皇）有关。

由此推测，后鸟羽上皇迅速决定皇太子人选，主要是由于对土御门上皇的忌惮。而土御门上皇是否希望自己的皇子能成为皇太子，笔者难以查证，只是朝中很多人确实心怀鬼胎。建保五年（1217年），西园寺公经违背后鸟羽上皇的意愿，与藤原赖实之子藤原师经竞争右近卫大将，当时有传言称此事关乎皇太子的废立，正是因为藤原赖实之妻藤原兼子希望立赖仁亲王为皇太子。后鸟羽上皇做出英明决断，打消了顺德天皇的疑虑，很多人因此大失所望。此后，藤原兼子不得不改变策略，开始考虑推举赖仁亲王继任征夷大将军之事。对于失意的土御门上皇而言，他维系在皇子身上的最后一丝希望也彻底落空。院政期间，如此情形时有发生，根本不足为奇，但若不是土御门上皇的谦让之举，保元惨事难免再次发生。

二、坊官之间的秘密

身为天皇外戚，九条道家任职东宫傅实属平常。西园寺公经就任东宫大夫，除了因为他是九条道家的岳父、幕府的近亲，还与他的女儿是东宫乳母有关，而这绝不是后鸟羽上皇乐意看到的结果。或许因此，承久二年（1220年）正月，西园寺公经辞去东宫大夫的职务（其子西园寺实氏就任东宫权大夫）。承久二年十一月，朝廷在高阳院殿举办东宫着袴仪式[①]，西园寺公经之女虽为东宫乳母，却称病缺席，藤原兼子奉后鸟羽上皇之命代行其职，怀抱东宫亲临仪式。《明月记》中曾经记载："乳母未曾列席，众人不得其意，又不敢妄议，只能互相以目示意。"由此看来，此事背后必有难以猜测的隐情。

三、突然让位

承久三年（1221年）春，倒幕计划逐渐成熟。承久三年四月二十日，顺德天皇突然让位于皇太子怀成亲王，这就是后来的仲恭天皇，世人也称他为九

---

① 着袴仪式，幼儿首次穿和服裙裤的一种仪式。

条废帝。当日，近卫家实被罢免关白之职，东宫傅九条道家成为摄政。顺德天皇被尊为太上天皇，宫中有三位上皇并存。顺德上皇被称为新院，土御门上皇被称为口院，后鸟羽上皇被称为本院。《神皇正统记》中记载了让位一事，文中写道："倒幕之事近在眼前，为了能以更加自由的身份专心筹备倒幕大计，顺德天皇决定让位。"关于让位之事，幕府没有提前收到任何消息。

四、九条道家的高升

此后，九条道家成为藤氏长者，在朝中位列太政大臣三条公房之上，朝廷赐予他随身佩剑，并派遣牛车听他差遣。九条道家既是征夷大将军藤原赖经的父亲，又以外戚身份获得了摄政的官职，权倾朝野，无人能及。只是，后鸟羽上皇并未允许他参与倒幕计划。

第6节　更换天台座主

一、山门堂众与学生的争斗

后鸟羽上皇掌管院政期间，延历寺僧人的行为丝毫没有收敛。建仁三年（1203年），延历寺堂众违背院厅旨意与学徒发生争斗，后鸟羽上皇派遣佐佐木定纲驱逐堂众数百人，没收他们的所有领地。建历元年（1211年）八月，后鸟羽上皇赦免堂众的罪行，允许他们回归寺院。为此，延历寺僧人抬动七社的神舆进京抗议，天台座主也未能及时阻止。之后，朝廷推翻前议，取消赦免堂众的决定，同时应允了延历寺的三个要求：一是将堂众的领地分给延历寺其他僧人；二是命令幕府中止正在进行的闲院施工，转而修缮被烧毁的延历寺惣持院①；三是建历元年九月，后鸟羽上皇驾临日吉大社。此后，延历寺僧人才拥抬神舆归座。建历元年九月，后鸟羽上皇履行约定，他亲临日吉大社，并赦免了堂众的罪行，将他们安置在北山妙见堂，命令他们为朝廷诵经祈祷。

二、延历寺与清水寺的纷争

建保元年（1213年）七月，兴福寺分寺清水寺的僧人在延历寺分寺清闲

---

① 建保六年（1218年）七月，惣持院举办供养仪式。——原注

寺的领地内建设佛堂，此事引发了南都北岭的争端。建保元年（1213年）八月，延历寺僧人占领长乐寺，并意图烧毁清水寺。清水寺也构筑营垒，准备迎战。后鸟羽上皇先行派遣检非违使前往清水寺，命令清水寺的僧人取消战备，之后又派遣院厅官员前往长乐寺阻止延历寺僧人的暴行。延历寺僧人非但不遵圣命，反而辱骂朝廷官员。于是，后鸟羽上皇命令西面武士和驻京武士逮捕延历寺僧人，收缴他们的随身武器。延历寺僧人顽强抵抗，与武士厮杀。他们关闭延历寺三塔所有堂院和七社的大门，熄灭佛前的长明灯，退至比叡山下。无奈之下，后鸟羽上皇只能下旨处分西面武士，派遣御使参加日吉临时祭典和六月会，并承诺任命学头一荐为权律师[①]，延历寺僧人才得以平复。随后，朝廷赠予长乐寺僧人大米百石用于修缮堂舍佛像。

三、延历寺与兴福寺的争端

一波未平，一波又起。建保元年十月，清水寺僧人合议向延历寺寄送进献书，请求成为延历寺的分寺。延历寺同意了他们的申请，派遣僧人前往清水寺，同时接收清水寺的领地。兴福寺僧人勃然大怒，他们拥抬神木，联合信贵山、金峰山的僧人发动起义，想要烧毁延历寺。朝廷立刻召开公卿会议，命人修行五坛之法，祈求镇压叛乱。受此影响，本应在十一月举行的春日神社祭典也未能如期举行。后鸟羽上皇一方面派人化解两方的矛盾，另一方面命令武士前往宇治，为兴福寺僧人进京提前准备。延历寺东塔接受朝廷的调解，而西塔却坚持反对，两者没有达成一致的意见。随后，朝廷下旨规定清水寺仍然归属兴福寺。然而，兴福寺坚持要回清水寺僧人的进献书，他们拥抬神木来到宇治，官兵也退至宇治川大桥与僧人对峙。朝廷派遣叶室光亲安抚僧人，同意更换天台座主，并承诺每年任命兴福寺僧人为律师，兴福寺终于同意撤兵。建保元年十一月，权僧正公圆被罢免天台座主之职，由前任大僧正慈圆代司其职。执笔起草进献书的清水寺僧人能臣被流放到土佐国。为了安抚延历寺，朝廷专门派遣近卫使臣宣布当月的日吉大社临时祭典升级为例行祭典。建保元年十二月，为了修建佛堂，朝廷又将备前国赐予延历寺。院厅还同时下旨每隔三年任

---

① 权律师，律师是僧官的名称。位居僧正、僧都之后，包括大律师、中律师和权律师。

命六月会的法师为权律师，并赐予领地。建保二年（1214年）五月，朝廷下令将六月会批准为御斋会。当时有人传言，兴福寺僧人对此感到不平，他们想要再次发起暴动。

四、烧毁园城寺

建保二年四月，日吉大社举办临时祭典，延历寺领地大津东浦的长老认为贡品不合常例，在争执中打伤了日吉大社神官。延历寺派遣执事僧人烧毁长老的住宅，园城寺的下级僧人趁机掠夺财物，他们与执事僧人发生冲突，甚至武力相向。延历寺僧人放火烧毁园城寺，佛寺正殿、佛塔、钟楼、禅房等全都化作灰烬。这是园城寺自创建以来经历的第五次纵火事件。园城寺长吏①将此事诉诸幕府。自源赖义开始，源氏就一直与园城寺保持着特别的关系。幕府命令大友能直即刻上京，同时任命大内惟义和丰前守尚友为总奉行，掌管园城寺的

大友能直

---

① 长吏，统辖寺务的僧官。

修缮工事。建保三年（1215年）二月，朝廷任命安艺国司为造国①司，命令他正式开始修缮园城寺。此后，延历寺与园城寺便结下仇怨，难以化解。建保三年三月，园城寺僧人修筑城墙，堵塞道路，在粟津东浦烧毁神官的住宅。天台座主与僧纲②共同向院厅提出诉讼。朝廷派官兵毁掉城墙，疏通道路，禁止园城寺僧人参加五月举行的最胜讲③和后鸟羽上皇在高阳院殿举办的逆修佛事。

五、清水寺与清闲寺的争执

山门与寺门④的争端使兴福寺的气焰越发嚣张。建保二年（1214年）八月，位于高阳院殿的院记录所开始审理清水寺和清闲寺的诉讼，裁定二者的领地边界。在园城寺的诱导下，兴福寺僧人抬动春日神社的神树进京示威，后鸟羽上皇命令武士前往宇治和势多随时候命。或许因此，不久之后，记录所裁定将争议之地归属清水寺，这也意味着清水寺赢得了诉讼。

六、禁止僧人携带武器

当时，各大寺院的僧人大多行为放荡，朝廷难以管理。除了兴福寺、延历寺等寺院，其他寺院也有很多违反禁令、携带兵器的僧人。在后鸟羽上皇逆修⑤之日，朝廷下旨指责诸寺诸山的僧人违反律例，玩弄凶器，命令幕府加以管制。幕府即刻在知行国内实施禁令⑥。

七、山门的示威

建保六年（1218年），留守筥崎宫的相模寺住持行遍与儿子光助杀害大山寺的神官船长光安。因为大山寺是延历寺的分寺，延历寺僧兵要求朝廷下令将行遍和光助逮捕入狱。加之筥崎宫由石清水八幡宫的别当、大法师宗清管理，延历寺同时要求朝廷流放宗清。建保六年十月，延历寺僧兵抬动日吉、祇

---

① 造国，负责修建皇宫、寺院和神社的国家。
② 僧纲，统管僧人、尼姑，管理寺院的官职。包括僧正、僧都、律师等。
③ 最胜讲，每年五月在宫中的清凉殿举办的法会。召集东大寺、兴福寺、延历寺、园城寺的高僧，讲解《金光明最胜王经》，祈祷天下太平、国家安康。
④ 寺门，园城寺的别名。
⑤ 逆修，佛教语，生前为自己的死后做佛事。或年长者为年少的死者做佛事。
⑥ 根据《仁和寺日次记》的记载，朝廷的下旨日期是建保三年（1215年）五月二十四日。《醍醐寺新要录》中记录的下旨日期是建保三年七月五日。——原注

园和北野的神舆冲入右卫门的阵地,后鸟羽上皇命令北面武士和驻京武士出门迎战。在争斗中武士斩杀了抬动八王子社的神舆的轿夫,僧兵弃轿逃走,再次关闭三塔①所有分寺分社的大门。为了平定动乱,后鸟羽上皇命人修行五坛之法,同时派天台座主和僧纲登山抚慰众僧,延历寺僧兵奉命抬动神舆回归。之后,后鸟羽上皇亲临日吉大社,在日吉大社增设十位阿阇梨,在祇园和北野分别增设三位阿阇梨,为神舆回归创造了极好的条件。

八、倒幕计划与社寺的方针

朝廷一直无法制止僧人的暴动,后鸟羽上皇本想断然采取强压手段,但因为倒幕大计近在眼前,他急需借助僧兵的力量来巩固皇室统治,因此,绝对不能失去他们的支持。后鸟羽上皇经常驾临熊野山等地区的神社、寺院,一定有深层的意义。他让道助入道亲王、觉仁法亲王、道觉法亲王、尊快入道亲王、尊圆法亲王等多位皇子在各个寺院出家恐怕也是出于此意。在各个寺院之中,延历寺距离京都最近,兵力也最雄厚,后鸟羽上皇也对该寺最看重。

九、更换天台座主

承久二年(1220年)二月,后鸟羽上皇命令天台座主权僧正承圆为尊快入道亲王灌顶加持。尊快入道亲王与顺德上皇都是修明门院之子,当时年满十七岁。承久三年(1221年)四月,顺德上皇让位,承圆将天台座主之职让于尊快入道亲王,此后便隐居于大原。然而,承圆的这种举动并非出于本意。尊快入道亲王即刻就任天台座主,同时兼任仲恭天皇的护持僧人。通过更换天台座主,后鸟羽上皇拉拢了寺院的僧人,他期待在倒幕之时能利用僧人的兵力。

---

① 三塔,比叡山延历寺的东塔、西塔和横川。也指延历寺。

第 25 章

承久之乱

第1节 诛杀伊贺光季

一、社寺的祈祷

承久三年（1221年），朝廷局势更加动荡。承久三年正月，后鸟羽上皇在城南宫举办悬笠活动，公卿贵胄身着华服在赛场竞技，极尽风流。同时，后鸟羽上皇还命人连续举行作法、祈祷和进献币帛等仪式，显教和密教的众位高僧、各大神社的巫师巫婆都奉旨诚心祈祷。早在承久二年（1220年）十二月，后鸟羽上皇就曾命人进行诅咒仪式。承久三年正月，后鸟羽上皇又命人在高阳院殿修行五坛之法。承久三年三月，后鸟羽上皇亲临石清水八幡宫，向五十七家神社进献佛舍利。承久三年四月，后鸟羽上皇向伊势神宫、石清水八幡宫和贺茂神社进献币帛。承久三年五月，后鸟羽上皇命人在法琳寺连续二十一天修行大元帅法①。后鸟羽上皇在日吉大社秘密斋修并获得神谕也是此时发生的事。大战之前，朝廷屡屡修法祈祷，由此看来，前文提到的调伏关东之说并非虚假传言。

二、伊贺光季自焚

在此期间，后鸟羽上皇一直小心行事，谨防秘密泄露。然而，根据《百练抄》的记载，承久三年（1221年）四月二日，后鸟羽上皇向三家神社进献

---

① 大元帅法，真言密教的大法之一，将大元帅明王奉为本尊而修行的镇国大法。仁寿元年（851年）以后，每年正月初八至正月二十四在宫中修行此法。另外，为了降伏敌军，也会临时修行此法。

币帛的祈祷书不慎泄露，引起世人的怀疑。事已至此，后鸟羽上皇决定不再拖延，迅速行动。承久三年五月十四日，后鸟羽上皇在城南寺举办流镝马活动，以此为借口征集各国兵力。京都守护大江亲广也率领驻京武士前来支援，共计约有一千七百余骑精兵响应号召。唯独伊贺光季得到西园寺公经的秘密指示，没有积极响应后鸟羽上皇的号召。后鸟羽上皇命令二位法印尊长将西园寺公经和西园寺实氏父子囚禁在射箭场。承久三年五月十五日，后鸟羽上皇派官兵围攻伊贺光季在高辻北京极西的宅邸，伊贺光季放火自焚。

三、下旨追讨北条义时

火势波及数十条街道，连六角西洞院的皇居也未能幸免于难，仲恭天皇转移到高阳院殿，土御门上皇、顺德上皇、雅成亲王和赖仁亲王也都前去避难。后鸟羽上皇命令武士严格守卫高阳院殿的所有大门，同时召来仁和寺道助入道亲王为战争告捷诚心祈祷。承久三年五月十五日，朝廷罢免北条义时的官职，按察使叶室光亲向五畿七道①下发追讨北条义时的旨意。为了避免承平天庆之乱②再次发生，承久三年五月十九日，朝廷再次集中兵力，命令藤原秀澄等人扼守美浓国不破关。此后，朝廷也命人不断进行各种法事。

四、承久之乱的第一战

围攻伊贺光季可以算是承久之乱的第一战。由于伊贺光季是北条义时的近亲，朝中百官与伊贺光季素有嫌隙，伊贺光季之死极大地鼓舞了倒幕士卒的士气。贞应二年（1223年），北条政子接见伊贺光季的四位遗孤，为他们流下了同情的泪水，她诚恳地劝诫他们一定要继承父亲的遗志，永保忠诚之心。嘉禄元年（1225年），幕府将伊贺光季的领地赠予其子伊贺季村。

---

① 五畿七道，古代日本全土在律令制下的行政区域划分。具体是指近畿地方的五个令制国（山城国、大和国、河内国、和泉国、摄津国）和京畿之外的七道（东海道、东山道、北陆道、山阴道、山阳道、南海道、西海道）。
② 承平天庆之乱，日本平安中期在近畿以东和九州地区几乎同时发生的两起叛乱。东国的平将门和西国的藤原纯友分别公然反抗朝廷，最后都被朝廷的追讨军击败而战死。

第2节 京都方面与武家方面

一、京都与武家各自的动机

参与倒幕行动的人分为京都和武家两派，他们采取首鼠两端的态度，在行动时难以形成一致的决议。其中京都派大多是素来与朝廷亲近之人，包括神社寺院的僧人和神官、本所领家的庄官等。除此以外，也有很多幕府的家臣参与其中。他们之中有人以京都守护、内里大番和院厅武士（西面武士、北面武士和武者所①）的身份在朝中任职，深受朝廷的恩赐，积极响应朝廷号召；也有人与幕府积怨已久，他们憎恨北条义时，所以心怀鬼胎，期望借此机会报复幕府。两者的共同之处在于，他们都因为某些政治原因或家族原因失去了领地，或者被剥夺了官职，处于失意潦倒的境地。他们都希望趁此兵乱挽回颓势，便加入了倒幕的阵营。

二、家族制度

根据当时的家族制度，家族继承人由父母自行决定，不需遵循长幼之序。父母既可根据聪慧程度进行选择，也可依据个人喜好随意决定。因此，无论是长兄的庶子或是幼弟的嫡子都可能继承家族。同样，对子女财产的分配也完全由父母的意志决定，即使父母将来改变主意，子女也不得反抗。只要父母尚在人世，纵使颇有微词，子女也必须服从。然而，一旦父母过世，他们就急不可耐地诉诸法庭。为了维持家族的秩序，幕府命令族人必须谨遵家主的指示。建仁二年（1202年）五月，为了化解兄弟争端，幕府颁布法令。建仁二年十二月，幕府再次下令，规定族人任官必须由族长推荐，不得自行申请，这进一步助长了家族的专制之风。

三、领地的得失与家族的兴衰

个人领地是当时最重要的财产。如果领地的所有者违背民心，在诉讼中败诉，或者犯下罪行，幕府将会剥夺他们的领地，他们只能失意地度过下半

---

① 武者所，守卫太上皇御所的武士，也指武士的守卫室。

生，几乎没有再次崛起的希望。源平之战以后，有很多身处逆境之人怀抱家族宗谱，翘首等待翻身之日。倒幕行动给他们带来了千载难逢的绝好机会。从政治角度来看，承久之乱固然是朝廷与幕府之间的根本性冲突，但它同时是家族专制带来的反抗行为。在此次战乱中，很多家族四分五裂，兵戎相向，这都是此种家族制度造成的后果。

四、御家人的想法

源实朝去世以后，源氏的正统血脉彻底断绝。但北条政子始终掌管幕府，她遵循源赖朝的遗志统领所有御家人。此时，很多幕府豪族相继衰败，而北条氏开始崛起并凌驾于众家臣之上，唯有三浦氏可以与之抗衡。从此前的和田氏叛乱和公晓之变来看，三浦氏对北条氏似乎没有敌意。对于幕府而言，源实朝遇难的确是一个重大打击，但与之后的政变相比，此事给御家人带来的心理刺激尚且可以承受。在御家人看来，幕府的统治一如既往，拥立藤原赖经也只是一种无奈的变通行为，无须特别重视。然而，在源实朝去世以后，幕府的武将家族逐渐衰败，幕府官员中只剩下随波逐流的武士，征夷大将军之位也由摄政家族继承，虽然看似实现了公武合体的局面，但这种想法只不过是空中楼阁，根本不切实际。当时，多数御家人满足于幕府的现状，即使有不满之人，他们也顺应形势，放弃野心，甘心为源氏家族继续拥立幕府，维持现状。源实朝之死使公家联想到了幕府的灭亡，加之摄政家族继任征夷大将军，他们认为御家人一定会因此蔑视幕府，排斥北条义时，而幕府内部一定会发生争斗。由此看来，公家的这种想法大错特错。因此，朝廷征募御家人参与倒幕行动，无论是参与的人数或是参与者的地位，都难以达到他们预想的结果。

第3节　幕府的态度

一、战乱的暗示

幕府到底是何时得知朝廷的倒幕计划呢？根据《吾妻镜》承久三年（1221年）三月二十二日的记载，北条政子在梦中看到一面大镜子漂浮在由比滨的水面上，镜中传来了人的声音："吾乃伊势神宫。吾发觉天下有人集结兵力，可能引起天下大乱。若泰时善待于吾，定会天下太平。"北条政子立刻派遣专使前往伊势，向神宫上呈祷告文。此事暗示的应该就是承久之乱。《吾妻镜》中也有很多后期追加的记录，看似写在祸乱之前，实际上很有可能是战后为幕府所作的辩解。源实朝遇难前后的记载正是如此，也许本条内容也是类似情形。若非如此，也可能是朝廷的密谋被外界得知，北条政子心中不安，特意向伊势神宫祈祷。

二、急报传至幕府

笔者猜测，伊贺光季一直负责从京都获取谍报，而且从未疏忽。从西园寺公经的态度来看，伊贺光季经常通过直接或间接的方式与幕府联系。在消息公布之前，幕府虽然并未得知详细的情形，但肯定已经有所耳闻。承久三年（1221年）五月十五日，在伊贺光季伏诛前后，伊贺光季和西园寺公经的家司派遣飞脚①向幕府传递消息。承久三年五月十九日，幕府得到确切消息。

三、幕府的搜捕

特使将追讨北条义时的公文下发到各个国家。在向关东诸国下发公文时，藤原秀康的随从押松丸添加了大监物②的附加文书和参与行动的东国武士亲署的文书，将命令下达给关东地区的御家人。为了完成朝廷的使命，武士竟然采取如此草率的举动，由此也可以看出武士对朝廷此次行动的重视。承久三年五月十五日，押松丸从京都出发，与伊贺光季的飞脚几乎同时到达镰仓。幕府得知后立刻逮捕押松丸，没收了他私自添加的所有文书。

四、三浦义村的态度

除北条氏以外，三浦氏是当时幕府仅存的名门望族，而三浦义村又凭借自己光辉的经历在幕府赢得了权势和声望，所以时常有反对北条氏的野心家妄图借助三浦义村的力量。朝廷也对三浦义村寄予厚望，他们希望通过他的弟弟三浦胤义来拉拢三浦义村。三浦胤义派人将亲笔书信带给三浦义村，信中说，

---

① 飞脚，日本旧时专门运送信函、金钱、汇票或小货物等的职业或者从事这一职业的人。
② 大监物，监物是日本律令制下隶属中务省的品官。主要负责大藏、内藏的物品出纳。包括大监物、中监物、少监物、监物主典、史生五个职位。

他若能响应后鸟羽上皇的号召诛杀北条义时，朝廷定会重重奖励。三浦义村立刻驱逐了信使，他将信函交给北条义时，表明自己绝无二心。

五、北条政子的训诫

承久三年（1221年）五月十九日，北条义时、北条时房、大江广元和北条泰时等其他重要的御家人在北条政子的住处会面，聆听北条政子的训诫。安达景盛代表北条政子向众人传达了她的想法。北条政子这样说道：

> 请众位团结一心。这是我最后的恳求。已故右近卫大将（源赖朝）征伐朝敌，为朝廷立下丰功伟绩。如今后鸟羽上皇却听信奸臣的谗言，下发追讨幕府的旨意。众位蒙受大将多年恩宠，应该立刻诛杀藤原秀康、三浦胤义等人，保全三代征夷大将军之名。若有人意图加入朝廷的阵营，请今日在此明示。

众将士含泪起誓，一定会舍命报效征夷大将军。在北条政子的动情演讲之后，幕府立刻决定了应对朝廷的策略。当时唯一的问题就是如何将策略应用于实际。

第4节 兵分三路进军京都

一、幕府决定出兵

幕府众将士在北条义时的宅邸集合，共同讨论军事方针。他们决定驻守足柄和箱根两个要塞，等待朝廷官兵到来。大江广元持反对意见，他认为，防守旷日持久，东国武士可能出现叛变之人，不如趁此机会进击京都。北条义时立刻将决议告知北条政子，北条政子也认为不应错过如此良机，她同意大江广元的建议。承久三年五月十九日，幕府紧急派出使者前往远江、骏河、伊豆、甲斐、相模、武藏、安房、上总、常陆、信浓、上野、下野、陆奥和出羽各国，命令各国各自召集兵力。承久三年五月二十一日，为了汇报京都的近况，一条高能之子一条赖氏到达镰仓。幕府虽然已经决定出兵，但有人担心贸然出兵可能导致东国无人防守，当天，幕府重臣再次讨论。大江广元坚持认为出兵之事刻不容缓，三善康信也同意他的意见。经过讨论，北条义时决定立刻出兵。

二、制定战略部署，出兵京都

幕府决定分三路出兵，分别制定战略部署。北条时房和北条泰时率领十万余骑兵从东海道出发，武田信光、小笠原长清、小山朝长和结城朝光等人率领五万余骑兵从东山道出发，北条朝时、结城朝广和佐佐木实信等人率领四万余骑兵从北陆道出发，三路军队共同出兵京都。承久三年（1221年）五月二十二日，北条泰时率领其子北条时氏等十八位骑兵先行出发。临行之际，北条义时亲自传授战略，鼓励众人，并向北条时氏等人赠予兵器。承久三年五

小笠原长清

《教导立志基》中的北条泰时

月二十三日,北条泰时独自返回,向北条义时询问仲恭天皇亲临战场的应对之举。北条义时表示,若仲恭天皇亲临战场,幕府将士应该即刻放下武器,听从命令①。

三、北条义时的忧虑

北条义时与大江广元、三善康信等老将共同留守镰仓。他们深知此次呂兵是因为幕府的地位已经濒于危殆,而并非因为幕府有必胜的信心。因此,他

---

① 出自《增镜》。——原注

们一方面希望寺院的修法能带来战争大捷，另一方面不停地征募士兵。他们还将押松丸放回了京都。北条义时虽然同意出兵京都，但他对反抗后鸟羽上皇的行为深感不安。在出兵第二日，雷电击中北条义时宅邸的浴室，这使他更加难以平静，他甚至以为自己命数将尽。大江广元劝他，君臣命运皆受天地支配，还举出源赖朝的例子安慰他。文治五年（1189年），源赖朝征伐奥州之时，也有雷电击中军营。是非命运全由天定[①]。

第5节 两军交锋

一、朝廷大为震惊

承久三年（1221年）五月二十六日，东国军队大举进攻的消息传到美浓国，藤原秀澄立刻上报京都。朝廷方面一度认为，只要下发追讨的旨意，一定会有人迅速献上北条义时的首级。然而，事实完全相反，朝堂上下张皇失措。《增镜》简单描述了当时的景象："先前，朝廷官员大有信心，他们却完全没有料到会有如此结果。众臣惊慌失色，看似并不可靠。"

二、东国军队连续告捷，官兵制定战略部署

承久三年五月二十八日，东海道军队徒步涉水渡过远江国天龙川。承久三年五月三十日，东海道军队到达桥本驿站。藤原信成的家臣河勾家贤占领越后国加地庄（蒲原郡）的愿文山。承久三年五月二十九日，北陆道军队攻破该地。承久三年六月二日，东国军队占领远江国府的急报传到京都，朝廷立刻召开公卿会议，制定战略部署。朝廷命令宫崎定范、糟屋有久、仁科盛朝等人迎战北陆道军队，派遣大内惟信、筑后有长、糟屋久季等人前往大井户渡口（美浓太田）迎击东山道部队。美浓国目代带刀左卫门尉、神地赖经等人前往鹈沼渡，朝日赖时、关左卫门尉、土岐判官代、关田太郎等人前往池濑（美浓生濑），藤原秀康、佐佐木广纲、佐佐木盛纲、佐佐木高重、三浦胤义、镜久纲等人前往摩免户（美浓前渡），山田左卫门尉、臼井太郎入道等人前往食渡

[①] 出自《吾妻镜》。——原注

山田重忠

(美浓印食)、藤原秀澄、山田重忠(后来转移到摩免户)、市胁光员等人前往洲俣(美浓),兵分五路共同迎击东海道的敌军。承久三年六月三日,所有将士从京都出发。根据《承久三年四年日次记》的记载,官兵原定于承久三年六月二日出发,后来推迟到承久三年六月三日。此外,朝廷的公卿贵胄没有一人参与战斗,军中士气萎靡不振。

三、两军交战

承久三年六月五日,东海道军队到达尾张国一之宫,针对官兵的进击重新部署战略。经过讨论,幕府决定派遣毛利季光等人前往鹈沼渡,派遣足利义氏前往池濑，派遣狩野介入道前往板桥（美浓板仓），派遣北条泰时和三浦义村等人前往摩免户，派遣北条时房和安达景盛等人前往洲俣。承久三年（1221年）六月五日，东山道军队攻破大井户渡口，守将大内惟信落荒而逃。摩免户地区集中了朝廷的主要兵力，驻守的主将同时撤兵后退。承久三年六月六日，北条时氏率兵抵达摩免户，他们驱逐官兵，向筵田进发。驻守在株河（美浓）、洲俣、市胁（美浓市江）等地的官兵也全线败退。此后，东海道和东山道的军队会合，驻扎在野上和垂井两个驿站。根据三浦义村的提议，北条时房前往势多，安达景盛和武田信光前往田上，北条泰时前往宇治，毛利季光前往芋洗，北条义村和结城朝光前往淀渡，由他们各自率领士兵迎击官兵。

四、后鸟羽上皇驾临西坂本

承久三年六月七日以后，战败的消息不断传来。承久三年六月八日，洲俣的败兵回到京都，众朝臣手足无措。后鸟羽上皇命令坊门忠信、权大纳言土御门定通、源有雅、藤原范茂、藤原信能等人分别前往宇治、势多、田原等地

土御门定通

统领将士。后鸟羽上皇、土御门上皇、顺德上皇、修明门院、雅成亲王和赖仁亲王在女官的陪同下骑马转移到二位法印尊长居住的泉房，共同讨论军事部署。黄昏时分，后鸟羽上皇又转移到西坂本，仲恭天皇也秘密同行。他们共同住在梶井的行宫，命令僧兵齐心协力，保护圣驾。

承久三年（1221年）六月九日，山门的僧兵上奏表示，仅凭他们的一己之力难以抵抗东国军队，所以无法接受圣命。承久三年六月十日，后鸟羽上皇迫于无奈离开梶井，回到高阳院殿，赦免了本应处斩的西园寺公经父子。朝廷公然释放人质，显而易见，他们对幕府的态度已经妥协。

五、大战前的休养

承久三年六月八日，北陆道军队抵达越中国般若野庄，正好遇到宣读追讨旨意的特使，他们大破朝廷官兵。加贺国的住民林石黑等人主动投诚。承久三年六月十二日，北条泰时率兵从野上抵达近江野路，下令全军休息，以缓解长途行军的劳顿，为应对大战恢复元气。

六、驻守宇治、势多

承久三年六月十二日，朝廷重新部署战略，命令官兵分别驻守三穗崎、势多、供御濑[①]、鹈饲濑、宇治、真木岛、芋洗各地。朝廷派遣山田重忠等人前往势多，派遣源有雅、藤原范茂等人前往宇治，命令他们毁掉宇治和势多的两座桥梁，专心防御。

七、两地的战况

承久三年六月十三日，东国各路军队按照部署分别向进攻地点出发。北条时房首先在势多桥迎战朝廷官兵，北条泰时在栗子山（位于宇治田原路）布下阵营。北条泰时的部下足利义氏和三浦泰村私自进攻，在宇治桥遭遇官兵后失利，退守在平等院。听闻二人战败的消息，北条泰时立刻前往宇治亲自指挥战役。此时，官兵架起木棚，投放弓箭，加之河水暴涨，幕府军队难以进攻。承久三年六月十四日，北条泰时决定穿越河流，他命令芝田兼义等人舍命寻找徒涉地点。在等待消息的过程中，众将士做好从真木岛出发的准备。芝田兼义

[①] 出自《承久记》。《吾妻镜》中的食渡为错误记录。——原注

和佐佐木信纲等人先行出发。由于东国军队不谙水性，有勇无谋，溺死者不计其数。见此情形，北条泰时也做好了赴死的准备，他命令其子北条时氏涉水渡河，自己乘坐木筏紧随其后。北条时氏和佐佐木信纲等人先行着陆，其余将士也在未时先后到达对岸[①]。守将源有雅和藤原范茂战败逃走，藤原朝俊等人战死。

第6节 占领京都

一、官兵全线败退

北条泰时等人抵达深草河原时，西园寺公经的使者已经在此等候多时。北条泰时告知西园寺公经，他们将于承久三年（1221年）六月十五正式进京，并派出一位部下守卫西园寺公经的府邸。三浦义村和毛利季光也在打败淀渡口和芋洗的敌军后前来会合。北条时房战胜势多的官兵，朝廷军队全面溃败。

二、东国军队进京

承久三年六月十五日，北条泰时率领五千余骑兵进入京都。《增镜》描述了当时的情景："面对凶险的环境，北条泰时和北条时房始终沉静自若。而朝廷方面却狼狈不堪，群臣不知所措。"此前，藤原秀康和三浦胤义前往高阳院殿报告战情，后鸟羽上皇决定让两院（土御门上皇和顺德上皇）和两宫（雅成亲王和赖仁亲王）前往贺茂和贵船等地避难，自己则独守宫中，他命令左大夫小槻国宗（小槻隆职之子）向东国军队传达旨意。

三、传达后鸟羽上皇的旨意

承久三年六月十五日辰时，小槻国宗到达六条河原，向北条泰时的军队传达后鸟羽上皇的旨意。北条泰时立刻下马，他命令部下武藏国住民藤田三郎宣读院宣[②]。后鸟羽上皇表示，倒幕之举是谋臣的私人行为，并非出自他的本意，他承诺立刻恢复北条义时等人的官职，撤回追讨的旨意，同时希望幕府军

---

① 出自《皇代历》。——原注
② 院宣，院厅为传达上皇或法皇的旨意而下发的公文。

队停止在京都的暴行。院宣中还写道:"事无大小,皆可申请,上皇自有裁决。"此前,后鸟羽上皇听说东国军队在平等院破坏经书,掠夺摄政家族的宝物,入京之后也曾经夺人财物,所以才会在院宣中提及此事。摄政九条道家通过右中辨吉田资经向东国军队要回了平等院和法成寺的宝物,据说他还曾经请求北条泰时派遣武士守卫吉田社。后鸟羽上皇禁止武士进宫觐见,北条泰时等人也谨遵旨意,未曾拜见后鸟羽上皇和仲恭天皇。然而,北条泰时却打着防范不法之徒的旗号,派遣武士守卫后鸟羽上皇和仲恭天皇的住处。三浦义村也声称他们肩负守卫宫中的特别使命,专门派遣右近将监源赖重等人进入宫中。

四、东国军队的追击

承久三年(1221年)六月十五日巳时,北条时房和北条泰时抵达六波罗。藤原秀康潜逃,三浦胤义父子在西山的木岛自裁。北条泰时专门派人告知佐佐木经高,希望他打消自杀的念头,佐佐木经高却认为幕府是来催他了断,果断选择了自裁。朝廷官兵在各自的住宅放火遁逃,东国军队逮捕之人屈指可数。此后,幕府在京都周边持续进行大范围的搜捕,死伤人数众多。

五、撤回追讨北条义时的旨意

承久三年六月十八日,后鸟羽上皇正式撤回追讨北条义时的院宣。承久三年六月十九日,北条义时声称他怀疑院中仍有残存的叛党,请后鸟羽上皇迁宫一条万里小路的四辻殿,并派武士严格把守,却将仲恭天皇独自留下。两院和两宫各自回到原来的宅邸。承久三年六月十九日,后鸟羽上皇向京畿各国下达旨意,命令他们追讨藤原秀康。承久三年六月二十日,仲恭天皇回到闲院,北陆道军队进京。北条泰时禁止京中武士肆意妄为,命令他们恢复京中的正常秩序。

第 26 章

战后的处分

第1节 对朝臣的处分

一、北条义时的秘密命令

北条时房和北条泰时命人将战争告捷的急报传到幕府,同时请求幕府对部下论功行赏。承久三年(1221年)六月二十三日,捷报传至幕府。幕府将士殊死拼搏的精神深深地感动了幕府众臣,他们欣喜若狂。幕府众臣针对朝臣的处分展开讨论,大江广元遵循文治元年(1185年)的先例起草了提纲文书。承久三年六月二十四日,奉北条义时的秘密命令,安藤光成携带提纲文书匆忙赶往京都。大江广元起草的文书主要是针对朝臣的处置办法,而北条义时的秘密命令则是有关流放后鸟羽上皇的重要指示。

二、北条泰时的宽大处理

在惩罚京都的残党时,北条泰时尽量宽大处理,从轻发落,对罪臣网开一面,博得了世人的赞颂。清水寺僧人敬月曾经在宇治支援官兵,在被东国军队逮捕时,他献上和歌一首:"奉命舍身乱世间,此间难立宇治川。"北条泰时被这首和歌打动,将敬月的死刑减为流刑。因为伊予国的武将河野通信曾加入后鸟羽上皇的阵营,战争结束以后,北条泰时即刻派遣太田康继前去讨伐。太田康继联合国内反对河野通信的力量共同围剿。随后,河野通信向幕府投降,北条泰时赦免了河野通信的死罪,将他流放到陆奥国平泉。

三、移交朝臣

然而，从幕府的立场考虑，对京都方面的叛党应该严加惩处，不容姑息。承久三年（1221年）六月二十四日，在等待幕府命令的同时，北条泰时请求朝廷移交叶室光亲等朝臣，并派遣武士随行保护。叶室光亲表示："此次行动由我一人策划。"他一人承担了所有罪责，随后乘车前往六波罗①。

承久三年六月二十九日，安藤光成到达六波罗，向北条时房等人传达了幕府的命令。北条时房和北条泰时看完大江广元的文书后，与毛利季光进行了秘密讨论。笔者猜测，他们讨论的内容应该是如何实施幕府的决议。

四、处　分

根据幕府的命令，北条泰时应该在京都将参与倒幕行动的重要公卿一并处斩。此前，北条泰时已经处死了后藤基朝、三条有范、佐佐木广纲和大江能范四人。他们既是幕府的御家人，又是院中的西面武士。北条泰时同时向朝廷申请在京都城外处分众位公卿。承久三年七月一日，朝廷批准了北条泰时的申请。北条泰时命令武士即刻护送公卿从京都赶往镰仓。承久三年七月五日，参议一条信能在美浓国远山庄被斩首。承久三年七月十二日，按察使叶室光亲在骏河国加古阪被武士处斩。承久三年七月十四日，前任权中纳言叶室宗行在骏河国蓝泽原被武士处斩。承久三年七月十八日，参议藤原范茂在相模国早川被人淹死。承久三年七月二十九日，前任权中纳言源有雅在甲斐国稻积庄被武士处斩。在经过远江国菊河驿站时，中御门宗行在旅舍的门柱上写道："曾经，饮南阳县菊河下流之水可延年益寿，如今我住在东海道菊河西岸，却命不久矣。"在到达骏河国黄濑河驿站以后，中御门宗行吟出诗句："浮岛之原入图圄，前路艰险正凄凉。"这句诗被后人传诵至今。源有雅曾经哀求北条政子赦免他的死罪，而北条政子也同意暂缓行刑，但消息没有及时送达，源有雅最终未能幸免于难。在异母妹西八条禅尼（源实朝的夫人）的哀求之下，权大纳言坊门忠信在远江国舞泽被赦免死罪，被幕府流放到越后国。由于儿子源亲行向幕府求情，大监物源光行被赦免死罪。因为父亲坊门忠信的罪名，前任参议

---

① 出自《壬生文书》。——原注

水无濑信成受到连坐处分，被流放到阿波国。右大辨叶室光俊也受到父亲的牵连，被流放到镇西。

对于罪行较轻的朝臣，幕府请求朝廷停止他们的职务。承久三年（1221年）七月二十日，朝廷下令停止前任内大臣久我通光（此前已经自行辞官）等人的职务。承久三年八月八日，坊门信成等以下官员被移交到六波罗府。

五、对藤原秀康等其他失踪者的处分

承久三年十月，藤原秀康和藤原秀澄兄弟在河内国被捕，在被移交至六波罗府后，二人皆被问斩①。《吾妻镜》中记载："此次叛乱皆因二人而起，二人罪大恶极，处以极刑并不为过。"由此可知，幕府将藤原秀康二人视为元凶。二位法印尊长同样被幕府当作罪魁祸首。战后，二位法印尊长逃至奈良，与前任大僧正长严的弟子等人共同隐匿于十津川。六年以后的安贞元年（1227年），二位法印尊长猜测幕府已经疏于防范，便大胆进入京都，藏匿在油小路，结果被六波罗府发现。安贞元年六月七日，幕府派出杀手，二位法印尊长自杀。安贞二年（1228年），前任权大僧都真祯受到牵连，被流放到摄津国。长严也在藏匿后被捕，被流放到隐岐国。安贞二年七月，长严在流放地圆寂，享年七十七岁。大内惟信销声匿迹，下落不明。宽喜二年（1230年），六波罗府收到密报，得知大内惟信藏匿于日吉大社八王子社的僧房。在得到天台座主的允许之后，幕府逮捕了大内惟信及他的数位随从。战后，受到幕府处分的僧人、尼姑不计其数。

第2节　拥立后堀河天皇及更换摄政

一、幕府煞费苦心

承久三年七月七日，幕府派遣使者进京。鉴于当时的特殊形势，世人猜测使者一定肩负着重要的使命。幕府向朝廷进言，希望朝廷拥立新天皇。为了防止后鸟羽上皇的皇子皇孙登上皇位，幕府可谓煞费苦心。

---

① 《皇代历》记录，藤原秀康死于自杀。《尊卑分脉》记载，藤原秀澄在洲俣战死。——原注

二、守贞亲王与茂仁王

包括安德天皇在内，高仓天皇生有四位皇子。三皇子惟明亲王在承久三年（1221年）五月薨逝，四皇子是当时的后鸟羽上皇，剩下的只有二皇子守贞亲王。守贞亲王与后鸟羽上皇同为七条院所生。寿永二年（1183年），二皇子守贞与安德天皇被平氏挟持至西海①。守贞亲王回京之后，后白河法皇另立尊成亲王为皇太子。文治五年（1189年），二皇子守贞被封为亲王。建久二年（1191年），守贞亲王叙位三品。多年来，守贞亲王失意潦倒，几乎被世人遗忘。守贞亲王自己也对俗世丧失了希望。建历二年（1212年），守贞亲王出家，法号行助。建保六年（1218年），守贞亲王在东大寺受戒，从此专修佛道。守贞亲王的王妃持明院陈子（号北白河院）是持明院基家之女。藤

守贞亲王

---
① 根据《平家物语》和《源平盛衰记》的记载，平氏有意拥立二皇子守贞为储君。——原注

茂仁

原基家的祖父藤原基赖修建的佛堂叫作持明院。大治年间，藤原基赖之子大藏卿藤原通基修缮寺院，将家号改为持明院，将佛堂改名为安乐光院。因为守贞亲王曾经在此居住，世人也称他为持明院宫。受到守贞亲王的影响，他的大王子、二王子也出家为僧，法号分别为尊性和道深。守贞亲王的第三王子茂仁投入赠大僧正①仁庆的门下，成为仁庆的弟子，但并未正式出家。守贞亲王贤明持重，受到朝中部分有识之士的认可。正治元年（1199年），僧人文觉被流放到佐渡国，据说是因为文觉想要拥立守贞亲王为储君，曾经秘密筹划皇太子废立之事。②幕府认为守贞亲王是最合适的人选，希望由守贞亲王代替后鸟羽上皇掌管院政，由茂仁继承皇位，并向守贞亲王提出请求。根据《五代帝王物语》的记载，守贞亲王担忧此事会成为后代管理政事的障碍，暂时驳回了幕府的请求，后来在藤原陈子的苦苦劝说之下，守贞亲王应允了幕府的请求。

---

① 赠大僧正，在死后获赐大僧正僧阶的人。
② 出自《平家物语》和《源平盛衰记》，可信度不高。——原注

三、更换摄政

承久三年七月八日,幕府罢免九条道家的摄政之职,改由近卫家实代任。九条道家虽然是幕府的姻亲,但同时是仲恭天皇的舅父,由他继续担任摄政难免引起幕府的猜忌。在被罢免官职以后,九条道家一直隐居在一条宅邸①。由此看来,近卫家实就任摄政实属侥幸。

四、后堀河天皇即位与废帝

承久三年(1221年)七月九日,在武士的保护下,守贞亲王之子茂仁从持明院搬到闲院,即日登基。当时,茂仁只有十岁,他就是之后的后堀河天皇。在光仁天皇以后,皇室首次出现由已故天皇之孙继承皇位的情况。当天,仲恭天皇放弃神器,仓皇转移到九条宅邸。世人因此称他为九条废帝。为了与淳仁天皇区分开来,世人也称他为后废帝或半帝。仲恭天皇在位仅七十余日,未曾举办登基大典和大尝祭,甚至还没经过元服之礼,很多古书也不把他列入天皇的名单。北畠亲房在《神皇正统记》中曾经写道:"仲恭天皇即位不过七十七日便无奈放弃神器和皇位,如同古时的饭丰天皇。"②因为仲恭天皇

北畠亲房

---

① 《明月记》天福元年(1233年)二月十日条载。——原注
② 饭丰天皇,生卒年未详。履中天皇之女,在清宁天皇崩御后,她曾短暂执政,但她并没有被列为正式的天皇。

尚且年幼，所以免于流放之罪，与其母九条立子共同居住。待仲恭天皇年长之时，幕府一定会对他多加防范。《百练抄》中曾经记载，仲恭天皇"时有精神疲劳之症"，由此可知，仲恭天皇遭遇了极大的苦难。文历元年（1234年）五月二十日，仲恭天皇驾崩，年仅十七岁。明治三年（1870年）七月，九条废帝被追封为仲恭天皇。

五、太上天皇的尊号、新皇登基

承久三年（1221年）八月十六日，守贞亲王被尊封为太上天皇，后被封为后高仓院。守贞亲王从未登上天皇之位，却在出家以后被尊为太上天皇，这是史无前例之事。承久三年十二月一日，朝廷在太政官厅举办天皇登基大典。一条兼良在《代始和抄》中评论了这次特殊的登基：

> 在特别时期，可以由上皇决定储君之事。……承久三年，天下大乱，关东拥立后堀河天皇即位，并尊封守贞亲王为法皇，这实在是天下奇事。

然而，幕府做出的惊天动地的举动远不止这些。

第3节 法皇与两位上皇的播迁

一、后鸟羽法皇与顺德上皇的播迁

承久三年七月六日，六波罗府派遣武士迎接后鸟羽上皇，后鸟羽上皇乘坐竹箔牛车从四辻殿搬到鸟羽殿。承久三年七月八日，后鸟羽上皇出家，法号为金刚理或良然。在出家之际，后鸟羽上皇请藤原信实（1176—1266）为他画像，将画像赠予母亲七条院[①]。承久三年七月十三日，幕府要求后鸟羽法皇迁居隐岐国的苅田别宫，允许数位近臣、女官同行，由武士护卫前往。后鸟

[①] 根据《高野日记》的记载，僧人顿阿（1289—1372）将此画供于水无濑神宫的御影堂。《本朝画史》也曾写道："现今藏于水无濑御影堂。"——原注

羽法皇的宠妃伊贺局随行前往隐岐国。安贞元年（1227年）三月，民部卿局（藤原亲兼之女）也赶赴隐岐国。承久三年（1221年）七月二十日，幕府要求顺德上皇迁居佐渡岛，同样允许近臣、女官随行。承久三年七月二十四日，雅成亲王迁居但马国。承久三年七月二十五日，赖仁亲王迁居备前国儿岛。

二、土御门上皇的播迁

土御门上皇与倒幕行动毫不相关，幕府也表示谅解，为此向朝廷多次上奏。然而，土御门上皇为人谦逊，敬重尊长，不愿独自留居京都。承久三年闰十月十日，在经过幕府的允许之后，土御门上皇迁居土佐国，近臣、女官随行。贞应元年（1222年）五月，因为土佐国太过偏僻，幕府上奏请求朝廷同意土御门上皇迁居阿波国。安贞元年二月，幕府命令阿波国守护为土御门上皇修缮行宫。幕府对待土御门上皇的态度与对待其他两院的态度截然不同。根据《榊叶集》的记载，土御门上皇曾在石清水八幡宫修读《大藏经》，其皇子后来继承皇位也是因为土御门上皇的祈祷。由此看来，土御门上皇对皇子皇孙继承皇位仍然抱有希望。从幕府决定大举出兵开始，仅仅二十五天，幕府便从镰仓攻入京都，之后，幕府更是迅速处决朝臣，拥立新帝，驱逐上皇，除去了所有政敌。幕府的行为确实有僭越之嫌，但朝廷对幕府势力的误判也使自身露出了破绽。下面摘出北畠亲房在《神皇正统记》中的评论供读者参考：

> 源赖朝为朝廷立下汗马功劳，几乎将整个天下收入囊中。为人君者感到不安，实属正常。源赖朝去世以后，遗孀北条政子和执权北条义时本应继承源赖朝的遗志，但他们与朝廷时有争端。自白河天皇和鸟羽天皇开始，朝廷政治就出现了衰败的趋势。后白河法皇掌管院政期间，朝廷发生兵变，奸臣得道，举世生灵涂炭。源赖朝凭一人之力平定叛乱，稳固朝政，皇室也重新归于平静。朝堂上下、京都内外都对源赖朝心悦诚服。源实朝去世以后，幕府也并未背叛朝廷。幕府的德政让人叹服，朝廷怎能轻易推翻？即使朝廷并无损失，但如兴兵变扰乱民心，上天也不会允许。王者发动战争一

定要师出有名，不可无故出兵。源赖朝曾在朝中就任要职，也曾担任地方官员，这全都出自后白河法皇的授意。笔者难以评判是非，后世可自行判断。北条义时掌权以后，幕府在朝廷逐渐失去人望，但这不能成为朝廷出兵的理由。朝廷执意下旨追讨北条义时，使某些谋反之徒有机可乘，发生了难以预料的巨变。然而，为人臣者违反圣意，以下克上，这也完全不合情理。幕府曾经施行仁政，赢得声望，如今却走上了这条道路。当今乱世，如果没有后鸟羽上皇的追讨旨意，幕府是否会大动干戈，发动兵变呢？这恐怕只能尽人事，听天命了。

第 27 章

战后的经营

第1节 创设两处六波罗府

一、六波罗府的北殿与南殿

承久之乱以后，幕府意识到京都的守卫过于松懈，必须任命有力的将士驻守京都，以备不时之需。当时守卫京都的武士主要来自附近国家和西国，并非来自东国，所以祸乱时有发生，难以根除。为了方便管理，幕府决定在京都设立重要的代表机关。于是，幕府命令北条时房和北条泰时两人留守六波罗府，北条泰时住在北亭，北条时房住在南亭。世人称他们为六波罗殿，或分别称为北殿和南殿，也有人直接称他们为南北。后来，人们称这里的官员为六波罗探题。根据《武家名目抄》的记载，此后在六波罗府任职之人世代出自北条氏，从未有过其他家族之人。北条家族因此受到世人的尊敬，有时也被直接称作六波罗殿①，或复称作北殿和南殿②，但这段记录并不准确。

二、重要的政治机关

《吾妻镜》中描述了北条时房和北条泰时二人进入六波罗府的情形："为了稳定国家，保证武家的安全，二人成为北条义时的爪牙和耳目。"由此可知，在幕府的管理制度中，六波罗府发挥着非常重要的作用。北条时房和北

---

① 出自《太平记》。——原注
② 出自《若狭国守护职次第》。——原注

条泰时的名望和地位仅次于执权，后来他们在幕府分别就任连署、执权。六波罗府的官职几乎全部由北条氏的近亲担任，偶尔也会有官位暂时空缺。仿照幕府的机构，六波罗府设置了评定众①、引付众②、引付头③、问注所、同寄人、侍所、捡断④、越诉奉行⑤等官职，下发御教书⑥和下知状⑦，俨然一个微型幕府。

三、六波罗府的管辖范围

作为京都的重要机关，幕府承担军事警察的职责，同时负责掌管畿内和西国的行政及司法事务。承久元年（1219年），源赖茂伏诛，大内守护一职空缺。承久三年（1221年），大江亲广响应圣召，伊贺光季伏诛，京都守护之职同样空缺。在幕府设立六波罗府以后，这两个职位也不再具有存在的必要。根据吉川本《吾妻镜》在天福元年（1233年）四月十六日的记载，六波罗府势力范围内的畿内西国包括尾张国、伊势国、伊贺国、美浓国、近江国、若狭国、摄津国、河内国、飞騨国、越前国、山城国、丹波国、丹后国、但马国、因幡国、出云国、石见国、长门国、伯耆国、播磨国、美作国、备前国、备中国（可能漏掉了备后国）、安艺国、伊予国、土佐国、阿波国、淡路国、和泉国和纪伊国。由此看来，六波罗府的统辖范围不包括美浓国和尾张国以东的国家。然而，元应元年（1319年）五月，幕府将三河、伊势、志摩、尾张、美浓和加贺六国移交给镰仓管理，其中，三河、伊势和志摩三国归属政所管辖，尾张、美浓和加贺三国由问注所管理。元应二年（1320年）九月，这六个国家再次归入六波罗府的管理范围。由此看来，三河以东的国家应该也归属六波罗府管理。建长五年（1253年）四月，幕府下令规定，若西国的守护、地头或御家人违反六波罗府的命令，必须向幕府上报，由幕府进行处分。

---

① 评定众，日本镰仓幕府和室町幕府的官职名。与执权一起合议、裁决最高政务。
② 引付众，日本镰仓幕府和室町幕府的官职名。辅佐评定众处理诉讼和一般事务。
③ 引付头，日本镰仓幕府和室町幕府的官职名。管理引付众。
④ 捡断，日本中世的官职。主要负责审判和判决刑事犯。
⑤ 越诉奉行，日本镰仓幕府的官职名。受理越级上诉，负责再审。
⑥ 御教书，日本古时三品以上公卿的家司受主人之命下达的文书。
⑦ 下知状，日本镰仓时代武家向下属人员传达命令的文书。

因此，镇西应该也属于六波罗府的管辖范围。在向这些地区下达命令时，幕府先将御教书下发到六波罗府，再由六波罗府传达给诸国守护，最后由诸国守护传达给当地的地头和御家人。六波罗府可以处理一般的政务，如果遇到重大事件，必须上报幕府，或等待幕府的指示，但如果是诉讼案件，则不能移交幕府。如果领家对守护或地头提出诉讼，六波罗府将传唤当事人进行审理。若传唤三次仍然没有回应，六波罗府可向幕府上报，由幕府进行处分。如果有武士在京都犯下杀伤等刑事案件，则由检非违使厅负责处分。抢劫强盗案件的主犯将在当地被处以死刑，从犯则从镰仓流放到虾夷岛[①]。

第2节 军粮税的征收与废止

一、征收三升米

在决议出兵以后，为了补充巨额的军费，幕府命令诸国加征三升米的军粮税，后人称之为三升米。战后，幕府继续征收三升米，并未废止。幕府大获全胜的消息传至诸国，武士更加嚣张跋扈，胡作非为。他们超额征收军粮税，在征收时也经常施以暴行，神社、寺院和很多豪门望族都遭受了很大的损失。如同文治年间的军粮税一般，三升米也最终导致民不聊生，百姓怨声载道。

二、废止三升米

承久三年（1221年）七月，朝廷向诸国下发公文，命令诸国取缔此种不法行为。公文中写道：

> 近日，诸国时有骚乱发生，壮丁苦于兵役，民生衰败。在五畿七道诸国的神社、佛寺及所属领地，时有武士假借租税之名，骚扰住民，百姓苦不堪言。现命令诸国官吏禁止此种暴行，若有抵抗之人，必须严格上报。事情紧急，不可拖延。
>
> ——出自《承久三年四年日次记》和《东大寺要录》

---

① 《吾妻镜》宽喜三年（1231年）四月二十一日载。——原注

由此可知，战争过后，百姓过着水深火热的生活。承久三年（1221年）八月一日，在大炊寮①领地内的土佐国香宗我部乡，六波罗府命人制止在监管军粮税时出现的不法行为，承诺如遇特殊情况，可免除当地的军粮税，并专门派遣守护使取缔与此相关的违法行为。承久三年十月，为了保障庄园的利益，朝廷将备前和备中两国赐予幕府作为料所。随后，幕府决定停止征收军粮税②。施行数月便被废止，这与文治年间的军粮税结局相同。当时，朝廷向诸国下发的公文详细记述了军粮税废止以前的情形，笔者摘录部分如下：

> 自夏季以来，世间纷扰不断，壮丁苦于兵役，老弱病残食不果腹。幕府仿效萧何的做法，向百姓征收军粮税。百姓难以承担，怨声载道。神社、佛寺和权门世家也损失惨重。朝廷不得不禁之，并将备前与备中两国赐予幕府，要求诸国诸庄必须停止征收三升米。朝廷的知行国自不用说，一定要严格执行。各地地头并非京中使臣，其中甚至有违法征收军粮税之人，今后为了民生大计，一定要严格取缔这种不法行为。若仍有人违背旨意，肆意妄为，可向朝廷紧急上报，追究罪责。
>
> ——出自《东寺文书》

第3节 论功行赏

一、承久没收领地

战争期间，幕府经常命人修法祈祷。在战争结束以后，幕府急于向各大神社、佛寺还愿。由于战争结果与北条政子的梦境吻合，幕府首先向伊势神宫进献领地，随后又分别向鹤冈八幡宫和诹访神社等神社进献领地。此后，北条泰时将京都派朝臣和武士的领地上报幕府，据说这些领地达到三千余处。幕府

---

① 大炊寮，日本律令制下，隶属官内省的机关。负责为官中的重大活动如佛事、宴会等准备贡品、宴席等，同时负责收纳各国上缴的米或谷物，分配到各个官厅。

② 出自《承久三年四年日次记》。——原注

将这些领地全部没收，赐予有功的御家人、僧人、尼姑和阴阳师，并任命他们为地头。这些领地被称作承久没收领地。北条泰时被任命为伊势国守护，获得了该国内的十六处庄园。北条时房也获得同等奖赏。在收到朝廷的追讨文书后，法桥昌明即刻斩杀使者，与北条泰时的军队会合。因行事果断，法桥昌明受到了幕府的奖励，被任命为但马国守护，并获赐庄园。

二、推迟行赏的原因

战争结束以后，幕府忙于处理各种公务，论功行赏之事持续数年，仍然有将士未被封赏。佐佐木信纲在宇治川一战充当先锋，为幕府探查地形，但因争抢他人之功，始终未能获得封赏。直至安贞元年（1227年）九月，佐佐木信纲的战功才被记录在册。嘉禄二年（1226年）七月，北条时房将自己的领地赠予未受封赏的部下。笔者猜测，这些部下肯定也是幕府在封赏时漏掉的人员。论功行赏难免出现分配不公的结果，但这次的主要原因是幕府可分配的土地资源并不充足。

三、战后的北条义时

北条义时在战后未曾接受任何奖赏，宛如和田氏叛乱之后的北条泰时，北条义时也同样获得了世人的称赞。贞应元年（1222年）八月，北条义时辞去陆奥守之职。贞应元年十月，北条义时又辞去右京权大夫之职。毫无疑问，北条义时这种谦逊的态度缓和了朝臣对他的厌恶情绪，也为他收揽军心发挥了很大作用。在幕府向神社捐赠领地及任命御家人时，北条义时还在幕府下发的御教书上亲自署名。下文列举一例供读者参考。

今任命早源助长为出云国三刀屋乡地头。

上述人士依功勋可任此职。以此书为证。

陆奥守平（北条义时）（花押）

承久三年九月四日

——选自《诸家文书纂》

从北条义时的态度来看，他的这种举动绝不是对同僚大江广元的轻视。笔者推测，当时因为大江广元疾病缠身，北条义时只能行使执权的职责，在御教书上独自署名。

第4节 战后的土地制度

一、更正对土地的不当处置

在承久之乱中，有些京都派的重要朝臣和武士参与了倒幕行动。对幕府而言，如何检举并处置这些人员是一个大难题。加之土地所有权的问题比较复杂，幕府无法轻易判定土地的所有者。在向幕府报告列入没收范围的候选领地时，北条泰时也察觉到慎重调查土地状况需要长久的时日。然而，由于战后行赏刻不容缓，幕府迅速对没收领地做出了处理。此后，有很多不服判罚之人相继提出诉讼。幕府意识到先前的处理过于鲁莽，对部分处罚决定做出了修改。下文列举几则实例加以说明。

由于纪伊国神野庄和真国庄是按察使叶室光亲的领地，幕府将它们纳入没收领地的范围，并任命了掌管两地的地头。然而，高野山金刚峰寺声称神野庄和真国庄是寺院的领地，向幕府提出申诉。承久三年（1221年）九月，幕府在两庄取消了地头的任命。

河内国甲斐庄是石清水八幡宫的领地，由八幡宫的族人大二局管理庄园事务。因为大二局是叶室光亲的妻子，幕府误认为该庄园是叶室光亲的领地，在当地重新任命了地头。八幡宫所司为此提起申诉，幕府也承认之前的处置不当。贞应元年（1222年）五月，幕府下令停止地头对甲斐庄的侵害，同意庄园事务一切照旧。

因播磨国斑鸠庄久岳名村的村长隶属京都派，幕府在此地任命了地头。但此村为法隆寺的领地，寺院为此向幕府提出抗议。安贞元年（1227年）五月，幕府罢免当地的地头。

贺茂神社神主能久也是京都派的成员，幕府把神社领地误认为是能久的私人领地，予以没收。贞永元年（1232年）八月，在贺茂神社提出申诉之后，幕府取消先前的处分，罢免该地的地头。

此外，寺院领地内的很多庄官在承久之乱中支持朝廷，虽然他们只拥有庄园的数段田地，幕府却没收了整个庄园。这种事例在当时不胜枚举。

二、新任地头的不法行为

从地头获取的收益来看，幕府在战后任命的地头与以往的地头并不相同。后者一般被称作本任地头或本地头，前者被称作新任地头或新地头。因为前任地头皆因支持朝廷而被罢免，新任地头在踏入领地时，需要首先没收原任庄官的武器，如同进入敌营一般。而且他们大多忽视庄园原本的管理方式，将收缴租税视为主要公务，使庄园内的人民痛苦不堪。越前国牛原庄是山城国醍醐寺的领地。该地的新地头上任时，在庄内各村任命了九位代理地头、总进捕使和五位庄官，还带领百余位随从共同前往。人民不堪重负，难以向寺院缴纳赋税，也无法完成其他义务。本所和领家举出本地头的先例，向幕府申诉新地头的不法行为。贞应元年（1222年）四月，幕府针对战后新地头的收益颁布了法令，命令新地头必须严格遵循本地头和庄官的先例。由于新地头的收益较少，幕府专门派遣使者进行调查，命令新地头等待幕府的审议，禁止他们剥夺领家、预所①和乡司②的收入。同时，幕府派遣使者前往诸国，调查新地头和本地头下属庄官的收益状况。若发现有在厅官人因为忌惮代理守护的势力，将本应没收的领地和财产隐匿不报，则必须查明事实，一并向幕府报告。贞应二年（1223年）正月，为了解救苦难的人民，北条政子向畿内和西国下达命令，要求当地严格取缔战后守护和地头的不法行为。

三、幕府特使的使命

幕府察觉战后的土地处理方式存在缺陷，便派遣特使前往各国，查清具体的土地状况。《太平记》中曾经记载，贞应年间，北条泰时命人做出日本国

---

① 预所，在庄园内代替领主管理庄园、庄官和年贡的官职。
② 乡司，管理国衙领地的官员，出现于平安中后期。根据平安时代的法令，乡是与郡并列的行政单位。管理乡的行政负责人叫作乡司。

的大田文①，并分配了庄园领地。当时，北条义时担任幕府的执权，此事本不应该由北条泰时负责，但编制大田文一事是事实。

四、编制大田文

中古时期，庄园遍布各个国家，田籍②和田图③制度未能持久，田文④却应运而生。为了便于管理，田文记录了国内所有庄园、公领⑤的田地数量，同时还记载了本所、领家和地头的姓名。从《吾妻镜》的记录来看，自源赖朝在位时起，幕府已经在分国内进行检注⑥，开始着手制作田文。现存的淡路国大田文就是在贞应二年（1223年）四月做成的，里面详细记载了国衙领地、庄园的前任地头与现任地头，并由在厅官人负责上报。贞应元年（1222年）四月，幕府颁布了相关法令，由法令可知，某些在厅官人忌惮代理守护的势力，未向幕府申报本应没收的领地。由此推测，编制田文的工作由在厅官人负责。淡路国大田文中还记录了三原郡国分寺庄园的财产争端，文中写道："可向宪法使申诉。"这里的宪法使应该就是幕府特使。由此看来，这本大田文肯定是当时所做。笔者认为，幕府为了整理战后的土地，在诸国进行检注（也叫作国检或惣注），从而编纂成田文。嘉祯元年（1235年）七月，幕府下令规定，如果有土地在承久以后未接受检注，幕府不会受理与之相关的本所诉讼。幕府对检注的重视程度可想而知。当时，北条泰时奉幕府的命令，在六波罗府监督各国编制田文。《太平记》的记录也许与事实有一定出入，但并非完全虚构。吉川本《吾妻镜》中也曾记载，元仁元年（1224年）十二月，北条泰时向上野国派遣检注使。

五、新任地头的收益

幕府既然命令新任地头遵循本任地头的先例，那么在收益方面也应该继

---

① 大田文，大田底册。日本镰仓时代制定的基本土地册。按国别记载庄园、领地的田地面积和领有关系。
② 田籍，日本律令制下，记录户主姓名和分配土地段数的账本。
③ 田图，日本律令制下，记录田地面积、边界和种类的图。
④ 田文，日本中古时期，详细记录田地面积和地址的账簿。
⑤ 公领，朝廷、国衙和幕府等的领地。
⑥ 检注，日本平安末期至室町时代在国衙领地和庄园内进行的土地调查。

续保持原来的方针。但由于本任地头的收益较少，幕府认为此事仍有探讨的余地。而且针对首次任命地头的庄园，沿用旧例并不合适。因此，幕府之前的消极规定根本无法解决领地的众多纠纷。贞应二年（1223年）正月，为了减轻人民的负担，北条政子向畿内和西国下达命令，严格取缔战后守护和地头的不法行为。贞应二年六月，朝廷颁布新率法，规定了新任地头获得收益的基准。朝廷的宣旨如下：

左中辨藤原朝臣下旨

五畿内诸国七道：

从今以后，庄园田地的地头获得收益的基准为：每十町田地获得免田①一町，每段田地可获得五升的加征米②。

近年来，部分有功之臣任地头之职，却有人趁机越权行事，肆意妄为。国衙和庄园也受到妨碍，甚至以此为由疏于职守。可谓是非相贸，真伪舛杂。然而，神佛之事由此走向衰败。公私领地有限，收益难分。天下衰败，由此而起。如今四海已定，万方靡然。谁人敢轻视宗庙社稷之事？谁人敢掠夺庄园产物？为了回应庄园的申诉，也为奖励勤劳的地头，现采取折中之策来制定今后的法令。文武之道，切不可舍弃任何一方。左大臣宣旨，奉诏。地头在每一町田地可获得一町免田，在每段田地可获得五升的加征米。从今以后，各地一定要谨遵法令，严格执行。诸国务必奉旨行事。

大史小槻宿祢

左中辨藤原朝臣

贞应二年六月十五日

为了防止收益之事再起纷争，在与朝廷交涉之后，幕府假借宣旨的形式

---

① 免田，日本旧时免于向庄园领主缴纳地租及服劳役的田地。
② 加征米，日本旧时朝廷领地和庄园向农民征收的除正税等基本贡租外的米。

发布了此项法令。根据法令，每十一町土地之内，有一町为地头的免田（也叫作给田或地头免），地头在每段土地中可获得五升的加征米。这应该是幕府和朝廷在斟酌领家、国司和地头的相互利益之后而制定出的折中方案。

六、实施细则及补充规定

由于这项法令只规定了一般原则，幕府在贞应二年（1223年）七月六日再次颁布了具体的实施细则，同时还有附加的补充规定。

> 针对承久三年兵乱之后，诸国庄园、乡、村地头之事
> 收益之事
> 根据先前的规定，每十一町土地之内，十町为领家、国司之份额，一町为地头之份额。无论领地大小，皆以此种比例执行，地头还可在每段土地中获得五升的加征米。朝廷的措施值得称赞。但如果幕府的原任地头调动到被没收的领地任职，纵使收益减少，也应该执行原来的规定。若新任地头毫无收益，则可遵循此项法令行事。所有地头必须依据各自的情况严格执行法令的规定。若有违反规定强行抢夺之人，必须将其记录在案，严格处罚。
> 公文①、田所②、案主、总追捕使之事
> 上述人员的财产分配虽不可一概而论，但应该遵循先例。领家、国司在支配土地和人员时，地头不得加以阻挠。如果有谋反之人，地头可依据实情兼任其职，但仍需遵循领家和国司的先例。
> 山野河海之事
> 针对该项问题，可采取折中之法。领家、国司与地头平分山野河海的收益。但如果有针对年贡物品的先行规定，则应严格遵循旧法，不得违抗。
> 罪犯之事

---

① 公文，日本中世管理文书、负责征收年贡的庄官。也指在诉讼机关中负责记录的官员。
② 田所，从平安时代至室町时代，在庄园、领地管理各种杂务和土地账簿的官员。

被逮捕归案的犯人，其财产的三分之二归属领家与国司，三分之一归属地头。

各地地头需严格遵循以上五条规定（其中有一条缺失），并按照朝廷的法令行事。若有违反规定强行抢夺之人，领家与国司可提出诉讼，将其记录在案，严格处罚。今日将此法令公之于世，定要传达于诸国各地，严格执行。

前任陆奥守（北条义时）印章
相模守（北条时房）
贞应二年七月六日

新率法适用于承久三年（1221年）战后，在各国的庄园乡村任职的新任地头。但仅限于在没有收益的情况下方可执行。如果幕府任命的原任地头调动到被没收的领地任职，应该按照原来的规定获取收益。若原任地头本来就拥有较高的收益，也应继续遵循原来的规定。除田地的收益以外，领家、国司与地头可以平均分配山野河海的收入。然而，从贞应二年（1223年）十二月幕府下发的判决书中可以得知，新率法的分配并非根据田地的实际面积而定，而是遵循旧时庄园的实施办法，依据定田[①]的数量而定。

第5节 战后的警察制度

一、守护的不法行为

战争结束以后，除地头以外，有些守护也专横跋扈，耀武扬威。他们滥用职权，擅闯庄园，扰乱检非违使的职务。贞应元年（1222年）四月，幕府下令规定，禁止守护随意闯入犯人所在的庄园，守护若需移交犯人，必须经过相应的手续。此外，在国衙的管辖区域内，由检非违使负责处置抢劫、纵火、诱拐犯，守护不得干涉。

---

① 定田，日本中世时期作为年贡和赋税征收对象的田地。

二、对没收财产的处理办法

贞应二年（1223年）七月，幕府再次规定，被没收的犯人财产，三分之二归属领家与国司，三分之一归属地头。这里的犯人主要是指前文提到的抢劫、纵火与诱拐犯。谋反、杀人、山贼、海盗、夜袭等刑事案件隶属守护的职权范围，由守护负责审议判决。除此以外的其他案件，守护不得干预。

第6节 朝幕关系大变

一、幕府的优越权

承久之乱以后，以后鸟羽上皇为中心的朝廷新势力受到了沉重的打击，朝廷与幕府的关系彻底改变，幕府获得了绝对的政治优势。朝廷事宜，无论大小，皆需要告知幕府以后才能裁定。

二、官场得意的德大寺公继

承久三年（1221年），前任右大臣德大寺公继曾向后鸟羽上皇谏言倒幕行为并不可取。战争结束以后，承久三年闰十月，德大寺公继被重新任命为右大臣。根据《吾妻镜》的记载，贞应元年（1222年）十月，北条政子专门上奏，请求朝廷提拔德大寺公继。毫无疑问，这肯定是因为德大寺公继对倒幕之事的态度。或许因此，元仁元年（1224年）十月，德大寺公继被提拔为左大臣。世人一般称他为野官左大臣。笔者推测，德大寺公继先前恢复右大臣的官职恐怕也是因为幕府的申请。

三、西园寺公经的辉煌时期

与德大寺公继相比，西园寺公经更是迎来了前所未有的辉煌。在幕府的帮助之下，西园寺公经在官场上达到了旁人难以企及的高度。承久三年闰十月，战争结束不久，西园寺公经就被任命为内大臣。贞应元年八月，西园寺公经直接被任命为太政大臣。此前，他甚至从未任职左右大臣。贞应二年正月，西园寺公经叙从一位。人们常说，月满则亏，水满则溢，西园寺公经对此也有所担心。贞应二年四月，西园寺公经上奏辞去官职。此后，作为前任太政大臣，他仍然负责向幕府传达朝廷的消息，参与讨论朝廷机要。贞应元年　西园寺公经之子西园寺实氏以权中纳言的官职兼任右近卫大将。元仁元年（1224年），西园寺实氏被任命为权大纳言。

四、朝臣的谄媚

在幕府的扶持下，后高仓法皇执掌院政，励精图治。贞应二年（1223年）五月，后高仓法皇驾崩，享年四十五岁。当时，后堀河天皇尚且年幼，摄政近卫家实代为处理国政。贞应二年十二月，近卫家实上奏请求辞去官职，朝廷任命他为关白，同时代行摄政之职。然而，西园寺公经的实权远在关白之上。安贞二年（1228年）三月，西园寺公经就任院别当，朝廷专门派遣牛车听他差遣。当时，朝中众臣认为，只有攀附西园寺公经一族才能够飞黄腾达，对他极尽谄媚奉承。藤原定家曾在日记中痛骂同僚的逢迎之举，他的第三个儿子藤原为家却是西园寺公经的义子。在西园寺公经的推荐之下，嘉禄元年（1225年），藤原为家就任藏人头，嘉禄二年（1226年）就任参议。不仅如此，藤原定家之女也被允许穿着禁色①服饰。藤原为家就任藏人头时，藤原定家大喜过望，在《明月记》中表达了对西园寺公经的感谢：

> 听闻此事，喜极而泣。六年以来，一直忧心忡忡，如今终得如愿。（为家）在壮年就任此职，其成就超越了诸位先贤。二十八岁就任藏人头者，即使在将相之家也并不多见，平凡之骨难容真身也。若非相门（指西园寺公经）的大力举荐，为家肯定难以如愿。感激之情，无以言表。
>
> ——嘉禄元年十二月二十二日

五、修建西园寺

在官场达成所愿的西园寺公经开始期待更大的荣华。元仁元年，西园寺

---

① 禁色，古代日本不经朝廷许可不能穿的衣服颜色，如橙黄色、深绿色等高于自身品级的服装颜色、天皇和皇族的袍子颜色等。

公经命人修建西园寺,他的梦想也终于实现。该寺位于西园寺公经的北山别墅(现今是金阁寺),四周山峦环绕,山下有园池泉石之胜,美妙绝伦,蔚为壮观。与之相比,御堂关白藤原道长修建的法成寺稍逊一筹。当时,西园寺公经命人在寺中栽满樱花树,并为此吟歌一首:

  山樱烂漫远峰间,无边光景醉春烟。

六、幕府的后援

  幕府通过西园寺公经向朝廷施加压力,而西园寺公经在幕府的支援下获得了声望。当时,朝廷任免官员之前一定会首先征求幕府的意见,等待幕府上奏之后才能决定。《明月记》嘉禄元年(1225年)十月十九日的条目中曾经提到,朝廷尚未决定举办任职仪式的日期,"可能是因为关东方面还没有回复"。由此看来,承久之乱以后,随着朝廷与幕府关系的彻底改变,幕府也以越发积极的态度应对朝廷。

第28章

北条义时去世

第1节 北条义时遇难之说

一、北条义时的死因

战乱平定以后，北条义时一直致力于探寻经国济世之策。然而，元仁元年（1224年）五月，北条义时罹患疾病。元仁元年五月十二日，北条义时的病情突然加剧。元仁元年六月十三日，在得到源赖家的许可之后，北条义时出家，当天去世，享年六十二岁。元仁元年六月十八日，北条义时被葬于法华堂以东的山上（后被称为新法华堂）。根据《吾妻镜》的记载，"北条义时平日患有脚气病，又患上了急性肠炎"。《百练抄》也曾提到，北条义时突然病情加重，次日便撒手人寰，可能是脚气冲心[1]加速了死期。也有传言称北条义时被近侍所杀[2]，但没有确凿的证据。笔者认为，承久之乱以后，有人将北条义时视为幕府的首领，对他怀恨在心，这种说法不过是他们怀着侥幸心理捏造的传言。

二、北条泰时、北条时房回镰仓

元仁元年六月十七日，北条义时的死讯传到京都，引起一片骚动。当日，北条泰时从京都启程赶赴镰仓。元仁元年六月十八日，北条时房也紧随其

---

[1] 脚气冲心，因脚气病而引发的急性心脏障碍。
[2] 出自《保历间记》。——原注

后东下。北条义时去世时的官职为前任右京权大夫,叙位从四位下。他在生前也经常自称前任陆奥守,并曾在幕府的御教书上署名。元仁元年八月,幕府决定称他为前任右京权大夫。

第2节 伊贺氏的阴谋

一、伊贺氏与女婿一条实雅

北条义时死后,后妻伊贺氏的阴谋引起了幕府的内讧。除了北条泰时,北条义时还有北条朝时、北条重时、北条政村、北条有时、北条实泰和北条时尚等多个儿子。北条义时的后妻伊贺氏是伊贺朝光之女,她也被称作第二位牧氏,北条政村正是二人所生。伊贺氏还有一个女儿,在承久元年(1219年)嫁与一条实雅。一条实雅是一条能保的第三子,也是西园寺公经的义子。他

北条实泰

常年居住于镰仓，后来在朝中就任参议和右近卫中将，叙从三位。承久二年（1220年），一条实雅之妻生下男婴。承久三年（1221年），一条实雅之妻再次怀孕。当时，北条义时修行千度祓①法，祈求女儿顺产。他对女儿的关爱也延伸到了一条实雅身上。

二、将军废立运动

由于北条义时突发急病，所以并未交代后事②。政所执事伊贺光宗（在承久之乱中战死的伊贺光季之弟）一直觊觎幕府的实权，伊贺氏与他合谋，意图拥立一条实雅坐上征夷大将军之位，由北条政村担任执权。三浦义村曾经接受北条义时的委托，为北条政村行加冠之礼。为了拉拢三浦义村，伊贺光宗频繁出入三浦义村的宅邸。三浦义村之女矢部禅尼曾经嫁与北条泰时，并生下儿子北条时氏，在两人分开后，她又嫁与三浦盛连。伊贺光宗试图利用三浦义村的同情之心拉拢他入伙。此后有传言称，为了讨伐北条政村，北条泰时从京都返回镰仓。北条政村也为此做足了万全准备。一时间，幕府人心惶惶。

第3节 执权、连署及两位六波罗就任

一、北条时氏、北条时盛紧急上任

元仁元年（1224年）六月二十六日，在北条义时的二七祭日当天，北条泰时到达镰仓。元仁元年六月二十七日，北条泰时之子北条时氏与北条时房之子北条时盛各自上发，赶赴六波罗府就任。当时坊间传闻不断，北条时氏与北条时盛也想留在镰仓。北条泰时担心京都人心动荡，在与北条时房合议之后，他命令北条时氏与北条时盛即刻赶往京都，加强戒备。

二、执权与连署

元仁元年六月二十八日，北条政子命令北条时房和北条泰时二人就任执

---

① 千度祓，日本古代每年六月及十二月的最后一天，召集亲王以下百官在宫中举行驱污净罪的神道仪式叫作大祓。千度祓是指在神前将大祓的祝词念诵千遍的修法形式。
② 《将军执权次第》中记载了北条泰时就任执权的情形，提到"其父举荐"，笔者认为不足为信。——原注

权，掌管幕府的政务。因为父亲丧期未过，北条泰时有所犹豫，他为此咨询了大江广元的意见。大江广元认为上任之事刻不容缓，他劝诫北条泰时立刻上任安抚人心。北条泰时接受了大江广元的建议。根据《北条九代记》和《历代编年集成》的记载，北条时房成为征夷大将军家的连署。北条时房是北条泰时的叔父，而北条泰时是北条义时的嫡子，理应由北条泰时继任北条义时的职务。《吾妻镜》中曾经写道："无论何事，相州（指北条时房）从不违背武州（指北条泰时）的命令。"此后，两位执权在幕府并存，其中一人也被称为连署。此前在幕府任职政所别当之时，北条时房与北条泰时的地位相当，但连署的地位略低于执权。不过，两人一般都被称作执权。

第4节 对伊贺氏等人的处分

一、北条政子说服三浦义村

当时，外界盛传三浦义村可能会支持北条政村，北条政子也无法坐视不理。一日深夜，北条政子在一位侍女的陪同下来到三浦义村的宅邸。她向三浦义村列举了北条泰时的战功，亲切地劝诫他追随北条泰时，并要求他迅速做出选择。三浦义村向北条政子坦承了伊贺光宗等人的阴谋，他表示北条政村绝无二心。同时，三浦义村也表明自己绝对不会包庇北条政村。

二、幕府会议的决议

两党各自集结兵力，形势濒于危殆。北条政子陪同九条赖经转移到北条泰时的宅邸，她召集了三浦义村、结城朝光等老将，希望他们团结一心，遵从已故征夷大将军源赖朝的遗志，平定眼下的叛乱。一直抱病静养的大江广元也参加了此次会议。经过讨论，他们决定对伊贺氏和伊贺光宗处以流放之刑。因为一条实雅的公卿身份，对他的处置需要请求朝廷的裁决。对其他人则不再追究罪责。

三、对一条实雅和伊贺光宗等人的处分

元仁元年（1224年）闰七月，一条实雅与伊贺光宗之弟伊贺朝行、伊贺

光重等人被逐出镰仓，他们只能回到京都。此后，幕府罢免政所执事伊贺光宗的官职，没收他的五十二处领地，安稳了混乱的人心。元仁元年八月，北条政子命人将伊贺氏幽禁在伊豆国北条，将伊贺光宗流放到信浓国。同时，北条政子命令六波罗府将伊贺朝行和伊贺光重流放到镇西。因为北条政村并未参与行动，所以没有受到牵连。在幕府的请求下，一条实雅回到京都以后被罢免官职，元仁元年十月，他被流放到越前国。安贞二年（1228年）四月，一条实雅在流放地去世。根据《尊卑分脉》的记载，一条实雅是投河而死。笔者推测，这很可能是北条氏逼迫的结果。嘉禄元年（1225年），北条政子去世以后，伊贺光宗、伊贺朝行和伊贺光重等人被特赦，幕府还返还了伊贺光宗的八处领地。

四、政所与二阶堂氏

伊贺光宗被罢免官职以后，二阶堂行盛就任政所执事。二阶堂行盛是二阶堂行光之子。此后，二阶堂氏世代就任政所执事。在执权家族设置家令①也是始于此时。

第5节　北条泰时处置父亲的遗留领地

一、北条泰时淡泊名利

在平定幕府的叛乱以后，北条泰时向族人公布了对父亲遗留领地的处理办法。北条泰时表示，若族人对分配结果持有异议，可以提出申诉。族人欣然接受，随后幕府直接下发了公文。作为嫡子，在接到父亲的死讯回到镰仓以后，北条泰时对父亲的遗产进行了秘密分配，并咨询了北条政子的意见。北条政子同意北条泰时的方案，但认为北条泰时的份额过少，为此专门询问了他。北条泰时表示，他就任执权并非为了获得领地，应该将领地分给各位弟兄。听完此言，北条政子流下了感动的泪水。《涩柿》②中曾经提及此事，书中写道：

---

① 家令，日本律令制下，总管一品以下四品以上亲王、内亲王及三位以上官员家族家务的职员。
② 涩柿，一卷，编者、成书年代不详。包含四部分：《明惠上人传》、《文觉上人消息》、《赖朝佐佐木被下状》和《泰时御消息》。

北条义时突然病逝，无法交代身后之事。二位家（北条政子）认为嫡子北条泰时获得的份额太少，不符合统领天下的执权身份。北条泰时却表示，诸位弟弟对父亲的思念之情远超过他，应该将这些领地分配给诸位弟弟。宠爱儿子的父亲也一定会乐于看到此种结果。因此，北条朝时和北条重时等人获得了较多的领地，而北条泰时的领地比末子还少。北条政子也试图劝诫北条泰时，北条泰时却认为这种处置非常妥当。如此清心寡欲之人，一定能励精图治，平定诸国。……北条泰时的这种做法主要是因为受到了上人（明惠上人，即高辨）的开导。北条政子不禁流下了泪水。

《太平记》也记载了此事。作为当时的名僧，高辨受到世人的景仰。此前，畠山重忠曾经专门聆听他宣讲教义，安达泰盛也追随高辨出家。北条泰时在京期间受到高辨的感化应该也是事实。

二、北条泰时的性格

北条泰时做出这种举动其实也是性格使然。他天资聪颖，富于同情心。建仁元年（1201年），北条泰时曾经赈济伊豆国北条领地内的穷苦百姓。他还专门请求北条义时归还佐佐木经高的旧领地。建保元年（1213年），北条泰时在平定和田氏叛乱中立下了卓越战功，为了使有功的御家人获得赏赐，他坚称自己只是为父报仇，拒绝所有恩赐。北条泰时对待弟弟们更是推心置腹、肝胆相照。宽喜三年（1231年），听说弟弟北条朝时受到袭击，他即刻放下评定[①]的公务前去探望。文历元年（1234年），弟弟北条实泰因病辞去小侍所别当的官职，北条泰时请求由其幼子北条实时补任，并亲自辅佐。北条泰时巩固了北条氏的执政基础，逐渐成为幕府的中坚力量。北条泰时在内外鲜有树敌，也是因为这种性格。

---

① 评定，幕府的最高裁决机关。由执权、连署和十五位评定众组成。

第29章

北条政子去世

第1节 幕府老臣的没落

一、藤原信能、三善康信、天野远景去世

承元二年（1208年），藤原信能（原为中原氏，法名寂忍）在京都去世，享年六十六岁。藤原信能任职京都守护多年，一直负责处理京畿及西国的事务。承久三年（1221年），三善康信（法名善信）因病辞职，在其子三善康俊继任不久后离世，享年八十二岁。三善康信是幕府创立以来的首位问注所执事，相当于幕府的司法官。此后，三善康信的子孙世代袭职，他的嫡系子孙被称作问注所氏或太田氏，庶子被称作町野氏。贞应元年（1222年），天野远景去世。自幕府初创以来，天野远景就任职镇西奉行，为幕府屡立勋功。

二、大江广元去世

嘉禄元年（1225年）六月，幕府的首位功臣大江广元（法名觉阿）病逝，享年七十八岁。大江广元在任期间深受源赖朝和北条政子的信任，以及同僚的尊重。此前，大江广元罹患眼疾，几乎失明，也不再处理政务，但每次发生重大事件，幕府还是会召集他共同商讨。在幕府的各位老臣中，唯有大江广元始终参与幕府的重要机密，甚至可以称作见证幕府成长的活历史，这是其他任何老臣都难以企及的。大江广元是大江维光之子，中原广季的养子，与中原亲能是义兄弟。中原亲能曾经这样评论大江广元："自成年以后，觉阿再未流泪。"由此可见，大江广元非常冷静。他志向远大，思虑周全，往往做出出人意料的举动。他提出的各种建议，如实施守护和地头制度，为幕府发挥了举足轻重的作用。

第2节 北条政子去世及北条泰时的地位

一、在东御所永眠

嘉禄元年（1225年）五月末，北条政子罹患重病，在幕府进行了各种祈祷法事之后，病情稍有回转。嘉禄元年六月十六日，北条政子的病情突然告急。嘉禄元年七月八日，北条政子搬迁到东御所的新宅。嘉禄元年七月十一日，北条政子去世，享年六十九岁，法名如实。嘉禄元年七月十二日，幕府宣布北条政子的死讯，在佛堂火化尸体。政所执事二阶堂行盛等众位男女为此出家。随后，幕府将北条政子的骨灰葬至高野山。

二、稀世女杰

源实朝遇难以后，北条政子被众位将士推上了垂帘听政之位，世人称她为尼将军。北条政子曾经命令菅原为长将《贞观政要》翻译成日语，从中学习治世之道[①]。《吾妻镜》这样评论北条政子："如同汉高祖吕后统领天下。又像神功皇后[②]转世，庇佑日本皇室。"这种说法虽然稍欠稳妥，但自源赖朝在任期间，北条政子就对幕府提供了多方支持。在源赖朝去世以后，她又作为事实上的征夷大将军充分发挥了政治手腕，受到后人的高度赞扬。北条政子被称作旷世女杰可谓实至名归。

北条政子去世时，九条赖经尚且年幼，北条泰时深孚众望，料理幕政，他的执权之位更加稳固。《镰仓时代记》和《关东评定传》中记载了当时的情形："二位家（指北条政子）去世以后，北条泰时执掌武家之事。"此后，幕府由创业时代进入守业时代。

---

① 出自《樵谈治要》。——原注
② 神功皇后，日本古坟时代的大和皇族，日本历史上第十四代天皇仲哀天皇的皇后。在仲哀天皇驾崩以后，曾经以有孕之身远征朝鲜半岛。回国后，产下第十五代天皇应神天皇。

第二篇

守业时期

第30章

北条泰时的新政

第1节 幕府迁址

一、鼎盛时期的镰仓

自定址镰仓以来，幕府不断开山凿石，修建民屋。元仁元年（1224年）十二月二十六日，幕府举办四角四境祭①，以六浦为东界，小壶为南界，稻村为西界，山内为北界，由此可知幕府当时的领域。贞应二年（1223年）四月，源光行游历镰仓，详细记述了战后镰仓的景象，著成了《海道记》。下文节选了书中的部分内容：

> 贞应二年四月十七日申时，我安顿在汤井滨。稍事休息后，我仔细一看，此处停有数百艘船，宛如大津港口一般。大淀川流过之处，建有千万座房屋。……贞应二年四月十八日……此处有山，有水，有树，颇有情趣，而且不大不小，道路四通八达。……街道上门槛罗列，十分热闹。从缝隙中窥探征夷大将军府邸，可见花团锦簇、朱栏翠阁与雕栏玉砌，犹可听见好客堂上春莺的鸣叫与集市上骏马的嘶吼。……东南角是船停泊之处，商贾行人络绎不绝，好

---

① 四角四境祭，日本阴阳道的祭祀。为了规避瘟疫带来的灾难，在房屋四角和国家四境举行的祭祀。

不热闹。东西北三面被群山环绕，形成了一座天然屏障。在南部的山麓，我拜祭了大御堂和新御堂（当年，北条政子继承源赖朝的遗志，为长女大姬祈求冥福而建），只见佛像庄严肃穆，璎珞光芒四射，金银亮色竞相争辉。随后我前往东部山麓拜访了二阶堂，这里也修建得极其华美。第一重与第二重屋檐为玉石堆砌，如同鸳鸯展翅，高台上有仙鹤形状的金质灯台。其技艺高超，宛如鲁班再世，毗首羯磨降临，足以撼动人心。此处重峦叠嶂，树木成林，院中怪石嶙峋。因地形优越，非常适合修建佛堂。仿佛三壶①云浮七万里，五城仙家十二楼②。凡人误入其中，甚至可能遇到七世之孙。夕阳西下时，我来到了鹤冈八幡宫。朱栏灿烂夺目，上面装饰有银色铃铛。白色锦旗在风中沙沙作响，锦缎布条随风飘扬。短暂诵经之后，我在围墙附近稍事休息，听到神女为八幡大神吟诵的歌曲，也听到了僧侣为众生成道而诵经的声音。他们谨遵真理的要义，将理与智联系在一起。在神社的山林之间，应身佛③随风显现④。

二、幕府迁址的理由

建保元年（1213年），因为战乱，幕府被焚烧破坏。此后，幕府开始进行大型的修缮工程。嘉禄元年（1225年）十月，幕府讨论迁址之事。北条泰时认为宇都宫辻和若官大路东是合适的候选地址。观察地相的人净法师则推荐法华堂之下的土地，认为幕府没有迁址的必要，这里就是符合四神相应⑤的最佳地点。法华堂位于大仓，当初是为了纪念源赖朝而修建的。人净法师将法华堂之地列为第一候选地址，将若官大路列为第二候选地址。然而，珍誉法眼认

---

① 三壶，指传说中的海上三神山。
② 五城、十二楼：古代传说中神仙的居所。此处比喻仙境。
③ 应身佛，佛的三身之一，以众生的根基而变幻姿态现身的佛。
④ 仁治三年（1242年），源光行之子源亲行也游历镰仓，写下《东关纪行》，因与《海道记》的内容有相似之处，笔者在此省略。——原注
⑤ 四神相应，道教中所说的符合四神的地貌风水最相宜的土地。东有流水、西邻大道、南有洼地、北有丘陵。该地形与青龙、白虎、朱雀、玄武四神相应，为极佳的地貌风水。

为这一提议并不合适。他提出，源赖朝的墓穴建在法华堂西侧的山丘之上，"若父母之墓位于高处，子孙在低处居住，必会子孙断绝"。而源赖朝也确实后继无人，这是最不吉利的征兆。因此，珍誉法眼反对迁址法华堂。他认为，若宫大路东临河流，西邻大道，北有鹤冈山，南部临海，是四神相应的最佳地点。幕府决定采纳珍誉法眼的建议，迁址若宫大路。之后，幕府再次推翻先前的决议，在宇都宫辻修建了新府。嘉禄元年（1225年）十二月二十日，幕府迁入新址。笔者认为，幕府迁址宇都宫辻并非完全取决于新址的地理位置。承久之乱以后，北条义时和北条政子相继去世，北条泰时被委以重任，独掌大权。在这种关键时刻，为了使幕府的局面焕然一新，北条泰时才断然决定了迁址之事。

第2节　新设评定众

一、沿袭源赖朝以来的旧制

北条泰时非常崇敬源赖朝。因为法华堂建于源赖朝去世以后，源赖朝在生前从未进入佛堂，所以北条泰时每次前往法华堂拜谒都始终在堂下跪拜。北条泰时对北条政子和源实朝的功绩也十分肯定，经常为他们祈求冥福。不止如此，北条泰时一直坚持继承前人的遗志作为施政的根本。因此，幕府虽然易主，源赖朝以来的施政方针却并未改变。虽然北条义时和北条政子接连去世，但多数御家人能够继续服从命令，宛若从前。在当时的形势下，为了避免民心动摇，北条泰时标榜沿袭旧制的做法非常必要。更何况这些制度确实是幕府的根本性政策。

二、御家人的任免权

然而，北条泰时身为幕府的当权者，除了决定大主意、大方针，还需要煞费苦心地处理日常遇到的各种新问题。在北条政子去世以后，北条泰时严格履行执权的职务。嘉禄元年九月，经过与三浦义村和二阶堂行村的商议，北条泰时决定召集幕府的所有奉行，依据他们的才能进行赏罚黜陟。此前，奉行与执权在征夷大将军面前是同等地位，而北条泰时通过此举提高了执权的地位，也获得了对下属的赏罚权。这代表着北条氏的执权如九鼎大吕，无人可撼。北条泰时的这种做法与德川家光对诸大名的做法极其相似，效果也大同小异。从这点来看，北条泰时在镰仓幕府的地位与德川家光在江户幕府的地位相当。

三、采取合议制度

北条泰时承认独权专制的弊端，决定采用评定制度。根据《关东评定传》的记载，北条政子去世以后，幕府开始施行评定制度，任命中原助员、三浦义村、二阶堂行村（法名行西）、中条家长、三善康俊（问注所执事）、二阶堂行盛（政所执事）、矢野伦重、后藤基纲、三善康连、佐藤业时及斋藤长定（法名净圆）十一人为评定众。《吾妻镜》也记载，嘉禄元年（1225年）十二月，北条泰时、北条时房两位执权与中原助员、三浦义村、二阶堂行村等评定众亲临幕府新址，举办评议开始的仪式，商讨神社与佛寺之事。作为征夷大将军的顾问官，评定众可以参与各种政务，同时还可兼任高等裁判官裁决诉讼。评定众的办公场所称作评定所。

此后，幕府开始实行执权与评定众的合议制度。虽然北条泰时并未受到合议机关的掣肘，但后世的执权难免有受其制约沦为傀儡之人。因为幕府的合议制度，也有人将此后的幕府看作共和政体。

第3节 九条赖经就任征夷大将军

一、新设小侍所、近习番、镰仓大番

由于九条赖经出身于摄政家族，在东下镰仓时尚且年幼，幕府实施了一些特殊的制度。从源赖朝在位时起，幕府就规定御家人必须在幕府的西侍连夜守卫，每人负责一个月或两个月的时间，这种制度叫作当番。和田氏叛乱时，幕府遭受焚烧破坏，御家人的守卫范围缩小。由于九条赖经年幼，幕府命令御家人在九条赖经住所附近的东小侍随时候命，由北条氏子弟担任小侍所别当，负责连夜守卫和扈从等事务，分担侍所别当的职务（之后仿照侍所设置了小侍所所司）。贞应二年（1223年）十月，幕府将九条赖经的近侍十八人分为六组，他们被称作近习番①。然而，北条时房等人认为西侍不能无人防守，这违反了幕府的先例，他们各自命令代理官在西侍连夜守卫。嘉禄元年（1225年）十二月，幕府向远江国等十五个国家的御家人下发命令，要求他们根据各自的领地数量负责西侍的守卫，在幕府供职之人可由他人代其服役。这些人被称作镰仓大番。

二、九条赖经任官

嘉禄元年，九条赖经年满八岁。嘉禄二年（1226年）正月，幕府派遣佐佐木信纲前往京都，请求由九条赖经正式就任征夷大将军。嘉禄二年正月二十七日，朝廷任命九条赖经为右近卫少将，叙正五位下，同时兼任征夷大将军。根据《除目抄》的记载，朝廷任命征夷大将军的宣旨如下：

敕

征夷使

大将军正五位下朝臣九条赖经

嘉禄二年正月二十七日

三、九条赖经迎娶源赖家之女

根据《系图纂要》的记载，宽喜二年（1230年）十二月，九条赖经迎娶源赖家之女源鞠子为将军夫人。源鞠子也被称作竹御所、竹御方或竹御前。源鞠子之母是源义仲之女。当时，九条赖经年方十三，源鞠子年满二十八岁。为了加深藤原氏征夷大将军与源氏的关系，北条泰时极力促成了这桩并不般配的婚姻。宽喜三年（1231年），九条赖经叙从四位上，为了举办拜贺仪式，他专门前往春日神社的别宫拜祭。这也是因为九条赖经出身藤原氏，而并非源氏。

---

① 嘉祯三年（1237年）三月，幕府将近习番重新分为三组，每六人为一组，三组轮流执勤。——原注

第4节 叛徒层出不穷

一、忍寂谋反

虽然幕府的基础比较稳固，但北条义时和北条政子的死讯还是让人联想到了幕府的厄运，很多叛乱分子也乘虚而入。嘉禄二年（1226年）四月，一位名叫忍寂的赌徒自称若宫禅师公晓或禅师大将军，发起叛乱。结城朝广和浅利知义等人剿灭忍寂，逮捕余党数人，将他们带回镰仓。幕府在金洗泽将这些叛乱分子斩首示众。

二、京都的阴谋

嘉禄二年七月，传闻京都有三百名叛徒意图谋反，驻京武士立刻逮捕了几个嫌疑人进行审讯，却没有收获。不久，有传言称驻京武士在一切经谷没收了三十三封书信，幕府根据书信内容逮捕了在京的八十位同谋。嘉禄二年八月，六波罗府逮捕美浓国住民高桑右重。高桑右重承认谋反的事实，却坚决不肯供出同谋者的姓名。柳禅师之子觉心房是京都谋反派的首领，他也曾在一切经谷居住，后来得到风声，在武士逮捕之前逃走。六波罗府逮捕了他的随从大尺房，没收了三十三封书信。这时幕府才得知这些叛乱分子的党羽遍布全国。此后，北条时氏命人在六波罗府的四面凿出五尺深的战壕，以备不时之需。

三、镰仓的阴谋

安贞元年（1227年）三月，有人自称后鸟羽上皇的第三皇子，纠合数名党羽在镰仓企图谋反，被波多野经朝逮捕。幕府在命人拷问之后，得知此人是伊豆前任国司的随从。针对此人的处分，幕府提出了两种方案。第一种是将他作为发疯之人发配到幕府分国以外的国家，第二种是将他处以死刑以绝后患。最终，幕府决定在北条政子三周年忌日的法事后再予以处决。

四、伊势的暴动

安贞元年，伊势国住民丹生右马允率领部下发起暴动。安贞元年四月，本间元忠奉幕府之命在丹生山突袭叛贼，却出师不利。安贞元年七月，本间元忠在大石御厨再次出击，叛贼党羽悉数逃走。

这些谋反之事皆有暂时性和地方性的特征，各起事件之间也没有系统的关联，对幕府而言只是无关痛痒之事。因此，北条泰时仍然继承父亲北条义时的遗志，专心料理幕府的政务，完善各种制度。

第31章

幕府对朝廷和寺院的政策

第1节 朝臣的状况

一、战后朝臣的盛衰

承久之乱以后,支持后鸟羽上皇的朝臣大多落得悲惨的下场。他们不仅搭上了个人的性命,他们的子女也受到排挤,被没收了所有领地,只能落魄江湖。源有雅在承久之乱中加入了后鸟羽上皇的阵营,因为畏惧幕府的势力,他的女婿前任权大纳言滋野井实宣在战后立刻与妻子离婚。这种惨事在当时比比皆是。而西园寺公经、坊门国通(迎娶了北条时政之女,即平贺朝雅的前妻)、滋野井实宣(后迎娶了坊门国通妻子的妹妹)等人因与幕府或北条氏关系密切,在战后平步青云,睥睨同侪。下文节选了藤原定家《明月记》嘉禄二年(1226年)六月三日记载的部分内容,从书中对滋野井实宣的描写来看,他被称为天下第一精明之人,足以看出他作为人臣的圆滑一面。

嘉禄二年六月八日,前任大纳言滋野井实宣将迎来女婿参议、左中将藤原盛兼。世人评议,权门贵族结成姻亲,本来无可厚非,但凭借婚姻关系获取权势,在同月之内再度嫁娶之人并不多见。此大纳言在任期间,经历极其丰富。少年之时,他是持明院基宗之婿(据说持明院基宗的这个女儿精神失常),后来抛弃妻子成为外祖父后妻（平维盛的前妻）之女婿。壮年时期，滋野井实宣（升为正四位下中将）成为关东北条时政的女婿（也是坊门国通妻子之妹婿），凭借家中地位，他晋升二品卿，一举超越四位元老，就任藏人头，同时就任参议和大理职，升任纳言。后来，滋野井实宣近来女婿阿波三郎平时重。丧妻之后，滋野井实宣迎娶源有雅之女为后妻，他也因此就任左卫门督。承久之乱发生以后，滋野井实宣立刻抛弃后妻，试图拉拢新皇乳母，以权大纳言的身份重修旧好（滋野井实宣的嫡子不堪忍受婚姻的苦恼，辞官出家）。如今又结成这门姻亲，滋野井实宣确实是天下第一精明之人，如此乱世，实为罕见。但此二人（坊门国通与滋野井实宣）却似至愚之父，只知自爱，不知如何对待旁人。

二、朝臣的腐败

承久之乱以后，朝中仍有对幕府心怀不满之人，但为了避免招致幕府的怀疑，他们只能一意奉承。这些人没有任何理想抱负，他们只希望官运亨通，以满足一己私欲。朝中懒惰邪恶之风盛行，很多人以攀附权势为荣。他们对待亲人的态度也极其随便，聚散离合已成常态。对他们而言，无论娶妻或是养子，都只是为了个人私欲，更有甚者，在尚未与妻子分开之时就已迎娶新妻。女性也不例外，再婚甚至三婚之人也不觉羞耻。朝臣子弟大多放纵不羁，沉迷赌博，甚至有与强盗为伍之人。摄政、关白九条忠家之子九条忠嗣（前任右近卫中将）就是如此，他整日与强盗为伍，在事情败露之后被驱逐到高野山。当时朝臣的腐败情形由此可见一斑。

第2节 幕府对朝廷任官的干涉

朝庭与幕府的关系发生改变以后，两者的立场越发明了。幕府干涉朝廷任官也成为稀松平常之事。宽喜元年（1229年）六月，评定众后藤基纲奉幕府之命进京。朝臣认为此事预示着朝廷即将进行大型的任免仪式。宽喜元年（1229年）九月，朝廷举办官员任免仪式。从任免名单来看，确实有幕府干涉的迹象。当时，朝廷官员若想加官晋爵，必须亲自向幕府申请，获得幕府的认可。虽然北条泰时和北条时房两人均表示不会妄加干涉，但他们往往凭借个人喜好从中斡旋。宽喜二年（1230年），为了获得幕府的举荐，阿野公佐之子阿野实直赶赴镰仓。北条泰时和北条时房亲自写信给关白九条道家，请他提供方便。阿野实直因此叙从四位。除此以外，若朝臣因个人领地发生纠纷，他们也时常亲自赶赴镰仓求得幕府的支持。

第3节　六波罗府的巡逻

依靠两处六波罗府的兵力，战后的京都虽然暂时恢复了秩序，但不久后群盗横行，京都再次陷入混乱的状态。安贞元年（1227年）正月，六波罗府新设夜警，在市内各个要道安排了士兵，并下令若逮捕罪犯则即刻在河边斩首，绝不姑息。然而，群盗来去无影，他们仍然连夜杀人放火，士兵的巡逻未见成效。安贞元年二月，群盗闯入位于二条猪熊的内藏寮仓库，盗走了历代宝物，将很多礼服丢弃在七条河原的小神社，一片狼藉。由于宝物的库存没有记录，朝廷无法估算损失的数额。安贞元年三月，群盗闯入阴阳寮的仓库，盗走历代器物。安贞元年四月，土御门町边发生纵火事件，大内宫殿再次被烧毁。大内宫殿在承久元年（1219年）就经历过纵火事件，经过修缮再次使用。自平安迁都以来从未经历过纵火事件的结政南所化为灰烬。根据《明月记》的记载，在此次纵火事件中，盗贼公然牵牛盗车。恐怕起火的原因也与盗贼有关。《明月记》安贞元年四月二十二日的条目中写道："群盗玷污历代礼服，烧毁重要宝藏，朝廷灭亡之日为期不远。生而遇此事，实在可悲。"安贞元年十一月，六波罗府在京都的每个路口安插六位夜巡人员，命令他们严查过往行人，若发现可疑之人，则必须立刻大声呼喊，将其逮捕。

第4节 关白九条道家

一、近卫、九条两家就任大臣

承久之乱结束以后,当时的摄政九条道家立刻辞去了官职。然而,由于他是幕府的姻亲,又是西园寺公经的女婿,他的势力并未受到影响。当时的右大臣大炊御门师经没有任何外援,在父亲大炊御门赖实去世以后,他和关白也时有争端。安贞元年(1227年)四月,大炊御门师经被罢免官职。此前,左大臣德大寺公继在安贞元年正月去世,左右两大臣之职同时空缺。于是,朝廷任命内大臣九条良平为左大臣,权大纳言九条教实为右大臣,权大纳言近卫兼经为内大臣。九条教实是九条道家的嫡长子,近卫兼经是近卫家实的嫡子。根

德大寺公继

据《明月记》的记载，九条教实就任右大臣是他的外祖父西园寺公经在公武两方之间斡旋的结果。

二、关白的更替

然而，正如世人所料，西园寺公经的同情只是针对九条家族，他对近卫家族没有丝毫表示。在九条道家逐渐挽回势力的同时，战后曾经暂代其职的近卫家实逐渐陷入了孤立的境地。安贞二年（1228年）十二月，近卫家实被同时罢免关白、藤氏长者和内览的职务。前任左大臣九条道家成为关白和藤氏长者，朝廷赐予他随行侍卫和牛车。当时，近卫家实未曾上书就直接被罢免所有官职，由此也可以看出朝廷局势的动荡。此后，近卫家实之子内大臣近卫兼经隐居家中，不再接触朝中政事。过去，九条兼实被罢免官职之时，其子九条良经的境遇与此完全相同。

近卫家实

第5节 幕府对僧徒的镇压

一、神官与僧徒的示威行动

当时，神官与僧徒仍然时常发生纷争，为了达到各自的目的，动辄诉诸暴力。嘉禄二年（1226年），金峰山与高野山僧徒发生争执，屡次试图进京示威，东大寺尊胜院的僧人（华严宗僧徒）诱导兴福寺僧人反抗东大寺别当。安贞元年（1227年），延历寺僧徒因反对专修念佛而发起暴动，这在前文中已有赘述。

二、南都北岭之争

安贞二年（1228年）五月，兴福寺僧人烧毁多武峰，延历寺僧人奋起反抗。为了报复兴福寺僧人的暴行，延历寺僧人试图烧毁清水寺，并擅自下发寺院公文，要求朝廷没收兴福寺在近江国的领地。兴福寺僧人勃然大怒，他们将春日神社的神木转移至别处，并关闭春日神社和七大寺的门户，遣散所有僧人。安贞二年六月，延历寺僧人向朝廷上奏，请求朝廷罢免兴福寺别当实尊，逮捕纵火事件的元凶，朝廷驳回他们的请求。随后，延历寺僧人将日吉大社的神舆抬至主殿，拥抬神舆进京。朝廷察觉事态严重，要求武士提前待命，同时命令幕府镇压僧人。只是，到底采取何种办法才能使两方和解，使延历寺和兴福寺的僧人停止示威活动，并将日吉大社的神舆和春日神社的神木归位呢？安贞二年十月，朝廷下令将日吉大社圣真子、八王子、客人和十禅师寺的神位提高一级。安贞二年十二月，为了防止延历寺僧人再次拥抬神舆进京，朝廷赐予延历寺十位阿阇梨。在处理此事时，幕府始终表现出极其强硬的态度，这对化解兴福寺僧人和延历寺僧人的矛盾发挥了很大作用。

三、烧毁高野山的武器

《宝简集》中登载了安贞二年十一月二十八日，两处六波罗府向高野山检校①下发的御教书。根据御教书的内容，高野山僧人违反朝廷的禁令，罔顾佛法，随身携带弓箭武器。六波罗府奉幕府的命令，派遣本间忠家和贺岛盛能

---

① 检校，日本平安、镰仓时代总管寺院和神社事务、监督僧尼的官职。

两人前往高野山搜索兵器并予以焚毁。由此看来，幕府仍然以强硬的态度对待各大寺院。从宽喜三年（1231年）四月二十一日由北条泰时和北条时房下发的公文来看，采取这种恐吓性政策是北条泰时在驻京期间总结出的经验。承久之乱结束以后，北条泰时长期驻守京都，他对寺院僧人的行径非常熟悉。他认为以往朝廷和幕府对待僧人的态度过于缓和，这导致僧人的暴行愈演愈烈，所以才决定一改往日的温和政策，采取强制镇压的办法。

四、禁止延历寺僧人携带武器

当时延历寺的僧人比较跋扈，北条泰时的这种处分必然会对他们产生影响。笔者节选了《明月记》的相关记载：

> 梨本坊门徒违反兵具禁令，携带兵器前往神社附近，所司等三人受刀伤。
>
> ——《明月记》宽喜元年三月十日

> 藤原定修曾说，六波罗探题隆承等人拔三尺之剑，追四方之人。纵使在佛堂之上，也敢斩堂上之人。僧徒恶习，古今闻所未闻。若非探题所为，兵器禁令难以实施。如今定能彻底禁止。
>
> ——《明月记》宽喜元年十二月

文历二年（1235年）正月二十七日，幕府颁布的法令中也提到，"承久之乱以后，禁止山僧习武"，由此也可看出战后幕府对待僧人的态度。当时，幕府命令六波罗府严格禁止僧人携带兵器，并要求他们将逮捕的恶僧押送到镰仓。藤原定家听说此事后曾经这样评价：

> 若能成功禁止僧人携带兵器，定能立下大功。但恶僧之中也有富有之人，他们肯定会携带兵器。贫穷的僧人或许会远走他乡。
>
> ——《明月记》宽喜二年四月二十七日

藤原定家暗讽幕府之举只能暂时缓解当时的局面，加之幕府的执法力度宽松，必然会有漏网之人。然而，他对北条泰时的评价未免太过肤浅。此后，北条泰时确立了幕府对待寺院的政策，要求后继者也沿袭这种做法。佢由于陋习存在多年，经过幕府的治理仍然难以绝迹，这从宽喜元年（1229年）六月九日的朝廷宣旨中可以得知：

近日听闻僧人、神官等人时有上诉之举，经常在各处进行示威活动。务必查清来龙去脉，断明是非。为了世人的利益，若有人以神社领地的名义强占他人庄园，或有人因收缴供品而骚扰附近民居，必须严格禁止。从今以后，如此行为定要严令禁止。若有违反圣命继续肆意妄为之人，纵使是神官职员，也不能逃脱罪责。朝廷一定会罢免官职，由武家查明罪行。若仍有人在民居随意强占他人物品，则按绿林强盗的罪行处理；若有人在路途抢夺贡品，则按小偷的罪行处理，朝廷定会依据情况予以处置。诸社诸寺务必下达命令，严格执行，不可姑息。

五、延历寺的暴行，天台座主的更换

宽喜元年三月，日吉大社神官抢夺百姓物品，这意外诱发了延历寺僧徒的暴行。为了逼迫京都市民偿还债务，他们无所不用其极。六波罗府派遣武士三善为清前去镇压，双方在争斗期间互有死伤。随后，延历寺集合三塔的所有僧徒，上奏请求朝廷处置三善为清。六波罗府也集合兵力严阵以待。宽喜元年四月，延历寺的三纲、所司、社司再次向朝廷上奏，请求朝廷处置杀害神官的凶手。在此期间，天台座主的更换也引起了波澜。宽喜元年四月十三日，在僧徒的强烈要求和西园寺公经的请求下，妙香院大僧正良快代替尊性法亲王（后高仓院皇子）就任天台座主。良快是九条兼实之子，也是九条道家的叔父，佢由慈圆赐授灌顶。西园寺公经扶持九条道家就任新一任关白，如今，又将天台座主的职位纳入近亲手中，此事在世上引起了轩然大波。当时，也有人认为是

延历寺僧徒的请求促成了此事，九条道家等人并未举荐[①]。可以肯定的是，此事背后一定有不为人知的隐情，而九条家族一定牵涉其中。身为九条道家的家臣，藤原定家也对九条道家多有担忧，他曾在书中写道：

> 九条道家上任之初，园城寺长吏和天台座主皆由近亲就任。若没有长久之计，恐怕会失去世人的信任。……关白上任以后，右大臣、左近卫大将、右近卫大将、天台座主、三井寺长吏和兴福寺寺务皆为其近亲担任。世人也许无法究其过错，但应有节制，毕竟水满则溢。
>
> ——《明月记》宽喜元年四月十日

笔者无从得知天台座主的更换是否对幕府的决议产生了影响。宽喜元年（1229年）五月，幕府向六波罗府下达了处分三善为清的秘密命令。当时有传闻称北条时氏在执行命令时踌躇良久，但他最终将三善为清流放到了日向国。

北条时氏

[①] 根据《明月记》的记载，九条道家未发一言。——原注

六、幕府申请禁令

宽喜二年（1230年），园城寺南院的僧徒与北院和中院僧徒发生争端。延历寺北谷、南谷和西谷的僧徒互相争斗。宽喜三年（1231年），清水寺僧徒与僧人忏法众发生争斗。这些僧人依然穿着盔甲，携带兵器。面对僧人的持续暴行，幕府丝毫没有改变方针，继续向朝廷申请禁止僧徒携带兵器的禁令。仁治三年（1242年）三月三日，幕府再次发布禁令，禁止寺院僧人的童二、随行武士、仆役长、杂役等人随身携带刀剑。幕府命令小舍人①严查此事，要求他们若发现违令之人，必须立刻将兵器没收，进献给镰仓大佛。后世，丰臣秀吉颁布搜刀令的做法正是起源于此时。

第6节　更换六波罗殿

一、北条重时进京

宽喜二年（1230年），幕府决定让六波罗北殿北条时氏回到镰仓，由北条泰时之弟小侍所别当北条重时代他进京。宽喜二年二月，为了给北条重时饯行，九条赖经在由比滨举办犬追物的活动。宽喜二年三月，北条重时辞去小侍所别当的官职，随后赶赴京都，其弟北条实泰就任小侍所别当。北条重时出发以后，北条时氏也从六波罗府赶赴镰仓。《明月记》描述了北条时氏出行的景象：

> 身着直垂②，骑乘黑马，佩戴弓箭，携带宝剑，三百余位骑兵在黎明前出发，北条时氏于天亮以后出发。七岁儿童骑乘小马，手持戟器。

二、北条时氏去世

北条时氏辞去官职的原因尚不明朗，但恐怕与他的病情有很大关联。回

---

① 小舍人，镰仓、室町时代在侍所负责杂务的下级官员。
② 直垂，日本古时对襟有袖扎的衣服。镰仓时代以后成为武士的便服和礼服。

到镰仓以后,北条时氏的病情加重。宽喜二年(1230年)六月,北条时氏突然去世,享年二十八岁。安贞元年(1227年),北条泰时的次子北条时实被家臣杀害,如今长子又遭此不幸,北条泰时悲痛万分。北条时氏的外祖父三浦义村不断地安慰北条泰时。

三、禁止北条重时东下

北条时氏的死讯传至京都,六波罗北殿北条重时想要即刻赶赴镰仓。然而,朝廷以京中无人守护为由,禁止北条重时东下。《明月记》中写道:

> 若北条重时不在河东①,天下一定会成为强盗聚集之地。六波罗府可震慑凶徒,一旦他们离开此处,必然会引起诸多不便。
> ——《明月记》宽喜二年六月二十四日

北条重时遵从圣命留守京都,京都上下才得以高枕无忧地生活。

---

① 河东,指鸭川。

第 32 章

与高丽的外交

第1节 高丽人漂流过海

一、海上航海的危险

中古时期，日本虽然与高丽和中国断绝了外交往来，但与热心的僧人始终保持联系。由于当时的造船技术不够发达，航海经常遇到意想不到的危险。数百年来，因为航海事故漂泊到西海要塞苇屋津和新宫滨的船不计其数，在这些遇难船和遗留货物（也叫寄物①）的支撑下，筑前国宗像社下属大小七十余间神社才得以修建，这是无可否认的事实。当时，沿海地区的地头经常没收类似的漂流物，以此作为他们的收入。

二、港湾修筑事业

为了方便船舶出入，有些僧人劝诫世人捐助金钱来修筑港湾，以便普度众生。有位法号往阿弥陀佛的僧人试图在苇屋津的钟崎地区修建孤岛，以供出入船躲避风雨。由于中途经费告急，在获得幕府的允许之后，宗像社将此事上奏朝廷。宽喜三年（1231年）四月，朝廷将筑前国的曲村划为宗像社的领地，专门用来补充修理经费。宽喜三年六月，幕府禁止地头没收遇难船，严格取缔此种不法行为。贞永元年（1232年）七月，为了方便船舶靠岸，也为了感谢北条泰时的帮助，往阿弥陀佛在镰仓的和贺江岛修筑码头。

---

① 寄物，指漂流到岸边的物品。

三、高丽人漂流到越后

当时,既有很多抵达日本的船舶,也有很多漂流过海到达高丽或宋朝的船。建久元年(1190年)①,日本人的船抵达宋朝泰州,宋光宗命人保护货物,还拿出赈济用粮来体恤船上的乘客,这些在《宋史》和《文献通考》中都有记载。根据《吾妻镜》的记载,贞应二年(1223年)冬,高丽人漂流到越后国寺泊津。贞应三年(1224年,也是元仁元年),北条朝时没收了船上的武器和其他物品,将所有物品上呈九条赖经。其中,有一片长七寸、宽三寸的银简,上面刻有四字,幕府未能解读其中的含义。根据《续本朝通鉴》的记载,宽永十三年(1636年)冬,林道春询问了朝鲜进士弘绩,弘绩认为可能是"主国贵族"四字。从最新的研究来看,这几个字应该是女真文,但其意义尚不明确。《百练抄》中曾经记载,贞应二年五月左右,有长达十余丈的异国船抵达日本,船上载有银器,而且有类似日本瓦片的东西漂流到越后国白石

九条赖经

---

① 即宋绍熙元年(1190年),出自《文献通考》。《宋史》的记录为宋绍熙四年(1193年)。——原注

浦。贞应三年四月，残存的四名船员结伴进京，京都百姓争相观看。《百练抄》与《吾妻镜》的记载虽然在时间上有出入，但记载的内容确实是同一事件，所以这里的船员应该也是高丽人。

四、夷人进京

天福元年（1233年）二月，京都流行咳病，俗称夷病。《明月记》中曾经写道，"夷狄入京，万人观看，实为不吉之兆也"。这里的"夷狄"到底指哪些国家之人，笔者难以推测，不过可以肯定的是，他们既不是高丽人，也不是宋人。这些虽然只是琐碎小事，却可以看出当时世人的观点。

第2节 高丽人传递国牒

一、日本民众侵犯高丽

嘉禄二年（1226年），镇西境内的无赖之徒①驾驶数十艘船驶入高丽，在全罗州上陆后抢夺当地的民屋。高丽派遣官兵讨伐，这群无赖之徒死伤大半，余党携带抢夺的钱器逃回国内。嘉禄二年十月，对马岛与高丽交战的消息传到京都，由于朝廷很久不曾遭遇外敌，朝堂上下一片哗然。藤原定家甚至写道："敌国来袭，仿佛末世降临，可恐可悲。"由此可以看出当时朝臣的对外思想。当时，日本前往宋朝的商船都是在高丽中转停留。通过与宋朝的通商，日本进口了大量图书和器物，也引进了宋版的《一切经》。舶来的鸟兽在京都盛行，城中富豪争相购买。据说北条时氏曾经得到一只宋朝的飞鸟，将其过献给了九条赖经。因此，突然得知对马与高丽交战的消息，朝臣十分担心此事会影响到与宋国的往来。

二、高丽第一次传递国牒

此时，幕府已经收到了少二资赖的紧急报告，也将详情上奏了朝廷。嘉禄二年十二月，朝廷怀疑高丽入侵，召集公卿讨论应对之举。高丽国也因倭寇入侵之事一筹莫展，为此向日本传递国牒。在牒状中，高丽追问了倭寇入侵的

---

① 根据《明月记》的记载，无赖之徒是指镇西的凶党松浦党，但不知真伪。——原注

原委，要求日本严查此事。笔者推测，高丽国在牒状中肯定完全忽视了国际礼仪，并写满了恐吓性文字。安贞元年（1227年）二月，朝廷召集公卿讨论应对高丽的办法，这恐怕与高丽国传递国牒有关。安贞元年四月，朝廷再次召集公卿讨论返牒的内容。据说，此次返牒由右少辨吉田为经起草，采用了大张的檀纸。笔者猜测，朝廷也许将所有罪责归于镇西边民，并将立刻处罚边民的处理结果告知了高丽。

三、高丽全罗道按察使传递国牒

在遇到这种重大外交问题时，朝廷必然会咨询幕府，根据幕府的意见来处理。安贞元年四月，由于西国恶党的暴行不断，幕府命令守护讨伐恶党，这也可以看作朝廷履行了和高丽的约定。安贞元年五月，高丽全罗道按察使携带牒状到来，催促日本做出回复，牒文如下：

> 高丽国全罗道按察使出具牒状。
>
> 日本国总监太宰府长官：
>
> 自古以来，贵国对马岛民向我国进献贡品，与我国关系良好。为了促进两国贸易，我国也在边境设置办公场所，海岸附近的州、县、岛的住民一直交好，从未有过嫌隙。据他们所言，对马岛的岛民经常落脚于金海府，不知贵国是否知晓。嘉禄二年六月，有人趁夜色进入城墙，抢夺民屋财产，行为越发恶劣。不管任何村落，他们都肆意掠夺，百姓不堪其扰。当今朝廷应该处理此事。当然，贵国已派遣二十位官员前去调查，他们却并未遵循自古以来的礼仪制度。他们集合了众多船，却不进行正常的贸易往来，只是作恶多端，不知为何。为了尽快制止这种恶行，请速速返牒。请日本国长官一定速速解决此事。
>
> 副使兼监仓使运输提默刑狱兵马公事龙虎军郎将兼三司判官赵判
>
> 安贞元年二月
>
> ——选自吉川本《吾妻镜》

朝廷将牒状下发幕府。安贞元年（1227年）五月十四日，幕府阅读了牒状的内容。随后，少二资赖在高丽使节面前斩首了逮捕的九十名犯人，并私自送出返牒，事先并未上奏朝廷。根据《东国通鉴》高宗十四年（1227年）五月的内容，"匠贼船边寇之事，日本国为谢罪而寄来书信，请求继续互通贸易，重修旧好"。由此看来，日本返牒有些操之过急，这恐怕是少二资赖的个人主张。《百练抄》中也对少二资赖的行为进行了评价："我朝之耻也，牒状毫无礼数。" 安贞元年七月二十一日，朝廷听闻此事，在关白的直庐①进行了商讨。安贞元年八月十二日，据传高丽国再次传递国牒②。《东国通鉴》中曾经记载，安贞元年十二月，倭寇再次闯入高丽国烧杀抢掠，高丽派遣朴寅赴日本讲和。朴寅到达日本以后，表达了高丽想与日本继续交好的想法，日本也表示赞同，立刻逮捕并诛杀了倭寇。此后，随着通好的牒状再次到来，倭寇的恶行暂时收敛。这可能与少二资赖的举措也有关联。由此看来，当时日本在外交方面并不成熟。而少二资赖的行为到底是他的一己之见，还是出自幕府的决议，我们无从得知。可以肯定的是，在承久之乱以后，幕府急于处理内政，肯定会采取保守的外交政策。

贞永元年（1232年），肥前国镜社的一位住民袭击高丽，抢夺当地人民的财产。守护前去逮捕此人，却遭到了预所的阻拦。随后，守护将此事上报幕府。贞永元年闰九月十七日，幕府做出判决，认为预所的行为违反规定，下令将犯人押送至守护所，船和赃物也交由守护处置。

四、高丽传递国牒

仁治元年（1240年），高丽国再次传递国牒。仁治元年四月三日，朝臣在摄政近卫兼经的直庐讨论此事。依照惯例，他们再次指出了高丽牒状的无礼之处。

---

① 直庐，皇亲、摄关、大臣、大纳言等为了住宿休息而设置在宫中的场所。平安中期以后，作为摄关的办公场所。位于宜阳殿的东厢，朝臣们经常在此讨论叙位、任官之事。

② "传言高丽再次传递国牒，恐怕仍然需要仰仗关东的裁决。"出自《明月记》安贞元年八月十二日的记载。——原注

第33章

宽喜年间的大饥荒

第1节 宽喜年间的饥荒状态

一、宽喜之前因拖欠赋税而导致的饥荒

宽喜年间的饥荒是镰仓时代的一大灾难，给当时的经济造成了巨大的影响。自古以来，饥荒多是源于连续数年的歉收，宽喜年间的饥荒也不例外。安贞元年（1227年），各国已经出现农作物歉收的征兆。人民劳苦不堪，难以缴纳役夫工米①，幕府将此事上报朝廷，但收缴役夫工米的使臣也因木材不足而有诸多抱怨。后来，北条泰时决定在骏河和伊豆两国实施出举制度②，以补充役夫工米，暂且稳定了民心。

二、天灾地变

宽喜二年（1230年）六月，地震时有发生，气温突然下降，人民急需棉衣御寒。美浓国生津庄、莳田庄和武藏国的金子庄等地甚至下起了不合时令的大雪。宽喜二年七月，霜冻持续数日，宛如冬日。宽喜二年八月，各地风雨交加，庄稼颗粒无收，城中饿殍遍地。宽喜二年十月，客星现世，人心惶惶。受此恶劣天气的影响，米价暴涨。宽喜二年六月，朝廷将一石米的价格定为一贯文。为了消除灾祸，朝廷命人向神社进献币帛，同时派人在寺院修行五坛之法。

---

① 役夫工米，在中世纪日本，为了修建神社尤其是伊势神宫，朝廷向全国征收的临时赋税。
② 出举制度，日本古代的有息出贷制度。主要是春季出贷稻，至秋季连息归还。

第2节 幕府的应急之策

一、北条泰时节食

面对罕见的自然灾祸,北条泰时也感到惊恐万分,但人们将所有希望都寄托在他的身上,希望他能改革内政,消除灾祸。北条泰时决定继续实施仁政,同时命人开始修行五坛之法。他从自身做起,节省了很多不必要的开支,将这些钱用于赈济灾民,他甚至开始减少膳食。《明月记》宽喜二年(1230年)十月十六日的记录中写道:"各国出现饥荒,传闻关东权势也缩减膳食。"《明惠上人传》中也曾写道:

> 当年,北条泰时家中极其节俭,草席等生活用品都是使用旧物,夜间从不点灯。他从不穿着新衣,即使乌纱帽已经破损,也命人缝补后继续穿戴。为了节省开支,他取消了所有酒宴和游玩活动。有心之人听闻此事,不禁热泪盈眶。

由此看来,北条泰时所推行的政策充分打动了人心。他以身作则,希望下属也能仿效他的做法。宽喜三年(1231年)正月,为了防止京都的奢侈之风传染关东,幕府下令,禁止在幕府供职的京都官员有铺张浪费的行为。

二、贫民的暴行

宽喜三年,饥荒越发严重,城中妖言四起。有人传言若人人诵读《心经》,并举办祭祀活动,祇园之神便会显灵,人们便可摆脱饿死的命运。也有人说,因为幕府禁止在京都的神社寺院投掷碎石才引发了饥荒。京都城内尸横遍地,臭气熏天,贫民四处游荡。很多贫民闯入富豪的家中,他们肆意吃喝,强索财米,分配给其他同党。

三、禁止妖言

随后,幕府向六波罗府下发了公文,借此澄清城中的流言蜚语,同时严令禁止祭祀活动中的暴行。这份公文内容如下:

各大神社在举办祭祀活动之时，若有尚武的民众以碎石或刀剑伤害他人，一定要严厉禁止。如今饥荒蔓延，京中流言四起。北条泰时在驻京期间虽曾严加管束，却未曾制定规则。如今有尚武之人趁此机会，肆意妄为，幕府不得不管。城中谣言完全不足为信，投掷碎石之人尚可原谅，但若有以武艺伤害他人者，一定要加以制止。务必严格执行。

武藏守（北条泰时）印章
相模守（北条时房）印章
宽喜三年四月二十一日

四、改　元

宽喜四年（1232年），幕府向诸国的守护和地头下达命令，禁止他们包庇自己势力范围内的犯人。饥荒不断蔓延，疫病也开始流行，死者不计其数。不仅如此，强盗嚣张跋扈，很多地方完全陷入无警察的状态。自治承年间以来，诸国从未出现过如此景象。宽喜四年四月二日，朝廷改元为贞永元年。

五、出举米的新制

宽喜三年（1231年）三月，因伊豆和骏河两国人民难以缴纳赋税，北条泰时特许免除他们的出举米债务（宽喜四年三月，伊豆国仁科庄的居民迫于生计，开始从事农业。北条泰时为他们提供了三十石的出举米，承诺若他们无力偿还，将由他一人承担这些债务）。贞永元年（1232年）十一月，当地人民仍然无力偿还出举米，他们向幕府申请延期偿还，幕府同意将期限延至贞永二年。此外，幕府还免除了美浓国高城（多艺）西郡千余町的年贡，在该国的株河驿站赈济往来的浪人，为当地的居民提供产业资金。以前，出举米的利息超过了本钱的一倍，天福元年（1233年）四月十六日，幕府向诸国下达命令，规定"在大风天气之前借贷出举米的人，无论身份贵贱，关系亲疏，都将原来的一倍利息改为五成"。然而，这则不合常理的规定不过是幕府为了救济灾民所做的暂时变通。

六、京都盗贼横行

京都的盗贼越发猖狂,他们成群结队地闯入公卿的宅邸,大肆掠夺财物,遭遇反抗之时这些盗贼便纵火逃走,其中甚至有贵族的家臣。根据《明月记》天福元年(1233年)五月二十九日的记载,"入道伊时的三位家臣盗取钱财,在武士前来调查之前就已经逃之夭夭。四位朝臣源仲兼的随从也化身强盗,在接受武士的诘问时,他们声称自己是八条禅尼(源实朝的遗孀)的守卫(源仲兼也有狼子野心,私自培养了一批勇士)"。《明月记》文历元年(1234年)八月三十日的记载中还写道,"毗沙门堂执当与云法师集结了大批强盗,在附近候命(指藤原定家的宅邸附近)"。由此可知,一些强盗的行为其实是受人指使。天福元年三月二十五日,朝廷向六波罗府下达命令,无论在室内偷盗之人或是在路途抢劫之人,六波罗府必须将其逮捕处刑。

第3节 人身买卖制度

一、允许人身买卖

宽喜三年(1231年)的饥荒使朝廷放开了人身买卖的禁令。人身买卖也称作人伦买卖,虽然自古就被法律禁止,但有人在濒于饿死之时会卖掉自己的妻子、奴婢,也有人为了摆脱困境委身于富豪之家。幕府深知此事为无奈之举,特许了这种买卖,承认救济者与被救济者之间的主仆关系。

二、赎回制度

后来,有关人身赎回的纠纷不断发生,动辄有人因此提起诉讼。延应元年(1239年)四月十七日,幕府颁布了如下规定,允许人身赎回,但原则上不允许以原价赎回。

> 宽喜三年,饥荒蔓延,有些饥民通过买卖人身得以残存,他们可在征得主人的允许之后赎回人身。人伦买卖之事,本为法律所禁止,

因饥荒之年才特许之。被救济者可根据当下的情形赎回人身。若两方达成协议，也可根据买卖之时的价格赎回。

平　印章

散位　印章

前任甲斐守　印章

前任山城守　印章

前任大和守　印章

沙弥　印章

延应元年四月十七日

三、禁止人身买卖

延应元年（1239年），京中经济开始复苏，朝廷认为有必要恢复禁止人身买卖的法律，于是，向各国下发了旨意。延应元年五月一日，针对延应元年四月之前的人身买卖事件，幕府制定了如下裁判管辖制度，并下发给六波罗府。此后，人身买卖制度被全面禁止：

全面禁止人伦买卖之事。饥荒之年，有人卖掉妻子、奴婢得以活命，也有人委身于富豪之家得以维持生计。朝廷宽以待民，才暂时允许如此买卖。近年来，时常有人因此事对簿公堂。针对宽喜年间至延应元年四月以前的纠纷，若诉讼人为京都之辈，则武士不得处理。若是关东御家人与京都之辈发生的纠纷，则应听从六波罗府的裁判。此后，必须要禁止人伦买卖之事。一定要如实转达幕府命令。

前任武藏守（北条泰时）印章

相模守（北条重时）

修理权大夫（北条时房）印章

越后守（北条时盛）

延应元年五月一日

四、公布禁令的方法

为了将禁令传达给诸国民众，幕府在各大市场张贴了告示，将禁令内容告知了所有国家的民众。此后，幕府严格禁止人伦买卖和诱拐之事，命令各地守护将违反禁令之人紧急上报。这则告示的内容如下：

  朝廷公布了禁止人伦买卖的法令，关东也已开始实施。宽喜年间，由于饥荒蔓延，有人为了维持生计而卖掉子孙家眷，朝廷体谅民情，无奈许之。如今，各国经济开始复苏，若仍有违反禁令之人，必须严格处罚。现将延应元年六月二十日的禁令张贴于各大市场，告知诸国民众。若仍有违反禁令之人，可紧急上报。务必要严格执行。

前任武藏守（北条泰时）印章

修理权大夫（北条时房）印章

和泉国守护所

延应二年五月十二日

五、没收买卖费用

人身买卖制度被禁止以后，幕府解放了被买卖的饥民，没收了人身买卖的费用。宽元三年（1245年），幕府将没收的钱财充当祇园和清水寺的架桥费用。建长七年（1255年），为了敬献佛祖，幕府命令地头将没收的钱财交给劝进圣①。

---

① 劝进圣，化缘高僧。为了建造神社、寺院和佛像等而周游各国募集捐款的僧侣。

第 34 章

后堀河天皇让位

第1节 藤原竴子入宫

一、关白更替，中宫离开

贞应元年（1222年）正月，后堀河天皇行元服之礼。贞应元年十一月，朝廷举办大尝祭。此前，朝廷举办御禊①仪式时，前任太政大臣三条公房之女藤原有子以代理女御的身份参加。贞应元年十二月，藤原有子正式进宫成为女御。贞应二年（1223年），藤原有子被封为中宫。藤原有子比后堀河天皇年长五岁，当时十七岁。自古以来，摄政家族都希望将女儿送入宫中，当时的关白近卫家实也不例外。嘉禄二年（1226年）六月，近卫家实之女近卫长子叙从三位。嘉禄二年六月，近卫长子入宫。嘉禄二年七月，近卫长子便被封为女御，随后被封为中宫。此后，被立为皇后的藤原有子被迫退出宫中，后被封为安喜门院。当时，近卫长子年仅九岁，无法获得天皇的恩宠。不久之后，近卫家实被罢免官职，九条道家成为新任关白。九条道家和西园寺公经之女西园寺伦子生有女儿藤原竴子，九条家族非常希望藤原竴子能进入内宫。宽喜元年（1229年）十一月，藤原竴子入宫，成为女御，西园寺公经以下的众位公卿随行，为她举办了盛大的入宫仪式。宽喜二年（1230年）二月，藤原竴子被

---

① 御禊，天皇即位以后，在举行大尝祭的前一个月，亲临贺茂河边进行的清除不祥之物的仪式。

封为中宫，时年二十二岁。权大纳言西园寺实氏成为中宫大夫。九条家族和西园寺家族受到世人的景仰。不久后，近卫长子也和藤原有子面临相同的境遇，后来，近卫长子被封为鹰司院。

二、《五代帝王物语》和《增镜》的记载

当时，摄政和关白的更替经常引起中宫易主，世人也对这种风气感触良多。《五代帝王物语》中曾经写道："无论贵贱，世人都认为此事极不合理。"《增镜》详细叙述了此事的原委：

> 此前，三条公房之女入宫封后，受到了后堀河天皇的恩宠，却不得不离开宫中。近卫家实之女近卫长子入宫，因为年纪太小，未能得到后堀河天皇的青睐。三条氏只能退隐于净土寺，每日打探宫中消息。近卫长子虽然凭借父亲权势成为中宫，却也难逃厄运。在她进宫后不久，其父近卫家实被罢免官职，九条道家之女入宫，近卫长子被迫离开内宫。为何新人进宫总会造成这种结果？传闻中国皇帝有后宫三千，看似并非幸事，但到底如何呢？

《增镜》表达了与《五代帝王物语》相似的观点。书中提及了中国的后宫，表现出作者对此事的无可奈何。由此看来，这种现象无法轻易改变。

第2节 皇子诞生及立皇太子

中宫藤原竴子容姿艳丽，备受后堀河天皇的宠爱。入宫后不久，藤原竴子怀孕。为了祈祷中宫顺产，朝廷开始命人修法。宽喜三年（1231年）二月十二日，藤原竴子在西园寺公经的一条宅邸诞下皇子秀仁，以西园寺公经和九条道家为首的九条家族欣喜若狂。藤原定家在日记中叙述了当时的情形："欣喜之情，难以言表。"九条道家也向藤原定家表达了当时的心情：

此种荣耀，实在无与伦比。九条立子在位期间，我也曾亲身经历类似的事情，如今的荣耀已经超越先祖。我以不肖之身，难现宽弘年间的佳境，但女儿蹲子一定会为家族带来荣耀。我一定要尽快拜见中宫。

——《明月记》宽喜三年二月十二日

九条道家的喜悦之情跃然纸上。宽喜三年（1231年）二月，九条道家便开始策划拥立储君之事。宽喜三年四月十一日，藤原蹲子诞下的皇子被册封为亲王，宽喜三年十月二十八日被立为皇太子。

第3节 九条教实就任关白

一、九条道家意欲辞官

此前，因发生天灾人祸，九条道家意欲引咎辞职。在皇子诞生以后，辞职之事暂且搁置。宽喜三年四月，九条道家的嫡子右大臣九条教实就任左大臣，内大臣近卫兼经就任右大臣，权大纳言西园寺实氏就任内大臣。众所周知，这其实是九条道家为九条教实就任关白而做的铺垫。即使在九条家族和西园寺家族的全盛时期，他们也不曾排挤近卫兼经，此事格外引人注目。后来，近卫兼经被任命为左近卫大将和左马寮御监，在仕途上更进一层。在父亲近卫家实辞职之时，近卫兼经一度隐居家中，此时他重新回到了朝野。

二、关白更替

宽喜三年七月，九条道家辞去官职，九条教实成为新任关白和藤氏长者。此前，由于九条道家与九条教实身处同一位阶，九条道家升至从一位。辞职以后，九条道家继续出入宫中，参与朝中要事，仍然行使关白的职权，所以世人称他为大殿[①]。贞永元年（1232年）十二月，九条道家的夫人西园寺伦子

[①] 大殿，对大臣及高位公卿的敬称，也用来称呼贵人的父亲。

被封为准三宫①。此后的每年年初，关白九条教实都会率领众位公卿到前任关白家行拜贺之礼。《增镜》中这样叙述了九条家族的荣华：

> 宽喜三年七月五日，九条道家将关白的职位让于长子九条教实，成为大殿。九条道家是中宫藤原遵子的父亲，获得升迁也无可厚非，但九条教实也在朝中身居高位，的确是史无前例之事。征夷大将军九条赖经、天台座主慈源、三井寺长吏行昭、山阶寺别当圆实和仁和寺御室②法助全部都是九条道家的近亲。可以说，在朝中和幕府身居要职之人几乎全部出自这个家族。他们穿着得体，经常在皇宫的值夜场所亲切交谈。九条道家的几个儿子也逐渐被任命为大臣，他们时常出入宫中，在御前共商要事。九条道家的夫人是西园寺公经之女，她在宫中也是举足轻重的人物，是位非常优秀的女性。

第4节　四天王寺别当的更替

一、四天王寺僧徒的请求与西园寺公经和九条道家

自宽喜二年（1230年）以来，四天王寺的僧徒时常出现纷争，这些僧徒的其中一派反对尊性法亲王担任别当，上奏请求由天台座主良快就任此职，并向朝廷和幕府施加压力。他们宣称，如果朝廷不能满足他们的要求，便会放火焚烧寺院。朝廷命令幕府立刻镇压四天王寺的僧徒。幕府担心"佛法最初的灵刹"③会归于灰烬，决定在辞退尊性法亲王以后从长计议。出乎意料的是，园城寺大僧正法务良尊也申请就任别当，此事遭到了延历寺和园城寺的反对。据说当时西园寺公经为了良快而多方斡旋，由于法务良尊和天台座主良快都是九条道家的近亲，为了避免世人的怀疑，九条道家没有任何表示。

---

① 准三宫，日本为优待亲王、诸王、王妃、摄政、关白等而设立的类似三宫（太皇太后宫、皇太后宫、皇后宫）的待遇。亦为享受此种待遇的人的称谓。
② 仁和寺御室，仁和寺的住持。
③ 灵刹，指四天王寺。

二、更换别当

尊性法亲王希望继续留任四天王寺别当。宽喜三年（1231年）十月，他派遣士兵讨伐上奏的僧徒，双方互有死伤，他也未能保留职位。宽喜三年十二月，尊性法亲王辞去别当和护持僧的官职，隐居在北白川殿。良快就任四天王寺别当。此后，园城寺的僧徒再次引发暴动。

三、尊性法亲王再次就任别当

贞永元年（1232年），良快辞去天台座主的职务，由尊性法亲王代任。天福元年（1233），尊性法亲王再次被任命为四天王寺别当。天福元年，无动寺僧徒因为琐碎小事与东塔的僧人发生争斗，经过数月也未能平息。尊性法亲王生性活泼，崇尚武艺，在他的影响下，很多僧徒也开始私自集合兵力。藤原定家在《明月记》中提到了此事："尊性法亲王担任天台座主之时，正是延历寺走向衰亡的开端。"嘉祯三年（1237年）八月，四天王寺上座[④]觉顺率领门徒二百余人与渡边党发生争斗，觉顺等九十三人被杀。笔者认为，这些事与别当的更换有一定关联。

第5节 四条天皇即位

一、编撰《新敕撰和歌集》

皇子诞生以后，外戚迫切希望皇子能尽早即位。贞永元年闰九月，东方有彗星现世，长约二丈有余[⑤]，呈白色。随后，九条道家决定上奏请求后堀河天皇退位。贞永元年十月，九条道家等人在他的宅邸讨论让位之事，权中纳言藤原定家奉命寻找类似先例。贞永元年六月，藤原定家奉朝廷之命开始编撰和歌集。贞永元年十月，他完成了和歌集的序和目录。经过屡次删改，天福二年（1234年），藤原定家将和歌集上呈给内览过目，这就是《新敕撰和歌集》。根据细川幽斋的记载，藤原定家认为《新古今和歌集》的诗体和辞藻过

[④] 上座，在禅宗等佛教宗派中，对处于领导地位的修行僧的敬称。
[⑤] 出自《百练抄》。《一代要记》的记载是一丈五尺许。——原注

于华丽，此次收录了多种风格的和歌。其中，与藤原定家关系比较疏远的藤原家隆也有多首和歌入选，足以证明藤原定家的高风亮节[1]。由于《新敕撰和歌集》中收录了多首武士的作品，所以该歌集也被称作《宇治川集》[2]。承久之乱后被迫离宫的三位上皇没有一首作品入选，《类聚名物考》中对此事颇有非议，书中认为藤原定家攀附时势，奉承北条家族。

二、让　位

贞永元年（1232年）十月四日，后堀河天皇让位于皇太子秀仁亲王，这就是之后的四条天皇。当时，后堀河天皇年满二十一岁，皇太子只有两岁。贞永元年十月四日，关白九条教实改任摄政。随后，后堀河上皇与中宫藤原竴子一起搬迁到位于冷泉富小路的西园寺实氏宅邸。贞永元年十二月五日，四条天皇在太政官厅举办即位大典。贞永二年（1233年）正月，朝廷确定了后堀河上皇的知行国。根据《明月记》的记载，"若狭、萨摩、美浓和各后国为后堀河上皇之领地"。

---

[1]　出自《耳底记》。——原注
[2]　出自《异本井蛙抄》。——原注

第 35 章

制定《御成败式目》①

第1节 制定成文法规的必要性

一、战后的诉讼

承久之乱以后，通过公武两家向幕府提出诉讼的人数不断增加。当时，领地是人们最重要的财产，与此相关的诉讼也最常见，领家或国衙与地头之间、地头与地头之间、庄民之间的纠纷不断发生，幕府应接不暇。

二、武家与公家的法制

自创立以来，幕府依据实际需要制定了一些零碎的法令，但并没有颁布正式的法制。朝廷虽然制定了律法，但当时的人民尚未开化，他们难以理解律法的内容。再加上负责制定法律的明法家族疏于研究，使人们产生了某些误解，大部分人民都不知该如何遵纪守法。因此，源赖朝在任期间也并未受到朝廷律法的约束，他经常根据先例和常识进行判断，有时难免出现与法令相悖的结果。

第2节 《御成败式目》

一、编制《御成败式目》

由于幕府缺少诉讼的相关规定，北条泰时在就任执权以后深感不便。为

---

① 《御成败式目》，日本镰仓幕府的基本法典，贞永元年（1232年）制定，共五十一条。由执权北条泰时下令编纂，后成为武士法的规范。

了制定裁决诉讼的依据，同时为了防范人民的无端诉讼，北条泰时开始秘密计划制定法律之事。根据吉川本《吾妻镜》元仁元年（1224年）十二月二日的记载，"北条泰时就任执权以来，积极投身于治世之道。他每日都会研习明法道。"①由此可知，北条泰时一直潜心研究明法家族的著作。贞永元年（1232年）五月十四日，北条泰时开始着手编纂法令。他和评定众三善康连负责制定方案，法桥园全负责起草，执权和评定众负责在征集意见之后加以讨论。贞永元年八月，法令编制完成，这就是《御成败式目》，也称作《贞永式目》。该法令共五十一条，开篇已明确写道："先前之诉讼，不论是非，皆维持原判。自今以后，遵循此状。"也就是说，此法制不涉及原来的诉讼，只针对今后的诉讼。

二、立法精神

公布法令时，北条泰时专门给六波罗北殿北条重时写了两封信。从这两封信中可以看出北条泰时的立法精神，笔者将其中一封信的内容放在下文：

骏河守殿下（北条重时）：

这项法令记载了裁判相关的各项规定，也可称作目录，里面也涉及了神社和寺院的相关事宜。执笔之人非常贤明，在名称之后添加了式条二字，但由于略显夸张，最终改为了式目二字。不知你是否知晓此事。肯定会有人对这项法令的制定依据提出质疑。其实并没有什么了不起的规则，只是依据道理而制定。在此之前，因为没有这种法令，幕府可能会依据是非、强弱或天皇的旨意来裁决。既然如此，不如提前制定裁判的规则，并对此做出详细的解释。这样，无论人们的身份高低，幕府都可以公平裁决。这项法令可能与朝廷的律令有不同之处。例如，律令的主要受众是阅读汉字的群体，不适合只会阅读假名的人。但世间有很多只能阅读假名的民众，此项法令适合更加广泛的人群，是为武家之人而专门制定的，

---

① 明法道，日本古代大学寮（培养贵族子弟为官吏的学院和研究机构）的一门学科，学习法律、法令。

绝不会改变京都的裁判规定或律令内容。原本，朝廷的律令非常严谨，无论武家或是民间，都不会有人怀疑律令的内容。由于很多民众不了解情况，如果在情急之下根据此项法令进行裁决，可能会出现与朝廷律法相悖的判决结果，这必然会造成民众的困扰。但我等文盲之辈所制定的这项法令不会在任何情况下随意改变。京都之人如果提出质疑，请向他们详细解释。请务必慎言。

武藏守（北条泰时）
贞永元年九月十一日

三、施行范围

幕府将法令下发给诸国守护，再由守护传达给各国的地头和御家人。贞永元年（1232年）九月，在法令实施之前，针对六波罗府管理范围内的畿内近国和西国的土地争端问题，幕府重新做出了如下规定：

> 如果争执的土地隶属国司的管辖范围，则由国司负责裁决；如果是庄园的土地，则属于领家的管辖领域，这两种情形都应该遵循朝廷的律法。

贞永元年闰九月，幕府再次下达命令。嘉祯三年（1237年）六月，幕府规定，该法令不得处理神社、佛寺及国司、领家的诉讼，同时确定了法令的实施范围，添加了一些补充说明。由于幕府的法令顺应了时代潮流，也往往为公家贵族所借用。《吾妻镜》将《御成败式目》和朝廷律法进行了比较，"朝廷律法为海内龟鉴①，幕府法令为关东鸿宝"，笔者认为这未必是赞美之词。此后，《御成败式目》作为武家法的典范被武家世代继承，几乎可以称作武家的基本法典。松尾芭蕉曾经以诗歌表达了他对《御成败式目》的赞扬之情："五十一条面世，宛如东天明月升起。"

---

① 龟鉴，也叫龟镜。龟可卜吉凶，镜能别美丑，比喻可供人对照学习的榜样或引以为戒的教训。

松尾芭蕉

四、法规的特色

《御成败式目》的内容涉及多个方面，其中与领地相关的条款所占比重最高。《御成败式目》的规定基本承袭了源赖朝以来的旧制，鲜有继承朝廷法制精神的条款，其中还有与朝廷律法相悖的内容。例如，如果父母要求收回领地，女儿必须返还（第十八条）；允许女性将领地赠予养子（第二十三条），这些都与朝廷的律法内容有所不同。与朝廷的法制相比，《御成败式目》的规定明显具有武家的特色。例如，《御成败式目》不仅保留了朝廷想要废止的死刑，还采用了火烙、剃发等奇刑。

五、追加条目

此后，幕府不断制定追加条款，补充法令的不足之处。这些追加条款，有些是为执行朝廷的旨意而制定的，有些是对先前的条款进行补充说明。在针对先前的条款制定施行细则时，幕府非常注重对前文的修订。例如，《御成败式目》虽然规定御家人不得私自处分幕府赐予的领地，但他们仍然可以随意买卖私有土地。延应二年（1240年）五月十四日，幕府公布了追加条款，对私有土地的买卖条件也加以限制，禁止御家人将私有土地卖给平民或金融业者，如果有人违反规定，幕府将没收他们的领地。

第 36 章

公家与武家的不幸

第1节 藤原竴子薨逝

天福元年（1233年）四月，后堀河上皇的中宫藤原竴子受封藻璧门院。此后，后堀河上皇对藤原竴子更加宠爱。天福元年（1233年），藤原竴子再次着带①。天福元年九月，皇子早产，当天去世。不久，藤原竴子薨逝，时年二十五岁。此前，为了祈祷藤原竴子恢复健康，九条道家甚至拿出宝物焚烧，但未能奏效。九条家族悲痛不已。藤原竴子的生母西园寺伦子一度想要落发出家，九条赖经出言制止。

第2节 后堀河上皇驾崩

一、后堀河上皇的性格

藤原竴子薨逝以后，后堀河上皇取消了所有的出游活动。天福二年（1234年），后堀河上皇罹患脚气。藤原竴子薨逝不足一年，天福二年八月六日，后堀河上皇驾崩，时年二十三岁。《增镜》中这样描述了后堀河上皇辞世的情形：

---

① 着带，系带仪式。指妇女怀孕至五个月时为保护胎儿，在腹部系一条带子，此带子称为"岩田带"。

后堀河上皇生性沉稳，为人爽朗，外表俊秀。他当时二十三岁，正值壮年，多才多艺。不仅精通和歌，对唐朝文化也十分熟悉，对各种事情充满了好奇心。世人深感惋惜，泣涕如雨。已故中宫藤原遵子薨逝不足一年，后堀河上皇也相继离世，宫中丧期将持续三年，实为不吉之事。然而，这或许是前世结成的姻缘，世人也备感欣慰。

后堀河上皇宽厚仁慈，喜怒不形于色。他每日只有两顿膳食，而且从不饮酒。侍读整日陪伴在后堀河上皇身边，为他讲授各种书籍，他也经常秉烛夜读，不知疲倦。近侍的臣子对后堀河上皇也十分爱戴，他们绝不允许卑劣之人接近后堀河上皇。后堀河上皇偶尔会观赏蹴鞠表演，却从不曾沉溺于任何游戏。朝臣被后堀河上皇的贤明之举深深打动，纷纷表示效忠。据说藤原定家曾经奉后堀河上皇之命撰写《愚草》二十卷，还未上呈便听此噩耗，藤原定家悲痛万分，将所写书稿全部焚毁[1]。

二、幼君与九条道家

后堀河上皇驾崩之时，由于四条天皇尚且年幼，九条道家作为四条天皇的外祖父，继续在宫中参与机要政务。天福二年（1234年）十月十八日，九条道家写下《幼主宝祚永昌祈愿文》。从祈愿文中可以看出九条道家辅佐幼主的抱负和自信[2]。西园寺实氏就任院[3]别当。

朝廷改元天福之时，很多人对这个年号持有异议。由于尚在后堀河上皇丧期，而且天灾地震时有发生，天福二年十一月五日，朝廷改元文历。

---

[1] 出自《明月记》。——原注
[2] 出自《本朝文集》。——原注
[3] 院，天皇在位时，为了让位而提前准备的离宫。

第3节 九条赖经的夫人去世

一、源氏正统血脉断绝

此前,九条赖经的夫人竹御所怀孕,天福二年七月,竹御所难产,生下死胎,不久后去世,时年三十三岁。竹御所去世以后,源氏的正统血脉彻底断绝。藤原定家在书中感叹:"源赖朝再无子孙。他曾经灭绝了平氏家族,物皆有报。"讣报传到京都,以六波罗北殿北条重时为首的驻京武士纷纷赶回镰仓吊唁。源鞠子去世以后,九条赖经迎娶中纳言藤原亲能之女大宫局。

二、京都群盗猖獗

先前,六波罗南殿北条时盛因故返回镰仓。一时间,京都无人看守,群盗猖獗,社会动荡。天福二年(1234年)八月三十日,北条时盛回到京都。天福二年九月二日,北条重时也抵达京都。二人开始着手治理群盗。

为了避免京都衰败,防止强盗作乱,嘉祯元年(1235年)五月,幕府命令御家人在京都的空地加盖房屋。

第 37 章

更换摄政

第1节 九条教实去世

一、九条道家重新就任摄政

嘉祯元年（1235年）二月，九条教实罹患疾病，请求辞去摄政、左大臣和内舍人的官职。嘉祯元年三月，朝廷罢免九条教实左大臣的职位，其他官职则一切照旧。嘉祯元年三月二十八日，九条教实去世，享年二十五岁。此后，九条教实经常被人称作洞院摄政。藤原竴子薨逝不久，九条道家又痛失嫡子，他的悲痛之情可想而知。嘉祯元年三月二十八日，九条道家承袭九条教实的职位，再次就任摄政，这在历史上也是前所未有之事。

二、有关皇室和摄政家族的传言

宽喜三年（1231年）十月十一日，土御门上皇在阿波国驾崩。文历元年（1234年）五月二十日，仲恭天皇驾崩。不久后，后堀河上皇驾崩。当时，后鸟羽法皇和顺德上皇仍然在流放地生活，有人将他们的死亡归结于后鸟羽法皇的怨念，也有人认为是十乐院僧正仁庆的法力所致。《明月记》嘉祯元年四月六日的记录中写道：

> 近日来民间传言不断，（嘉祯元年）三月十八日，中原师员为了两位殿下扬鞭东下，赶赴镰仓。恐怕是为了两位主上□□之事。七日内回到京都。世间议论纷纷。

原文有缺失之处，难以阅读，但两位主上应该是指后鸟羽法皇和顺德上皇，下面缺失的汉字可能是归京二字。笔者推测，民间谣言四起，朝廷希望幕府同意两位上皇回到京都。但幕府从政治角度考虑，认为此事并不可行。朝廷的众位公卿虽然期待两位上皇回京，却不敢公开向幕府表明态度，此事最终未能实现。这些不幸的事件对九条家族产生了举足轻重的影响。

第2节 近卫家族和九条家族通婚

一、西园寺公经的调解

当时，九条道家与岳父西园寺公经共同参与机要政务，近卫家族难以与之抗衡。然而，嘉祯三年（1237年）正月，左大臣近卫兼经迎娶九条道家的次女九条仁子。《玉蕊》中曾经提及此事，书中写道：

> 近四五年来，近卫家族频繁提起通婚之事。虽然并非本意，却不可坚决推辞。只希望大明神能保佑九条家族。此处不做赘述。

近卫兼经

由此可知，两家通婚并非九条道家的本意。笔者推测，这可能是其岳父西园寺公经的想法。当时，近卫家族虽然被朝臣孤立，但仍然是摄政家族的嫡传后人，他们的势力不容小觑。西园寺公经认为，九条家族不能永远与他们保持敌对状态，希望以通婚的方式缓和两家的关系。同时，九条道家担心自身的地位，而近卫家实对子孙的前途更是十分担忧。在这样的背景下，通婚的提议得到了两家的赞同，此事也得以圆满解决。

二、更换摄政

此后不久，嘉祯三年（1237年）三月，九条道家辞职，他的女婿近卫兼经就任摄政，获赐随行侍卫。九条道家在《玉蕊》中提及此事：

> 今日，我提前上交辞呈。近一两年来，我一直在思考此事。不做赘述。可由左大臣（近卫兼经）补任。

由此可知，九条道家辞官一事并非一时冲动，而是他长期以来的想法。嘉祯三年四月，近卫兼经将右大臣的官职让给二条良实。同书中也写道："摄

二条良实

政兼任左大臣之时，经常将右大臣的官职让于他人。"从当时的形势来看，这些事情应该都是两家通婚以后达成的默契。

随后，近卫兼经之父近卫家实也获赐随行侍卫。近卫家实和九条道家都被称作大殿，朝中两位大殿共存，前者被称作近卫大殿，后者被称作九条大殿。

第3节 近卫家族与九条家族的关系

一、两家关系亲密

近卫家族与九条家族通婚以后，两家持续多年的敌对关系得以缓解，至少在表面上保持着友好的关系。为了讨论公事，近卫家实和近卫兼经经常与九条道家互通书信，两家关系异常亲密，实为前所未有之事。嘉祯三年（1237年）四月，京都举办贺茂祭①，近卫家实父子和九条道家在同一看台观看庆典。京都的公卿见此情景，备感惊奇，曾经这样评论："三位贵人齐聚于庆典，千载难逢。仿佛再现永延、宽弘之盛景。"历仁元年（1238年）正月，二条良实上奏请求辞去左近卫大将的官职。历仁元年二月，权大纳言一条实经就任左近卫大将。一条实经在一条宅邸设宴款待，九条道家和近卫家实赴约参加。《百练抄》□曾经提及此事："两位大殿会面，实为世间奇景。"

二、近卫家实与九条道家的互相谦让

历仁元年三月，近卫家实被封为准三宫，获赐随行侍卫。历仁元年四月，近卫家实上奏请辞，朝廷未许。九条道家在《玉蕊》中写道：

> （历仁元年）三月二十五日，朝廷下达敕书。除了保延年间的知足院殿下②，从未有天皇外祖父以外之人被封为准三宫。我是天皇的外祖父，可凭此身份被封准三宫，但近卫家实是摄政之父，而且是家族元老，更加值得优待，所以我才极力促成此事。

---

① 贺茂祭，也称葵祭，京都代表性的节庆之一，由京都市下鸭神社和上贺茂神社举行。
② 知足院殿下，指藤原忠实，平安时代后期的公卿，摄政、关白。支持次子藤原赖长与长子藤原忠通对立，引发了保元之乱。在藤原赖长失败以后，藤原忠实隐居于知足院。

由此看来，因为九条道家是四条天皇的外祖父，朝廷本想封九条道家为准三宫，但九条道家认为近卫家实是藤氏的元老，为此特意推辞了朝廷的封号。而近卫家实请辞也是出于对九条道家的敬意。历仁元年（1238年）四月二十四日，九条道家谢绝朝廷赐予的随行侍卫。朝廷意欲再次封他为准三宫，九条道家仍然推辞。历仁元年四月二十四日，近卫家实也再次上奏请辞，朝廷仍然未许。

第38章

兴福寺和延历寺僧徒的暴动

第1节 兴福寺、延历寺与幕府的冲突

一、石清水八幡宫与兴福寺的争端

嘉祯元年（1235年）五月，石清水八幡宫别当法印幸清请求幕府在山城国薪庄和御园两地设置地头，以制止境内的狩猎活动和强盗的恶行。薪庄和御园与兴福寺领地大住庄相邻，所以石清水八幡宫与兴福寺的纠纷不断。幕府同意法印幸清的请求，派遣源保茂就任薪庄和御园两地的地头，但源保茂拒绝了幕府的任命。嘉祯二年（1236年）三月，在石清水八幡宫的迫切请求下，源保茂就任男山守护。幕府命令六波罗府为源保茂提供帮助。嘉祯元年六月，薪庄、御园与大住庄因用水问题发生纠纷，此事引起了石清水八幡宫与兴福寺的争斗。朝廷命令幕府解决两者的矛盾，幕府派遣实检使①前去调查此事。兴福寺僧徒攻击薪庄和御园的村民，烧毁民屋，杀害石清水八幡宫的神官，肆意妄为。六波罗府派遣士兵守卫石清水八幡宫，逮捕了大住庄的庄官。兴福寺对朝廷的处罚不满，要求朝廷将逮捕庄官的武士逐出家族。嘉祯元年闰六月，为了给朝廷施加压力，石清水八幡宫的神官将神舆抬至禅房，企图拥抬神舆进京示威。为了安抚石清水八幡宫，朝廷将伊贺国大内庄赐予石清水八幡宫，之后又

---

① 实检使，日本中世纪发生诉讼、灾害或刑事案件时，负责调查情况的官员。

将因幡国设为石清水八幡官专用的大祓料所。此后，石清水八幡官同意将神舆归位。见此情景，兴福寺僧徒再次发起暴动，向朝廷提出抗议。

二、延历寺的示威举动

大约相同时间，守护佐佐木信纲的儿子近江国田中乡地头右卫门尉佐佐木高信杀害日吉大社神官，延历寺僧徒要求朝廷予以处分。嘉祯元年（1235年）七月，僧徒拥抬神舆进京，与武士发生争斗，下级僧官被杀。朝廷再次命令幕府处理此事。

第2节 幕府的态度

一、幕府上奏

幕府坚持以往的政策，依然采取强硬的态度对待寺院。幕府表示，如果朝廷不查明事情真相，一味满足僧徒的要求，其他寺院也会效仿，这种暴行将难以制止。长此以往，僧徒动辄抬动神舆惊动天子，幕府和朝廷也将丧失威严。因此，幕府上奏朝廷，请求逮捕这次事件的罪魁祸首。虽然石清水八幡官获得了因幡国的领地，幕府也警告他们不可有非分之想，如果他们再有拥抬神舆的示威行为，引起其他寺院的效仿，幕府将请求朝廷罢免石清水八幡官别当。然而，朝廷始终表现出软弱的态度。

二、天台座主尊性法亲王辞职

嘉祯元年八月，朝廷公布处分结果之后，延历寺僧徒重新开放佛堂，将神舆回归原位。随后，佐佐木高信被流放到丰后国，杀害僧官的右卫门尉藤原远政被流放到备后国。幕府同意朝廷的处分。同时，幕府命令六波罗府找出拥抬神舆的恶僧，并将其立刻下放到关东。天台座主尊性法亲王引咎辞职。

三、兴福寺的示威行动

然而，石清水八幡官的僧人再次前往大住庄，与春日神社的神官发生争斗并将其杀害。兴福寺僧徒将神木和神官的尸体抬至京都，要求石清水八幡官返还因幡国，同时要求朝廷流放石清水八幡官别当宗清，并处罚石清水八幡官的僧人。藤原氏的公卿全部闭门不出，朝廷命令六波罗府派遣士兵前往宇治阻止兴福寺僧徒。六波罗府将详情上报幕府。北条泰时认为这是公家的要事，在经过与评定众的商讨之后，他决定派遣专使前往京都，同时命令在京武士和近国的御家人严格防守。

四、僧徒屈服

因为神木离座，嘉祯二年（1236年）正月，四条天皇未能出席节会[1]，朝廷取消小朝拜[2]仪式的奏乐，藤原氏公卿暂时停止上朝，朝廷也未举办叙位仪式。嘉祯二年二月，后藤基纲率兵到达宇治，将幕府的态度告知兴福寺僧徒。僧徒谅解幕府的立场，同意开放春日神社、兴福寺和东大寺下属的神社佛寺，并同意将神木归位。《百练抄》中记载了此事："幕府下达严命，（兴福寺）僧徒十分畏惧。"然而，根据《吾妻镜》嘉祯二年三月二十一日的记载，除了后藤基纲的强硬态度，兴福寺僧人武藏得业隆圆也发挥了很大作用。武藏得业隆圆对幕府非常向往，他与北条重时和后藤基纲密谋，以幕府的势力威胁其他僧徒，里应外合，最终镇压了兴福寺僧人。

五、幕府穷追不舍

嘉祯二年六月，延历寺向朝廷请求释放拥抬神舆的主谋，同时派遣所司携带僧徒的解状[3]和座主的举状[4]前往镰仓。幕府断然拒绝[5]。嘉祯二年七月，幕府向尊性法亲王下发公文，请求他交出僧徒的主谋。嘉祯二年八月，六波罗府派遣使者逮捕主谋利玄。延历寺僧徒表示，坂本之地为佛教圣地，禁止在此处逮捕犯人，武士不得强行闯入，并以此为由打伤了六波罗府的使者[6]。他们将日吉大社的神舆抬至主殿，利玄也参与其中[7]。随后，朝廷下旨赦免利玄，

---

[1] 节会，在节日或有其他重要公事的日子，天皇向诸位臣子赐予酒席的节庆。
[2] 小朝拜，元旦时，在正式朝拜仪式结束以后，亲王以下、六位藏人以上的朝臣在清凉殿向天皇行拜贺之礼的仪式。
[3] 解状，日本平安时代到中世纪初期，下级身份的人向上级身份的人上报时使用的文书。
[4] 举状，日本律令制下的文书形式。官位、身份低的人提起诉讼之时，由所属长官出具的介绍性的文书。类似于推荐信。
[5] 出自《华顶要略》。——原注
[6] 出自《华顶要略》。——原注
[7] 出自《一代要记》。——原注

僧徒获得了胜利。朝廷与幕府的方针大相径庭，幕府绝不会盲从。嘉祯三年（1237年）六月，朝廷下旨命令五畿七道的国司和九条赖经的部下逮捕延历寺的恶僧。这项宣旨也可称作衾宣旨①。这应该是幕府努力交涉的结果②。

六、整肃御家人的军规

骚乱发生之时，幕府命令驻京武士和近江国的御家人率领族人负责京中守卫，但难免有违反命令之人。为此，幕府专门向京都大番等武士下达命令，要求他们必须严格遵守户主的命令。这也间接说明了幕府对待寺院的高压政策。

第3节 废除大和国守护

一、幕府在大和国设置守护，在寺院领地设置地头

兴福寺僧徒没有达到目的，不久后再次引发了暴动。他们修筑城郭，企图发动战争。嘉祯三年（1237年）八月，幕府再次派遣后藤基纲镇压僧徒。大和国境内主要是春日神社和兴福寺的领地，幕府并未在此设置守护。嘉祯三年十月，经过评议，幕府决定在大和国设置守护，并没收僧徒的庄园，在各处庄园设置地头。同时，幕府命令畿内近国的御家人堵塞兴福寺的通路，派遣精兵驻守，禁止僧徒出入。幕府告知御家人，如果有强行反抗的僧徒，可立刻诛杀，绝不姑息。当时，多亏了武藏得业隆圆的秘密汇报，幕府才得知兴福寺领地的具体位置，所以幕府任命武藏得业隆圆为兴福寺领地的地头。

二、废除大和国守护

幕府的处分给兴福寺僧徒造成了巨大的打击，他们几乎陷入绝境。由于粮食断绝，兴福寺僧徒无法继续反抗，他们自行毁坏城郭，将神木归于原位，各自回到原来的住处。先前的骚乱终于归于平静。此后，幕府废除大和国的守护，将领地归还给兴福寺。

---

① 衾宣旨，平安和镰仓时代，朝廷为逮捕重罪之人而下发的宣旨。主要是为了逮捕恶僧，偶尔也有俗人。
② 出自《百练抄》。《一代要记》中记载的日期是嘉祯三年六月二十九日，恐怕有误。——原注

第39章

九条赖经进京

第1节 幕府迁址及第三次讨论迁址

嘉祯二年（1236年）三月，幕府第三次讨论迁址之事。嘉祯二年四月，幕府在若宫大路东部修建佛寺。嘉祯二年六月，举办上梁仪式。嘉祯二年七月，修建大门，工事完成。嘉禄元年（1225年），幕府将若宫大路东部确定为搬迁候选地址。嘉祯二年八月四日，在武士的随同下，九条赖经从北条泰时的宅邸搬入新建的幕府。嘉祯二年八月五日，北条泰时和北条时房亲临评定所，举办评议开始的仪式。

宝治元年（1247年）七月，幕府再次讨论迁址之事。北条泰时认为，幕府迁入现址不过数年，不应无故搬迁。此事最终不了了之。

第2节 九条赖经在京都

一、九条赖经进京

征夷大将军九条赖经自幼远离父母，来到镰仓。如今他逐渐年长，幕府的各种制度也已经确立。嘉祯三年（1237年）七月，幕府通过审议，同意征夷大将军九条赖经于历仁元年（1238年）进京。嘉祯三年八月，幕府仿效建久年间的做法，命令诸国的御家人在六波罗修建新宅。历仁元年正月，九条赖经从镰仓出发，北条泰时和北条时房等人随行。历仁元年二月，九条赖经抵达京都，住入六波罗的宅邸。在离开京都之前，九条赖经一直由其外祖父西园寺公经照顾。宽喜三年（1231年），西园寺公经跟随高辨出家，地位和人望更上一层。得知九条赖经进京的消息，西园寺公经喜出望外，他亲自在白河修建看台，邀请九条道家和近卫家实共同迎接九条赖经。九条道家携同二条良实和一条实经前往观看，近卫家实在近卫兼经夫妻的陪伴下共同观看。九条道家与近卫家实亲切交谈，近卫家实还追忆起建久年间源赖朝进京时拜访石清水八幡宫和贺茂神社的情形[①]。看台上其乐融融。当天，京都观者云集，车马络绎不绝。

二、进京后的九条赖经

历仁元年二月二十二日，九条赖经拜访西园寺公经，随后探望父亲九条道家。历仁元年二月二十三日，九条赖经进宫，在萩户拜见四条天皇。历仁元

四条天皇

---

① 出自《玉蕊》。——原注

年二月二十四日，朝廷任命九条赖经为右卫门督，罢免他民部卿的官职。历仁元年二月二十五日，朝廷任命九条赖经为检非违使别当①。历仁元年三月七日，朝廷任命九条赖经为权大纳言。历仁元年三月八日，九条赖经获赐随身佩剑。历仁元年四月十八日，九条赖经辞去权大纳言、右卫门督和检非违使别当的官职。这恐怕也是为了遵循源赖朝的先例。历仁元年七月十六日，九条赖经获得本座②的礼遇。

当时，北条泰时也拜访了西园寺公经。笔者推测，他们肯定就治世之道进行了讨论。历仁元年闰二月，北条时房叙正四位下。历仁元年三月，北条泰时叙从四位上。历仁元年四月，北条泰时辞去武藏守的官职。历仁元年十二月，北条泰时辞去左京权大夫的官职。

第3节 西园寺家族与九条家族的辉煌

一、家族的荣耀

九条赖经进京使京中上下都感受到了西园寺家族与九条家族的荣耀。借此机会，他们的辉煌更上一层。历仁元年（1238年）三月，权僧正慈源被任命为天台座主，西园寺公相被任命为权中纳言。慈源是九条道家之子、九条赖经的胞弟，也是西园寺公经的外孙。西园寺公相是西园寺实氏之子、西园寺公经的孙子。西园寺实氏之弟洞院实雄被任命为右卫门督和检非违使别当。九条道家在《玉蕊》中表示出对西园寺公相的担心：

> 原任三位中将，未任宰相便直接就任中纳言，实在罕见。上古时期，只有摄政和关白之子孙才可就任权中纳言。自德大寺实能以后，才逐渐有摄政家族以外之人就任此职。

---

① 出自《百练抄》和《检非违使补任》。《公卿补任》的记录是历仁元年二月二十四日，应该是错误记载。——原注
② 本座，大臣、纳言、参议在辞官以后仍然享受先前的待遇。

二、法助投入仁和寺门下

西园寺公经的外孙、九条道家的第五子福王是九条赖经的义子。历仁元年（1238年）四月，福王意外投入仁和寺二品道深法亲王门下。九条赖经派遣十名侍卫追随福王。福王出家后法号为法助，他就是后来的开田准后。法助并非皇嗣，却能投入仁和寺门下，这在当时是绝无仅有之事，众人一片哗然。九条道家深感不安，为此还专门咨询了近卫家实的意见，这在《玉蕊》中也有记载："我对此事不甚了解，据说是依据保延年间五宫御室①的先例而定。当下的时机正好合适，近卫家实也认为此事可行。"然而，从近卫家实的身份来看，不管他给九条道家提出何种建议，都难免有僭越之嫌。

三、九条道家出家

九条家族盛极一时，九条道家非常担心盈满则亏。历仁元年四月，九条道家辞去准三宫的封号，遁入佛门。然而，他的地位和声望在此后仍不断提升。《五代帝王物语》中叙述了九条道家在出家以后的地位：

> 九条道家的威望与日俱增。除了藤原道长和平清盛，史上从未有过出入皇宫的出家之人。他穿着得体，经常乘坐印有莲花图案的牛车进入皇宫。九条道家在兴福寺受戒之时，有众多僧人陪同，还有上童侍奉左右。行遍僧正在东寺为他赐授灌顶②时，九条家族的所有公卿全都列席参加。

此后，九条道家和西园寺公经一样成为黑衣宰相，世人称他为九条入道、东山入道或法性寺入道。九条道家的夫人西园寺伦子随后也在法成寺出家。

---

① 觉性入道亲王，平安时代后期的皇族、僧人、歌人，真言宗仁和寺第五代住持。俗名是本仁亲王，父亲是鸟羽天皇，母亲是藤原公实之女待贤门院藤原璋子。
② 仁治三年（1242年）四月十六日，九条道家在东寺接受灌顶。——原注

第4节 在京都开设篝屋

一、九条赖经离京的影响

在京都滞留了九个月之后,历仁元年(1238年)十月十二日,九条赖经进宫向四条天皇辞行。历仁元年十月十三日,在武士的随同下,九条赖经从京都出发,西园寺公经等公卿送行。

九条赖经进京以后,幕府在京都开设篝屋。当时,京都群盗猖獗,难以治理,城中几乎陷入了无警察的状态。在天子脚下上演如此情景,这令负责守卫京都的幕府难以容忍。历仁元年六月,幕府命令御家人在夜间巡逻期间,在京都的要道燃烧篝火,从地头的收益中扣除燃烧篝火的费用。下文正是幕府当时下发的公告:

> 为了保护京都,可在京都各个要道燃烧篝火。所用火炬由美浓国日野村和伊予国周敷、北条的地头负责。每个路口折合十贯文,由卫尉多贺江兵负责每年收缴。望周知(仁治二年九月,幕府规定每欠篝屋需要银两千匹①),不可顺扰百姓。如遇幕府的特别公务,各地守护会专门派遣使者前去,可暂时停止缴纳。请如实传达并执行。
>
> 左京权大夫(北条泰时)印章
> 修理权大夫(北条时房)印章
> 多贺江二郎入道殿下
> 嘉祯四年六月二十三
> ——选自《山城名胜志》

此后,幕府在一条大路大宫、二条京极、三条东洞院、五条京极、大次御门油小路和安居院大宫等京都要道都设置了篝屋,也叫作兵士屋。驻京武士

---

① 匹,日本古时的货币单位,一匹等于十文钱。

彻夜燃烧篝火①，在城中守卫。他们受六波罗府统领，与保官人②和市民共同对抗群盗。这些武士被称作篝屋守护人或篝屋武士。在篝屋所逮捕的犯人中，谋反和杀人的罪犯将交给守护，其他全部由篝屋武士自行处理。

二、篝屋的数量

最初，幕府规定了篝屋的数量和每间篝屋的级别，但由于经费不足，经过多年也未能全部开设。随着篝屋的设置初见成效，幕府开始逐渐增设篝屋。仁治元年（1240年）十一月，幕府要求违反命令的地头缴纳罚款，以此代替没收领地的处罚，以补充修建篝屋的费用。同时，未能按期服大番役的武士也必须缴纳罚款。群盗猖獗之时，幕府还要求京畿的御家人在篝屋放置大鼓，如遇紧急情况，可击鼓传信，人民可以携带火把迅速会合。由于幕府一直未能找到合适的土地，直至宽元元年（1243年）闰七月，篝屋的数量仍然略少于预定数额。为此，幕府命令六波罗府在承久没收领地中寻找合适的土地。

三、后来的篝屋

篝屋的出现抑制了群盗的暴行，也安抚了京都的民心。宽元四年（1246年）十月，北条时赖就任执权，在他的申请下，朝廷废除了篝屋，但不久后又重新开设。建治三年（1277年）二月，朝廷命令六波罗府任命两位官员管理篝屋。根据《太平记》的记载，京都的篝屋达到四十八处。

---

① 根据《沙汰未练书》的记载，夏天武士以灯笼代替篝火。——原注
② 保官人，负责京都治安的官职。

第 40 章

公家与武家的不幸

第1节 后鸟羽法皇和顺德上皇驾崩

一、流放到隐岐国的后鸟羽法皇

承久之乱以后,后鸟羽法皇在隐岐国度过了十九个年头。在此期间,他时常以和歌抒发情怀,偶尔还赐题给京中的歌人,与他们进行咏歌比赛。一代歌圣藤原家隆非常欣赏后鸟羽法皇的和歌,一心为后鸟羽法皇效劳。多年来,后鸟羽法皇一直期待能回到京都,却最终未能如愿。延应元年(1239年)二月二十二日,后鸟羽法皇驾崩,享年六十岁。举国上下一片悲痛。世人称他为隐岐院。延应元年二月二十六日,后鸟羽法皇的遗体在苅田的山上火化。后鸟羽法皇的近臣北面武士藤原能茂将遗书和骨灰带回京都,将骨灰供奉于大原的西林院。延应元年五月,依据崇德院的封号,朝廷追封后鸟羽法皇为显德院。仁治三年(1242年)六月,朝廷又将显德院改为后鸟羽院。

二、流放到佐渡国的顺德上皇

据说,顺德上皇早已断绝了回京的念头,他悲观厌世,甚至时常拒绝进食。仁治三年九月,顺德上皇在佐渡国真野驾崩,享年四十六岁。世人称他为佐渡院。宽元元年(1243年),近臣奉顺德上皇的遗骨回京,将他安葬在大原的法华堂。顺德上皇才智过人,文武双全,撰写了《禁秘抄》(也叫《建历御记》）和《八云御抄》等多部书籍，后世广为流传。建长元年（1249年）七月，朝廷追封顺德上皇为顺德院。

第2节 三浦义村去世

延应元年（1239年），幕府执权北条泰时罹患疾病，病中仍然坚持处理政事。延应元年十二月，评定众的首脑三浦义村病逝。

三浦义村非常尊敬北条家族，一直尽心辅佐。三浦义村之女矢部禅尼嫁给了北条泰时，三浦义村之子三浦泰村迎娶了北条泰时之女，两家的姻亲关系使三浦义村深受北条氏的信赖。在幕府的众位老将之中，三浦义村也享有极高的声望。据说，九条道家曾经因为违背了三浦义村的意愿而寝食难安。三浦义村也自视甚高，往往出言不逊，偶尔会招致同僚的不满。自从源实朝遇难以后，征夷大将军每次出行都有佩剑武士陪伴左右。嘉祯二年（1236年）八月十五日，九条赖经亲临鹤冈放生会，三浦义村断言佩剑之人并非勇士，亲自举荐其子三浦泰村、三浦家村、三浦资村和三浦胤村四人。《吾妻镜》中记载了此事："三浦义村旁若无人地大放厥词，众人大惊失色。"由此看来，此事确有发生。《古今著闻集》中也曾经记载，源实朝在位时期，幕府举办岁首拜贺仪式，三浦义村居于上座。随后，千叶成胤之子千叶胤纲到来，毫不客气地落座于三浦义村之前，三浦义村嘲笑千叶胤纲"下总野犬，不知分寸"，千叶胤纲反驳道："三浦野犬，背叛朋友。"安贞二年（1228年）五月，千叶胤纲在二十一岁时去世。笔者推测，千叶胤纲年轻气盛，很可能对三浦义村出卖和田义盛的事情感到不平。三浦义村一直以谦逊的态度对待北条氏，所以才能够稳住家族的地位，然而其子孙倨傲无礼，遭到同僚的嫉妒，最终导致家族灭亡，三浦义村也难辞其咎。仁治元年（1240年），幕府将三浦义村的遗留领地赐予其子三浦泰村、三浦光村、三浦家村、三浦资村和三浦重村。

第3节 北条时房去世

一、北条时房其人

仁治元年（1240年）正月二十四日，幕府连署北条时房去世，享年六十六岁。其子六波罗南殿北条时盛闻讯赶往镰仓。随后，幕府将北条时房的领地分给他的几个儿子。仁治元年七月，北条时盛回到京都。

北条时房生性朴实，为人谦虚，一心辅佐北条泰时处理幕政。承久之乱以后，幕府面临困境，为了巩固幕府的统治，北条时房发挥了不可或缺的作用。据传，北条时房有一次宴请宾客，在饮酒欢歌之时突然听闻北条泰时病重的消息，他从容不迫地继续饮酒。旁人劝诫，北条时房表示，只有北条泰时在世期间才能够享受如此待遇。待北条泰时百年以后，他也无法苟活，因此，他将这次酒宴看作人生最后一次宴席，强忍着未曾离席。在座之人无不感动。此后数年，幕府都只有一位执权，连署职位空缺。

二、流言四起

后鸟羽法皇驾崩以后，朝野上下都十分担心怨灵作祟。据传，朝廷追封后鸟羽法皇为显德院也是九条道家在病中想到的应对之策①。然而，幕府的两位重臣接连去世，世人更容易联想到怨灵作祟，一时间流言四起。《平户记》仁治元年正月二十八日的记载中写道：

> 延应元年（1239年）末，三浦义村猝死。仁治元年，北条时房突然去世。人们传言是后鸟羽法皇的怨灵在关东作祟。延应元年末，北条时房的一位随从进士右近将监（不知实名）在梦中得知后鸟羽法皇和长严僧正想要带走北条时房，如今竟然真有此事。他也不可不信。仁治元年正月二十八日辰时此事开始流传，世人非常震惊，皆不知事情的原委。午时，此事传遍各处。关东恐怕要走向灭亡。

---

① 出自《皇代历》。——原注

此外，京都还传言镰仓可能会突发大火，六波罗府或许会出现怪异现象，一时间人心惶惶。朝中公卿也认为这是幕府的衰兆，都在暗自诅咒幕府灭亡。《平户记》仁治元年（1240年）二月二十二日的记载中还写道："武家执政，已达二十年。此兆是魔鬼灭亡的吉兆。"这代表了当时朝中公卿的看法。

第41章

四条天皇驾崩

第1节 九条伦子、九条彦子入宫

仁治元年（1240年）二月二十一日，朝廷举行女官任免仪式，九条道家和西园寺伦子之女九条伦子被任命为尚侍。不久，九条伦子叙从三位，正式入宫。仁治二年（1241年）正月，四条天皇年满十一岁，在闲院行元服之礼。

仁治二年（1241年）十二月，九条彦子叙从三位，正式入宫，随后被封为女御。九条彦子是已故摄政九条教实之女，其母是西园寺公经的女儿。二条良实将她收养为义女并送入宫中。当时，九条彦子年方十五[①]。仁治四年（1243年）正月，九条彦子被立为中宫，这原本是一大幸事，未曾想宫中却遭遇了不幸。

第2节 四条天皇驾崩后朝廷秘而不宣

一、玩耍中引发重病

仁治三年（1242年）正月五日[②]，四条天皇身体不适，未能出席仁治三

---

① 出自《百练抄》。《增镜》的记载是九岁。——原注
② 出自《增镜》和《三代帝王物语》。《百练抄》的记载是仁治三年正月六日。——原注

年正月七日的白马节会①。不久后，四条天皇病重。根据《百练抄》和《后中记》的记载，四条天皇在游廊不慎摔倒，扭伤了御足。《五代帝王物语》中详细描述了当时的情形：

> 四条天皇天真活泼，为了捉弄近侍和女官，让他们摔倒在地，他在弘御所的地板上撒了滑石粉，没想到自己却摔倒在地，还导致头部受伤。见此情景，小狗不停地吠叫，宫中尽人皆知。此后，四条天皇卧病在床，不久病重。

《增镜》中也写道："最初，四条天皇的病症就极不寻常。没想到孩子的无心之举造成了这种结果。"由此推测，四条天皇可能在摔倒时造成了脑震荡，导致病情迅速恶化。

二、朝廷秘而不宣

仁治三年（1242年）正月九日，四条天皇的病情丝毫没有好转。朝廷向十三社进献币帛，命令神社佛寺不断诵经，大赦犯人，依然没有任何效果。当天，四条天皇驾崩。由于四条天皇年幼，朝廷未立储君，加之四条天皇没有兄弟姐妹，满朝文武都十分忧虑。摄政近卫兼经和左大臣二条良实等人决定，暂时不公布四条天皇驾崩的消息，将御剑和玉玺转移到弘御所，派遣将士严加守卫。同时，朝廷派遣急使前往镰仓传递讣闻，请他们商讨皇储之事。《古今著闻集》详细记载了当时的情形，下文摘出了部分内容：

> 生者必亡，会者必离。无论高贵或是低贱，都无法逃脱这种命运，人们无须为此感到惊慌。然而，四条天皇的遭遇实在令人同情。四条天皇一直身体康健，只因游玩时不慎摔倒，在仁治三年正月六日，病情突然告急。仁治三年正月七日，四条天皇未能出席节会。前任大僧正良尊、法印房能和清严等高僧诚心祈祷，四条天皇的病情却

---

① 白马节会，正月七日，天皇在宫中紫宸殿设宴观赏白马的仪式。

毫无起色。朝廷又向二十二社进献币帛，大赦犯人，却依然没有奏效。仁治三年正月九日寅时，四条天皇驾崩，年仅十二岁。朝中几乎没有这种先例。仁治三年正月十九日，四条天皇入棺。仁治三年正月二十五日，四条天皇下葬。仁治三年正月十六日，宫人为四条天皇更衣，发现天皇的龙体已经彻底改变，曾经英俊的容颜也面目全非，无情的草木也为之枯萎。笔者也仿佛身在梦中，尚未清醒。

第3节 幕府拥立后嵯峨天皇

一、九条道家、西园寺公经等权臣与顺德院宫

四条天皇驾崩以后，后堀河天皇的皇统断绝，宫中只剩土御门院和顺德院的皇子。其中顺德院的第五皇子当时二十二岁，在元服以后被封为忠成王。顺德院的中宫九条立子出身九条家族，九条道家非常希望忠成王能继承皇位，为此专门派遣急使前往幕府。西园寺公经支持九条道家的做法，他们认为幕府也会大力赞成。忠成王的祖母修明门院也极力促成此事。

二、土御门院的皇子隐忍等待

土御门院的皇子邦仁王当时二十三岁，由于身处逆境，尚未行元服之礼。邦仁王的生母源通子是土御门通亲之子土御门通宗的女儿。建久九年（1198年）五月，土御门通宗去世以后，源通子由土御门通宗之弟土御门道方抚养。历仁元年（1238年）十二月，土御门通方去世，邦仁王搬到祖母承明门院的土御门殿居住。长久以来，邦仁王一直无依无靠，与世无争。邦仁王的兄长圆满院仁助法亲王之前也由承明门院抚养，后来他投入圆满院大僧正圆净的门下出家为僧。邦仁王原本想投入城兴寺的大僧正真性（以仁王之子）门下，却遭到承明门院的制止。当时，为了给父亲土御门院祈祷，邦仁王在石清水八幡宫闭居。一日，邦仁王在梦中得到神佛启示，得知父亲可以返回京都①。

---

① 出自《增镜》和《古今著闻集》。——原注

三、土御门定通的秘密行动

前任内大臣土御门定通是土御门通宗之弟,同时是他的义子。土御门定通的妻子竹殿是北条泰时和北条重时等人的姊妹。为了拥立土御门院的皇子继承大统,土御门定通私下派遣使臣赶赴镰仓。承明门院也一直为此诚心祈祷。仁治三年(1242年)正月十六日左右,民间传言朝廷决定拥立土御门院的皇子,九条家族忐忑不安。

四、朝臣的愤慨

四条天皇驾崩以后,朝中公卿焦急地等待幕府的回复,度日如年。仁治三年正月十六日,为了汇报此前为四条天皇祈祷的事情,镰仓使臣抵达九条道家的一条宅邸。此后数日,镰仓使臣消失了踪影。朝廷一直等待幕府的决议,九条家族十分愤慨,他们对幕府的不满也日益加剧。《经光记》仁治三年正月十一日的记载中写道:"由幕府决定帝位之事,实在可悲。东使一日不到,帝位便始终空缺。实为罕事也。"《平户记》仁治三年正月十六日的记载中也写道:"帝位空缺数日,皆是幕府所致。幕府始终没有定论,给朝中政事带来诸多不便。"

五、天皇驾崩的急报,北条泰时的态度

四条天皇驾崩的急报传至幕府时,执权北条泰时正在酒席间与部下进行射箭游戏。面临这种难题,他必须当机立断。《五代帝王物语》中详细叙述了当时的情形,读者可从中领略北条泰时的风采:

> 朝廷的密使快马加鞭赶至幕府时,北条泰时正坐于酒席之间。得知是皇室的消息,他二话不说,立刻起身进入内室。北条泰时深知,如果不能迅速做出决议,京都方面则无法安定。但自己这种身份本不应该定夺如此大事,他陷入了进退两难的境地。他夜以继日地思考了三天三夜,虽然暂时决定拥立土御门院的皇子,但还是想遵从神明的指示。于是,他前往若宫社参拜,在抽签后得到了相同的结果。北条泰时看到自己的想法与神明一致,立刻派遣秋田城介

安达义景前往京都。然而，出发后不久，城介义景便返回镰仓，他询问北条泰时，如果朝廷方面决定拥立顺德院的皇子，他该如何应对。北条泰时回答："我差点忘记了这一点。让你作为关东使者前去正是为了应对此事。无须担心。如果真有此事，那把他拉下皇位即可。"

由此看来，北条泰时始终希望由土御门院的皇子继承皇位。这绝不仅仅是因为他与土御门定通的姻亲关系。从北条泰时与九条道家和西园寺公经的关系来看，他绝不可能为了一位失意的公卿而放弃这两个家族的势力。北条泰时做出这种重大决定，肯定有其他不为人知的原因。

六、幕府的安危与皇位问题

承久之乱以后，幕府的当权者非常在意朝廷的一举一动，他们命令武士在京都严格把守。顺德院才智过人，当年朝廷就后鸟羽上皇归京之事进行讨论时，他也未曾表示赞同。从这点来考虑，幕府接受顺德院的皇子也不是毫无可能。当时，北条泰时突然得知讣闻，一时间难以做出定论，而幕府最信赖的后高仓院已经没有子嗣，朝中权臣又极力推荐顺德院的皇子。北条泰时认为，如果接受九条道家等人的建议，幕府以后可能难以自保，于是，他决定拥立土御门院的皇子。而且从土御门院在承久之乱中的态度来考虑，应该也不会有人表示反对。北畠亲房曾经这样评论："此乃天命，也是正理。土御门院的皇子心思沉稳，富有孝心，一定是天照大神显灵。"

仁治三年（1242年）正月十四日，北条泰时命令秋田城介安达义景和前任出羽守二阶堂行义赶赴京都复命。据说安达义景担心朝廷可能支持顺德院的皇子，他在到达京都之前专门询问了幕府的态度。此事极有可能。而关于北条泰时下达的废立天皇的特殊命令，笔者尚未找到否定此事的根据。

七、幕府使者抵京

仁治三年正月十九日，安达义景和二阶堂行义抵达六波罗。京都城内熙熙攘攘，车马络绎不绝，流言四起。当天夜晚，二人先行拜访了九条道家和西园寺公经，随后又拜见了土御门院，会见了土御门定通，向他们分别传达了幕府的决议。也有人认为两位使者先行到访土御门定通的宅邸。《五代帝王物语》中记载了当时的情形：

> 京都方面似乎想让顺德院的皇子继承皇位，宫中已经为他量身定做衣服，提前做好各种准备。世人称他为广御所宫。皇子当时尚未娶亲，在元服以后被封为忠成王。仁治三年正月十九日，幕府特使到来，为了听闻喜讯，很多朝臣聚集在忠成王祖母修明门院的四辻御所。土御门院生母承明门院的宫中却门可罗雀，悄然无声。只有土御门定通一人身着直衣在此等候，希望能听到意外的消息。仁治三年正月十九日夜，幕府使者即将到达，承明门院始终坐立不安，她派遣侍卫提前到沿途守候。三四人结伴来到了三条河原。大约戌时左右，他们看到安达义景等人到达了河原，随后便沿着三条京极前往承明门院的住处。几人感到难以置信。随后他们来到土御门万里小路，看到幕府使者进入了土御门殿。院中草木茂盛，毫无踩踏的痕迹，大门也紧紧关闭。武士打开大门，安达义景在中门等待，土御门定通立刻出门迎接。土御门院的皇子就座以后，他们屏退了旁人。所有人都仿佛身在梦中。随后，侍奉承明门院的女官得知消息，开始积极准备。世人深感意外。①

幕府使臣的到来意味着大局已定。九条道家和西园寺公经对幕府此前的做法并不满意，《平户记》仁治三年（1242年）正月十九日的记载中写道："九条道家和西园寺公经都未向幕府提出请求，态度非常明确。"幕府的态度也极其强势，北条泰时甚至向使臣下达了争夺皇位的命令。朝廷即日发表，追封先帝为四条院，同时开始为土御门院的皇子登基做准备。

---

① 《增镜》的记载大体相同。——原注

八、部分朝臣的名分论

幕府的举动引起部分朝臣（尤其是九条家族）的反感。民部卿平经高在日记《平户记》仁治三年（1242年）正月十九日的记载中记述了幕府不守臣节的行为和朝廷的混乱状态，愤然表达了他对幕府的不满：

> 由幕府定夺皇位，虽为无奈之举，却也实在可悲。纵使情势紧急，也不应由凡夫俗子之辈定夺十善之君的人选，此种事情前所未有。我朝乃神国，不似其他异域之地。自开天辟地以来，国常立尊①现世以后，皇位人选皆由先帝决定，若有意外发生则另当别论。至光仁、光孝两代，天皇虽由群臣推举而定，但都是为了稳定天下。如今，不经群臣讨论，由异域蛮族决定帝位，以后将如何面对祠堂的先祖？此事值得深思，但幕府使臣绝对不会改变主意。发生重大事件之时，如果天皇无法定夺，则应该由群臣讨论，一切必须以天下大计为重，也可在群臣决议之后参考幕府的意见。不管善恶诸事，都可依此法定夺。天下兴亡为重中之重的大事。虽然帝位不可一时空缺，但如此仓促定夺，不知其中是否另有隐情。尽管如此，绝不可因伤心而随意定夺，也不可因憎恨而决定此事，必须要遵从石清水八幡宫的神意。近日来，重大事件接连发生，朝中之人各有算计，实在可悲。土御门院的皇子先前由土御门通方抚养，在土御门通方去世以后，他便搬到了祖母承明门院的住所。四条天皇驾崩以后，为获得执权的支持，前任内府土御门定通即刻派人赶赴关东。土御门定通与幕府还有姻亲关系，他的妻子是北条泰时和北条重时等朝臣的姊妹，她与北条重时更是至亲。仁治三年正月初九后，这些人开始私下准备，如今果不其然，他们达到了目的。然而，凡夫俗子试图操控皇位，虽然现在并未显现，将来他们必会遭遇灾祸。人们可拭目以待。土御门定通和执权北条泰时的运气已经到达顶峰，今后一定会有衰败之日。悲哉！

---

① 国常立尊，日本神话中的神。与天地开辟同时出现的形成国土的神，天神期待的第一神。

九、对名分论的批评

然而，当时的形势直接抹杀了这种名分论的价值。承久之乱以后，朝廷与幕府的关系彻底改变，幕府对朝廷的控制也达到了巅峰。虽然朝廷可以在确定人选之后征求幕府的意见，但幕府拥有废立天皇的自由，朝廷根本无法左右。《平户记》中提到土御门定通为了拥立土御门院的皇子而寻求幕府的支持，认为他是为了获取权势才做出此事。然而，土御门定通仰仗与北条氏的关系向幕府寻求帮助，这在当时是极其普遍的现象，作者不应该单独苛责土御门定通一人。征夷大将军九条赖经之父九条道家曾经请求幕府拥立顺德院的皇子，这与土御门定通的行为并无二致。北畠亲房曾经在《神皇正统记》中道破了这一点：

> 顺德院当时仍在佐渡国居住，但他的皇子都生活在京都。摄政九条道家是皇子的舅父，他希望推举皇子登上皇位，使九条家族重现辉煌。

由于幕府屡次采取强硬的态度，朝臣只能借由名分论向幕府表达不满，这种不满将来必然会爆发。平经高的这种迂阔之论根本不值一提。

第42章

后嵯峨天皇即位

第1节 后嵯峨天皇即位

一、后嵯峨天皇在武士的拥护下践祚

幕府使臣进京以后，皇位人选终于尘埃落定。武士在土御门殿日夜守护，车马络绎不绝。见此情景，朝中公卿不禁抚今追昔：

> 武士守护在各个门口，殿中戒备森严。此处曾经是一片寂静之地，如今忽然门庭若市。殿中之人一跃成为贵人。[1]

仁治三年（1242年）正月十九日夜晚，朝廷想直接举办即位大典，摄政近卫兼经咨询了近卫家实和九条道家的意见，二人认为应该改在仁治三年正月二十日早晨举办典礼。由于还需要提前转移御剑和玉玺，朝廷决定推迟一日举行典礼。

仁治三年正月二十日夜晚，土御门院的皇子被封为邦仁王，在土御门殿行元服之礼。随后，邦仁王搬迁到权大纳言藤原隆通在冷泉万里小路的宅邸。在武士的严格把守之下，朝廷举办践祚仪式。当天，近卫兼经由摄政改任关白。

---

[1] 《经光记》仁治三年正月二十日载。——原注

后嵯峨天皇

由于这种结果并非出自九条道家的本意，因此，在朝臣商讨即位之事时，九条道家极力推辞，还推荐土御门定通代他参加。九条道家之子二条良实在为后嵯峨天皇加冠之前也踌躇良久。后嵯峨天皇元服之礼的各种调度、登基时的服装、佩剑全部由西园寺公经一人负责。据说这些东西都是为忠成王而准备的，由于礼服的尺寸太小，后嵯峨天皇非常狼狈。当时的窘境，读者可想而知。

二、登　基

四条天皇驾崩以后，皇位空缺十日，朝廷才确定皇位人选。仁治三年（1242年）正月二十五日，四条天皇被葬于东山泉涌寺。该寺为僧人俊芿所建，此后，历代皇陵都建于此处。仁治三年三月十八日，朝廷在太政官厅举办登基大典。据说，西园寺公经仿照珍藏于东大寺的御冠请人专门定做了王冠，样式极其华美。

第2节 西园寺公经的势力

一、西园寺公经转变立场

虽然皇位继承人的人选违背了西园寺公经的本意,但他立刻转变立场,表现出一意奉公的态度。和九条道家不同,西园寺公经与顺德院的皇子并没有亲密关系,表面上,他是为了与幕府的方针保持一致,实际上,他肯定有更大的企图。

二、西园寺公经在朝堂中的地位

承久之乱以后,西园寺公经的势力与日俱增,逐渐权倾朝野。藤原定家曾经写道:"承久之乱中,西园寺公经违背后鸟羽上皇的命令,获得了前所未有的势力。这肯定是前世的宿报。"[①]天福元年(1233年)六月,西园寺公经

西园寺公经

---

① 《明月记》宽喜三年(1231年)正月十三日载。——原注

的家臣亲贤因为有失礼之举，受到近卫少将藤原实任的凌辱。藤原实任是西园寺公经的堂弟藤原公雅的儿子。西园寺公经大为光火，上奏请求朝廷罢免藤原实任的官职，并将他逐出藤原家族。三条公房与西园寺公经都被人称作前任太政大臣，尽管西园寺公经的权力盛极一时，三条公房仍然我行我素，因此他也被世人称作无所畏惧的太政入道。西园寺公经在出家以后仍然参与朝中要务，其子西园寺实氏后来被任命为右大臣和后院别当。当时，西园寺公经已经辞去朝中官职，但继续参与机要政务，前任内大臣土御门定通也是如此。《平户记》仁治三年（1242年）六月三日的记载中写道："近日，参与政事的官员多为离任之人。"《增镜》中评论道："如今的右大臣西园寺实氏毫不逊色（与其父西园寺公经相比较而言），其家族势力也一如既往，令人羡慕。"由此可知，西园寺实氏在朝中也拥有很高的声望。西园寺实氏之弟洞院实雄在朝中就任权大纳言，西园寺实氏之子西园寺公相虽然年轻，也被任命为相同官职。凭借与西园寺家族的姻亲关系，九条家族和近卫家族之人几乎历代就任摄政、关白和大臣。摄政近卫兼经在位期间，一直对西园寺公经言听计从。仁治元年（1240年）春，朝廷开始施行仁政。新政实施以后，朝廷在仁治元年正月六日举办第一次官员任免仪式，这意外地引起了世人的议论。前任参议平经高曾经在书中评论此事："朝廷从不违背相国禅门西园寺公经的命令，一切政务皆是如此。仁政之举并无意义。"

三、西园寺公经在幕府的地位

除了在朝堂上，西园寺公经在幕府的势力也不容小觑。伊予国宇和郡是橘公业家族的祖传领地，西园寺公经为了得到该地而向幕府施加压力。北条泰时难以拒绝，只能命令橘公业主动退让。由此足以看出西园寺公经在幕府的影响力。

四、西园寺公经的奢侈生活

随着势力的不断提升，西园寺公经的财产也逐年累积。其中既有他本人的领地，也有很多趋炎附势之人的不当馈赠。西园寺公经的姐夫藤原定家在《明月记》嘉祯元年（1235年）十二月二十一日的记载中对他多有指责：

长久以来，西园寺公经掌握朝中大权。朝中众臣争相攀附，贿赂公行。西园寺公经毫无怜悯之心，人民悲苦不堪。法华宗认为，各种苦难皆因贪欲而起。

西园寺公经不仅在生活中极其奢侈，还经常斥巨资修建佛寺和庄园。除北山的西园寺和四天王寺以外，他在吹田和慎岛等名胜之地建造了多处别墅。他还在吉田修建了河崎泉亭，命令前任内大臣久我通光管理。此地原本是贺茂神社祢宜能久的领地，后鸟羽上皇曾经多次驾临，在此处举办赛马活动。经过西园寺公经的修缮，园中亭台楼阁与池馆水榭交相呼应，几乎成为第二个西园寺。天福元年（1233年）五月，庭园竣工之时，西园寺公经大摆宴席，极尽奢华。他命令武士在各个门口严加防守，酒席一直持续到深夜。后来，后堀河上皇和中宫藤原遵子驾临此地，多位公卿和高僧陪同前往。据说，西园寺公经命人以沉木作为桥柱，用红色织锦修饰了整座桥梁。

第3节 政局的变化

一、土御门定通的新地位

后嵯峨天皇的即位给当时的政局带来了变化。土御门定通的新势力虽然暂时无法与反对派的公卿抗衡，但身为后嵯峨天皇的外戚，土御门定通在朝中也拥有一定的影响力。仁治三年（1242年）四月，在贺茂祭之后，朝廷举办官员任免仪式，源氏的多位公卿晋升，土御门定通艳羡不已。仁治三年七月，朝廷追封后嵯峨天皇的生母源通子为皇太后，确定了皇陵的地址和忌日的时间，将后嵯峨天皇的外祖父已故参议土御门通宗追封为从一位左大臣。西园寺公经的势力并未受到影响。不仅如此，他还促成了关白的更替，将孙女送入宫中。

二、关白更替

自从近卫兼经与九条家族通婚以来，近卫家族一直与九条家族和西园

近卫兼平

寺家族保持着友好的关系，近卫兼经本人也因此就任摄政和关白。仁治二年（1241年）十一月，近卫兼经之父近卫家实因病出家。当时近卫兼经尚无子嗣，他听从近卫家实的建议，将异母弟内大臣近卫兼平收为养子。近卫家实将个人的领地全部交由近卫兼经管理。近卫家实温和善良，极富同情心。平经高曾经这样评价近卫家实的为人："我就任辨官和藏人头时，正好是入道殿下近卫家实在任摄政期间。他为人善良，对部下非常宽容。朝中受到他恩惠的人不计其数。"近卫家实的品行，读者可想而知。近卫兼经就任关白不久，民间盛传朝廷将更换关白。仁治三年（1242年）三月，近卫兼经辞去官职，左大臣二条良实就任关白和藤氏长者。二条良实是西园寺公经的外孙，备受西园寺公经的宠爱。由此推测，关白的更替恐怕也是出自西园寺公经的授意。

三、近卫家族失意、九条家族得势

不久，近卫兼经谢绝了朝廷的随身侍卫。笔者推测，近卫兼经辞职也许并非出自他的本意。仁治三年十二月，近卫家实病逝，享年六十五岁。近卫家实向来与人为善，朝堂上下一片惋惜。此后，近卫兼平成为近卫家族的代表，在朝中逐渐失势。

与近卫家族的命运相反，九条家族再次迎来了春天。仁治三年（1242年）三月，天台座主权僧正慈源被任命为四天王寺别当和后嵯峨天皇的护持僧①。仁治三年四月，权大纳言九条忠家被任命为左近卫大将。

第4节　藤原姞子入宫

权力必然会滋生欲望。随着西园寺公经在朝中的势力不断提升，他的野心也更加难以抑制。西园寺公经开始觊觎天皇外戚的身份，并在不久后达到了目的。仁治三年四月，西园寺公经确定了藤原姞子的入宫时间，将此事上奏朝廷。藤原姞子是西园寺实氏的长女。随后，藤原姞子叙从三位。仁治三年六月，十八岁的藤原姞子正式入宫②，不久被封为女御。仁治三年八月，藤原姞子被立为中宫，后被封为大宫院。权大纳言西园寺公相被任命为中宫大夫。

此前，因为四条天皇驾崩，朝廷暂时取消了释奠③。官外记④认为不合礼法，但九条道家坚持如此。不出数日，藤原姞子被封为中宫，朝廷却大摆宴席。这种前后矛盾的举动受到世人的非议。

---

① 仁治三年五月，由于园城寺的申诉，慈源在征得幕府的同意后辞去了四天王寺别当之职。此后十一年，慈源未曾就任别当，将寺务交与他人管理。——原注
② 《平户记》中十九岁的记载有误。——原注
③ 释奠，指把孔子和儒教中的先哲作为先师先圣来祭祀的仪式。
④ 官外记，太政官厅的辨官和外记，主要负责与文书相关的工作。

第43章

北条泰时去世

第1节 北条泰时励精图治

一、公正严肃

北条泰时经常亲临评定所,与评定众共同裁决诉讼,处理政务。即使身在病中,他也从未荒废政事。一日,北条泰时在评定所院中看到樱花,咏出了一首和歌:

草木卉争荣,世事却无常。
懒樱自凋零,不觉春已深。

北条泰时十分体恤部下。评定众后藤基行去世时,北条泰时率领部下在源赖朝的法华堂作法,为后藤基行祈求冥福,这也开启了幕府体恤部下的先例。北条泰时非常看重诉讼,他固执己见,习惯以理服人,偶尔会因此招致他人的怨恨。武田信光败诉之时,世间传闻他将纠合族人报复北条泰时。听闻此事,北条泰时仍然坚持之前的判决,他表示:

如果因为害怕别人的怨恨而罔顾是非,则有违正道。如果因为担心别人造反而畏首畏尾,则会招致非议。建历年间,左卫门尉和田义盛造反，他率领和田氏一族来到幕府，要求释放犯人和田胤长，但幕府并未允许，反而在他们面前宣布了流放和田胤长的决定。这虽然导致了和田义盛造反，但他们也绝对不敢当场带走和田胤长。幕府一向无私，这也将成为后世的行事指南。

——《吾妻镜》仁治二年三月二十五日

由此也可看出北条泰时的公正无私。

二、开辟荒地，热衷土木和文事

承久之乱以后，因为领地不足，很多有功之臣未能得到奖赏。北条泰时命人在武藏野开辟荒地，从多摩河引水进来，将这些水田分给有功的将士。北条泰时还热衷于土木工程，他命令御家人在镰仓和六浦津之间开通道路，并亲自监督。

北条泰时曾经劝诫北条经时："要以文事辅佐武家的政道。"这种精神贯穿于北条泰时的整个执政生涯，寻常武士难以望其项背。

第2节 北条泰时出家

一、世人悲痛万分

仁治三年（1242年）四月二十七日，北条泰时罹患痢疾。仁治三年五月五日，病情稍有好转，北条泰时沐浴净身。仁治三年五月六日，痢疾复发。仁治三年五月九日，在征得九条赖经的许可之后，北条泰时剃发出家，法名观阿。仁治三年五月十二日，幕府使者到达京都，将北条泰时辞官之事上报朝廷。驻京武士非常震惊，六波罗北殿北条重时甚至想要立刻东下。朝廷以京中守备松懈为由，对北条重时加以阻止。不久，北条重时从京都出发，六波罗南殿北条时盛紧随其后。此后，北条泰时一直高烧不退，食欲不振。仁治三年六月十五日夜晚，一代伟人北条泰时永眠，享年六十岁。北条泰时被葬于青船（当今的大船。根据《吾妻镜》的记载，在山内的巨福礼乡建有北条泰时的别墅，该别墅正是位于青船）常乐寺。城中居民不论贵贱，均悲痛万分，如丧考妣。①讣闻传至京都，世人再次联想到后鸟羽法皇和长严僧正的怨念。仁治三年（1242年）七月，朝廷专门派遣告陵使②前往大原和金原等地，违例将显德院的谥号改为后鸟羽院。《皇代历》中记载了当时的宣命③："世人常以住所名称作为封号，因此将显德院改为后鸟羽院。"

二、公家的颂德文

北条泰时做事严谨周全，为人高风亮节，为国家立下了汗马功劳。当时，在京武士对皇官的古迹没有敬畏之心，甚至将内野④作为马场使用。北条泰时对此种行为严令禁止⑤。另外，从承久之乱以后的各种美谈也可看出北条泰时的尊皇态度。《五代帝王物语》这样描述了北条泰时的功绩："北条义时死后的二十一年间，武家治世，毫无偏颇，朝堂稳定。北条泰时的确是一位罕见的统治之才。"为了便于读者了解北条泰时的丰功伟业，笔者将北畠亲房在《神皇正统记》中的描述放在下文：

> 北条泰时为人正直，治世严谨。他生活节俭，善于培养人才。他非常重视公家的事务，努力处理本所的各种诉讼。兵不血刃，却得以平定天下。多年来，北条泰时一直励精图治。作为陪臣⑥却能长久执政，无论在日本或是汉朝，都从未有过先例。其主人源赖朝的辉煌也仅仅持续了两代。不知是否因为前世的宿报，北条义时得到了巨大的家业，甚至获得了调动兵马的权力，这在历史上也是极其罕见之事。北条义时天赋异禀，却不得不屈居人下，最终病逝。随后，北条泰时继承执权的职位，开始施行仁政，制定了严格的法规。他以身作则，带头遵守法规，以此告诫亲属和御家人，使他们

---

① 出自《百练抄》。——原注
② 告陵使，朝廷举办即位典礼、发生事变时，向君主的陵墓宣告事实、进献币帛的御使。
③ 日本历史上，只用汉字的和文体记录天皇命令的文书。
④ 内野，京都市上京区西南部的旧地名，位于平安京皇官内。
⑤ 吉川本《吾妻镜》天福元年（1233年）五月十九日载。——原注
⑥ 陪臣，指家臣的家臣。

不敢随意奢求要职。随着北条泰时施行的仁政逐渐走向没落,他的天命也随之结束。但他的丰功伟业对后世产生了巨大的影响。保元、平治之乱以后,如果没有源赖朝,也没有北条泰时,日本国的人民会过着怎样的生活呢?不了解详情的人或许还会认为王权无端衰败,武家取得了胜利。前文中也曾提及,朝廷违反常理,任由幕府决定皇位人选。但北条泰时对此早有准备。神的誓愿是普度众生,而天下万民都是神的子民。虽然君主是尊贵之身,但若为了满足一人而使天下苍生受苦,上天绝不允许,神仙更不会袖手旁观,他们会依据施政能力而给予支持或加以阻止。作为臣子,应该尊重君主,体恤民情,敬畏天意,蹑足而行。要仰仗日月之光抹去心中的黑暗,也要凭借雨露的恩泽洗去身体的污垢。每日朝夕进食都应该念及皇恩,昼夜饮水都应该感谢神德。若非如此,只顾满足一己私欲,忽略朝中政事,必定无法长久。治理国家必须要以仁为本,掌握军权更要有正直之心,这是世间的普遍规律。北条泰时一直坚持施行仁政。如果子孙后代不能继承他的遗志,仅仅依靠法规行事,他们只能重复现今的做法,绝对无法达到北条泰时的高度。

三、对御家人的管理制度和法制政策

北条泰时既是北条氏的中坚力量,也是幕府的中流砥柱。他改变了对御家人的管理制度,巩固了执权的地位,这在前文中也有叙述。北条氏就任执权期间,御家人分成了外样[①]和御内人[②]两派。根据《沙汰未练书》的记载,前者是指为征夷大将军效劳的地头和御家人,后者是指为相模守效劳的武士。内外之称意味着亲疏有别,但这与江户幕府时期的外样大名[③]和谱代大名[④]并不相同。虽

---

① 外样,与御内人相对应的称呼,指除了御内人之外的普通御家人。
② 御内人,直属北条氏家族的御家人。
③ 外样大名,日本江户时代大名等级之一。多为关原之战以后,臣服德川氏的大藩。被安置于偏远之地,原则上禁止参与幕政。
④ 谱代大名,世袭家臣。日本江户时代的大名中,在关原之战以前为德川家族的家臣者。

然北条氏本身也是征夷大将军的家臣，但他们私下形成了自己的势力。毫无疑问，这在很大程度上是由于北条泰时的施政方针。在御内方的支持下，幕府确定了法治政策，而幕府也在兵马、生命财产方面为这些武士提供了保障，二者逐渐形成了相互信赖的关系。北条泰时去世以后，子孙后代继承他的遗业，维持着幕府的运转。即使与源赖朝相比，北条泰时创造的丰功伟绩也毫不逊色。

第3节　北条经时袭职

一、北条泰时的遗训

由于北条泰时的嫡子北条时氏先于他离开人世，在北条泰时去世以后，左近卫将监北条经时继任执权。北条经时是北条时氏之子，也是北条泰时的嫡孙，当时年方十九。北条泰时曾经劝诫北条经时要与陆奥扫部助保持友好的关系。陆奥扫部助是指北条泰时的异母弟北条实泰（陆奥五郎）之子小侍所别当北条实时。北条经时遵从北条泰时的遗训，经常与北条实时讨论政务。北条经时仿效北条泰时晚年的做法，不曾任命连署。

北条实时

二、北条经时亲临裁决现场

北条经时当时虽然年轻,却始终遵循北条泰时的遗训。从《吾妻镜》的记载可以看出,北条经时非常重视诉讼:

> 宽元二年三月二十八日戊辰时,北条经时亲自接见起诉之人,很多民众前来观看。他先听人汇报了诉讼的缘由。为了公正地裁决这起案件,北条经时命令武士向摄津国前任国司中原师员、佐渡国前任国司后藤基纲和信浓国民部大夫二阶堂行盛等人汇报,等待评定所的裁决。随后,北条经时派遣使者平左卫门四郎、万年马允和伊东左卫门五郎即刻将起诉之人送到评定所。

第44章

征夷大将军更替

第1节 九条赖经进京的企图

回到镰仓以后,征夷大将军九条赖经数次计划再次前往京都,却都因故未能成行。延应元年(1239年),九条赖经的夫人(人称大宫殿)怀孕,幕府上下都忙于祈祷将军夫人顺产。延应元年十一月,将军夫人生下男婴,这就是九条赖嗣。仁治元年(1240年),九条赖经计划再次进京。由于彗星现世,幕府的当务之急是消除人民的灾祸,九条赖经向畿内、镇西的御家人宣布取消进京的计划。宽元元年(1243年),幕府命令北条重时修缮六波罗的宅邸,为九条赖经进京做好准备。然而,九条赖经最终也未能实现愿望。

第2节 九条赖嗣袭职

一、幕府的奏请

此前,九条赖经要求进京之时,北条氏一直左右推脱。宽元二年(1244年)四月,六岁的九条赖嗣行元服之礼。随后,北条氏派遣平盛时前往京都,请求由九条赖嗣就任征夷大将军。

根据《吾妻镜》的记载,因为担心发生天灾人祸,九条赖经想要尽快让位给九条赖嗣。他担心宽元二年五六月可能又有异变,便决定当月即刻让位。

然而，作者很有可能为了逢迎北条氏而歪曲了事实。根据《吾妻镜》的记载，九条赖经从宽元二年七月就公布了进京的计划，而九条赖嗣的名字也是由京都选定的，由此推测九条赖经应该不会急于让位。

二、征夷大将军更替的内情

九条赖经一直归心似箭，很可能是因为他在初次进京之时见到了亲生父母，这使他的思乡之情越发强烈。然而，随着幕府的态度发生改变，九条赖经的想法也开始有所动摇。由此推测，征夷大将军更替之事一定另有隐情。隐情产生的暗流不仅导致了征夷大将军的更替，也影响了其他很多事情。

宽元二年（1244年）四月二十八日，九条赖嗣被朝廷任命为右近卫少将和征夷大将军，叙从四位下。宽元二年五月五日，朝廷的诏书抵达镰仓。宽元二年六月十三日，幕府举办吉书始的仪式。

三、与北条氏的通婚

宽元三年（1245年）七月二十六日，在北条经时的促成下，北条经时之妹桧皮姬成为九条赖嗣的夫人。桧皮姬当时十六岁，比九条赖嗣年长九岁。由于出嫁当日是凶日，幕府很多官员都加以劝阻，但北条经时坚持举办婚礼。毫无疑问，北条经时此举肯定是为了巩固北条家族的势力。历史上，北条家族中，成为摄政家族出身的征夷大将军的夫人的，只有桧皮姬一人。

第3节 九条赖经出家

一、幕府急使进京

在九条赖嗣就任征夷大将军以后，九条赖经与父亲九条道家都被人们称作大殿。宽元二年八月，幕府确定了九条赖经宽元三年（1245年）春天进京的日期。宽元二年九月，幕府任命随行的武士，决定于宽元三年二月九日从镰仓出发。宽元二年十二月，政所着火，九条赖经进京所需的物品全被烧毁，幕府只能推迟进京之事。宽元三年三月，暗流涌动越发激烈，幕府派遣急使赶赴京都。根据《平户记》宽元三年三月十六日的记载，"幕府使者的意图秘而不宣，外界无从得知"。宽元三年六月六日，幕府急使抵达六波罗府。《平户记》中写道："外界无法得知使者的意图，世人甚感惊奇。只能看到重兵把守，但不知详情。"宽元三年六月十二日，幕府急使再次来到六波罗府。《平户记》中写道："不知详情。有人传闻是幕府执权生病之事。"此后不久，九条赖经出家。

宽元三年七月，二十八岁的九条赖经在持佛堂久远寿景院出家，法名行贺。根据《吾妻镜》的记载，由于出现了异常的天象，加上疾病缠身，九条赖经决定实现多年的夙愿，出家为僧。笔者认为这里的记述难以令人信服，这在前文也已经提及。

二、进京之事再次延期

宽元三年十一月，幕府再次确定了九条赖经的进京日期，决定于宽元四年（1246年）二月十四日从镰仓出发，同时还任命了五十三位随行人员。宽元四年二月十三日，幕府决定推迟出发日期。

第 45 章

后嵯峨天皇让位

第1节 皇子诞生

一、后嵯峨天皇励精图治

后嵯峨天皇即位以后一直励精图治。他经常将职事①召集到朝觐间②，亲切地聆听他们的上奏。自白河院以后，宫中几乎没有出现过这种情景。顺德院在位时恢复了这种故法。宽元三年（1245年）四月，京都出现异常天象，后嵯峨天皇命令参议以上的官员上呈密封的奏折，希望他们能毫无顾忌地表达政见。

二、皇子诞生、西园寺家喜出望外

后嵯峨天皇即位以前，嘉祯二年（1236年），一条能保之女就生下了皇子，即后来的圆助法亲王。仁治三年（1242年）正月，后嵯峨天皇的宠妃平栋子生下皇子，即后来的宗尊亲王。平栋子是已故的木工头③平栋基之女。后嵯峨天皇十分宠爱平栋子生下的皇子，甚至表示如果中宫藤原姞子没有皇子，就把平栋子生下的皇子立为皇储。见此情景，西园寺家族忐忑不安。不久，藤原姞子着带。为了藤原姞子能够顺利生产，西园寺家族诚心祈祷，同时，他们也非常希望藤原姞子能诞下皇子。宽元元年（1243年）六月，藤原姞子平安

---

① 职事，日本律令制中特定的官员集团的称呼。指执掌一定事务的官员，包括职事官、女官、藏人所的官员。
② 朝觐间，天皇用早膳的房间。
③ 木工头，日本律令制下，宫内省所属机关木工寮的官职。木工寮主要负责修建宫殿和采伐木材等事宜。

生下皇子，西园寺家族如愿以偿。《增镜》中详细描述了西园寺家族的惊喜，下文摘出了部分内容：

> 宽元元年六月十日下午，皇子出生。大臣西园寺实氏迫切地询问是皇子还是皇女，中宫藤原姞子的兄长大纳言西园寺公相大声回答："是皇子！"一时间，大家喜出望外，难以相信。西园寺实氏不断重复地询问："是真的吗？"他不禁喜极而泣，众人也皆大欢喜。在场作法的各位僧人向西园寺家族表示了祝贺。僧人们擦汗退出的景象也令人备感愉悦。场面热闹非凡，在场之人甚至难以听到对方的话语。最近，朝中众臣一直为此事提心吊胆，如果中宫藤原姞子真的诞下皇女，该是多么遗憾啊！幸好大家的祈祷发挥了作用。直至西园寺实氏年老之时，他也经常忆起皇子出生的情景。他说，每次回想起当时的情景，都忍不住流下泪水。皇子举行入浴仪式时，人们再次表示了祝贺。除了以往的惯例，宫中还进行了特别的仪式，这在此后也成了惯例。

第2节 久仁亲王被立为太子

一、对皇子即位的热切期待

中宫藤原姞子的皇子诞生以后，喜极而泣的西园寺家族热切盼望皇子即位。宗尊亲王的存在使西园寺家族的这种愿望更加迫切。

皇子诞生不足二十日，朝廷就将他封为久仁亲王。随后，大臣又准备将久仁亲王立为太子。宽元元年（1243年）八月十日，久仁亲王被立为皇太子。由于东宫护剑①遗失，无法举行册立仪式，朝廷决定用其他宝剑代替东宫护剑。右大臣一条实经兼任东宫傅，权大纳言西园寺公相就任春宫大夫。

---

① 东宫护剑，日本在册立皇太子的仪式上，天皇授予皇太子的剑。始于宇多天皇册立皇太子敦仁亲王（即后来的醍醐天皇）。

二、西园寺公经的荣华

《增镜》中描述了皇太子的外祖父西园寺实氏及西园寺家族的喜悦之情：

> 大臣西园寺实氏如释重负，心情愉悦，这也是理所当然之事。……一直以来默默无闻的西园寺家族突然得到朝廷的重用，逐渐兴盛起来。中宫藤原姞子入宫以后生下皇子，整个西园寺家族更加兴旺，前途不可限量。

在西园寺实氏之父西园寺公经看来，西园寺家族如今已经达到巅峰时期。宽元元年（1243年）十月，西园寺公经前往熊野参拜，他的儿子权大纳言洞院实雄、孙子权大纳言西园寺公相等三十余位殿上人①随行，出行队列浩浩荡荡，几乎比四条天皇出行的场面还要壮观。

三、西园寺公经去世

宽元二年（1244年）八月，还未看到皇太子即位，西园寺公经就因痢疾去世，享年七十四岁。西园寺公经的家族被称作西园寺氏。根据西园寺公经的住址，人们称西园寺公经为一条入道太相国。幕府暂停了二十天的评议工作，前任征夷大将军九条赖经和时任征夷大将军九条赖嗣改穿轻服②。

四、西园寺氏成为第二个藤原家族

建久元年（1190年），源赖朝就任右近卫大将，朝臣行拜贺之礼。身为一条能保的女婿，西园寺公经陪同一条能保共同参加拜贺仪式。此后，西园寺公经利用与幕府的姻亲关系逐步稳固了自己在朝堂的势力。承久之乱以后，西园寺公经赢得了幕府的同情和信任，为西园寺氏带来了无尽的富贵荣华。在西园寺公经的晚年时期，西园寺氏成为皇室的外戚，几乎可以称作第二个藤原家族。同时，西园寺氏也深受幕府的信赖，其势力已经凌驾于藤原家族之上。西园寺公经去世以后，他的威名也并未受到丝毫影响。

---

① 殿上人，日本古时获准可进入宫中清凉殿的人。
② 轻服，为血缘关系较远的亲属服丧。也指此种丧服。

第3节　二条良实辞去关白之职

一、九条道家疏远二条良实，西园寺公经支持二条良实

幕府的暗流不断涌动，朝廷的政局也出现了动荡的征兆。关白二条良实自幼不受父亲九条道家的宠爱，与九条道家的关系非常疏远。嘉禄二年（1226年），十一岁的二条良实行元服之礼。《明月记》中记录了当时九条道家向藤原定家所说的话：

> 数月来，二条良实的操行都不够端正，实在不想为他操心。目前虽不知他将来的造化，但看似极其普通。从他的笔迹来看，似乎已经会写字。相国西园寺公经要求为他举办元服仪式，我才同意此事。

由此看来，九条道家希望二条良实能够端正品行。然而，九条道家的岳父西园寺公经一直催促九条道家为二条良实举办元服仪式。九条道家虽然对二条良实的将来持怀疑态度，但暂且同意了此事。毋庸置疑，二条良实在朝中就任左大臣和关白全都仰仗其外祖父西园寺公经的支持。

二、九条道家宠爱一条实经

九条道家非常宠爱二条良实的胞弟右大臣一条实经，希望一条实经能代替二条良实就任关白。宽元二年（1244年）六月，二条良实被罢免左大臣之职，这一职位由一条实经继任。宽元三年（1245年），九条道家将一条室町的宅邸赠予一条实经。不久，一条实经迁入新宅[①]。此处原来是一条能保的府邸，建久二年（1191年），一条能保在这里迎来了女婿，即九条道家之父九条良经。此后，这里便归属九条良经所有。九条良经去世以后，九条道家在此居住，所以世人称九条道家为一条殿。九条道家在诸位儿子中选择由一条实经继承此处宅邸，这足以证明，一条实经在九条道家心中的地位可以与九条道家在九条良经心中的地位相提并论。

---

① 《平户记》宽元四年（1246年）十月二十九日载。——原注

一条实经

三、二条良实与一条实经反目

或许因此,二条良实对一条实经难免产生嫉妒和敌对的情绪。有一则事例足以证明此事。宽元三年(1245年)十二月,一条实经在宅邸举办诗歌宴会,权大纳言藤原实雄等殿上人在此聚集。当时,参议叶室定嗣未被邀请,他曾经在书中提及此事:

> 一条实经举办诗歌宴会,殿下心中不快。如此场合,精通诗歌之人本应皆可参加,不该有贵贱亲疏之别。然而,殿下拒绝参加。右大臣近卫兼平也没有参加。

文中的殿下应该是指二条良实。由于二条良实和一条实经不和,两人的家臣之间也产生了嫌隙。而且近卫家族与九条家族原本并不亲近,二条良实和一条实经的矛盾使九条家族与近卫兼平的关系更加疏远。

四、九条道家与二条良实的冲突

宽元三年（1245年）末，由于天象异变，后嵯峨天皇决定传位于皇太子。当时，后嵯峨天皇秘密传旨于幕府，希望朝廷能遵循先例，由东宫傅一条实经担任新天皇的摄政。幕府表示赞同。宽元四年（1246年）正月，朝廷向九条道家下达了旨意。九条道家期待一条实经在新天皇即位以后就任摄政，并希望能借此机会改革朝政。九条道家将圣旨的内容传达给二条良实，希望二条良实能在后嵯峨天皇让位之前主动辞职。然而二条良实拒绝主动上奏，他坚持等待朝廷的罢免通知。此事引发了父子两人的矛盾。使者往返两次，九条道家与二条良实仍然未能达成共识。随后，九条道家将事情的原委上奏朝廷，二条良实也进宫禀明详情[①]。朝廷局势动荡，人心惶惶。继藤原忠实和藤原忠通以后，朝廷从未出现过如此针锋相对的父子。

五、两人各自的主张

二条良实的这种态度几乎等同于违反圣旨。二条良实或许希望以此逼迫九条道家改变主意，但他违反圣意确实是不争的事实。二条良实忽略了如此显而易见的事实，还出言不逊，毫无悔意，其间必然发生了令他难以忍受之事。为了做出公平的判断，一定要考虑到两人各自的立场。以上的史实都出自九条道家方面的记载，其中难免会出现对二条良实不利的信息。叶室定嗣曾经在书中提及更换摄政一事：

> 自宽元三年起，后嵯峨天皇便有更换摄政的想法。入道殿下九条道家每次进宫觐见，后嵯峨天皇都会提及此事。后嵯峨天皇认为，辅佐幼主之事，事关重大，一定要慎重考虑。
> ——《叶黄记》宽元四年（1246年）正月二十八日

由此看来，后嵯峨天皇认为二条良实难以担当辅佐幼主的重任，在九条

[①] 出自《为经卿记》宽元四年正月八日的记录和《叶黄记》宽元四年正月二十三日的记录。——原注

道家上奏之前，后嵯峨天皇就有更换摄政的想法。然而，这原本就是九条道家单方面的说辞，由于他对二条良实和一条实经的态度截然不同，以此作为查明真相的唯一依据不免有失偏颇。依笔者看来，无论冲突的真正原因到底出自哪一方，可以肯定的是，九条道家的确希望二条良实将摄政之位让与一条实经，并且积极地进行了劝说。但二条良实根本不相信此事是后嵯峨天皇的旨意，他仗着西园寺家族的后援势力，一直坚持拒绝辞任。在西园寺公经去世以后，为了让外孙登上皇位，西园寺实氏一直在寻找有力的拥护者，而二条良实显然不是最合适的人选。所以二条良实在朝中也没有获得足够的支持。

六、二条良实终于辞去关白之职

宽元四年（1246年）正月二十二日，按照预期计划，后嵯峨天皇与中宫藤原姞子共同搬迁到权大纳言四条隆亲在冷泉万里小路的宅邸。随后，为了近期举办的让位仪式，皇太子久仁亲王也搬到外祖父西园寺实氏在冷泉富小路的宅邸。宽元四年正月二十八日，关白二条良实请求辞去官职。据说，二条良实请求式部权少辅[①]藤原茂范书写辞呈之时，藤原茂范再三推辞，后来在九条道家的命令下才无奈同意。由此可知，九条道家肯定向藤原茂范施加了压力。前任关白近卫兼经在日记《冈屋关白记》宽元四年正月二十八日的记录中写道："九条道家下达了命令。"这更足以证明此事。近卫兼经还在日记中提到了关白更替的影响："父子、兄弟不和，世人议论纷纷，关白因此更换。彗星现世远不及此。"语言简洁幽默，读者一目了然。就这样，朝廷批准了二条良实的辞职申请，一条实经如愿被任命为关白。宽元四年正月二十八日夜晚，一条实经举办了拜贺仪式，而二条良实自此隐居家中。

七、九条道家的三位儿子就任摄政和关白

一条实经被任命为关白以后，九条道家共有三位儿子任职摄政和关白。《增镜》中对此事进行了评论：

[①] 式部，即式部省，是日本律令制下的八省之一，负责处理官吏的考核、选任、叙位等事项。在式部省的两名次官中，位次较低的称作式部少辅。权少辅是指定员之外的少辅。

兄弟三人任职摄关，历史上只有两次先例。第一次是谦德公藤原伊尹、忠义公藤原兼通和东三条大入道殿藤原兼家三兄弟，之后便是藤原兼家的儿子中关白殿藤原道隆、粟田殿藤原道兼和法成寺入道殿藤原道长三兄弟。藤原道长的后代之中，又有六条殿近卫基实、松殿基房和月轮殿九条兼实就任摄关。而月轮殿九条兼实正是峰殿九条道家的祖父。其中，粟田殿藤原道兼上任关白七日便离开人世，未能执掌天下。松殿基房之子松殿师家也曾暂居要职，却最终止于一代。上述之人全都未能使家族永垂后世。然而，九条教实、二条良实、一条实经的子孙至今尚存。藤原家族历史悠久，繁荣昌盛，其他家族可望而不可即。恐怕此后也难有超越之家族。摄政殿下（一条实经）是一条家族的祖先，后世被称作圆明寺殿，他任职摄政只有两年。

松殿师家

第4节 后深草天皇即位

宽元四年（1246年）正月二十九日，后嵯峨天皇遵循后鸟羽院和土御门院的先例，在冷泉官万里小路宅邸让位于四岁的皇太子久仁亲王，这就是后来的后深草天皇。一条实经由关白改任摄政，同时兼任院司。权大纳言西园寺公相被任命为御厩别当。权大纳言源显定被任命为执事。参议叶室定嗣奉命处理院中一切杂务。叶室定嗣将此事看作过分的荣耀，他在日记中写道：

> 臣遵从圣意就任院司，可执行院中诸事，几乎等同于执事。按照先前的惯例，朝廷任命执事之时，必然会任命一位执权共同掌管院口事务。然而，此次朝廷并没有任命执权。臣以不肖之身就任如此要职，虽然是家族的造化，也实在是过度的光荣。

右大臣近卫兼平、前任内大臣土御门定通和大纳言德大寺实基被任命为院别当。宽元四年三月，后深草天皇的外祖父西园寺实氏被任命为太政大臣，获赐牛车和随行侍卫，侍卫人数几乎达到了摄政和关白的标准[①]。宽元四年三月十一日，朝廷在太政官厅举办了即位大典。

---

① 《冈屋关白记》宽元四年三月五日载。——原注

第 46 章

幕府的内讧

第1节 更换关东申次

一、关东申次的变迁

由于后深草天皇尚且年幼，朝中事务由后嵯峨上皇掌管。后鸟羽上皇执掌院政期间，坊门信清和西园寺公经担任关东申次①。后来，九条道家就任此职。若朝中发生重大事件，由九条道家亲自向幕府传达，或由修理大夫高阶经雅②代他转达。宽元四年（1246年），后嵯峨上皇执掌院政以后，九条道家向九条赖经申请继续担任关东申次。宽元四年三月三日，九条道家得到九条赖经的回复，将结果上奏给后嵯峨上皇。此后，九条道家继续担任关东申次，负责在朝廷和幕府之间传达秘密要事。另外，朝中任免事宜由摄政负责传达，若有其他杂务，幕府可直接通过院司申请院厅宣旨，无须通过关东申次③。

二、九条道家与九条赖经的关系

与以往的制度相比，虽然在手续上有少许变化，但九条道家依然是朝廷与幕府之间的关键人物。九条道家已经辞去官职，皈依佛门，他看似远离俗世，但仍然担任关东申次之职。由此可知，九条道家在政治上的野心并未消

---

① 关东申次，镰仓时代，负责与幕府联络的朝廷官员。
② 高阶经雅，根据《公卿补任》的记载，高阶经雅原名高阶经时，因与北条经时重名，在仁治三年（1242年）改名为高阶经雅。——原注
③ 《叶黄记》宽元四年三月十五日载。——原注

失。同时，九条粮经也在辞去征夷大将军之职后出家为僧，甚至几度公布了返京的日期，却依然主宰幕府的机要事务。

不论九条赖经回京到底是出自真心还是有其他意图，单纯从九条道家的立场来看，他更希望九条赖经永远掌握幕府的大权。事实上，有部分幕僚也不希望九条赖经返京，他们一直在设法阻止。

第2节 北条经时去世

执权北条经时突然去世，幕府的局势出现了动荡。从宽元三年（1245年）六月开始，北条经时便罹患疾病。宽元四年（1246年）三月，北条经时病危，幕府的重臣在北条经时的宅邸召开秘密会议，商议选定执权的继承人。当时，北条经时的两个儿子尚且年幼，北条经时希望让位于胞弟北条时赖，也得到了北条时赖的支持。九条赖经和九条赖嗣专门派遣使者对北条时赖表示了祝贺。在征得九条赖经的允许之后，北条经时出家为僧，法号安乐。宽元四年闰四月，北条经时去世，年仅二十三岁。

第3节 对名越光时等人的处分

一、北条经时去世以后的事变

北条经时去世以后，与前任征夷大将军九条赖经交好的部分官员宣誓拥护九条赖经，企图出兵讨伐北条时赖。名越一族就是其中的代表人物。听闻此事，近国的御家人立刻全副武装，准备迎战。他们之中，有人直接前往幕府，也有人聚集在北条时赖的宅邸。人民纷纷搬运资产，匆忙避难。局势日益动荡。

北条时赖占领先机，集合兵力扼守镰仓的要塞，以备不时之需。宽元四年五月二十五日，九条赖经派使者前往北条时赖的宅邸解释情况，遭到北条时赖的拒绝。随后，民间盛传九条赖经将出兵讨伐名越一党。听闻此事，名越光时割发献给北条时赖,名越光时之弟修理亮名越时幸自杀①。名越光时之弟尾张守名越时章、备前守名越时长、右近大夫将监②名越时兼等人都向幕府表明了忠心,他们被免于处罚。

二、对名越一党的处分

经过北条时赖与北条实时等人的讨论,幕府决定将名越光时流放到伊豆国,罢免他伊贺守的职务,并没收他的领地。此前,后藤基纲、藤原为佐、千叶贞胤和三善康持等人受到牵连,被罢免了评定众的职务。三善康持还被罢免了问注所执事的官职。随后,千叶贞胤被驱逐到上总国。

第4节 九条赖经回京

一、九条赖经谋反的流言

对名越光时等人的处分告一段落,接下来就要看九条赖经如何进退了。当时,民间盛传九条赖经有谋反之心,甚至说他在宽元四年(1246年)六月初已经抵达京都。据说九条赖经一方面挑唆武士讨伐北条时赖,另一方面在积极设法调伏。九条赖经善待勇士,经常启用灵验的高僧和阴阳师,他曾经在镰仓的鬼门③修建五大明王院,这些行为都值得怀疑。不久后,民间又传言造反之事是九条赖经与父亲九条道家合谋而为,北条经时早逝也是二人诅咒的结果。六波罗府严加警戒,京都城内人心惶惶。

二、九条赖经出发

宽元四年六月十四日,幕府使臣安达盛景抵达京都,将九条赖经宽元四年七月进京之事告知朝廷。宽元四年六月二十七日,北条时赖和九条赖经抵达越后守北条时盛在佐介的宅邸。宽元四年七月十一日,九条赖经出发,众位近臣随行。宽元四年七月二十八日,九条赖经进京,入住六波罗北殿北条重时的若松殿。

---

① 出自《叶黄记》宽元四年六月六日的记录。《吾妻镜》中的记载是名越时幸病逝。——原注
② 右近大夫将监,近卫府的官员,主要负责现场指挥和护卫等事务。
③ 鬼门,艮方,东北方向。在阴阳五行说中为鬼出入的方向,不能在这一方向开门或修厕所。

此前，幕府曾经宣称，在九条赖经回京以后会让他达成所愿。九条赖经抵达佐介宅邸之时，北条时赖准备了丰富的酒宴。看似稀松平常，其实幕府已经决定将九条赖经放逐到京都。幕府的内讧也就此宣告结束。世人将这次事件称作"宫骚动"。

三、传闻的依据

与九条赖经有关的很多传闻都有夸大之嫌。所谓五大明王院，也就是五大堂，是九条赖经在嘉祯元年（1235年）正月所建。宽喜元年（1229年）十月，幕府决定在镰仓为九条赖经修建祈愿寺，北条泰时和北条时房等人为此寻找候选地点。他们原本想在甘绳修建佛寺，但后来选择了二阶堂。当时北条泰时和北条时房等人知道二阶堂是幕府的鬼门，适合在此处祈祷，所以决定在此处修建寺院。后来流传的调伏之说实在是荒谬至极。然而，幕府怀疑九条赖经，肯定是掌握了更加确切的证据。据说，北条时赖逮捕了九条赖经的近臣前任兵库头藤原定员，并加以审讯，由此得知了九条赖经谋反的事实。藤原定员之子在焚烧密信后自杀[①]。所以，无论是九条赖经在镰仓派遣使臣向北条时赖解释情况，或是他回到京都以后向北条时赖寄出书信，北条时赖都毫无回应。

第5节 三浦氏之乱

一、对三浦泰村的嫉妒

三浦泰村继承父亲三浦义村的遗志，依靠北条氏外戚的身份不断加官晋爵，不仅兼任数国的守护，还获得了数万町的庄园，地位凌驾于同僚之上。佐佐木义清之子佐佐木政义是幕府的近臣，他看到三浦泰村几乎成为御家人的首席，深感不平。佐佐木政义屡次与三浦泰村争夺座席的先后，却最终未能取胜。愤怒之余，佐佐木政义未经幕府许可就直接出家为僧。幕府责怪佐佐木政义违反法规，没收了他的所有领地后赠予其弟佐佐木泰清。此事足以看出他人对三浦泰村的嫉妒与不满。

---

① 出自《冈屋关白记》宽元四年（1246年）六月九日的记载。——原注

二、九条赖经与三浦氏

在九条赖经谋反一事中,三浦氏也有共谋的嫌疑。后来,三浦泰村被赦免,他也重新参与到幕政之中。根据三浦泰村之弟三浦光村的供认,九条道家对三浦氏提出了共谋的邀请,三浦光村也打算立刻起事,三浦泰村却一直犹豫不决。笔者认为,不论是三浦泰村在内讧事件中的态度,还是其知己结城朝光的证言,都可以说明三浦泰村并不支持此事,这种观点应该也最接近事实。而三浦光村自幼就是九条赖经的近侍,深受九条赖经的信任。在九条赖经回京之时,三浦光村是护送侍卫中的一员。回到镰仓以后,三浦光村也时常表露出对九条赖经独自流落京都的同情,并希望九条赖经能够重返镰仓。

三、安达景盛策划打倒三浦氏

北条时赖的外祖父安达景盛对三浦氏的嚣张跋扈心怀不满。宝治元年(1247年),从高野山归来之后,安达景盛就与北条时赖密谋讨伐三浦氏之事。安达景盛看到儿子安达义景和孙子安达泰盛毫无备战准备,专门告诫了二人。《皇代历》中提到了三浦氏之乱的根源:"此乱的根源是三浦泰村与安达义景的争权夺势。"此事也拉开了三浦氏之乱的序幕。在笔者看来,三浦氏在幕府已经招致众怒,九条赖经之事又使北条氏对他们越发不满,三浦氏迟早会走向灭亡。安达景盛是北条时赖的外祖父,他一心希望北条时赖能幸运安康。无论此举是出自本意还是出于北条时赖的邀请,安达景盛都会倾尽全力打倒三浦氏。

四、北条氏的挑拨行动

宝治元年五月六日,三浦泰村与北条时赖达成约定,将次子驹石丸送给北条时赖做养子。宝治元年五月十三日,征夷大将军九条赖嗣的夫人桧皮姬病逝。桧皮姬是北条时赖的妹妹,为了给她服丧,北条时赖暂时居住在三浦泰村的宅邸。虽然北条时赖一直装作若无其事,但鹤冈八幡宫前面的告示、三浦泰村宅邸内的涂鸦都在向世人宣告,幕府即将诛戮三浦氏。北条氏希望通过此举达到刺激挑拨三浦氏的目的。双方严阵以待,幕府人心惶惶。

五、三浦氏灭亡

北条时赖发现三浦泰村在秘密集合兵力，便立刻返回宅邸。近国的御家人也前来会合，日夜守卫在北条时赖的宅邸。宝治元年（1247年）六月五日，北条时赖派人将亲笔信交于三浦泰村，要求三浦泰村撤回兵力，三浦泰村欣然应允。安达景盛对此结果不甚满意，他传令给安达义景和安达泰盛，要求他们迅速出兵讨伐三浦泰村。双方交战以后，北条时赖命令北条实时守卫幕府，派遣北条时定赶往现场。三浦泰村全力反击，两军殊死奋战。北条时定放火烧毁了三浦泰村的宅邸。三浦泰村等人退守到源赖朝的法华堂，三浦光村也率人来到了永福寺。两军激战许久，三浦泰村深知胜利无望，自杀身亡，一族上下三百余人随之赴死①。毛利季光原本守卫在北条时赖的宅邸，后来在妻子（三浦泰村的妹妹）的劝诫下加入了三浦氏的军队。毛利季光皈依念佛宗，在法华堂退守时，他劝诫众人诵读《法事赞》，据说三浦光村也受到了他的影响。

六、对三浦氏余党的处分

三浦氏叛乱的消息传到京都，朝廷认为事态严重，立刻命人修法祈祷。三浦氏战败当天，北条时赖写信给六波罗北殿北条重时，并通过西园寺实氏向朝廷汇报了战果。与此同时，幕府向西国的御家人下发了公文：

> 谋反叛逆一事
> 三浦氏同族亲属、兄弟等人，不问缘由，皆应逮捕。京都的杂掌、各国代官等人应该仔细查明详情，若有可疑之人，必须立刻上报。

此后，幕府在诸国大力搜捕三浦氏的余党，同时向鹤冈八幡宫和法华堂进献了领地，并奖励了有功将士。安达景盛达到了目的，不久便回到高野山，隐居山野。

---

① 出自《叶黄记》。《吾妻镜》的记载是五百余人。——原注

第6节　更换六波罗北殿

在九条赖经返回京都以后，北条时赖希望召回六波罗北殿北条重时，让他辅佐幕府政务，为此咨询了三浦泰村的意见。当时，三浦泰村持反对态度。宝治元年（1247年）六月，三浦泰村伏诛。北条时赖急需北条重时辅佐战后的幕府政务，他派遣急使前往京都，请求北条重时尽快回归。当时，后嵯峨上皇亲临法胜寺参加八讲①法会，祈祷北条重时取消东下的念头。宝治元年七月，北条重时返回镰仓，成为幕府的连署。幕府派遣北条重时的次子北条长时前往京都，担任六波罗北殿。

---

① 八讲法会，诵读《法华经》八卷的法会。一般每天早晚举办两次讲座，分四天完成。

第47章

后嵯峨上皇的院政

第1节 九条道家失意

一、九条道家、九条赖经父子相见

九条赖经返京，给京都的朝政带来了巨大波动。此前，九条赖经回京的消息已经尽人皆知，他的名声也大不如前。民间盛传九条赖经与父亲九条道家合谋造反，幕府打算采取行动报复二人。根据《叶黄记》宽元四年（1246年）六月十日的记载，"世间局势动荡，众人议论纷纷。宽元四年六月十日早晨，九条道家的宅邸发生可怕之事，仔细调查后也并无所获。也许是天狗所为"。由此看来，京中的形势已经濒于危殆。九条赖经回到京都以后，前往东山殿拜访了九条道家。《叶黄记》中描述父子相见的场景"极其隐秘"，与九条赖经首次进京的盛况相比，实在令人唏嘘。

二、北条时赖上奏

宽元四年八月，北条时赖向北条重时传达了密信，希望他秘密上奏后嵯峨上皇。北条重时邀请院司叶室定嗣来到六波罗，请他根据北条时赖的书信编写奏折。听闻此事，圆满院宫仁助法亲王、西园寺实氏和土御门定通都提前到达院中守候。北条时赖在信中表示，九条赖经此次进京是为了远离政事、与世隔绝，御家人将继续守护征夷大将军九条赖嗣，幕府已经处决了所有心怀不轨之人，关东再度恢复平静。在如此特殊时期，北条时赖希望朝廷能施行德政。

他表示，或许朝廷以前的叙位任官无法顺从后嵯峨上皇的旨意，但他希望今后后嵯峨上皇能遵循正道提拔人才。北条时赖还向朝廷申请选任关东申次。显而易见，北条时赖上奏是为了向朝廷说明幕府改革的经过，而奏折最后的内容尤其引人注目。《叶黄记》宽元四年（1246年）八月二十七日的记录中详细记述了北条时赖上奏的内容，笔者将全文放在下方：

> 权大纳言入道九条赖经进京，主要是为了远离俗世。御家人将一如既往，守护征夷大将军九条赖嗣。幕府已经处决了所有不法之徒，关东恢复平静。天下诸事，都需仰仗公家的德政。此前，朝廷的叙位任官或许不能顺从圣意，今后请后嵯峨上皇务必遵从正道，选拔有才之人。最后，请后嵯峨上皇选定关东申次的人选。

三、朝幕关系的改变

由此可知，北条时赖对九条道家心怀不满，决定罢免他的关东申次之职。北条时赖在奏折中提及叙位任官无法顺从圣意，也是暗讽九条道家经常私自行事。宽元四年十月十三日，北条时赖派遣安藤光成进京，请求朝廷任命西园寺实氏为关东申次，并重申了德政的重要性。宽元四年十二月二十四日，西园寺实氏的使者携带幕府的回信从镰仓返京。后嵯峨上皇亲自过问。《叶黄记》宽元四年十二月二十五日的记载中写道："有秘事发生。"笔者无法得知详情。九条道家的地位一落千丈，西园寺实氏成为新一任关东申次，代替朝廷向幕府传达消息。九条道家在任期间，无论大小事务，幕府都经九条道家向朝廷上奏。此后，如遇琐碎小事，幕府可以直接通过院司向后嵯峨上皇上奏。

第2节　施行院评定制度

一、改革院政

九条赖经之事使幕府回想起承久年间的痛苦经历，在更换关东申次的同时，幕府一再请求朝廷施行德政，希望能借此机会改革朝政。宽元四年（1246年）十一月三日，院厅举办杂诉①评定仪式，审议了多起诉讼。此后，院厅在固定的日期审议诉讼，每月进行六次。太政大臣西园寺实氏、前任内大臣土御门定通、内大臣德大寺实基、中纳言吉田为经和参议叶室定嗣为评定众，吉田为经同时就任奉行。后来，大纳言堀河具实也加入了评定众的行列。

二、院评定与记录所

此后，朝廷的诉讼必须先经过记录所的审议，随后列入院评定②的议题，根据评定众的意见（即定词），采取少数服从多数的办法进行裁决。如果有模棱两可的情况，则需要记录所进行复议。记录所的工作逐渐转移到院评定的手中，最终记录所变成了只负责调查审理的部门。毫无疑问，这肯定是幕府为改善朝政而提出的建议，而后嵯峨上皇也欣然接纳了这种制度。后来，这种制度逐渐成为院政执政的准则。

第3节　近卫兼经就任摄政

一、近卫家族与九条家族逐渐疏远

近卫家族与九条家族世代疏离，即使在前任摄政近卫兼经与九条家族通婚以后，两家的关系也没有得到彻底改善。宽元四年四月，近卫兼经向春日神社奉上祷告文，祈祷能得到一个儿子。他的日记《冈屋关白记》中登载了祷告文的内容。

　　三流之辈权倾朝堂，光耀门楣，频出将相之臣，受到后嵯峨上皇宠爱。诸家皆有栋梁之材，见贤思齐，乃孔圣之遗训。请尊神彰显神通，重树正嫡风采。③

---

① 杂诉，在中世纪的日本，在公家的诉讼制度中主要指与领地相关的诉讼。
② 院评定，在院政时代，由上皇或法皇主宰的议定制度。
③ 出自《冈屋关白记》宽元四年四月二十三日的记载。——原注

文中的三流之辈是指九条家族，近卫兼经自称嫡流，暗自贬低九条家族。九条赖经之事发生以后，九条家族受到了前所未有的打击，瞬间由盛转衰。近卫兼经始终冷眼旁观，甚至表露出些许喜悦之情。

二、更换摄政

九条道家已经完全失去幕府的信赖，一条实经的地位也岌岌可危。在九条家族失势的同时，近卫家族开始崛起。宝治元年（1247年）正月，幕府上奏，请求朝廷更换摄政。一条实经在上奏请辞之前就直接被罢免了职务，近卫兼经重新就任摄政，同时兼任藤氏长者，再次获赐随身侍卫和牛车。一个月朗星稀的夜晚，近卫兼经来到直庐，咏下和歌一首：

夜露沾衣犹未干，重见宫中明月夜。

一条实经关闭家门，隐居家中。天台座主慈源辞去官职。不久，后嵯峨上皇命令一条实经打开家门。

后嵯峨上皇即位仅六年，摄政已更换四次，史上并无先例，世人甚感惊奇。

第4节 忠成王行元服之礼

宽元四年（1246年），顺德院的皇子忠成王已经二十六岁，由于忌惮幕府的势力，始终没有举办元服仪式。宝治元年（1247年）二月，忠成王行元服之礼。根据《叶黄记》的记载，在民部卿平经高的斡旋之下，忠成王自行举办了元服仪式。然而，事实也许未必如此。《百练抄》中曾经记载，前任内大臣九条基家和中将赖基分别为皇子加冠和理发。不管事实真相如何，此事都足以耸动视听。《五代帝王物语》中写道："关东刚刚恢复平静，顺德院的皇子举办元服仪式，世人不禁浮想联翩。"由此可知，外界已经得知忠成王元服的消息。九条赖经之事发生以后，幕府对九条道家产生猜忌，如今九条道家推崇的皇子举办元服仪式，幕府的态度可想而知。

第5节 幕府的态度

一、幕府对院政的信任

后嵯峨上皇为人谦虚，性格稳重，加之在即位之前曾经处于逆境，他对幕府的拥立十分感激。因此，后嵯峨上皇十分重视幕府的意见，朝廷事宜无论大小，他都在咨询幕府之后做出决定。九条赖经之事发生以后，幕府对九条道家产生反感，对后嵯峨上皇的态度却毫无改变。幕府甚至希望后嵯峨上皇能亲自处理政事，还屡次上奏请求后嵯峨上皇施行德政。于是，后嵯峨上皇决定遵从幕府的意愿，专心经营院政。宝治元年（1247年）六月，为了与幕府商议德政之事，后嵯峨上皇命令院司叶室定嗣秘密前往镰仓，叶室定嗣拜辞。后嵯峨上皇表示，西园寺实氏以下的公卿东下镰仓，朝中有过类似先例，若完成此次使命，将会是无上的光荣，亲切地劝诫了叶室定嗣。同时，幕府也对后嵯峨上皇越发信赖。权僧正慈源被罢免官职以后，后嵯峨上皇推荐道觉法亲王就任天台座主。后嵯峨上皇认为道觉法亲王是一门耆宿，有较高的名望，非常适合就任此职。尽管道觉法亲王是后鸟羽院的皇子，幕府还是遵从了后嵯峨上皇的决定。平定三浦氏之乱以后，幕府召开秘密会议，认为在这种特殊关头更要拥护朝廷。这些事实足以证明幕府对后嵯峨上皇的敬奉和支持。朝幕关系如此和谐，这在历代上皇执掌院政期间并不多见。

二、幕府抗议．向后嵯峨上皇进献领地

宝治元年八月，幕府使者安达长泰率四五百名骑兵进入京都。安达长泰先行拜见后嵯峨上皇，通过西园寺实氏将要事上奏。随后安达长泰拜会了摄政近卫兼经和仁助法亲王。一般来说，幕府使者入京若有士兵相随，肯定有示威的目的，这次也不例外。幕府这次是为忠成王元服之事提出抗议。九条家族的公卿大惊失色。忠成王在元服以后也未被封为亲王，其子三郎宫被赐予源姓，名为彦仁。同时，幕府向后嵯峨上皇进献领地。承久年间，幕府在神崎庄设置地头，但这里每年只能缴纳极少的年贡。于是，幕府取消地头，将此地献给后嵯峨上皇。幕府还将修明门院过去的领地筑前国宗像社赠予后嵯峨上皇。两地

原来都归属三浦泰村管理，三浦泰村伏诛以后，幕府将两地没收。在笔者看来，幕府将拥护朝廷的决议付诸于实际行动。

第6节　后嵯峨上皇的院司

一、西园寺实氏与土御门定通

西园寺实氏在后嵯峨上皇的院厅中几乎占据首席的地位，此事毋庸置疑。西园寺实氏是皇室的外戚，在九条道家失势以后就任关东申次，在朝中的势力无人可及。土御门定通在院厅的地位仅次于西园寺实氏。他拥立后嵯峨天皇登上皇位，为朝廷立下奇功。土御门定通虽然是土御门通亲之子，智谋却远不及土御门通亲。后嵯峨天皇即位之时，土御门定通的政敌一直担心土御门定通会专横跋扈，任人唯亲。然而事实证明，土御门定通没有任何失政之举，顺利地完成了辅弼大任。宝治元年（1247年）九月，土御门定通病逝。《叶黄记》宝治元年九月二十八日的记载中写道：

> 土御门定通的人格值得赞颂，他的死讯令人惋惜。土御门定通去世时享年六十六岁。他博览群书，有卓越之才，是院中执权。世人十分惋惜。

二、叶室定嗣

叶室定嗣在院中的地位也举足轻重，他是起草承久倒幕宣旨的叶室光亲之子。对于后嵯峨上皇的重用提拔，叶室定嗣感激涕零。朝廷任命叶室定嗣为院司之时，他在日记中写道：

> 臣以不肖之身就任院中执权，朝中多人不满，甚至有人向后嵯峨上皇进献谗言。然而后嵯峨上皇深思熟虑，未受奸人蛊惑。臣定当竭力报答知遇之恩。这实在是家族的余庆。承久之乱发生之时，

先父起草了倒幕宣旨，或许有人仍记得此事，此处也不必细说。朝廷此前也有过封赏，但这次的任命确实是过度的荣耀。后嵯峨上皇如此看重，吾定当尽心辅佐。

叶室定嗣表达了一心奉公、忠诚于后嵯峨上皇的决心。《古今著闻集》中这样描述叶室定嗣：

> 前任权中纳言叶室定嗣，精通和汉文学，丝毫不逊于先祖。宽元四年（1246年）初，叶室定嗣就任院执权以来，一直清正廉洁，心有菩提。建长元年（1249年），叶室定嗣在宅邸的旁边修建山庄，希望能就任大纳言。建长二年（1250年）八月十三日，叶室定嗣专门拜见了后嵯峨上皇、摄政近卫兼经和前任摄政一条实经，后嵯峨上皇也有意任命叶室定嗣为大纳言。由于院中女官的阻止，叶室定嗣未能如愿。建长二年八月十四日清晨，叶室定嗣在佛堂参拜。当日夜晚，叶室定嗣削发出家。

书中充分表现出了作者的惋惜之情。

三、对院政的指责

后嵯峨上皇的院司人数众多，他们常常因为人格操行受到谴责。摄政近卫兼经就是谴责院司的其中一人。他在日记《冈屋关白记》建长三年（1251年）八月十四日的记载中写道：

> 老臣已四十二岁，亲眼见证了人情淡薄。朝中并无忠臣，也无贤才。尤其是仙洞近臣，皆为蝮蛇与鹕鸟，无益于江山。虽然叶室定嗣非善人，但在他逝世以后，院中尤不及此。

近卫兼经曾在日记中指责朝廷任官叙位失当，这可能是引发上面言论的直接原因。然而，权力之下，难免引发怨叹，仅以只言片语判断正邪未免过于武断。只是后嵯峨上皇宽宏大量，权臣蒙蔽圣意、颠覆院旨也不无可能。建长二年（1250年）六月，霖雨不断。为了祈祷天气转晴，摄政近卫兼经请求向各大神社进献币帛，后嵯峨上皇准许。然而，叶室定嗣认为六月不适合进献币帛，对此事加以阻止。随后，西园寺实氏与近卫兼经合议，二人找到了六月奉币的先例，再次上奏后嵯峨上皇。最终，后嵯峨上皇重新下旨向各大神社派遣奉币使臣。近卫兼经曾经评论此事：

> 后嵯峨上皇日日更改决策，皆因权臣上奏所致……其他事情皆是如此，无须多言。

从此事看来，后嵯峨上皇虽然沉着稳重，但缺少天子之德。

四、后嵯峨上皇与仁助法亲王

说到后嵯峨上皇的院政，就必须提及后嵯峨上皇与皇兄仁助法亲王的关系。建长二年八月，幕府使者安达长泰进京，在拜访了西园寺实氏和近卫兼经之后，安达长泰专门来到了仁助法亲王的住所。叶室定嗣认为此事十分可疑，他在日记中写道：

> 前任相国西园寺实氏是院厅别当，近卫兼经是朝廷摄政，无须多虑。但使臣拜访仁助法亲王，必有深意。

从叶室定嗣的言语中可以看出，他对政局的内幕并不了解。《五代帝王物语》中这样描述仁助法亲王：

> 仁助法亲王与后嵯峨上皇为同胞兄弟，二人曾在承明门院的宅邸共同生活。兄弟两人感情深厚，经常一起讨论政事。幕府也对仁助法亲王的贤德之名颇有耳闻。仁助法亲王对寺院之事更是了如指掌。

由此可知，后嵯峨上皇和幕府都对仁助法亲王十分信赖。仁助法亲王经常出入院中，参与内外机要政事，他也经常为后嵯峨上皇出谋献策。幕府使者奉旨拜谒仁助法亲王根本不足为奇。

第48章

摄政近卫兼经

第1节 闲院烧毁

一、迁宫冷泉富小路宅邸

宝治三年（1249年）二月一日夜晚，闲院失火。后深草天皇与中宫和曦子内亲王共同乘车离宫，前往西园寺实氏在冷泉富小路的宅邸。途中，后深草天皇改乘轿辇，宫人奉宝剑和神玺同行。后嵯峨上皇也同时迁宫。八咫镜、玄象①、铃鹿②、御笛箱（装有水龙）③、大刀契④、铃印⑤、御椅、时简⑥等世代珍宝都弃于宫中。朝廷罢朝三日。宝治三年三月十八日，因为天象异变，加之皇居烧毁，朝廷将宝治三年改元为建长元年（1249年）。西园寺实氏立刻将皇宫烧毁的消息告知幕府。宝治三年四月，幕府使者进京，上奏请求修缮闲院。

二、京都的大火

传闻皇宫烧毁是由于有人故意纵火。此后不久，宝治三年三月二十三日

---

① 玄象，平安时代的琵琶名器，据说是藤原贞敏从唐朝带回。玄象也指能乐的曲目。
② 铃鹿，宫中世代相传的名品和琴。
③ 御笛箱，宫中世代相传的名品笛子。
④ 大刀契，日本天皇皇位继承时，世代相传的神玺之一。地位仅次于三种神器。南北朝时代丢失。
⑤ 铃印，指天皇玉玺与驿铃。驿铃是古代日本官员赴各地执行公务的凭证。
⑥ 时简，清凉殿中用来显示时间的布告牌。

后深草天皇

午时,姊小路室町附近发生大火,由于风势较大,北起三条坊门,南至八条,西至西洞院,东到河原全部波及,六角堂被焚毁。火势蔓延到鸭川对岸,莲华王院的佛塔被烧,千体观音之中只有二百余尊幸免于难①。后嵯峨上皇亲临后白河院的法华堂确认火情,万幸的是,这里未被波及。新熊野神社的钟楼宝藏和大外记中原师兼的文书都在大火中烧毁。

此后,京都屡遭大火,三分之二被烧毁②。

三、京都的三分之二被焚毁

朝廷召集阴阳师来到后嵯峨上皇的住处进行占卜,告知后嵯峨上皇要谨言慎行。宝治三年(1249年)四月二十三日,后嵯峨上皇将亲笔书写的祷告

---

① 出自《五代帝王物语》。《一代要记》的记录是一百五十六尊观音和二十八部众的立像未被烧毁。——原注
② 出自《增镜》。《五代帝王物语》的记录是京都烧毁过半。——原注

文奉于白河院、后白河院和后鸟羽院的陵墓前，祈祷不再发生天变和火灾。宝治三年四月二十六日，为了消除灾祸，朝廷命令东大寺、兴福寺、元兴寺、法华寺、大安寺、药师寺、西大寺、法隆寺、新药师寺、大后京寺、超证寺、唐招提寺、宗镜寺、弘福寺、法胜寺、尊胜寺、最胜寺、成胜寺、延胜寺、圆胜寺等寺院及五畿七道诸国的寺院诵读《金光明最胜王经》，命令延历寺和园城寺等寺院诵读《大般若经》。宝治三年五月二十三日，朝廷下令服饰和膳食应当从简。

四、闲院成为皇宫

建长二年（1250年）三月，幕府确定了修缮闲院的杂掌人选，命令执权北条时赖和下属二百余人分担闲院的修缮工程，并将此事上奏朝廷。建长二年四月，朝廷也确定了修缮工程的主要负责人。建长二年七月，修缮工程开始。建长二年十二月，朝廷确定了上梁日期。建长三年（1251年）一月，朝廷举办闲院上梁仪式。修缮后的闲院宏伟壮观，与皇宫的构造极其相似，规模仅次于紫宸殿①。建长三年六月，后深草天皇从富小路宅邸迁宫闲院。当天，为了奖励众位臣子，朝廷举办了官员任命仪式。因修缮闲院有功，征夷大将军九条赖嗣叙从三位，北条时赖身为造国司，叙正五位下。

第2节 摄政近卫兼经心生辞意

一、近卫兼经意图让位于近卫兼平

宽元四年（1246年），近卫兼经的夫人九条仁子生下男孩，名为近卫基平。近卫兼经终于如愿以偿，喜不自禁。先前，近卫兼经听从父亲近卫家实的命令，将异母弟近卫兼平收为义子。宝治二年（1248年），近卫兼经年近四十，任职摄政已达九年，他越发担心盈满则损。为了给贤德之才提供机会，也为了尊重先人的遗训，宝治二年十二月，近卫兼经派遣使者前往镰仓，命其将下文的书信交给征夷大将军九条赖嗣，请求将摄政之职让给近卫兼平：

---

① 紫宸殿，日本皇宫中的正殿。一般为举行正式仪式的场所，也举行朝政、朝贺或即位大典。

镰仓右近卫少将殿下（九条赖嗣）：

　　虽然臣久未请教，但绝非处事简慢。只因事非紧急，不想随意叨扰。如今，臣以不肖之身居于要职，虽然此乃家族余庆，但过犹不及。载舟易覆，实木易折。为消灾延年，微臣请求让位于左大臣近卫兼平。近卫兼平遵循先父的教诲，成为微臣义子，忠孝两全。请幕府商议此事，在方便之时上奏朝廷。微臣虽辞去官职，但仍一心奉公。朝中先例也皆如此。无论发生何事，微臣仍会每日上朝，一如往日。微臣定会以平常心对待朝中事务，绝无二心。请慎重考虑。

摄政（近卫兼经）印章
宝治二年十二月二日

二、献给春日神社的祈愿文

为了达到目的，近卫兼经向春日神社献了祈愿文，文中叙述了自己过去的生涯。

　　吾曾担任文武内外之职，继承家族贤者之志。任职关白虽然只是暂时的荣耀，却也已经持续父子两代。年老之人仍然就任此职，实在有违天意。若吾等庸才阻挡了贤人之路，必然给家门带来耻辱。仔细想来，吾任职摄政已达九个年头。如今吾年近四十，虽然尚可辅佐君王，但荣耀过犹不及。大权不可久执，高位不应久居。先言不忘，后事之师也。

近卫兼经还叙述了让位给异母弟近卫兼平的理由：

　　左大臣近卫兼平是微臣的异母弟，他遵从先父之命，成为微臣义子。多年来，近卫兼平在朝中担任将相之职，他肯定能够继承祖宗大业。近卫兼平才智过人，定能担当辅佐君主之大任。微臣与近卫兼平本为同父兄弟，若互生猜忌之心，堵塞贤人之路，实在有违正道。而且此事为先父遗愿，也可成全近卫兼平之大志。若此事能成，吾定当感谢神佛，恪守知止之礼，专心为消除灾祸出谋划策。吾深信盈满则损，如果此事可成，苍天可鉴，定会为吾消除所有病根，使吾活至百年。让位之愿虽然微不足道，却会带来诸多利益。

近卫兼经还提到了史上的先例，并表达了自己的希望：

历史上曾有此种佳例。早年间，为了保护子孙之福，宇治殿藤原赖通让位于大二条殿藤原教通。如此仁风，恩泽众人，理当效仿。兄弟情深，后世也一定会有回报。

由此看来，近卫兼经是效仿了藤原赖通让位于藤原教通的先例。而且近卫兼经希望嫡子将来能继承近卫兼平的官职。当时，如果朝中官员没有嫡子，或嫡子年纪太小而无法继承官位，就会将官职传给胞弟。而胞弟会帮助兄长养育嫡子，待其年长之后再将官职传给兄长的嫡子。这样一来，即使没有嫡子继承家业，家中权势也不会落入旁人手中。近卫家实要求近卫兼经收养近卫兼平，近卫兼经希望将职位传给近卫兼平，都是出于这种想法。

不久，近卫兼经的使者从镰仓返回，带回了九条赖嗣的回信：

让位一事，难以定夺。摄政近卫兼经处理朝中政务，屡次上奏，殚精竭虑。可自行上奏，听凭圣断。请继续就任此职，辅佐君主，改革朝政。

右近卫少将（九条赖嗣）印章
宝治二年（1248年）十二月二十日

三、幕府不同意

由此可知，近卫兼经为了让位一事征求幕府的许可，幕府以"难以定夺"四字回绝了他的请求；而且幕府希望近卫兼经继续留任，帮助幕府改革朝政。幕府表态以后，后嵯峨上皇也一定会支持幕府的决定。近卫兼经不得不继续在朝中任职。建长二年（1250年），近卫兼经再次向春日神社献祈愿文，文中写道："吾向神灵祈祷，向君主上奏。然而神意难以琢磨，君主强行挽留。吾当继续在朝为官，直至白首。"表露了近卫兼经当时的心声。

四、近卫兼经与幕府

近卫兼经能够超越九条氏坐上摄政之位，很大程度上是由于幕府的推荐，但他对幕府的态度并不明了。从近卫兼经的日记来看，他屡次进入院厅，与仁助法亲王等人讨论要事。九条赖经之事发生以后，幕府对朝政的干涉突然加深。笔者无从得知幕府通过近卫兼经向朝廷施加了哪些影响，但施行德政必定是其中之一。下文节选了《冈屋关白记》的部分内容，由此可知，幕府一直利用近卫兼经左右朝政，而近卫兼经本人则乐在其中。

> 宝治二年（1248年）闰十二月二十一日，幕府使者到来，因发生特殊政事，希望臣上奏朝廷。幕府使者携带北条时赖的书信，信封上写有"行贞收"（行贞是近卫兼经的侍卫之子，曾经作为近卫兼经的使者前往镰仓）。幕府使者来到府邸，具体说明了每条内容。幕府使者向行贞表示，希望臣上奏朝廷。臣拜见后嵯峨上皇，上奏此事，仁助法亲王也参与讨论。
>
> 宝治二年闰十二月二十七日早晨，幕府使者到来，希望得知宝治二年闰十二月二十一日上奏的结果。臣在大厅向他说明了详情。朝中政事极其重要，可遵从后嵯峨上皇的旨意执行。幕府使者准备于宝治二年闰十二月二十七日返回镰仓。未时许，臣跟幕府随使者来到六波罗府。入夜，臣回到家中。

五、近卫兼经小心翼翼

建长二年（1250年）四月，春日神社第三殿的交叉长木坠落。近卫兼经听闻此事，一直惴惴不安。他再次向春日神社献祈愿文，表达了未能让位于近卫兼平的伤心之情，同时祈祷能避免未知的灾祸。

第 49 章

执权北条时赖

第1节 辅佐九条赖嗣

随着征夷大将军九条赖嗣逐渐年长，北条时赖也开始对他尽心辅佐。宝治二年（1248年），北条时赖劝诫九条赖嗣学习和汉文学，选择有能之才担任近侍。建长二年（1250年），北条时赖上书九条赖嗣，请求他学习文学武艺。北条时赖请求中原师连和清原教隆教授九条赖嗣和汉文学，推荐安达义景、小山长村、左原光盛、武田政纲和三浦盛时教授九条赖嗣骑马射箭之术，还选拔了一批德才兼备之人陪伴九条赖嗣学习。同时，北条时赖命令僧人净真抄写《贞观政要》献给九条赖嗣。建长二年，幕府将近习番改为六组制，谨防意外事件发生。

第2节 开创引付制度

一、引付制度的改革

建长元年（1249年）十二月，由于诉讼进度停滞不前，幕府首次制定了三番引付制度[①]（也称作三方引付）。幕府从评定众中选拔了北条政村、一

---

① 三番引付制度，为了慎重审理诉讼裁判，镰仓幕府的执权北条时赖创立的裁判制度。

番）、北条朝直（二番）和北条资时（三番）作为引付头，从政所寄人中选择了五人作为引付众。引付众常年在政所办公，他们的主要工作是辅助评定众调查各种评定事项，执行评定众的决议。

建长三年（1251年）六月，幕府将三番引付制度改为六番，不久又恢复了三番。此后，引付制度的组次时有增减，引付众也没有固定成员。文永三年（1266年）三月，幕府暂时废除了引付制度，由问注所代其行使职务。文永六年（1269年）四月，幕府重设引付制度。永仁元年（1293年）十月，引付制度再次被废除，幕府改设执奏六人。永仁三年（1295年）十月，引付制度重新恢复。继评定众制度之后，引付制度成为幕府最重要的制度之一。

二、诉讼手续

引付众最主要的任务是审理诉讼。幕府将诉讼分为三种。与领地相关的诉讼叫作所务沙汰，由幕府和六波罗府的引付负责掌管。借贷、抵押、买卖、奴婢、诱拐等方面的诉讼叫作杂务沙汰，在镰仓由政所负责，在幕府的分国由问注所负责，在六波罗府由引付负责，分别审理。谋反、夜袭、强盗、偷窃、山贼、海贼、杀人和刀伤等相关诉讼叫作检断[①]沙汰，在镰仓由侍所负责，在京都由检断头人负责掌管。原告提起诉讼，需要将诉状（也叫解状或申状）和具书（证据材料）提交到幕府或六波罗府的问注所。问注奉行中的赋别奉行（也可直接称作赋奉行）负责受理诉讼并分配到引付手中。引付的开合（也叫公文）受理后确定专人奉行，向被告发放问状（也叫御教书或奉书），等待被告提交答辩书（也叫陈状或支状），原告也可以提出反驳。这种程序需要反复进行三次，所以也被称作三问三答的申诉。如果原告与被告达成和解，幕府则根据和解状的内容下发通知。

三、裁判手续

引付首先根据陈述书的内容进行文书的审理。如果是非曲直不够明了，则会发放召符（也叫召文，即召唤书）召唤原告和被告。引付根据距离的远近决定原告和被告的出席期限，如果召唤两次有一方仍然无故缺席，则以违反判

---

① 检断，中世纪日本对刑事犯的审理和判决叫作检断，也指负责检断的官员。

决的罪行处理,同时判处另一方胜诉。若双方同时出席,则在奉行所进行审问,这种程序称作内问答。根据双方的请求,也可以进行再次审问,这种程序称作覆问。审问结束以后,双方在引付当堂对质,引付众拟定出案件明细,即引付勘录。随后,引付将诉讼转交评定所,幕府的两位执权(如果在京都则是六波罗南殿和北殿)、引付头、引付众全都列席参加讨论,互提意见,根据评定的结果拟定下匀状(也叫裁许状),即判决书。最后,由引付亲自将判决书下发给胜诉的一方。

四、再审上诉

如果原告对判决结果不服,可以向引付头再次提起诉讼,要求再审,这种程序叫作覆勘。如果引付头不允许覆勘,原告可以向越诉奉行①或庭中②提出诉讼。幕府的庭中分为引付庭中和御前庭中两种。引付庭中向引付提起诉讼;御前庭中向评定所提起诉讼。京都设有庭中奉行专门受理再审上诉。直接向两位执权或两位六波罗殿秘密上诉的制度叫作内诉,最后一种救济制度称作奏事。诉讼手续如此周密,足以看出幕府对诉讼的重视程度。

---

① 越诉奉行,镰仓和室町时代的官职,负责受理越级诉讼。
② 庭中,镰仓幕府的一种制度,主要用于帮助败诉之人。若败诉一方认为在诉讼审理过程中奉行有不当行为,可以向担当奉行人的上司直接提起诉讼,要求再审。也可以指法庭。

第 50 章

九条道家的末路

第1节 九条道家与二条良实不和

一、九条道家与近卫兼经及二条良实

九条道家失势以后,他对待女婿近卫兼经的态度也不复从前。据说,近卫兼经曾经前往东山宅邸拜访九条道家,但九条道家表现得极其反常,对近卫兼经非常疏远。然而,九条道家与儿子二条良实的关系更甚于此。自从更换关白开始,二条良实就违背了父亲九条道家的意愿。九条道家对二条良实的反感也几乎达到了顶点。

二、二条良实一无所获

建长二年(1250年)十一月,九条道家分配了自己的遗产,以九条彦子(九条教实的长女)为首的众位子孙都获得了部分财产。一条实经和九条教实的嫡子九条忠家自然也在其中。如果一条实经和九条忠家的子孙将来在朝中任职摄政或关白,他们还可以继承祖传的领地。然而,二条良实毫无所获。不仅如此,即使他的子孙就任摄政或关白,也无法获得祖传的领地。九条道家曾经在书中提及此事:

> 先前生病之时,我分配了财产。之后我也未曾接受治疗,自然度过了数年。前任关白二条良实有不义之举,违背父命,他将来定

会成为家门之害、子孙之障，此事不可怀疑。我决定更改先前的分配方式，九条家族之人必须严格遵守此状，不可违反。我已经将原来的分配状书投入火中。思及先例，清慎公藤原实赖未将领地传给儿子三条关白藤原赖忠，却传给了极其孝顺的孙子藤原实资。法兴院藤原兼家未将领地传给中关白藤原道隆和粟田殿藤原道兼，却给予御堂藤原道长众多领地。法性寺殿藤原忠通将领地传给六条摄政近卫基实，并未传给菩提院松殿基房。已故禅阁九条兼实获得了皇嘉门院藤原圣子赠予的领地，此后世代相传。洞院摄政九条教实为家中嫡子，右大臣兀条忠家为嫡孙，前任摄政一条实经一直颇受宠爱，而且才智过人，皆应获得领地。但前任关白二条良实为人不义。

由此可知，九条道家专门修改了遗书，取消了传给二条良实的领地。此次分配是九条道家在去世两年前所作，应该也是最终的结果。

第2节 不和的原因

一、北条时赖与二条良实交好

遗产的分配充分体现了九条道家对诸子的爱憎之情。他提到九条忠家是九条教实之子，乃家族嫡孙。九条道家也坦白说出了对一条实经的宠爱，认为一条实经的才智足以继承家族领地。相反，九条道家认为二条良实将来会成为家族之害，阻碍子孙的发展，并对此深信不疑。根据书中内容，九条道家修改遗书主要是因为二条良实违反父命，但并没有详细叙述。笔者推测，九条道家对二条良实如此冷酷，除让位一事以外，肯定还有其他原因。奇怪的是，在九条道家招致幕府反感的时候，与他不和的二条良实却收到了幕府执权北条时赖的书信，二条良实和北条时赖还因此交好。《吾妻镜》建长三年（1251年）二月十日的记录中写道："建长三年二月十日北条时赖亲自写信给二条良实，为了以后交好之事。"北条时赖亲自写信给二条良实，二人一定有秘事需要商讨。

二、有关北条时赖真正意图的一种说法

《续本朝通鉴》中记载了下面的内容：

> 最初，北条时赖罢免九条赖经的征夷大将军之职，前任摄政九条道家怒火中烧，对幕府十分不满。宝治年间，三浦泰村和三浦光村密谋反击北条氏，一条实经与九条忠家都加入其中，唯有二条良实认为时机未到，难以战胜关东。二条良实屡次向九条道家谏言，九条道家不听，而且认为二条良实心怀不轨，与二条良实断绝了父子关系。二条良实深感悲哀，亲笔书写祈愿书祈祷，希望九条道家能接纳他的建议，但九条道家坚持如此。北条重时与北条时赖等人听闻此事，主动与二条良实交好，他们希望二条良实阻止九条道家等人的计划，表示今后可与九条氏保持友好关系。然而，九条道家坚持拒绝，对二条良实也越发厌恶。九条道家对一条实经却非常宠爱，一条实经在家中的地位宛如嫡长子。笔者听说，二条良实祈愿是在宝治年间，那应该是在三浦氏败亡前后。祈愿书由二条良实亲笔书写，并传给了二条家族。但二条良实不允许他人打开，祈愿书的内容无人知晓。

由此可知，由于幕府罢免了九条赖经的征夷大将军之职，九条道家愤愤不平，决定与三浦氏共同打倒北条氏。二条良实试图阻止，九条道家一怒之下与他断绝了父子关系。听闻此事以后，北条时赖决定与二条良实修好，希望他阻止九条道家等人的行动。

从当时的形势来看，此事极有可能是事实。很多学者都承认此事，也有人认为二条良实的身份等同于承久之乱中的土御门院。然而，这种观点并没有确切的证据。二条良实亲笔书写的祈愿书虽然传给了二条家族，却从不允许他人打开，其内容也无人知晓，而且在二条宅邸也并未发现此种祈愿书。

三、二条家族的说法

《续本朝通鉴》认为九条道家和一条实经、九条忠家有反抗幕府之心，将二条良实与九条道家的不和归于二条良实对九条道家的劝诫。由于九条道家不听从劝诫，二条良实专门向神灵祈祷，这无疑体现了二条良实的孝顺之心。而且祈愿文一直被二条家族秘密收藏。以上种种事实不免让人怀疑，这是二条家族刻意宣扬的结果。关于二条良实与九条道家不和的原因，二条家族有如下记载：

> 由于二条良实的家兄九条教实殿下先于家父早逝，二条良实成为家族继承人。九条教实的嫡子九条忠家成为二条良实的义子，九条教实之女九条彦子也成为二条良实的义女。九条彦子曾经嫁入宫中。后来，因发生意外事件，九条道家想与二条良实断绝关系，二条良实也并未违抗父命。但最终，二条良实保全了与九条道家的父子关系。建长年间，一条实经、九条忠家在内的族人全部被罢免官职，没收领地，隐居数年，只有二条良实父子幸免于难。
>
> ——选自《二条家谱》

与《续本朝通鉴》相比，《二条家谱》的记载不算直观详细。但根据以上记载，二条良实成了家族继承人，还保全了与九条道家的父子关系，这些内容仍然难掩粉饰的痕迹。既然《二条家谱》也难以否认九条道家想与二条良实断绝父子关系，那么到底是出于何种原因呢？

四、真 相

二条良实被罢免官职之时，从他对九条道家的态度来看，他肯定不甘心一直处于失意的境地。既然无法通过朝廷的势力来挽回败局，他必然会寻找其他方法。对于二条良实来说，寻求幕府的支持是最自然的一种选择。而西园寺实氏也很可能为二条良实提供了一定帮助。九条道家是幕府的敌人，二条良实与九条道家不和。仅凭这一点二条良实就足以博得幕府的同情，更何况他还主动示好，讨取幕府的欢心。也正因为如此，北条时赖决定与二条良实交好，而九条道家对二条良实的憎恶也越发强烈。只是，二条良实到底通过怎样的办法得到了幕府的支持，这点仍然不得而知。可以肯定的是，不管二条良实采取了何种方法，都必然会对九条道家带来不利的影响。

第3节　逮捕九条堂僧人了行法师

一、了行的罪状

建长三年（1251年）十一月，九条道家的夫人准三宫从一位西园寺伦子[①]病逝。征夷大将军九条赖嗣与执权北条时赖先后派遣使者赴京都吊唁。建长三年十二月初，镰仓城内流言四起，人心惶惶，武士争相聚集到北条时赖的宅邸日夜守卫。建长三年十二月二十六日，佐佐木氏信逮捕了城景赖、九条堂僧人了行法师和矢作左卫门尉长久连等人，在盘问后得知了事情的原委。据说，了行法师意图颠覆幕府，委托寺院的劝进招募了部分同伙[②]。

二、九条道家一族遭到后嵯峨上皇的斥责

此事牵连到九条道家，九条家族的僧侣几乎全部受到了后嵯峨上皇的斥责，唯有二条良实父子幸免于难。由于《公卿补任》中建长三年的记录缺失，笔者难以确定斥责之事是否属实，但恐怕并非虚构。

了行之事发生后，朝廷十分担心幕府的安危。建长四年（1252年）二月，为了祈祷幕府和京都安稳太平，朝廷命令仁助法亲王等人在后嵯峨上皇的宫中修行五坛之法。同时，北条时赖命人在幕府修行如意轮法，以祈祷幕府安全。

第4节　九条道家去世

了行法师被逮捕以后，幕府决定更换征夷大将军，北条时赖派遣特使携

[①]　《百练抄》的记载为淑子。——原注
[②]　出自《镰仓年代记》、《武家年代记》、《里书》和《关东评定传》。——原注

密信前往京都。建长四年（1252年）二月二十一日，九条道家在东山光明峰寺暴毙，享年六十岁。建长四年二月二十七日，急使将讣报传至镰仓，北条时赖和北条重时等人在幕府会集。《吾妻镜》中记载了当时的情景："九条道家死后，世人众说纷纭，幕府也急于讨论应对之策。"当时，很多人怀疑九条道家之死与幕府有关。《续本朝通鉴》中就写道："可能是幕府使者为之。"九条道家虽然自幼丧父，却十分通晓朝中政事，他将自己的日记命名为《玉蕊》。他创建了东福寺，一直经营光明峰寺并在此长期居住。世人经常称九条道家为光明峰寺殿或峰殿。九条道家意图颠覆幕府之事到底是否属实，至今仍未有定论。但在九条道家之死这件事上，幕府确实有很大的嫌疑。在笔者看来，纵使九条道家是自食恶果，但他被幕府的部分野心家所利用，被朝廷的反对派所出卖，这些都使他的命运更加悲惨。九条道家死后，《续本朝通鉴》中记载了二条良实的反应，笔者摘出了部分内容：

> 世人传言，九条道家与二条良实断绝父子关系以后，二条良实非常伤心。九条道家去世以后，二条良实更是悲痛欲绝。一日，二条良实前往光明峰寺拜祭九条道家，他在坟前痛哭流涕，还说："孤子有罪，惹得父亲生气，请原谅儿子的罪过。"随后山风乍起，树叶拂过二条良实的脸颊，二条良实哀泣不止，自言自语道："您仍然没有消气。"无奈之下，二条良实只能失望而归。后来，树叶的痕迹在他脸上形成了一颗痣。

第51章

拥立宗尊亲王

第1节 请求亲王将军东下

一、宗尊亲王加元服

中宫藤原姞子生下皇子之后，后嵯峨上皇最宠爱的仍然是宗尊亲王。建长四年（1252年）一月，十一岁的宗尊亲王在后嵯峨上皇宫中加冠，叙三品。《增镜》中提及了此事：

> 中宫藤原姞子的皇子出生以后，宗尊亲王受到了轻视。建长元年（1249年），中宫藤原姞子再次生下皇子，宗尊亲王成为太子的希望更加渺茫。后嵯峨上皇对宗尊亲王越发宠爱，同时备感失落，他想过将宗尊亲王赐为源氏子弟，却始终未能下定决心。后嵯峨上皇听闻幕府想要立宗尊亲王为征夷大将军，于是，在建长四年一月八日，在院中为宗尊亲王举办了元服仪式。

由此可知，在幕府秘密上奏之后，后嵯峨上皇决定为宗尊亲王举办元服仪式。但根据《吾妻镜》的记载，后嵯峨上皇在幕府上奏之前就已经为宗尊亲王举办了元服仪式。

二、请求后嵯峨上皇的第一皇子或第三皇子东下镰仓

建长四年（1252年）二月十二日，幕府派遣二阶堂行方、武藤景赖前往京都，请求后嵯峨上皇的第一皇子或第三皇子东下镰仓。根据《吾妻镜》的记载，奏折为北条时赖亲笔书写，连署北条重时也不了解奏折的内容。后嵯峨上皇的第一皇子是宗尊亲王，第三皇子是恒仁亲王。《武家名目抄》中写道："希望宗尊第二皇子成为征夷大将军。"然而，宗尊亲王的确是后嵯峨上皇的第一皇子。他比后深草天皇年长八个月，由于生母地位卑微，未能成为储君，这里才写作第二皇子。后嵯峨上皇的第一个儿子圆助法亲王在后嵯峨上皇即位之前就已出生，世人一般把宗尊亲王算作第一皇子。

第2节　宗尊亲王东下

一、幕府使者进京

建长四年（1252年）二月三十日，幕府使者进京拜见后嵯峨上皇，请求由后嵯峨上皇的皇子就任征夷大将军，并即刻东下镰仓。如果这里的使者是二阶堂行方和武藤景赖的话，二人到达的时间未免太迟。而且《百练抄》的记载是关东飞脚到达京都，这与前文的描述并不吻合。笔者只在《吾妻镜》和《皇代历》中找到了两位使臣的记录。根据《吾妻镜》建长四年三月五日的记录，在两位使臣上奏之后，建长四年三月一日，院厅召开了会议。《皇代历》中也写道："建长四年三月一日，院厅召开会议，讨论昨日幕府使者上奏之事。"由此可知，前文提到的幕府使者应该就是这两位。笔者猜测，这两人可能推迟了出发日期。

二、宗尊亲王东下的背景

建长四年三月一日，院厅召开了公卿会议。先前，后鸟羽上皇认为亲王将军东下会导致两位君主共存，否决了幕府的提议。如今的形势却完全相反，后嵯峨上皇不仅不反对，还大力支持。根据《皇代历》的记载，幕府原本希望

第四皇子①东下镰仓，但朝廷认为恒仁亲王为中宫藤原姞子所生，不可东下，便决定由第一皇子宗尊亲王就任征夷大将军。据说当时朝廷想把恒仁亲王立为储君。而根据《吾妻镜》的记载，建长四年（1252年）三月五日，两位六波罗府的急使到达镰仓，将院厅讨论的结果告知幕府。院厅为了亲王将军之事咨询幕府的意见，希望由幕府决定选择十三岁②的皇子宗尊亲王还是三岁的皇子恒仁亲王东下镰仓。北条时赖和北条重时等人立刻召开会议，最终决定由十三岁的皇子宗尊亲王东下镰仓。急使携带幕府的决议即刻踏上归途。由此看来，两书的记载完全不一致。笔者推测，幕府虽然请求朝廷从两位亲王中选择一位东下镰仓，但幕府更倾向于选择一位年幼的亲王，而且比起后妃所生的亲王，中宫之子对幕府更加有利。幕府最初就通过使者向朝廷表达了这种意愿。然而，在西园寺家族的热切盼望之下，朝廷有意立恒仁亲王为储君，后嵯峨上皇决定利用这次机会，使宗尊亲王成为关东幕府之主。幕府也做出让步，同意朝廷的决定。

三、东下的准备

选定亲王将军以后，幕府派遣评定众藤原泰经前往京都，命他就亲王东下之事传令于六波罗北殿北条长时。幕府命令北条长时等重要的驻京武士扈从宗尊亲王出行，并祈求护持僧同时东下。在幕府的决议到来之前，院厅也再次召开公卿会议，决定由宗尊亲王东下镰仓。

四、从京都出发

建长四年三月十八日，朝廷赐予宗尊亲王随身佩剑。建长四年三月十九日，宗尊亲王在后嵯峨上皇的院所与上皇告别，随后便搬入六波罗北殿北条长时的宅邸。建长四年三月十九日，宗尊亲王从京都出发，中纳言藤原为经、参议源显方、右近卫中将藤原长雅、右中辨源显雅和其他女官扈从，北条长时和十位武士沿途护送③。后嵯峨上皇表示，扈从宗尊亲王东下的朝臣在幕府任职等同于效忠上皇，他们的官职叙位也仍然一如往日。宗尊亲王离京之时，后嵯

---

① 《吾妻镜》中写作第三皇子，即恒仁亲王。——原注
② 《历代编年集成》的记载是十一岁。——原注
③ 根据《增镜》的记载，宗尊亲王当天被封为征夷大将军，应该是错误记载。——原注

峨上皇乘车来到粟田口，观看宗尊亲王的仪仗队伍。《增镜》详细叙述了当时的情形：

> 皇族之人就任征夷大将军，这是史无前例之事。京都城中之人，无论贵贱，都备感稀奇。多位幕府武士前来迎接，也有十位六波罗探题沿途护送。众位朝臣、殿上人和女官随从。后嵯峨上皇说道："在幕府任职就等同于效忠院厅，虽然你们在东国任职，但加官晋爵之事一如往日。"后嵯峨上皇决定由宗尊亲王东下镰仓，主要是因为宗尊亲王人品出众。宗尊亲王角立杰出，既然无法成为储君，那么成为征夷大将军会是最好的选择。而且宗尊亲王豁达开朗，无人能及。后嵯峨上皇乘车亲自来到粟田口送别宗尊亲王，令人不胜同情。因为疼爱的幼子远离故土，宗尊亲王之母平栋子悲痛万分。

上杉氏的祖先修理大夫藤原重房也是随从宗尊亲王东下的其中一人。后来，藤原重房受封上杉庄的领地，子孙世代留在镰仓，成为武士①。

五、宗尊亲王就任将军、成亲

建长四年（1252年）四月一日，宗尊亲王就任征夷大将军，开启了亲三将军的历史。当天，宗尊亲王抵达镰仓，随后入住北条时赖的宅邸。幕府派遣使者进京汇报宗尊亲王平安抵达的消息，并向伊势神宫和石清水八幡宫等神社进献了神马。建长五年（1253年）三月，后嵯峨上皇派遣权大夫藤原茂范前往镰仓担任宗尊亲王的侍读②。

北条时赖等人为宗尊亲王专门改造了幕府。建长四年十一月，改造工程竣工，宗尊亲王搬入幕府。文应元年（1260年），北条时赖将义女近卫兼经之女近卫宰子嫁给宗尊亲王。近卫宰子当时年方二十。《增镜》中曾经写道：

---

① 出自《上杉系图》。——原注
② 出自《金泽蠹余残篇》中收录的藤原茂范敬上书。——原注

"幕府非常看重东下镰仓的宗尊亲王，亲王宫中的摆设、用度宛如善见天^①一般庄严肃穆。"宗尊亲王东下镰仓，幕府如愿以偿，从《增镜》中的描述足以看出幕府群臣的欢喜之情。

第3节 九条赖嗣进京

一、发配九条赖嗣

宗尊亲王到达镰仓之前，前任征夷大将军九条赖嗣搬出幕府，搬入了北条时盛在佐介的宅邸。九条赖嗣之弟^②与母亲大宫殿^③一起搬到了龟谷的宅邸。建长四年（1252年）四月，九条赖嗣与母亲及胞弟共同踏上回京之途。据说，当时九条赖嗣仍然身着孝服，阴阳师认为此时不宜出行，但幕府没有理会。当时，九条赖嗣只有十四岁，《增镜》中描述为"非常可怜"。

二、九条赖嗣去世

康元元年（1256年）八月，九条赖经病逝，享年三十九岁。康元元年九月，九条赖嗣病逝，年仅十八岁。《皇代历》中写道："父亲五七未过，儿子相继去世，此事不可说。"摄政将军^④的末路不禁令人唏嘘。

第4节 幕府的新制

一、对宗尊亲王的恭敬态度

后嵯峨上皇极其宠爱宗尊亲王，幕府自然也知晓此事，他们尽心侍奉宗尊亲王。建长四年八月，宗尊亲王久病未愈，北条时赖寻找大夫，命人修法祈祷，想尽了一切办法。在与北条重时等人商议之后，北条时赖召来了法力高深的法师鹤冈八幡宫别当法印隆辨。北条时赖向隆辨说道：

---

① 善见天，佛教用语，是指色界天二十二层天之中的第二十层。
② 《吾妻镜》中称其为若宫。——原注
③ 九条赖经出家以后，大宫殿也遁入佛门，世人称她为禅定二位家。——原注
④ 摄政将军，日本镰仓幕府时代，摄政、关白门第出身的征夷大将军。

此君是后嵯峨上皇宠爱的皇子，幕府也不敢等闲视之。此君代替从三位左近卫中将九条赖嗣就任征夷大将军，并非武家之人。

北条时赖特意恳请隆辨为宗尊亲王修法祈祷。宗尊亲王病愈之后，幕府派遣三浦时连向京都汇报此事。幕府对待宗尊亲王的恭敬态度，由此可见一斑。

二、特殊的制度

九条赖经东下镰仓以后，幕府逐渐开始采用公家的礼仪制度。在迎奉宗尊亲王以后，幕府又专门设立了很多新制。宗尊亲王的侍读藤原茂范曾经写道：

纵观幕府的各种礼制，几乎已经等同于西国之制。每日陪伴宗尊亲王的人也可与朝中殿上之人比肩，他们都拥有各种才艺。其中有四五人熟读经书，有数十人深谙阴阳之道，还有显宗、密宗之高僧施展法力。

下面列举几个重要的事例。

建长四年（1252年）四月，幕府确定了格子番①的六组轮班制，命令格子番上下严格遵守。九条赖经和九条赖嗣在任期间，征夷大将军出行一般有一两位武士随行。宗尊亲王就任征夷大将军以后，幕府认为先前的制度不够合理，改为由公卿或殿上人陪同征夷大将军出行。按照以往的惯例，征夷大将军必须亲临鹤冈八幡宫的临时祭典。由于宗尊亲王出行不便，幕府取消了这种制度，改由使臣进献币帛。建长六年（1254年）十二月，评定众针对宗尊亲王的特别旨意进行了讨论。评议决定，只要不是朝中要职，侍奉宗尊亲王的近臣可以被直接任命，无须遵守成功制度。

正嘉元年（1257年）十二月，幕府在征夷大将军寝殿的夹道设置番众②，

---

① 格子番，镰仓幕府的官职名，在征夷大将军府中负责夜间守卫，开关格子。日本的寝殿式建筑与神社、佛阁等的悬窗经常有围棋盘状格子，这种窗户称为格子。
② 番众，在幕府、朝廷、大名家族负责交替守护殿中或宅邸的人。狭义的番众指幕府、征夷大将军宅邸及皇宫的警卫。

选择地位较高的御家人轮番守护。由于在后嵯峨上皇宫中也有类似的制度，幕府为此特意请求后嵯峨上皇的许可。后嵯峨上皇欣然同意，亲笔书写了回信，任命近卫将[①]等人为番众头领。正嘉二年（1258年）十一月，按照年末的惯例，幕府命人誊写番账[②]时，专门命令安达义景誊写宗尊亲王寝殿的部分。由此也可看出幕府对宗尊亲王的重视程度。

文应元年（1260年）正月，幕府又任命昼番众，在青壮年中选择精通和歌、蹴鞠或音乐之人陪伴征夷大将军。

第5节 北条时赖崇尚武艺

宗尊亲王喜爱和歌与蹴鞠。文应元年，幕府将当时被称作歌仙的前任右大辨叶室光俊邀请至镰仓，歌道之风日益盛行。叶室光俊是叶室光亲之子，出家以后法号为真观，他也是《续古今和歌集》的编者之一。然而，北条时赖绝不允许御家人沉迷于懒惰之风。建长六年（1254年），北条时赖向宗尊亲王坦承了自己的想法。北条时赖表示，近年来，御家人热衷文人的兴趣爱好，逐渐疏于武艺，他希望镰仓今后能推崇骑射之艺，并命令近臣当场表演了相扑。北条时赖要求御家人今后必须勤练骑射，经常举行笠悬活动，并表示违反命令之人将永远不得重用。

[①] 近卫将，日本律令制下近卫府的官职，分为大将、中将、少将三个级别。
[②] 番众，记录番众的构成、出勤、值夜日期等的账簿。

第52章

修建建长寺

第1节 新兴佛教的盛行

一、念佛的广泛传播与备受压迫

佛教的新兴宗派在此时开始盛行。尽管旧宗派的压迫日益加剧，源空的弟子仍然坚持广传教义，贵贱之人莫不靡然向风。南都北岭自然无法坐视不理。他们号称念佛宗的神明会使国家灭亡，屡次请求朝廷设法杜绝。朝廷同意了南都北岭的请求，屡次下旨禁止念佛宗的宣教活动。文历元年（1234年），僧人教雅不断教化男女信徒，促成了淫荡之风。教雅是花山院家经之子，他在遣散侍从之后出家为僧，法号为弥阿弥陀佛（也被称为身阿弥陀佛），自称念佛上人。文历元年六月十三日①，朝廷下令将教雅流放边疆，将所有余党驱逐出城。教雅得到风声后提前逃走②。朝廷在宣旨中指责了念佛宗：

> 从内而言，念佛宗违背佛教教义；对外来说，念佛宗动荡人心。男女老少皆受其蛊惑，显密两教的信众逐渐减少。佛法衰亡皆因此而起。

---

① 《百练抄》的记载是文历元年七月二日。——原注
② 出自《明月记》。——原注

日莲

由此看来，念佛宗在教化人心的同时带来了诸多弊端。然而，尽管朝廷屡次下旨，念佛宗僧人仍在城乡横行无忌，嘉祯元年（1235年）七月，幕府请求朝廷再次下旨。

此外，日莲宗的开山祖师日莲宣扬四条格言，指出了其他教义的错误之处。时宗的开山祖师智真游历各国，宣传念佛宗教义。这些事情应该都发生在同一时期。

二、世人对高辨的景仰

当时，佛教旧宗派也是新人辈出，他们为复兴时代的信仰而不遗余力。高辨的华严宗正是在此时逐渐兴盛起来的。高辨常年居住于栂尾的高山寺，并于每月的二十五日为人授戒。藤原定家在《明月记》宽喜元年（1229年）五月十五日的记录中描述了高辨授戒法会的盛况："到场之人有僧有俗，数不胜数，宛如佛祖再世。"由于家世普通，藤原定家无法接受高辨的教化，他为此深感遗憾。宽喜二年（1230年）正月，为了给亡父祈求冥福，高辨决定搬迁到父亲居住的旧址。短短一个夏天，高辨就离开栂尾遁世隐居。信徒认为佛法也会随之消亡，为此悲叹不已。仁和寺宫守觉法亲王恳切地挽留高辨，高辨才勉强同意。世人对高辨的景仰之情，可想而知。

三、觉盛、睿尊、良观

鉴于当时的宗派风气不正，觉盛（尊号大悲菩萨）和睿尊（尊号兴正菩萨）希望僧人重视戒律修行。觉盛和睿尊是戒如门下的僧人，而戒如是贞庆的

睿尊

弟子。睿尊在西大寺广泛弘扬律法，为公共慈善事业做出了巨大的贡献。镰仓极乐寺的住持良观（尊号忍性菩萨）正是睿尊的弟子。良观也在慈善事业方面享有盛名。

第2节 禅宗盛行

一、武士的宗教

当时，禅宗在宋朝十分流行，其中临济宗最盛行。一些在宋朝游历的日本僧人将宋朝的佛法带回了日本，荣西正是其中一人。他以镰仓为根据地，往返于镰仓和京都之间。荣西传扬的佛法并不是纯粹的禅宗教义，他倾尽一生努力祈祷加持，却最终未能成为劝进上人[①]。荣西的弟子退耕行勇虽然受到幕府的尊敬与信赖，但他只是效仿了荣西的做法。由于武士大多简单朴素，而禅宗"直指人心，见性成佛"的这种教义逐渐影响了武士的心性，受到他们的推崇。

二、道 元

贞应元年（1222年），道元前往宋朝，在天童山跟随如净法师学习曹洞宗教义，于安贞元年（1227年）回国。道元深知当时的佛教界过于狭隘，无法接受新兴的禅宗，他在归国以后一直隐居于深草的乡间。嘉祯二年（1236年），道元在宇治修建寺院，此后一直居住于此。这就是之后的兴圣寺。宽元元年（1243年），波多野义重[②]在越前国修建了永平寺（以前也叫作吉祥寺），邀请道元前来。道元原本就淡泊名利，他立刻从宇治来到了越前国。宝治元年（1247年），应北条时赖的邀请，道元前往镰仓为北条时赖授菩萨戒。据说北条时赖为道元修建了寺院，还赠予了领地，但道元还是回到了永平寺[③]。

[①] 劝进，传播佛法、劝人信佛之义。上人，对知识和道德兼备的高僧的敬称。
[②] 根据《大系图》的记载，波多野义重是六波罗府的评定众。——原注
[③] 出自《永平开山道元和尚行录》和《本朝高僧传》。——原注

三、辨圆

嘉祯元年（1235年），僧人辨圆①前往宋朝，在径山参见了无准法师，于仁治二年（1241年）回国。最初，辨圆居住在筑前国圣福寺，后来搬到承天寺。宽元元年（1243年），九条道家在河东修建东福寺，辨圆担任住寺。九条道家之子一条实经也非常看重辨圆。辨圆也曾经应北条时赖的邀请来到镰仓，暂住在寿福寺，为北条时赖讲解禅学要义，并为他授戒。后来，后嵯峨上皇邀请辨圆在龟山殿授予大乘戒。

四、兰溪道隆和其他宋朝僧人

兰溪道隆是宋朝西蜀人士，跟随无明禅师学习佛法。宽元四年（1246年），兰溪道隆来到日本。宝治元年（1247年）十二月，兰溪道隆应北条时赖的邀请来到镰仓，居住在常乐寺。北条时赖把兰溪道隆视为上宾，对他非常敬重。此后，来到日本的宋朝僧人逐年增加。兀庵普宁、大休正念、元学祖元、一山一宁等人相继来到日本，他们往来于京都和镰仓之间，广泛宣扬佛法，受到了朝廷和幕府的优待。

五、宗教改革

新佛教的盛行为腐败的旧宗教带来了一股清新之风，世人靡然从之。虽然朝廷仍然重用天台宗的两个密教，但在支配人心、宣扬教义方面，它们远不及禅宗及其他新兴宗教。从某种意义上来讲，各种新兴宗教尤其是禅宗的盛行几乎可以看作宗教的一大改革。

六、传播中国文化的媒介

禅宗日益盛行，中日僧侣的往来也越发频繁，这意外地变成了传播中国文化的媒介。荣西引进了茶树，广泛传播茶的用途，建仁寺出现了宋朝风格的建筑，还有其他各种事例不胜枚举。世间开始流行喝茶之风，茶壶、茶杯的工艺也日益精进。道元回国之时，制陶工加藤景正也随他返回，并带回了宋朝的制陶工艺。加藤景正在尾张国濑户砌成窑炉，利用从宋朝获得的土锈开创了制

---

① 也被称作圆尔，后来获赐国师封号，被称为圣一国师。他是第一位获封国师封号的日本僧人。——原注

陶事业。晚年，加藤景正出家为僧，法号春庆。加藤四郎为日本的制陶事业做出了巨大贡献[①]。

第3节 修建建长寺

一、北条时赖与辨圆

幕府执权北条时赖信奉禅宗，决定在山之内修建寺院。建长元年（1249年），北条时赖命人占卜出施工地点，专门邀请辨圆举行了坐禅仪式[②]。建长五年（1253年）十一月，寺院竣工。该寺院被命名为巨福山建长寺，以一丈六尺的地藏菩萨为中央尊像，里面安置了千尊佛像。幕府邀请兰溪道隆以导师的身份为寺院举办了供养仪式，之后又供奉了五部大乘经。藤原茂范为此起草祈愿文，北条时赖亲自誊写。兰溪道隆成为寺院的开山祖师。建长七年（1255年）二月，幕府向千人募缘，铸成巨钟，兰溪道隆为此写下铭文。

二、建长寺与建仁寺

在日本，以年号命名的寺院极其罕见，延历寺正是其中之一。此前，荣西的建仁寺也是根据年号而命名的，但荣西利用延历寺分寺的名号，是为了兼容禅宗以外的旧佛教，并非只为单纯地修建寺院。自建长寺开始，日本才真正出现以年号命名的禅宗寺院。当时，为了防止南都北岭的迫害，幕府凭借自身的势力将建长寺建于镰仓。此后，镰仓先后修建了五座大禅寺，但建长寺始终处于首位。

---

① 出自《辨玉集》和《陶瓷器制抄》。——原注
② 出自《东福纪年录》。——原注

第53章

后深草天皇让位

第1节 近卫兼平就任摄政

一、近卫兼经如愿以偿

建长四年（1252年）十月，摄政近卫兼经请求辞职，近卫兼经之弟近卫兼平成为新任摄政。根据《尊卑分脉》的记载，近卫兼经将摄政的职位让与近卫兼平。《公卿补任》中写道："近卫兼平被任命为摄政，接受藤氏长者的印章。"由此可知，近卫兼平同时被任命为藤氏长者。不久，近卫兼平被赐予随行侍卫。近卫兼经终于达成所愿。此时，九条道家已经去世，九条赖嗣被罢免征夷大将军之职，九条赖经之事也告一段落。在这种形势下，幕府同意更换摄政，此前幕府拒绝此事的真正目的不言而喻。

二、鹰司家族成立

此前，良实改姓二条，实经改姓一条，九条氏已经分为三个家族。近卫兼平在此时改姓鹰司，近卫氏也分成了两家。于是，摄政家族达到五家，世人称之为五摄家族。《续本朝通鉴》中写道："摄政家族分为五家，乃北条时赖之意也。"然而，北条时赖在任期间，五摄家族并未完全形成，而且摄政家族在北条时赖之前就已经呈现了分立之势。因此，这并不是北条时赖一人的政略。五摄家族的成立是一种偶然的结果，绝不是提前制定好的计划。

第2节 伏见殿与龟山殿

一、继承伏见殿

建长七年（1255年）八月，后嵯峨上皇继承伏见殿，此后他经常驾临此地[①]。根据《百练抄》的记载，建长四年（1252年）六月，宣阳门院死于伏见殿，将该处行宫传给后嵯峨上皇。自伏见天皇开始，持明院皇统的天皇都居住于此。

二、修建龟山殿

建长七年十月，后嵯峨上皇将赞岐国赐给权大纳言洞院实雄，命他在大堰川以北的龟山脚下修建行宫。两三年后，修造工事完成。药草院、如来寿量院、净金刚院、多宝院和大多胜院分立在后嵯峨上皇的寝殿左右，结构宏壮，美轮美奂。《皇代历》曾经形容龟山殿为"天下之最"。不久，后嵯峨上皇从大炊御门殿搬迁到龟山殿，此后便长居于此。后嵯峨上皇还命人在檀林寺的旧址修建了净金刚院。康元元年（1256年）十月，后嵯峨上皇亲临净金刚院，邀请仁助法亲王以导师的身份举办了供养仪式。檀林寺最初由檀林皇后所建。

三、龟山殿与净金刚院

龟山殿也被称为嵯峨殿。《五代帝王物语》和《增镜》中都有关于龟山殿的详细记载。《五代帝王物语》中写道：

> 后嵯峨上皇在西郊龟山脚下修建行宫，他经常驾临此地，将其命名为龟山殿。他命人在岚山附近的大井河畔修建栈道，并将对面吉野山上的樱花树移到此处。行宫附近风景秀丽，自古就是山水名胜。后嵯峨上皇专门来到梅宫大社参拜，请求在檀林皇后修建的檀林寺旧址建立净金刚院。该院为净土宗寺院，将道观上人奉为长老。在后嵯峨上皇寝殿的西北角，如来寿量院和药草院分立两侧，代表了《法华经》的本迹二门，足以看出后嵯峨上皇的思虑周全。

[①] 出自《百练抄》。——原注

后嵯峨上皇还命人修建了大多胜院和云御持佛堂，他召集了多位天台宗山门和寺门的博学僧人来到此地，在春秋两季举办讲解止观①的讲座。后嵯峨上皇跟随山经海僧正学习止观的奥义，他对佛法的热情几乎超过了上一代天皇（四条天皇）。南都北岭的僧人争先恐后地到来，掀起了一股勤学之风。

《增镜》中写道：

> 后嵯峨二皇在龟山脚下、大井河北岸修建了行宫。小仓山的树木和户无濑的瀑布都与宫中的样式一模一样。院中栽种的树木也与自然融为一体，毫无人工的痕迹。即使最优秀的画师也难以绘出这里的景象。在后嵯峨上皇寝殿的西北方向，如来寿量院和药草院分立两侧。在檀林皇后修建的檀林寺旧址，后嵯峨上皇命人修建了净金刚院。该寺为净土宗寺院，奉道觉（观）上人为长老。后嵯峨上皇将天王寺的金堂移至此处，并修建了多宝院。他还命人在河流沿岸修建了栈道，在寝殿附近修建了大多胜院和持佛堂。虽然此处远离都城，但回廊和拱桥绵延不绝，极其壮观。

第3节 女御入宫

一、西园寺公子以后嵯峨上皇义女的身份进宫

康元元年（1256年）十一月七日，后嵯峨上皇驾临五条殿，决定将西园寺公子（1232—1304）送入宫中。西园寺公子是西园寺实氏的次女，她以后嵯峨上皇义女的身份正式入宫。不久，西园寺公子被封为女御。当时，后深草天皇十四岁，西园寺公子二十五岁。西园寺公子是后嵯峨上皇中宫的妹妹，已

---

① 止观，天台宗最重视的佛教修行实践法之一。止为止住妄念，将心思集中在特定的对象上；观为依靠正确的智慧，准确无误地看待事物。

是后深草天皇的姨母。西园寺公子曾经与一条实经有过婚约，也已经定好成亲的日期，后来在后嵯峨上皇的提议之下被封为女御。

二、立为中宫

正嘉元年（1257年）正月，西园寺公子被立为中宫，她就是后来的东二条院。连续两任中宫都出自西园寺家族，《增镜》中描述了西园寺家族的辉煌："虽然并非摄政家族，却连续出现两位中宫，几乎是前所未有之事。西园寺实氏显赫一时。"

第4节 恒仁亲王被立为太子

一、恒仁亲王出生

西园寺公相受到后嵯峨上皇的信任，经常伴随后嵯峨上皇出游。建长元年（1249年）五月，藤原姞子在父亲西园寺实氏的今出河宅邸诞下皇子。建长三年（1251年）八月，皇子被封为恒仁亲王。

正嘉二年（1258年）七月，院厅就立储一事展开了讨论。正嘉二年八月，恒仁亲王被立为皇太弟。据说当时后嵯峨上皇在胜光院宝藏中找到了东宫护剑，将其传给了皇太弟恒仁亲王[①]。右大臣洞院实雄成为东宫傅。

正元元年（1259年）一月，仿照后朱雀院的先例，皇太弟在五条大宫殿行元服之礼。据说洞院实雄为皇太弟加冠，权中纳言崛川基具（1232—1297）为皇太弟理发。

二、后深草天皇的烦恼

皇太弟元服之后，后深草天皇让位只是时间的问题。当时，后深草天皇还是少年，不禁深感不安。

世人盛传后深草天皇即将让位，所以后深草天皇忐忑不安。

---

① 出自《禁秘抄入门》。根据《百练抄》的记载，正元元年十二月，龟山天皇即位时，将东宫护剑还给了后嵯峨上皇。——原注

据说，后深草天皇在夜深人静之时计算出自己参拜内侍所的日期已经达到五千零七十四日。听闻此事，辨侍所表示："天皇已经在位五千又七十余日，神明一定不会忘记。"

——选自《增镜》

第5节　龟山天皇即位

一、后深草天皇身体不适成为让位的理由

正元元年（1259年）九月，后深草天皇龙体欠安，朝廷怀疑是冲撞了太白金星，命人在禁官修行药师法。随后，朝廷又派遣御使向后白河院的法住寺法华堂和后鸟羽院的大原法华堂献亲笔祈愿文，将天灾和后深草天皇龙体欠安之事告知先祖。

然而，后深草天皇龙体欠安意外地促成了让位一事。正元元年十一月十一日，宫中开始为皇太弟准备即位的礼服。正元元年十一月十五日，后深草天皇与中宫西园寺公子从富小路殿搬迁到后嵯峨上皇居住的万里小路殿。正元元年十一月十七日，皇太弟从三条坊门殿搬迁到富小路殿。正元元年十一月二十六日，后深草天皇在富小路殿让位于皇太弟，这就是后来的龟山天皇。鹰司兼平仍然就任关白和准摄政①。正元元年十二月二日，后深草天皇被尊封为太上天皇，前任太政大臣西园寺实氏成为院中执事。此后，后深草上皇被称为新院，后嵯峨上皇被称为一院或本院。后嵯峨上皇仍然负责掌管院中事务。正元元年十二月二十八日，朝廷在太政官厅正式举办即位大典。

二、让位的真正原因

根据《神皇正统记》的记载，后深草天皇是藤原姞子的长子，由于身体羸弱，所以让位于同母胞弟恒仁亲王。《增镜》建长五年（1253年）正月十三日中写道：

---

① 准摄政，日本平安、镰仓时代的临时官职。天皇无法处理政务时，由关白或其他大臣代行摄政的职责。

（后深草天皇）非常文雅拘谨，但有些驼背，看起来十分可怜。后深草天皇自幼就非常不幸，直至闲院失火之时才能够站立。虽然闲院被焚毁殆尽，但后深草天皇的腰得以恢复，世人大喜过望。

由此可知，后深草天皇自幼身体虚弱，长大后也并不强壮。尽管如此，他也没有主动让位的念头。笔者推测，因为后嵯峨上皇钟爱恒仁亲王，所以希望后深草天皇能够让位于恒仁亲王。当时，后深草天皇已经在位十三年，仍然没有皇子。根据《东寺长者补任》的记载，"文应元年（1260年）正月十四日，长者前任大僧正道乘请求任命法眼公圣为权少僧都。正元元年（1259年），中宫西园寺公子怀孕，为了祈祷中宫能顺利生产，法眼公圣曾经修法祈祷"，但书中没有提及西园寺公子生子之事。后嵯峨上皇要求后深草天皇认恒仁亲王为义子[①]，以天变为契机直接催他让位。此后，两位上皇也未生嫌隙，经常互相拜访，共同出游。后来，后嵯峨上皇仍然不希望后深草天皇的皇子继承皇位，想立龟山天皇的皇子为皇太子。大觉寺统[②]和持明院统[③]的争端正是因此而起。

[①]　出自《岩崎家文书》。——原注
[②]　大觉寺统，日本镰仓、南北朝时代，与持明院统（北朝）对立的龟山天皇的皇统。与持明院统交替即位，建武新政后组成南朝。
[③]　持明院统，日本镰仓、南北朝时代，与大觉寺统（南朝）对立的后深草天皇的皇统。与大觉寺统交替即位，建武新政后组成北朝。

第 54 章

正嘉年间的饥荒

第 1 节 执权、连署和六波罗的更替

一、北条政村就任连署，北条长时被召回镰仓

连署北条重时对待执权北条时赖的态度，一如当年北条时房对待北条泰时的态度。康元元年（1256年）三月，五十九岁的北条重时辞职后遁世出家，法号观觉[①]。北条重时之弟一番引付头北条政村就任连署。北条重时隐居于大佛切通出口附近的常叶。康元元年八月，征夷大将军宗尊亲王莅临此地。北条重时出家当日，其子北条长时辞去官职，从京都返回镰仓。此前，北条长时作为六波罗北殿，在京都已经任职十年。北条时赖召回北条长时肯定是想重用他。《武家年代记》中曾经写道："北条长时东下镰仓，是为就任幕府执权。"但这里的记载有误。北条长时回到镰仓以后，未曾任职引付众，而是直接就任评定众，并被任命为武藏守。康元元年六月，北条重时的第三子北条时茂代替兄长北条长时进京，就任六波罗北殿。

二、北条时赖出家，北条长时就任执权

北条时赖一直有意出家为僧，他在山之内庄修建了最明寺，邀请宗尊亲王前来。康元元年七月，在仪仗队的陪同之下，宗尊亲王驾临最明寺，在拜祭大佛之后参与了和歌会等活动。康元元年（1256年）十一月，北条时赖罹

[①] 出自《吾妻镜》。《皇代历》中的法号亲觉应该是错误记载。——原注

北条时宗

患痢疾，辞去了执权的职务。由于其子北条时宗尚年幼，由北条长时就任执权、武藏守和侍所别当等职务。但根据《吾妻镜》的记载，"继承人年幼，由代官负责政务"。《镰仓大日记》中也写道："北条时宗年幼，代官行使职务。"《镰仓武将执权记》中写道："北条时宗年幼之时，由代官负责幕府政务，签署花押。"由此看来，北条长时只是在北条时赖的嫡子成人之前暂时代理执权。

三、出家后的北条时赖

康元元年十一月二十三日，三十岁的北条时赖在最明寺出家，法名觉了房道崇。建长寺的僧人兰溪道隆是北条时赖的戒师。结城朝广及胞弟结城时光和结城朝村、三浦光盛及胞弟三浦盛时和三浦时连、二阶堂行泰及胞弟二阶堂行纲和二阶堂行忠私自出家。由于他们违反法令，幕府暂停了他们的职务。北条时赖出家以后，幕府的政务一切照旧。《保历间记》中写道："北条时赖出家以后，幕府政务并无变化。"正嘉元年（1257年）四月，北条时赖向伊势神宫献纳《大般若经》，他在祈愿文中写道：

> 弟子虽然不够英勇，又缺乏谋略，但曾披荆斩棘，降伏敌人。弟子日思夜想，只为稳固天下，继承前人之仁风。多年来，弟子一直有报国之忠心，如今却只有遁世之志，只求一身清净。身在佛门，弟子已经厌烦政务，又深感虚无，时常联想到汉武帝当年的功绩。当时的杭州刺史久病缠身，他曾经在零陵太守①之墓前起誓，一定要效忠朝廷，以结善果，才能面对虞氏之祠堂。然而，弟子所想皆为过去之事，只有佛教偈语字字皆为真谛奥义，永世流传。《大般若经》金字六百卷，卷卷都壮丽有余。三十位僧侣齐声诵读，如此郑重，福不唐捐。弟子将经书虔诚地供奉给天照大神②与丰受大神③，以求获得神佛庇佑，增加法乐。拥护国家之人一定有神之明德，弟子愿宗尊亲王能永保仙龄。弟子相信，爱护百姓之人也一定会得到《大般若经》的回报。无论是神灵或是经书，都会了解世人的心声。弟子无适无莫，祈祷能达成所愿。若能如此，弟子也定能百年无恙。希望常遇丰收之年，诸事顺利无阻。愿所有人民快乐安康，子孙繁荣昌盛。愿弟子的功德能回报世人。

北条时赖句句真诚，读者感同身受。由此看来，北条时赖出家的确是出于宗教性动机，但绝不是为了摆脱俗世。

---

① 零陵太守，指中国东汉的虞光。
② 天照大神，日本神话中的主神，是统治高天原的主宰神。日本皇室的祖先神，也是日本国民的总氏神。
③ 丰受大神，掌管五谷的女神，伊势神宫的外宫供奉的神。

第2节 镰仓地震

正嘉元年（1257年）八月，镰仓发生大地震，地面开裂，喷火冒水，山体崩离，房屋坍塌。神社佛寺无一幸免。余震持续到正嘉元年九月。

从僧人日莲的书信可知，他曾经引用《法华经》的内容告诫幕府。由于幕府皈依念佛宗和禅宗，所以遭到守护日本的诸天善神①的怨恨，日莲要求北条时赖深刻反省。日莲暗讽，如果幕府仍然一意孤行，日本可能会被他国所灭。由此看来，在蒙古入侵之前，日莲已经提前给幕府敲响了警钟。然而，史学家仍然对事实的真相表示怀疑。

第3节 征夷大将军宗尊亲王进京受阻及饥荒爆发

一、征夷大将军宗尊亲王预计进京，计划受阻

正嘉二年（1258年）二月，幕府把征夷大将军宗尊亲王于正嘉三年（1259年）进京之事告知诸国。正嘉二年三月，幕府确定了进京的随行人员，并向诸国守护下达命令，严格防止当地人为躲避赋税逃至别国。正嘉二年五月，幕府命令诸国的地头和御家人修建六波罗的宅邸。然而，正嘉二年八月一日，由于暴风雨的袭击，村民损失惨重。幕府体谅人民的疾苦，决定暂时取消宗尊亲王进京之事。

二、取缔奥羽等地区的强盗行为

各国陷入饥荒，呈现出无警察的状态。尤其是东北地区，由于当地民风彪悍，人民罔顾法规，盗贼猖獗。康元元年（1256年）六月，听闻奥大道（即奥州街道）的群盗横行，袭击过往行人，幕府指责当地地头疏于职守，立刻在各个驿站配备了士兵，要求当地居民积极告发，并对疏于防范的地头给予了处分。正嘉二年（1258年）八月，听闻陆奥、出羽两国群盗猖獗，幕府再次指责当地地头违反规定，疏于职守，给予他们严重警告。不久，强盗、山

---

① 诸天善神，守护佛法及信众的天神。

贼、海贼在其他各地肆意妄为。正嘉二年九月，幕府命令各地守护严格查究，如果有人违反守护之命，拒绝交出犯人，纵使是权门贵族，也一定要上报幕府，给予相应的处分[①]。

三、饥荒与救济

正嘉三年（1259年）春，疫病蔓延，京都饿殍遍地，堵塞四处道路[②]。地方灾民在山野采摘山药和山萆薢，在江海寻找鱼类和海藻，以此维持生计。后来，地头下令禁止灾民随意采摘、渔猎，幕府规定由国司、领家和地头平分山野河海的收益。为了救助灾民，幕府取消了临时赋税。《续宝简集》中收录了正元元年（1259年）十月，纪伊国阿弖河上庄地头藤原光信向幕府汇报的文书，里面写道：

> 诸国陷入饥荒，幕府下令取消临时赋税，放开对山野河海的禁令，将旨意下发到诸国。有人开放领家的粮仓赈济灾民，也有人取消领家的例行赋税。

四、改　元

正嘉三年三月，朝廷命令诸国诵读《仁王般若经》。因为地震频发，饥荒和疫病蔓延，正嘉三年三月二十六日，朝廷将正嘉三年改元为正元元年。正元元年四月，朝廷命令诸国诵读《最胜王经》。正元元年五月，为了消除灾祸，朝廷命人在宫中修行北斗法。

五、死者无数

正元元年七月，疫病得到控制，庄稼也开始生长[③]。没过多久，疫病再次流行，死者众多。文应元年（1260年），为了消除灾祸，幕府向诸国守护下令，要求神社寺院诵读《大般若经》和《最胜王经》。根据幕府以前的规定，

---

① 出自《吾妻镜新编追加》。——原注
② 出自《五代帝王物语》。——原注
③ 出自《五代帝王物语》。——原注

杀人者在服刑十年以后可以根据罪行轻重得到赦免。由于当时死者众多，文应元年六月，幕府实施新制，服刑不足十年的罪犯也可以被特赦。

第4节 园城寺的戒坛之争

一、圆助法亲王就任园城寺长吏、请求设立戒坛

建长元年（1249年），后嵯峨上皇的皇子圆助投入圆满院门下。建长二年（1250年），圆助被封为法亲王。正嘉元年（1257年）闰三月，圆助法亲王就任园城寺长吏。

自长历年间以来，园城寺一直想申请独立的戒坛，却屡次遭到延历寺的反对。此时，园城寺得到幕府的后援和仁助、圆助两位法亲王的支持，希望实现多年的夙愿。正嘉元年，园城寺再次上奏请求设立戒坛，延历寺僧徒勃然大怒，拥抬神舆向朝廷示威。正嘉元年三月，后嵯峨上皇下达旨意，驳回园城寺的请求。园城寺僧徒发起暴动，解散了所有僧人。延历寺僧徒再次拥抬神舆示威。后嵯峨上皇命令六波罗府制止园城寺的暴行，园城寺僧徒返回寺院。朝廷因此暂时取消了最胜讲的仪式。正嘉元年十月，幕府派遣引付众长井时秀、大曾弥长泰和三浦赖连调解延历寺和园城寺的纠纷。

二、园城寺上奏请求四件事情

正嘉二年（1258年），园城寺再次上奏请求设立戒坛。随后，园城寺僧徒又请求朝廷允许以三摩耶戒①确定僧人的法岁②。正嘉二年四月，园城寺被允许设立戒坛，可以根据三摩耶戒确定法岁，可以享受官币，朝廷还同意派遣御使参加十月会。听闻此事，延历寺僧徒拥抬日吉大社的神舆来到闲院的缝殿寮③，将神舆丢弃于围墙之内。他们取消了日吉祭典，关闭了三塔所有主殿、分寺、分社的大门。后嵯峨上皇命令天台座主向延历寺僧徒转达以上四件事情

---

① 三摩耶戒，密教的戒律。立于三三平等一致之理，以众生本有的清净菩提心为戒体。含摄五戒、八戒、具足戒等，归于"众生诸佛平等一如"之一戒。
② 法岁，僧人出家的年资。
③ 缝殿寮，日本律令制下，中务省管辖下负责女官考核、缝制官中衣物的机关。

并不属实，要求他们将神舆归位。延历寺希望朝廷下发公文，确保朝廷今后也不会允许这些事情，天台座主只能秘密上奏。正嘉二年五月，朝廷驳回园城寺设立戒坛的申请，日吉大社的神舆得以归位。园城寺关闭寺院大门，遣散所有僧人，长吏圆助法亲王退隐西山。

当时，诸国饥荒爆发，疫病流行，人心动荡。智证大师预言的佛法湮亡之事却付诸现实，世人恐慌不已。

三、幕府的斡旋，园城寺获得许可

正元元年（1259年）九月，幕府派遣鹤冈八幡宫别当隆辨前往京都，为园城寺斡旋。正元元年冬，数百位武士进京，圆助法亲王也从西山来到坊城，惊动了整个朝堂。文应元年（1260年）正月四日，职事藤原高俊向上卿权大纳言藤原师继传达了后嵯峨上皇的口头旨意，同意园城寺的僧人以三摩耶戒确定法岁。因为事关重大，藤原师继也略有踌躇，但院旨不可违抗，他命令左中辨日野光国起草了宣旨，并当日将下文的官符下发给圆助法亲王①：

左辨官下发

园城寺：

　　当寺僧人以三摩耶戒确定法岁一事

　　右权大纳言藤原师继奉后嵯峨上皇口谕，同意园城寺僧人以三摩耶戒确定法岁。特此通知，定要奉旨行事。

大史小槻宿祢有家（花押）
中辨藤原光国（花押）
文应元年正月四日
——选自《华顶要略所收天台座主记》

四、召回官符

从表面上来看，朝廷为了使园城寺的僧人获得得度要道而采取了折中的

---

① 《妙槐记》文应元年正月四日载。——原注

办法，但这毫无疑问是由于幕府的斡旋①。发生此事，延历寺僧徒更不可能无动于衷。他们以强硬的态度向朝廷示威，武士在皇宫、仙洞等地严加防守。文应元年（1260年）正月六日，延历寺僧徒拥抬日吉、祇园和北野等神社的神舆来到京都，将神舆丢弃在皇宫或后嵯峨上皇的院所。他们不顾住持的阻止，关闭了三塔所有分寺、分社，发誓不达目的决不罢休。朝廷为此咨询幕府的意见，同时下令禁止延历寺僧徒的暴行。延历寺毫无顾忌，越发猖獗。文应元年正月十九日，朝廷仍然没有得到幕府的决议，于是，决定召回下发给园城寺的官符。延历寺同意朝廷的决定。园城寺关闭寺门，遣散僧徒。幕府担心园城寺可能会罹患火灾，命令大番众严加防守。

五、后嵯峨上皇宫中的讽刺文

当时，有人在后嵯峨上皇宫中写下了讽刺文。文章风趣横生，讽刺了当时的世态，也暴露了部分内情或许是出自延历寺僧人的手笔。笔者将全文放在下方：

年初发生凶事，国土灾祸不断。
京中守卫森严，朝中怪事频发。
朝议有失偏颇，诸国处于饥荒。
天子出尔反尔，院中只知念佛。
当世两院并存，时常互相拜访。
女院诞下皇子，神社遭遇大火。
皇宫焚毁殆尽，河原白骨累累。
安嘉门院钟爱白拍舞，持明院藏有牛皮华鬘。
亲王将军东下幕府，法亲王任职于各大寺院。
摄政怀有异心，前任摄政一心追随。
左府官运亨通，右府鸿运当头。
内府受人拥护，花山反悔出家。

---

① 出自《华顶要略所收天台座主记》和《吾妻镜》。——原注

四条颇具权威,按察使听命于人。

大辨奉院旨行事,朝廷任免与寺院事务毫无章法。

嵯峨殿中似有妖怪,祇园中神舆坐镇。

五条殿中天狗寄居,园城寺设立戒坛。

山门诉讼有凭有据,寺门法师备受袒护。

前任座主受到庇佑,现任座主治山有方。

高桥宫寿终正寝,绫小路尚有子嗣。

大僧正为月食修法祈祷,正僧正秘密修行。

圆满院僧人肆意妄为,樱井酒宴夜夜笙歌。

圣护院行事稳妥,东寺有高僧行遍。

南都专修佛道,大乘院实力雄厚。

宗源与俊范在比叡山修行,武家过于奢侈。

圣运已到尽头。

六、同意由园城寺僧人就任四天王寺别当

文应元年(1260年)十一月,为了补偿园城寺,朝廷决定遵从鸟羽、后白河两院的决定,同意由园城寺的僧人世代担任四天王寺别当。朝廷将丹波国赐予园城寺用于修建佛堂①。四天王寺为此关闭大门,延历寺僧徒再次提出抗议,并放火焚毁了山上的佛堂。无奈之下,朝廷同意了延历寺的请求,决定遵循建久和建长年间的做法,依据实际情况任命四天王寺别当。然而,延历寺僧徒并不满足,他们要求朝廷同意由延历寺僧徒担任四天王寺别当。由于延历寺的戒坛已被烧毁,园城寺趁此机会请求朝廷设立独立的戒坛。此前,权僧正仙朝在金堂为僧人授三摩耶戒。延历寺得知此事后大为光火,他们请求朝廷流放仙朝。朝廷为此取消了仙朝在朝廷讲学的资格。文应二年(1261年)五月,延历寺僧徒放火烧毁园城寺,此后两家寺院的矛盾越发激烈。

---

① 出自《三代帝王物语》。——原注

第55章

女御与关白

第1节 女御入宫

一、女御的竞争

文应元年（1260年）十一月，朝廷举办大尝祭，洞院实雄之女洞院佶子以代理女御的身份参加。文应元年十二月，洞院佶子以藤原姞子义女的身份正式进官，成为女御。弘长元年（1261年）二月，洞院佶子被封为中官。当时洞院佶子年方十七岁，比龟山天皇年长四岁，她就是后来的京极院。当时有人传言，西园寺嬉子也可能成为女御，但在洞院实雄的秘密策划之下，洞院佶子进入宫中。西园寺嬉子是藤原姞子的兄长西园寺公相之女，也是西园寺实氏的孙女。西园寺实氏的势力不容小觑，他也绝不可能坐视不理。弘长元年六月，西园寺嬉子也以藤原姞子义女的身份入官，成为女御，她就是后来的今出河院。弘长元年八月，洞院佶子被立为皇后，西园寺嬉子被封为中官。然而，龟山天皇当时更宠爱西园寺嬉子。

二、招致有识之士的厌恶

因为女御进官之事，西园寺家族内部展开了争斗，一如曾经的藤原氏，而丑闻也逐渐被外界得知。弘长元年二月，西园寺公相辞去右大臣之职。弘长元年三月，洞院实雄继任右大臣。弘长元年十二月，西园寺公相被任命为太政大臣。这肯定与女御入宫之事有一定关联。《增镜》中曾经这样描述："过去，人们将入宫之事看作荣耀。如今看来，宫中不仅冷淡无情，而且毫无风趣。"作者毫不掩饰对后宫争斗的厌恶。

第2节 二条良实就任关白

一、后嵯峨上皇向朝臣咨询

鹰司兼平上任以后，后嵯峨上皇对待近卫兼经、二条良实和一条实经也丝毫没有疏远。正嘉元年（1257年）七月，承明门院薨逝，后嵯峨上皇向近卫兼经询问龟山天皇是否应该穿着赐纻①，并同时咨询了二条良实和一条实经的意见②。

二、二条良实的缓和性、包容性手段

弘长元年（1261年）四月，鹰司兼平辞去关白一职，由二条良实继任③。自从宽元四年（1246年）让位于胞弟一条实经以后，二条良实一直处于失意的境地。而在二条良实就任关白以后，却并未排挤同族兄弟。近卫兼经之子近卫基平就任右大臣，鹰司兼平之子鹰司基忠就任内大臣，一条实经之子一条家经就任权大纳言。弘长三年（1263年）八月，与二条良实素有嫌隙的一条实经再次被任命为左大臣，位列右大臣近卫基平之上。在举办拜贺仪式之日，一条实经被朝廷内定为太政大臣④。五摄家族之中，唯有九条家族没有得到提拔。九条忠家曾经就任右大臣，但其子九条忠教却未被任命为参议，其中定有隐情。《续本朝通鉴》中这样描述一条实经：

---

① 赐纻，天皇为二等亲服丧之时所穿的阙腋袍。
② 出自《经俊卿记》。——原注
③ 《镰仓年代记》的记录是二条良实就任摄政，但应该是错误记载。——原注
④ 出自《五代帝王物语》。——原注

自建长四年（1252年）以来，为了躲避后嵯峨上皇的指责、平复北条氏的怒气，一条实经已经蛰居十二年。

由此看来，作为九条家族的中心人物，二条良实并未放任自己的野心，而是采取了一种缓和性、包容性的手段。

第 56 章

北条时赖去世

第1节 逮捕僧人良贤

弘长元年（1261年）五月，传闻有谋反之人在镰仓大仓稻荷社秘密会面，夜间守卫前去逮捕，犯人早已销声匿迹。弘长元年六月，由于三浦义村之子大夫律师①三浦良贤意图谋反，诹访盛重和平盛时在龟谷石切谷附近将他逮捕，同时被逮捕的还有三浦家村之子骏河八郎入道和三浦泰村之女野本尼等人。逮捕犯人以后，幕府将消息传至六波罗府，京都和西国的御家人取消了东下的计划。然而，即使没有发生此事，三浦氏也难逃灭亡的命运。

第2节 宗尊亲王进京计划受阻

弘长三年（1263年）六月，幕府再次为征夷大将军宗尊亲王进京之事提前准备。根据幕府的规定，每两位匹夫的赋税缴纳标准是每段田折合百文钱，每五町田折合驮马一匹。旱田按水田的二分之一来计算。如果有逃避赋税而故意失踪之人，则由其居住地承担应缴纳的部分。随后，幕府确定了宗尊亲王进京的随行人员。弘长三年八月十四日，诸国遭遇暴风袭击，农民损失惨重。为

---

① 大夫律师，三浦良贤的别称。大夫是对一位以下、五位以上的官员的通称，后来专指五位的官员。律师是僧官的一种，位居僧正、僧都之后。

了减轻人民的负担，幕府上奏请求推迟宗尊亲王进京的日期，并归还上缴的赋税。宗尊亲王用和歌表达了当时的心情：

思乡之情难忍耐，

不知何时再返京。

——选自《琼玉和歌集》

文永二年（1265年）九月，宗尊亲王被任命为中务卿，由三品升至一品。

第3节 北条时赖去世，游历诸国的传言

一、北条重时去世

弘长元年（1261年）十一月，前任陆奥守北条重时在极乐寺山庄去世。北条重时擅长和歌，皈依念佛宗，著有《平重时家训》。

二、北条时赖的最后时期

弘长三年（1263年）十一月，北条时赖罹患重病，病情告急。幕府尝试了医疗、祈祷等各种手段。当时，征夷大将军夫人近卫宰子已经怀孕，修行者、护持僧和医师全都忙于北条时赖的病情，无暇顾及近卫宰子。文永元年（1264年）四月，近卫宰子诞下男婴，他就是后来的惟康亲王。北条时赖发觉自己已经无法起身，于是，搬迁到了最明寺的北亭，只允许武田政纲等数位近臣陪同侍候。弘长三年十一月二十二日，北条时赖身着袈裟，手结定印，在绳床上安然去世，享年三十七岁。

北条时赖在临死之前留下这样的话语："业镜高悬三十七年，一锤[①]击碎，大道坦然。"北条时赖的木雕像原本藏于禅兴寺（最明寺），现藏于建长寺。

---

① 出自《吾妻镜》。《官公事抄》的记载是一杵。——原注

三、北条时赖去世对公家与武家的影响

北条时赖的死讯传至京都,后嵯峨上皇命令院评定暂停所有公务,派遣右少辨中御门经仁前去吊唁。随后,北条时章和武藤景赖等御家人相继剃发出家。幕府向诸国守护下令,若有违反命令私自出家之人,一定要严格上报。

四、游历各国的传说与《人国记》

根据《吾妻镜》的描述,北条时赖以武略辅佐征夷大将军,以仁德对待民众,可谓权化的现身。据传,北条时赖在出家以后曾经秘密巡访诸国,体察民情,为民伸冤。这在《增镜》《太平记》《北条九代记》《弘长记》和谣曲①《藤荣》《钵木》中都有记载。但《吾妻镜》等史书中没有相关记录。根据《吾妻镜》的记载,北条时赖在出家以后也忙于幕府公务,应该无暇游历诸国。也有传言说北条时赖并未亲自巡访,而是拜托一遍上人游历各国②。《人国记》虽然号称是北条时赖所著,但这只是他的后人的主张,根本不足为信。伴信友曾经这样评价《人国记》:

伴信友

---

① 谣曲,能乐(日本的一种舞台艺术)的脚本,或指能乐的唱段和念白的台词。
② 出自《哏唾杂史》。——原注

乱世之中，足利家族之人倾心儒学，巡访诸国后著成此书。也可能是足利家族邀请他人游历诸国后编著。由于书中没有编者名称，北条家族之人号称此书为北条时赖所著。也有人说此书的成书年份大约是贞治元年（1362年）。

五、青砥藤纲是小说杜撰的人物

据说，北条时赖非常信任青砥藤纲，游历诸国之事也是青砥藤纲的建议，北条时赖和北条时宗在任期间，青砥藤纲一直为二人出谋划策①。《大日

青砥藤纲

---

① 出自《太平记》、《镰仓大日记》和《弘长记》。——原注

本史》的《将军家臣传》中还有根据这些内容而编写的传记。根据《镰仓大日记》的记载，正嘉元年（1257年）十月，"因商讨政事，左卫门尉青砥藤纲被召见"。然而，在族谱中根本没有关于青砥藤纲的记录，幕府的历任评定众、引付众中也从未有过这号人物。笔者推测，青砥藤纲应该只是小说杜撰的人物。

北条泰时去世以后，才过了四年，北条经时也突然离世，幕府陷入内讧风波。北条时赖年纪轻轻却堪当大任，他继承祖辈的遗训，解决了各种难题，巩固了幕府的基础。这固然是因为北条时赖天生才智过人，同时与其母松下禅尼的教导和叔祖父北条重时的辅佐也有很大关系。

第4节 执权更替

一、北条时宗就任连署，成亲

文永元年（1264年）七月，执权北条长时因病出家，法名专阿。文永元年八月，北条政村就任执权，北条时宗成为连署。正嘉元年（1257年）二月，七岁的北条时宗在征夷大将军宗尊亲王面前行元服之礼，得到宗尊亲王赐名。由于北条时宗是北条时赖的嫡子，弘长元年（1261年）正月，宗尊亲王前往鹤冈八幡宫拜祭之时，北条时宗的名字位列兄长北条时辅之上。北条时宗与小侍所别当北条实时共同行使别当的职权，北条实时生病时，由北条时宗代理所有事务。弘长元年四月，十一岁的北条时宗迎娶安达义景之女，也就是堀内殿（后来被称作潮音院殿，她是镰仓东庆寺的开山祖师）。安达氏是北条时赖的外戚，安达义景的父亲安达景盛是讨伐三浦氏的主要人物之一。笔者猜测，这次联姻应该也是出自北条时赖之意。

二、北条时赖与北条政村

弘长元年四月，宗尊亲王在极乐寺山庄举办悬笠比赛。当时，尚武之风逐渐荒废，精通骑射之人并不多见。北条时宗精于骑射，北条时赖向宗尊亲王力荐北条时宗。北条时宗一箭射中靶心，得到了宗尊亲王的奖赏。据说，因为北条时宗重视传统，北条时赖回到宅邸以后对他大加赞赏。北条时宗本应接替北条长时直接就任执权，但由于他只有十五岁，所以暂时任职连署，北条政村暂时代理执权。文永元年（1264年）十月，北条时宗的兄长北条时辅进京就任六波罗南殿，与北条时茂共同管理六波罗府的事务。

第 57 章

关白更替

第1节 一条实经再次就任关白

一、二条良实免职的背景

文永二年（1265年）闰四月十八日①，关白二条良实被罢免官职，左大臣一条实经就任关白和藤氏长者②。由于事出突然，二条良实甚至未能提前上奏③。表面看来，二条良实只是被罢免了官职，但事情远没有这么简单。罢免官职的同时，二条良实请求朝廷取消他的随身侍卫，朝廷并未允许。二条良实的各种待遇一切照旧。文永二年七月十六日，二条良实被任命为内览，被称为大殿或太阁。文永二年七月十七日，二条良实再次上朝，参与朝廷机要。文永二年十月，朝廷为二条良实举办了就职仪式④。《五代帝王物语》中表述了对此事的怀疑："二条良实与一条实经并非父子关系，但一条实经就任关白以后，二条良实成为大殿，实在稀奇。"

---

① 《公卿补任》和《皇代历》的记载是文永二年四月十八日，应该是错误记载。——原注
② 出自《外记日记》。——原注
③ 出自《公卿补任》和《外记日记》。《吾妻镜》文永二年五月二日的记录中写道："文永二年闰四月十六日，二条良实有事上奏。"这应该是错误记载。——原注
④ 出自《公卿补任》《外记日记》和《摄关补任次第》。《外记日记》文永二年闰四月十八日的记录中写道："二条良实并未上奏，却直接成为大殿。"——原注

二、二条良实采取缓和性、包容性手段的成果

一条实经与二条良实的不和已经成为过去。一条实经深知,如果继续与二条良实作对,则无法重返政坛。因此,一条实经决定接受二条良实的缓和性、包容性手段,重新就任左大臣,位列右大臣近卫基平之上。之后一条实经再次就任关白,支持二条良实就任内览并荣升大殿。文永二年(1265年)十月,一条实经辞去左大臣之职,近卫基平改任左大臣,鹰司基忠被任命为右大臣,二条良实之子权中纳言二条师忠被任命为权大纳言,一条实经之子权大纳言一条家经被任命为左近卫大将。当时,二条师忠只有十二岁。文永四年(1267年),一条家经被任命为内大臣。在这次任职中,二条良实先前的缓和性、包容性手段发挥了极其显著的效果。虽然二条良实被罢免了关白和藤氏长者的官职,但在就任内览以后,他的势力足以压制其他摄政家族。而在二条良实的保护之下,其他家族也得以保全自己的势力。

二条师忠

虽然二条良实与父亲九条道家生前的关系并不融洽，但当时二条良实已经年过五十，可谓参透了人生要义。为了子孙后世的繁荣，也顾虑到神佛的惩罚，他采取缓和性、包容性手段是极有可能之事。文永四年（1267年）二月，一条实经在光明峰寺进行结缘灌顶。为了给父亲九条道家修荐冥福，二条良实也在西八条为九条道家举行法华八讲仪式①。

第2节　编撰和歌集

一、编撰《续后撰和歌集》

后鸟羽上皇执掌院政期间，和歌界人才辈出，此后便呈现出逐渐衰落的趋势。然而，后嵯峨上皇素来喜爱和歌，他与藤原为家和叶室光俊都是闻名于世的歌仙。藤原为家是藤原定家之子，原本并不擅长和歌，在被藤原定家训斥以后开始奋发图强。据说藤原为家在日吉大社闭居的七日之内咏出千首和歌，文采大为精进②。康元元年（1256年），藤原为家出家为僧，法号融觉。后嵯峨上皇对藤原为家非常信任，经常命他担任咏歌会的评委。宝治二年（1248年），后嵯峨上皇驾临宇治、槙岛的山庄，他命令藤原为家编撰和歌集。建长三年（1251年）十月，藤原为家将和歌集进献给后嵯峨上皇，这就是《续后撰和歌集》。

二、《续古今和歌集》的编者之争

正元元年（1259年）三月，朝廷在西园寺举办《一切经》的供养仪式，后嵯峨上皇再次命令藤原为家编撰和歌集。因为藤原为家已经出家，他推荐儿子二条为氏③负责此事。后嵯峨上皇提到其祖父藤原俊成也曾在出家以后编撰《千载和歌集》，仍然希望由藤原为家负责编撰和歌集。弘长二年（1262年）④，后嵯峨上皇遵循《新古今和歌集》的先例，命令前任内大臣藤原家

---

① 出自《增镜》。——原注
② 出自《东野州闻书》。——原注
③ 御子左家族的祖先。——原注
④ 出自《拾芥抄》。又应元年，其中一位编者叶室光俊东下镰仓，也许这里时间有误。——原注

良、持明院基宗、侍从藤原行家和前任右大辨叶室光俊四人与藤原为家共同编撰和歌集①。藤原为家深感不平，为此咏下和歌一首：

玉津之岛催人愁，

和歌之风永不灭。

——选自《玉叶集》

藤原家良去世以后，编者只剩四人。然而，藤原为家与叶室光俊经常意见不合。文应元年（1260年），叶室光俊东下镰仓，经常假借征夷大将军宗尊亲王的名义强行做主，或以持明院基宗的名义推翻之前的决议。藤原为家对叶室光俊的傲慢行径心怀不满，曾经以西园寺公经义子的身份写信给西园寺实氏②。

三、将《续古今和歌集》献给后嵯峨上皇

文永二年（1265年）四月，二条良实、前任太政大臣西园寺实氏、左大臣一条实经和前任右大臣洞院实雄等人共同讨论和歌集编撰之事③。文永二年十月，后嵯峨上皇派遣叶室光俊前往镰仓，命他向宗尊亲王说明此事④。文永二年十二月，和歌集编撰完成，后嵯峨上皇过目后在宫中举行宴会。这就是《续古今和歌集》。

四、鼓励御家人学习和歌

在镰仓幕府之中，宗尊亲王是最擅长和歌之人。在叶室光俊和藤原为家的指导下，宗尊亲王的才学日益精进，作品编成了和歌集《初心愚草》和《琼玉和歌集》。宗尊亲王经常在幕府举办和歌会，奖励精于和歌的御家人。弘长元年（1261年）三月，宗尊亲王将夜间守卫全部换成擅长和歌之人，要求他们每次当值必须上交五首和歌。幕府的重要将士也开始学习和歌，据说北条政

---

① 出自《拾芥抄》和《水蛙眼目》。——原注
② 出自《水蛙眼目》。——原注
③ 出自《外记日记》。——原注
④ 根据《增镜》的记载，宗尊亲王因为《续古今和歌集》而扬名。——原注

村曾经在宅邸举办和歌会，一日之内咏出上千首和歌。弘长元年，宗尊亲王命令后藤基政编撰和歌集。

第3节 近卫基平就任关白

一、一条实经辞职

文永四年（1267年）十二月，关白一条实经上奏请求辞去官职，得到后嵯峨上皇的允许，不过一条实经的随身侍卫等待遇一切照旧。左大臣近卫基平就任关白和藤氏长者，获赐随身侍卫。此前，一条实经就任右大臣，近卫基平作为左大臣，位列一条实经之下。根据《外记日记》和《一代要记》的记载，近卫基平同时被任命为内览，但二条良实尚未辞去官职，所以这里的记录应该并不准确。《公卿补任》中也没有近卫基平被任命为内览的记录。

二、五摄家族竞争的焦点

当时，五摄家族分立的局面基本形成，五个家族轮流就任摄关，任何人都难以长期占据高位。即使辞去官职，他们的待遇也一如既往，发生要事之时，他们仍然可以进入院所，参与朝廷要事的讨论。从表面上看，五摄家族一片和谐，毫无嫌隙，在历史上绝无仅有。这固然与二条良实的缓和性、包容性手段有一定关系，但五摄家族竞争的焦点其实是后妃之争，自从西园寺家族垄断了后宫以后，五摄家族也不再有竞争的余地，便形成了这种局面。

第 58 章

征夷大将军宗尊亲王回归

第1节　惟康王就任征夷大将军

一、征夷大将军宗尊亲王的加持僧松殿良基

文永三年（1266年）四月，征夷大将军宗尊亲王罹患皮肤病，幕府采取了各种治疗手段。松殿良基是宗尊亲王的加持僧人，他奉幕府之命为宗尊亲王修法祈祷。松殿良基是松殿基房之孙，松殿忠房之子，也被称作松殿僧正，他与鹤冈若官别当大僧正隆辨是幕府最敬重的两位高僧。

二、宗尊亲王妃与松殿良基

宗尊亲王与后嵯峨上皇一直频繁通信。文永三年三月，木工权头藤原亲家奉宗尊亲王的密旨进京。文永三年五月，后嵯峨上皇的御使左少辨中御门经任东下镰仓。文永三年六月，藤原亲家从京都返回镰仓复命。后嵯峨上皇就中御所之事给宗尊亲王提出了建议①。中御所就是宗尊亲王的王妃近卫宰子，她与松殿良基私通的丑闻被外界得知，宗尊亲王派人进京很可能是为了请求院厅裁决此事。文永三年六月十九日，执权北条政村、小侍所别当北条实时和评定众安达泰盛在北条时宗的宅邸召开秘密会议。文永三年六月十九日，松殿良基离开征夷大将军的宅邸，不知所踪。文永三年六月二十三日，近卫宰子与女儿

---

① 《吾妻镜》文永三年六月五日载。——原注

抡子共同搬入山内亭，王子惟康王也迁入北条时宗的宅邸。镰仓一片混乱，近国的御家人也相继抵达镰仓。

三、征夷大将军的废立

文永三年（1266年）七月，宗尊亲王搬入北条时盛的佐介宅邸，北条时宗决定废黜宗尊亲王，将他送回京都。此前，幕府使臣进京，将宗尊亲王怀有异心之事①上奏后嵯峨上皇，请求将宗尊亲王送回京都，此事轰动了整个院厅。文永三年七月十日，后嵯峨上皇派遣中御门经任前往六波罗府。文永三年七月十五日，后嵯峨上皇又派遣御使赶赴镰仓。文永三年七月二十一日，幕府使者二阶堂行忠和城时盛进京，二人通过西园寺实氏向朝廷申请任命惟康王为征夷大将军。文永三年七月二十四日，三岁的惟康王就任征夷大将军。文永七年（1270年）十二月，惟康王被赐予源姓。

四、宗尊亲王返京

文永三年七月八日，宗尊亲王从镰仓出发。文永三年七月二十日，宗尊亲王抵达六波罗北殿北条时茂的宅邸，受到近国御家人的保护。宗尊亲王用一首和歌表达了当时的心情：

> 往昔尊贵如龙虎，
> 如今却似街边鼠。

后嵯峨上皇和藤原姞子忌惮幕府的势力，不敢与宗尊亲王见面，似乎与宗尊亲王断绝了关系。在了解幕府的态度之后，中御门经任起程前往京都。文永三年八月，院所就宗尊亲王之事展开讨论。文永三年十月，宗尊亲王离开六波罗府，搬入已故承明门院在土御门万里小路的宅邸。当时，这里成为宗尊亲王的领地②。文永三年十二月，幕府派遣评定众武藤景赖和引付众佐佐木氏信前往京都，向宗尊亲王进献了五处领地，并请求后嵯峨上皇与藤原姞子取消与

---

① 根据《外记日记》的记载，宗尊亲王意图谋反。——原注
② 出自《五代帝王物语》。——原注

宗尊亲王断绝关系的决定。此后，宗尊亲王才得以进宫拜见后嵯峨上皇与藤原姞子。

五、此后的宗尊亲王妃与松殿良基

文永三年（1266年）十一月，宗尊亲王妃近卫宰子与女儿抡子从镰仓启程前往京都。松殿良基后来饿死在高野山。为了给松殿良基修荐冥福，松殿良基的弟子只能为他举办十三周年忌日。根据《高野春秋》的记载，松殿良基后来一直藏匿于麻布津西胁村的深山，志贺氏就是他的后代。也有人说，松殿良基放出假死的消息，继续与近卫宰子保持私通的关系，事情败露以后，松殿良基在幕府的领地越前国坂北庄被逮捕①。

第2节 废立征夷大将军的原因

一、史书的各种说法

《外记日记》和《保历间记》将幕府废黜征夷大将军的原因归于宗尊亲王妃近卫宰子的私通，但这并不是幕府送回宗尊亲王的真正理由。也有传言说，宗尊亲王意图除掉北条时宗，松殿良基等人为他提供了帮助，但这种说法没有确凿的证据。《增镜》中收录了宗尊亲王的一首和歌："拂晓只见北野雪，飘零之身寄何处。"将废黜的原因归于有野心的武士。《增镜》中这样写道：

> 侍奉宗尊亲王的武士之中，有一些心怀不轨之人。由于宗尊亲王擅长和歌，在侍奉宗尊亲王的过程中，连这些武士也逐渐开始学习和歌之道。或许因此，世间才有人传言宗尊亲王有谋反之心。传言带来的结果实在令人叹息。

笔者认为，《增镜》的描述极有可能是事实。若真如此，幕府在废黜征夷大将军的同时应该也处分了部分武士。根据《吾妻镜》文永三年七月四日的

---

① 出自《外记日记》和《勘仲记》。——原注

记载，镰仓发生动乱时，北条朝时之子北条教时率兵从药师堂谷的宅邸赶至塔辻，由于在附近引起了骚动，被北条时宗加以制止。由此推测，北条教时可能也参与了宗尊亲王的计划①。然而，北条教时非但未被惩罚，反倒被幕府重用，此事值得怀疑。

二、真正的原因

承久之乱以后，幕府众臣变得异常敏感，他们的猜忌心理很可能因为偶然的事件而得到爆发，这应该是此次废黜征夷大将军的真正原因。宗尊亲王因病而荒废公务，沉迷和歌和夜宴，松殿良基为修法祈祷而留宿征夷大将军宅邸，这些都成了招致幕府怀疑的诱因。而松殿良基与宗尊亲王妃近卫宰子的私通更是加深了幕府的猜忌。宗尊亲王进京之事屡次受阻，幕府最终趁乱拥立幼主。这一过程与九条赖经之时几乎如出一辙，有些史学家认为这是幕府的某种策略，笔者却难以认同。

---

① 出自《续本朝通鉴》《东鉴纂补》。——原注

第59章

蒙古和高丽第一次传递国牒

第1节 边民入侵高丽

当时,日本船舶驶入高丽时,每次只能进入两艘。同时,日本也严格禁止其他船扰乱高丽沿海地区。弘长三年(1263年)的高丽国牒文中这样写道:

> 自两国通航以来,每年都正常缴纳贡品。驶入的船舶每次不得超过两艘。如果有其他船肆意扰乱高丽沿海村落,一定会严加惩戒。

然而,日本边民经常假借交易的名义入侵高丽的沿海地区,朝廷屡次禁止也未见成效。弘长三年春,日本对马岛居民入侵高丽金州熊神县勿岛,夺走贡船,又在橡岛掠夺了居民财物。弘长三年四月,高丽派遣使臣来到日本,请求日本严查此事,归还边民掠夺的财物,并提出了通好的建议。日本同意高丽的请求,归还了米、野燕麦和牛皮等物品[①]。虽然说这只是边民的个人行为,但高丽对剽悍的日本边民充满恐惧,他们迫切希望日本朝廷能阻止边民的入侵。

---

① 出自《高丽史》。——原注

第2节 蒙古使节与高丽的向导

一、高丽人赵彝进言，忽必烈派遣使者

当时，蒙古国的版图横跨欧亚，宋朝也屡次受其侵犯，只能苟延残喘。高丽向蒙古进献贡品，臣服于蒙古。

高丽人赵彝觐见大蒙古国皇帝忽必烈，他告知忽必烈，日本自汉唐以来一直与中国保持往来，有规范的典章制度，劝诫蒙古向日本派遣使节。忽必烈素有一统天下的愿望，赵彝的进言刺激了他的虚荣心，他决定立刻向日本派遣使节。由于高丽与日本接壤，熟知日本风土人情，忽必烈决定任命高丽人作为随行的向导。根据《东国通鉴》的记载，赵彝叛变高丽，投诚蒙古，他经常出入蒙古王宫，诋毁祖国。赵彝的卑劣人格由此可见一斑。赵彝向忽必烈的进言

忽必烈

马可·波罗

是否是为了为难高丽，笔者不得而知。可以肯定的是，由于赵彝的进言，忽必烈向日本派遣使臣，并发动了征伐军队，对日本产生了莫大的影响。当时，意大利人马可·波罗在蒙古居住，他认为蒙古向日本派遣使臣的主要原因是觊觎日本的财产，但这应该并非主要原因。

二、蒙古使臣出访计划受阻

文永三年（1266年）十一月，蒙古任命兵部侍郎黑的为国信使，礼部侍郎殷弘为国信副使，派遣二人前往日本。二人先行抵达高丽，向高丽国王传达了忽必烈的旨意，希望高丽派出同行的向导。高丽派遣枢密院副使宋君斐和侍御史金赞陪同蒙古使节出访。由于遭遇风浪，他们只能返回巨济松边浦。

高丽使者深知日本不会甘心臣服蒙古，此举一定会招致日本的怨恨，所以他们陷入了进退维谷的境地。如果可以的话，他们也想拒绝这项使命，但不敢违抗蒙古的命令。从高丽出发以后，他们以海上风险为由拖延时日，向不谙水性的蒙古使节说明风浪的危险和日本人民的顽强，逐渐催生了蒙古使节的归心，最后终于达到了取消出航的目的。文永三年（1266年），蒙古国和高丽使节的三艘大船抵达日本，这在高丽信使潘阜和李挺的信函及《武家年代记》中都有提及，但这些记录根本不足为信。

三、忽必烈再次命令高丽派遣使节

文永四年（1267年）正月，高丽国王派宋君斐跟随黑的前往蒙古上奏曰：

> 小邦奉贵国的旨意，派遣使臣与日本交好。此前，小邦派遣陪臣宋君斐等人陪伴贵国使臣出航，船舶行驶至巨济县时，只见对马岛大洋万里，风涛蹴天。海上如此危险，小邦怎可任由贵国使臣涉险？对马岛百姓顽劣不堪，毫无礼节，若他们有不轨行为该如何是好？于是，臣等便与贵国使节共同踏上返程。小邦与日本并未交好，只是对马岛居民因贸易而时常往返金州。自陛下即位以来，小邦深蒙仁恤，在三十年兵乱之余得以喘息。圣恩天大，誓欲报效。上天可鉴，小邦定当竭尽全力，帮助陛下。
>
> ——选自《高丽史》

文中的外交措辞极其巧妙，但读者不难看出高丽的向导始终都是出于阻止的目的，并未真心履行向导的职责。忽必烈当然也心知肚明。他命令黑的和殷弘再次前往高丽，责怪高丽毫无诚意，命令他们必须引导蒙古使臣抵达日本。文永四年九月二十三日，高丽国王任命起居舍人潘阜为国信使，命令他将蒙古和高丽的国书送至日本。潘阜和李挺的信函中写道："若与奇装异服之人航海抵达日本，日本定会怀疑。"由此可知，为了避免日本的怀疑，高丽没有让蒙古使臣同行。

第3节　高丽使节抵日

一、高丽使节奉上蒙古国书与高丽国书

关于高丽使节抵达日本的日期，史书中没有明确的记录，应该是在文永四年（1267年）冬天。《外记日记》在文永四年十一月二十一日的记录中提到了蒙古国之事，虽然前后有部分文字缺失，但从中可以大概得知，高丽使节先行抵达对马岛，当地守护上报太宰府后，太宰府立刻向六波罗府发出了急报。后来，消息泄露，便出现在了这篇日记中。

文永五年（1268年）正月一日，潘阜等人抵达太宰府，呈上蒙古国书和高丽国书及部分贡品①。潘阜等人恳切地请求太宰府一定要将国书呈给朝廷。太宰少二资能立刻派遣急使将国书送至幕府。

二、蒙古国书

蒙古国书的署名时间为至元三年（1266年，即日本文永三年）八月，全文如下：

上天眷命，大蒙古国皇帝奉书日本国王。无论国家大小，朕一直努力与相邻的国家保持友好的关系。我国先祖受天明命，占领中原。边疆地区的畏威怀德之人不可悉数。朕即位之初，高丽无辜之民忍受战乱之苦，朕即刻下令停止战争，归还疆域，遣返老人和儿童。高丽君臣感恩戴德，归顺于朕，我等虽然并非君臣，却欢若父子。日本国君臣或许知晓此事。高丽，乃朕之东部藩属国。日本与高丽接壤，自开国以来，与中国时有往来。自朕即位以后，日本却从未派遣使臣互通书信，不知为何。因此，朕特派遣使臣持书传达

---

① 出自《五代帝王物语》。——原注

朕之旨意。希望从今以后，蒙古与日本来往修好，相亲和睦。圣人以四海为家，若并无往来，岂能称为一家？如果日本国拒绝朕的邀请，朕将派遣军队前往日本，然而这绝非我等所愿。希望日本国王好好思考此事。不宣。

至元三年八月

三、高丽的苦衷

从蒙古国书的内容来看，蒙古不像是在请求交好，反而更像是在宣扬国威。国书中提及蒙古征服高丽之事，还以兵力威胁日本同意与蒙古通好。这应该是蒙古对待周边小国惯用的恐吓手段。但日本人民向来有国民的自觉性，这种举动只能招致朝堂上下的反感，并无任何裨益。高丽人也深知此事，他们在国书之中为蒙古辩解，努力调解两国的关系：

> 贵国一直与中国互通往来，如今蒙古皇帝欲与贵国交好，并非为贵国之贡品，只希望能扬名于天下。若得到贵国的回复，他一定会厚待贵国。待与蒙古通好之后，贵国便能亲自体会。吾国派遣使臣抵达贵国，请贵国务必慎重考虑。

在潘阜等人上奏的文书中，他们更是直接表述了身为向导的苦衷，希望获得日本的谅解和宽恕。高丽的境地实在令人同情。

然而，这种辩解完全不能消除日本对蒙古野心的疑虑，不仅如此，还加深了日本朝廷对高丽的怀疑。下文节选了《五代帝王物语》的部分内容，由此可知当时日本国民对蒙古的看法：

> 蒙古国过去是契丹的属国。多年以来，蒙古国征服了契丹所属的周边各国，占领了大宋国境内的大部分领土。大宋国内的三百余州仅剩六十余个。由牒状的内容可知，高丽也已经臣服于蒙古。

第4节 拒绝回复蒙古国书

一、幕府的方针

文永五年（1268年）闰正月①，蒙古和高丽的国书到达幕府。由于《吾妻镜》的记载只截至文永三年（1266年），此后有关幕府的记录并不多见，所以笔者无法详细了解幕府的各种举措。但可以肯定的是，幕府认为事态严重，立刻召集重臣讨论应对之策，同时，幕府深知不可独断专行，也听取了朝廷的建议。

二、院评定的裁决

不出几日，蒙古来牒的消息便被外界得知，文永五年闰正月初，京都盛传异国敌人将入侵日本。《深心院关白记》文永五年闰正月十日的记录中写道："民间传闻异国匪徒将入侵日本，不知详情。"文永五年二月，异敌入侵的传言愈演愈烈。文永五年二月五日，传闻幕府使臣奉命进京。当时，后嵯峨上皇年满五十岁（虚岁），朝廷从文永四年（1267年）开始一直忙于准备后嵯峨上皇的贺寿仪式。幕府使臣进京时，后嵯峨上皇正在龟山殿观看贺寿舞乐的演练表演。听闻幕府使臣到来的消息，后嵯峨上皇立刻回到了白河殿。文永五年二月六日，幕府的两位使臣进入京都，来到了西园寺实氏在北山的宅邸，请求他向后嵯峨上皇传奏蒙古来牒之事。西园寺实氏即刻命令右兵卫督京极为教将牒状上呈后嵯峨上皇②。文永五年二月八日以后，前任关白二条良实、前任关白一条实经、关白近卫基平、前任太政大臣德大寺实基和前任左大臣洞院实雄等人应召来到御前，为围绕是否返牒一事进行了连日的商讨。随后，院评定将商议的结果密封后上呈给后嵯峨上皇。他们同时还讨论了施行德政之事。《深心院关白记》文永五年二月五日的记录中写道："近日来，前任朝臣也每日上朝，朝廷从未有过如此先例。然而，朝廷绝不能坐以待毙。"由此看来，前任朝臣的集合类似于一种元老会议。

---

① 《一代要记》的记载是文永五年闰正月五日，《师守记》的记载是文永五年闰正月八日，《高祖遗文录》的记载是文永五年闰正月十日。——原注
② 出自《深心院关白记》和《历代帝王编年集成》。根据《五代帝王物语》的记录，文永五年二月六日，幕府将蒙古国牒上呈朝廷。——原注

据传，院评定持续讨论数日，仍然未达成一致决议①。文永五年（1268年）二月二十四日，幕府使臣参见后嵯峨上皇。文永五年三月，根据阴阳师等人的建议，朝廷进行了公卿评议，最终决定对蒙古的无礼国牒不予理睬②。文永五年四月，中御门经任奉院厅的旨意前往幕府③。

根据《五代帝王物语》的记载，朝廷原本决议回复蒙古国的牒状，将藤原长成起草的文案交给幕府过目，但幕府持反对意见。这里很可能是混淆了文永七年（1270年）的史实。不过，幕府的态度始终如此。文永五年二月，幕府命令赞岐国的御家人随时候命④。笔者推测，幕府可能同时向西国的御家人下达了命令。幕府从蒙古国的牒状中看出了其狼子野心，命人将高丽使节留在太宰府，禁止高丽使节进京。随后，幕府传旨于少二资能，命他向高丽使节告知日本拒绝返牒之事，遣返高丽使节，归还高丽的贡品。文永五年七月，潘阜回国复命。

第5节　朝廷和幕府的态度

一、天变、疫病与德政

文永元年（1264年）以后，异常天象频繁出现。文永元年七月⑤，东北方天空出现大彗星，直至文永元年九月也未消失。大约同时，多地开始流行咳病。为了消除灾祸，朝廷举办了各种修法仪式，赦免了罪行较轻的罪犯，还派遣告陵使前往诸国。文永二年（1265年）十二月，彗星先后在东北方和西方出现。经过院评定的决议，朝廷决定施行德政，向朝臣征集抚民节流的良策⑥。文永三年（1266年）正月，西方再次出现彗星，院评定再次商讨了施行德政的举措。

---

① 出自《师守记》贞治六年（1367年）五月九日的记录。——原注
② 出自《蒙古国牒状宗性奥书》。——原注
③ 文永五年五月十三日，中御门经任返京。——原注
④ 出自《新式目》。——原注
⑤ 出自《外记日记》和《师守记》。《五代帝王物语》的记录是文永元年六月。——原注
⑥ 出自《外记日记》。——原注

二、龟山天皇亲笔书写祈愿文，任命神宫上卿

文永五年（1268年）七月，北方出现彗星。当时，蒙古牒状之事震惊了整个朝堂，朝中众臣议论纷纭。朝廷为此取消了后嵯峨上皇的贺寿仪式。文永五年二月，朝廷在院中庆祝世仁皇子百日，后嵯峨上皇并未出席，也未参加出游活动。想来，朝廷忙于祈祷、奉币和调伏敌国，后嵯峨上皇根本无暇顾及其他。随后，朝廷派遣公卿御使前往伊势神宫和大和国榆列池上（神功皇后）等七处皇陵献纳祈愿文。根据《五代帝王物语》的记载，祈愿文由龟山天皇亲自起草誊写[1]。为了渡过难关，朝廷屡次召集一条实经、德大寺实基、花山院师继等人来到院所商讨施行德政之事。其中，祭神之事被朝廷列为重中之重的大事。文永五年六月以后，二条良实、一条实经、近卫基平和洞院实雄等人再次被召集到后嵯峨上皇宫中，针对朝臣商议的十二条方案，他们在后嵯峨上皇和龟山天皇面前提出了建议。根据二条良实等人的决议，朝廷任命内大臣一条家经为神宫上卿。

三、执权与连署更替

文永五年三月，连署北条时宗改任执权，执权北条政村改任连署。当时，北条时宗年方十八，在北条时宗首次莅临评定所时，北条政村让位于他，自己则恢复了先前的职位。执权与连署的交替虽然早在计划之中，但幕府在确定了外交方针以后立刻执行此事，肯定是为了团结军心，共同面对国难。

---

[1] 《吉续记》中提到，当时的祈愿文中有一句"虽为佛国，但异国之事奇怪至极"，遭到了有识之士的指责。——原注

第 60 章

后嵯峨上皇与龟山天皇

第 1 节 皇子出生

一、后深草上皇、龟山天皇的第一皇子诞生

龟山天皇天资聪颖，勤勉好学，热爱音乐，他经常要求侍读讲解《尚书》、《古文孝经》和《论语》等典籍。后嵯峨上皇和藤原姞子备感欣慰。此前，后深草上皇的中宫西园寺公子只诞下一位公主，直至文永二年（1265年）四月，后深草上皇才得到皇子，也就是后来的熙仁亲王。熙仁亲王的生母是洞院实雄之女洞院愔子（号玄辉门院）。中纳言源有资奉命养育熙仁亲王[①]。根据《外记日记》和《一代要记》的记载，洞院愔子在弘长三年（1263年）曾经诞下皇子，只是这位皇子在文永二年夭折，笔者在其他史书中并未找到相关记录。

文永二年七月，龟山天皇的皇后洞院佶子诞下皇子。文永二年八月，龟山天皇的皇子先于后深草天皇的皇子被封为知仁亲王。文永四年（1267年）八月，三岁的知仁亲王在外祖父洞院实雄的宅邸病逝。

二、后深草上皇、龟山天皇的第二皇子诞生

文永四年（1267年）十月，洞院愔子再次诞下皇子，名为满仁，也就是

---

① 出自《五代帝王物语》。——原注

龟山天皇

之后的性仁法亲王。龟山天皇当时的心情可以想象。当时,洞院佶子已经怀孕,为了祈祷她能顺利生下皇子,朝廷命人在宫中修法祈祷。洞院佶子也将亲笔书写的祈愿文献纳于贺茂神社,文中写道:"哪怕赌上子孙后世的繁荣,也请上天赐我一个皇子。"[①]文永四年十二月,洞院佶子生下皇子。龟山天皇、后嵯峨上皇和藤原姞子喜出望外,他们奖赏了修法的众位僧人,赦免了罪行较轻的罪犯。洞院佶子在后嵯峨上皇的富小路殿休养五十日。《增镜》中描述了当时的情况:

> 龟山天皇对皇后洞院佶子百般宠爱,在皇子出生之后,他更是喜不自胜。洞院实雄也是春风得意,喜上眉梢。虽然后深草上皇的皇子熙仁亲王也是洞院实雄的外孙,但西园寺公子早已察觉,熙仁

---

① 出自《增镜》。——原注

亲三无法与龟山天皇的皇子相提并论。熙仁亲王在宫中根本不被人重视，后嵯峨天皇和藤原姞子对他也不闻不问。然而，后嵯峨上皇和大宫院藤原姞子对龟山天皇新出生的皇子视如珍宝。当时，中宫西园寺嬉子的处境令人同情，她也希望能拥有自己的孩子。西园寺家族被愁云笼罩，一筹莫展。

三、后嵯峨上皇与藤原姞子对龟山天皇的宠爱

龟山天皇和皇后洞院佶子热切盼望皇子出生，这与后深草上皇的两位皇子有很大关联。然而，虽然后深草上皇有两位皇子，他们却并未得到后嵯峨上皇和藤原姞子的宠爱，而且后嵯峨上皇反而更加疼爱龟山天皇。

第2节 世仁亲王被立为皇太子及后嵯峨上皇出家

一、立皇太子，幕府赞同

文永五年（1268年）六月，龟山天皇的第二皇子被封为世仁亲王。后嵯峨上皇想要立世仁亲王为皇太子，为此征求了幕府的意见。文永五年八月，朝廷举办立皇太子仪式，右大臣鹰司基忠成为东宫傅。当时，后深草上皇的第一皇子熙仁亲王四岁，第二皇子满仁亲王两岁，而世仁亲王不足两岁。中宫西园寺嬉子受到龟山天皇的冷落，自从父亲西园寺公相去世以后，西园寺嬉子就再未入宫。文永五年十二月，西园寺嬉子获赐今出川院的封号。

二、后嵯峨法皇的院政

文永五年十月，后嵯峨上皇在龟山殿剃发出家，法号素觉。天台座主尊助法亲王是后嵯峨上皇的戒师。当时，后嵯峨上皇在龟山殿的逆修愿文中这样写道：

龟山天皇为弟子的嫡次子，他应当学习汉学，提倡节俭之风。后深草上皇为嫡长子，理应遵守孝道。皇太子世仁亲王一定会成为

孝顺子弟。翠帐仙院（指后嵯峨上皇的第一皇女月华门院）是弟子之女。出家之事虽然有些突然，但弟子一心向善，希望能为来世积攒冥福。……弟子曾居于九五之位，虽然也有过波折，但有幸遇到天然之师，得以贯彻谦虚之道。当今天皇与后深草上皇为同胞兄弟，弟子在处理朝务时一定会对他们一视同仁，努力推行仁德的措施。金子均有秀色，王孙忽耀明光。

文永六年（1269年）四月，后嵯峨上皇在东大寺受戒。《增镜》中描述了后嵯峨上皇出家以后的情形：

后嵯峨上皇走上了潜心研究佛教的道路。他时而研究止观的要义，时而钻研佛教真言，有时也会探索净土宗的宗旨。后嵯峨上皇通晓各种宗派的教义，仿佛在前世已经修得真谛。如今，后嵯峨上皇的选择令人备感欣慰。

此后，后嵯峨法皇也经常驾临院评定所，亲自视察政务，一如往常。

第3节　关白近卫基平去世及二条良实辞职

文永五年（1268年）十一月，关白、左大臣近卫基平辞去官职，不久病逝，享年二十三岁。当时，右大臣鹰司基忠也不过二十二岁。由于近卫基平之父鹰司兼平、二条良实和一条实经都曾经就任关白，朝廷向幕府征询下任关白的人选。文永五年十二月，幕府做出决议，朝廷任命鹰司基忠为关白。

文永五年十二月，二条良实辞去内览的职务，请求朝廷取消他的随身侍卫。自从文永二年（1265年）辞去关白的职务以后，二条良实就任内览已经三年[①]。

[①] 出自《公卿补任》。——原注

第4节 延历寺与园城寺之争

延历寺与园城寺结怨已久，矛盾频繁爆发。下文列举几个典型的事例。

弘长元年（1261年）十月，园城寺僧纲仙朝赶赴镰仓，向评定所提出抗议，并接受了幕府的调解。弘长二年（1262年）闰七月，仙朝与其他僧人回到了寺院①。

文永三年（1266年）七月，朝廷在法胜寺举办《法华经》的八讲仪式，延历寺僧徒指责园城寺的听众私自授戒，不应参加朝廷的法会。园城寺的僧徒则表示他们是借用了东大寺的戒坛授戒②。

根据《皇代历》的记载，文应元年（1260年）正月，朝廷决定由园城寺的僧人担任四天王寺别当，四天王寺因此关闭寺门。文永元年（1264年），由于延历寺僧人提出抗议，朝廷召回下发给园城寺的宣旨。此后，四天王寺的别当可能仍然由本寺僧人担任。然而，延历寺僧人并未提出抗议，在《外记日记》等史书中也没有相关记录，此事值得怀疑。

文永五年（1268年）八月，园城寺僧人私自授予三摩耶戒，延历寺僧人再次提出抗议，捕抬神舆进京。朝廷取消了园城寺大阿阇梨宽乘的授戒资格，严厉警告了圆满院和圣护院，命令六波罗府逮捕肇事僧人。然而，延历寺僧人并不满足。他们请求朝廷流放园城寺的戒师仙朝和宽乘，并派遣官兵毁不园城寺的布萨堂。朝廷同意流放宽乘，也对仙朝做出了相应的处分，但延历寺僧人仍然烧毁了园城寺。

第5节 南都北岭的内讧

一、对兴福寺别当和天台座主的排斥

南都北岭的内讧也不曾停止。当时，兴福寺的别当和僧徒时有纷争。文

---

① 出自《兴福寺略年代记》和《皇代历》。——原注
② 出自《华顶要略》收录的《天台座主记》。——原注

永元年（1264年）九月，兴福寺别当大僧正圆实（九条道家之子）被僧徒罢免职务并被驱逐出寺院。圆实希望回归寺院，但兴福寺僧徒请求朝廷流放圆实，并拥抬春日神社的神木向朝廷示威。随后，幕府上奏请求朝廷同意圆实隐居山野。文永五年（1268年）八月，兴福寺僧徒再次请求朝廷流放圆实。

文永四年（1267年）六月，延历寺的部分僧人对天台座主澄觉心怀不满，他们发起暴动，占据主殿，封锁了北野神社的大门。无奈之下，朝廷只能罢免澄觉的职务。随后，尊助法亲王再次就任天台座主。

当时，延历寺僧徒分为支持天台座主的青莲院门徒和反对天台座主的梶井门徒两派。文永五年九月，梶井门徒占据主殿，向天台座主提出抗议，青莲院门徒在日吉大社附近严加防守。由于后嵯峨上皇当时有出家的念头，朝廷命令延历寺僧徒谨慎行事，要求他们停止暴行。然而，梶井门徒根本不予理会，还破坏了秋季的授戒会。为了振兴延历寺三塔，朝廷赐予延历寺十处庄园，梶井门徒却仍不满足。他们在日吉大社附近攻击青莲院门徒，夺走神舆。日吉大社临时祭典被迫取消。

朝廷采纳幕府的建议，罢免了尊助法亲王，任命前任大僧正慈禅为天台座主，命他管理梶井门迹①和青莲院门迹。然而，东西两塔的僧徒对朝廷的处分并不满意。文永六年（1269年）正月，延历寺僧徒拥抬神舆进京，要求朝廷归还梶井和青莲院，在遭遇六波罗府的武士以后，延历寺僧徒丢弃神舆逃走。随后，朝廷再次听从幕府的建议，命令前任大僧正澄觉管理梶井门迹，前任大僧正道玄管理青莲院门迹。随后，延历寺僧徒终于拥抬神舆归位。文永六年九月，幕府派遣使者进京，要求朝廷处罚近年来发动暴行的僧人头目。文永六年十二月，延历寺的两位门徒向幕府保证此后绝不会占据主殿发起暴行。

二、高野山检校煽动僧徒

文永五年五月，高野山僧徒与寺院领地名手庄的庄官因边界问题发生争执，高野山检校觉传煽动僧徒发起暴动。六波罗府派遣武士加以阻止，觉传被罢免官职。

---

① 梶井门迹，由出家的皇族、贵族担任住持的寺院。

第 61 章

蒙古和高丽第二次传递国牒

第1节 蒙古和高丽使节抵达对马岛

一、蒙古命令高丽修造战舰

此前，忽必烈命令高丽使臣陪同蒙古使臣出访日本，但高丽使臣预料到日本不会归顺，于是设法阻止了蒙古使臣。文永五年（1268年）五月，忽必烈命令高丽国王修造一千艘船。文永五年七月，高丽向蒙古上奏称已备兵一万，造船千只，蒙古派遣都统领脱朵儿等人前往高丽检阅军队，视察舟舰。脱朵儿等人视察了黑山岛赴日本的水路，再次命令高丽造船百艘。

由于高丽使臣并未履行向导的使命，忽必烈对高丽产生了怀疑。文永五年十一月，忽必烈再次派遣黑的和殷弘前往高丽，命令高丽派出重臣陪同蒙古使臣出访。文永五年十二月，高丽国王派遣知门下省事申思佺、礼部侍郎陈子厚和潘阜陪同蒙古使节出访①。

二、逮捕对马岛居民

文永六年（1269年）三月，蒙古和高丽使臣乘船抵达对马岛，遭到了当地居民的反抗。蒙古使臣带回居民塔二郎和弥二郎。忽必烈热情款待了二人，

---

① 出自《师守记》贞治六年（1367年）五月九日的记载。根据《历代编年集成》的记载，蒙古共派出六十余人出访日本，其中有八位国使。高丽派出四位使臣和七十余位随从。——原注

赐予二人很多物品，他还对二人表示："如今，朕欲与尔国交好，不会强逼于尔，只欲垂名青史。"

第2节 蒙古中书省的牒状与回复

一、返还俘虏，请求交好

文永六年（1269年）六月，蒙古命令高丽将俘虏送回日本，并要求他们送去中书省的牒状，强调诏谕通使之意。文永六年九月，高丽使臣金有成和高柔乘船抵达对马岛伊奈浦，归还了两位俘虏，呈上了蒙古中书省的牒状和高丽国书。

二、幕府阻止返牒

朝廷决定回复蒙古的牒状，命令菅原长成起草给蒙古和高丽的返牒，同时征求了幕府的意见。返牒至今仍收录于《本朝文集》中。在太政官厅回复蒙古的牒状中，朝廷表示日本从未听说过蒙古的名号，也已经断绝了与中国的往来，日本乃神国，绝不会无端动用凶器，更不会与蒙古发生争端，希望蒙古反省之前的行径。同时，在太宰府守护所向高丽庆尚晋安东道按察使回复的返牒中，朝廷对高丽归还俘虏之事表示了感谢，也对先前对马岛居民的暴行表达了歉意，并告知高丽日本将向蒙古中书省送出返牒。然而，幕府对返牒之事表示反对，朝廷的返牒并未送出。高丽使臣在太宰府守护所滞留数日，最终空手而归。

第62章

蒙古和高丽第三次传递国牒

第1节 蒙古使节抵达日本

一、幕府的上奏与防备

文永七年（1270年）十二月，忽必烈诏谕高丽国王王禃派遣国信使赵良弼通好日本。文永八年（1271年）九月，高丽国王派遣康允绍和徐称跟随赵良弼前往日本。文永八年秋，康允绍等人先行派人将高丽国牒送至日本，告知蒙古将派兵入侵日本。文永八年九月，幕府派遣使者进京。此前，西园寺公相在文永四年（1267年）十月去世，权倾一时的西园寺实氏也在文永六年（1269年）六月病逝，西园寺公相之子西园寺实兼就任关东申次。幕府使者经由西园寺实兼向后嵯峨法皇上呈高丽国牒，同时派兵前往镇西防备蒙古来袭，命令拥有镇西领地的御家人跟随守护驻守要塞关卡或派遣代官前往，并要求守护即刻讨伐违反命令之人①。

二、幕府再次阻止返牒

不久，赵良弼等百余人在筑前国今津着陆，抵达太宰府，请求亲自将国书奉呈日本天皇和征夷大将军。太宰府并未许可，命令少二资能将国书的副本上呈幕府。蒙古要求日本在文永八年十一月之前回复国牒，否则将派遣兵船入

---

① 出自《小代文书》和《萨藩旧记》。——原注

侵。文永八年（1271年）十月，幕府再次派遣使者进京，通过西园寺实兼上奏后嵯峨法皇。经过院评定的讨论，朝廷决定将菅原长成的返牒修改后答复蒙古①。然而，幕府仍然表示反对，并遣返了蒙古使臣。根据《元史》和《东国通鉴》的记载，日本派遣二十六位使臣跟随赵良弼前往蒙古。但日本史书中并没有相关记录，这些记载根本不足为信。

三、后嵯峨法皇驾临石清水八幡宫，派遣御使前往伊势

文永八年十月，后嵯峨法皇驾临石清水八幡宫，亲自向神佛祈祷日本能消除国难。文永八年十二月，后嵯峨法皇派遣公卿御使前往伊势，请求神佛降伏异国。

文永八年十一月，蒙古改国号为元，据说是取自《易经》中的"乾元"。

第2节 日莲与外寇

一、《立正安国论》

根据日莲宗的资料记载，由于连年天灾地变，文应元年（1260年）七月，日莲通过幕府官吏宿屋光则②向北条时赖进呈《立正安国论》。文中竭力排斥禅宗、念佛宗等宗派，要求幕府禁止诸宗，并预言如果幕府置之不理，将遭遇内忧外患。此举引起了北条时赖和念佛宗僧徒的不满，日莲在不久后被流放到伊豆国。弘长三年（1263年）二月，日莲获释返回镰仓，居住于常叶谷。

二、发配日莲

蒙古传递国牒以后，日莲自以为《立正安国论》所言无误，再次致书幕府，诽谤幕府推崇的诸位高僧，要求幕府禁止念佛宗、真言宗、禅宗和律宗，以此消除国难。文永八年），北条宣时再次逮捕日莲，将其流放到佐渡国③。

---

① 出自《吉续记》文永八年十月二十四日的记录和《历代编年集成》。——原注
② 法名最信。根据《吾妻镜》弘长三年（1263年）十一月十九日的记载，左卫门尉宿屋光则为北条时赖的近臣。根据《本化别头佛祖统记》的记载，宿屋光则在神社佛寺任职。——原注
③ 出自《本满寺文书》文永八年九月十九日的日莲书状。——原注

由于没有明确的记载，也有学者认为此事是日莲门徒的作为。日莲的书法豪放不羁，一如其人，是空海以后少有的能书之人。

第3节　诛戮北条时辅

执权的更替总会难以避免地引起幕府内讧，北条时宗就任之时，动乱到来得略显迟缓，直至文永九年（1272年）才逐渐爆发。文永七年（1270年）正月，六波罗北殿北条时茂病逝。文永八年（1271年）十一月，北条长时之子北条义宗就任六波罗北殿。北条时赖之子北条时辅一直任职六波罗南殿。文永九年二月，北条时辅意图谋反，名越朝时之子名越时章、名越教时聚集于镰仓。幕府派遣大藏赖季先行讨伐二人，中御门实隆等多人受到牵连。后来，幕府查明名越时章未曾参与谋反，反而将大藏赖季等人处斩。同时，幕府命令北条义宗等人讨伐北条时辅。北条义宗立刻派遣驻京武士进攻六波罗府，北条时辅战死。这就是二月骚动①。正应三年（1290年）十一月，北条时辅之子北条二郎再次谋反，事情败露后被幕府诛杀。

---

① 出自《保历间记》。——原注

第63章

后嵯峨法皇驾崩

第1节 后嵯峨法皇患病与后鸟羽院

一、后嵯峨法皇迁居龟山殿

文永八年（1271年）九月①，后嵯峨法皇罹患疾病②，龙颜日益憔悴。朝廷用尽了医疗、祈祷等各种办法。文永九年（1272年）正月，后深草上皇前往万里小路殿探望后嵯峨法皇，不久，后嵯峨法皇迁宫龟山殿。

二、后嵯峨法皇驾临花亭、后鸟羽院的怨灵

后嵯峨法皇患病让人再次联想到后鸟羽院的怨灵。当时，中御门经任深受后嵯峨法皇信任，他屡次作为御使前往镰仓，仕途青云直上。文永八年二月，朝廷举办县召除目③仪式，权中纳言吉田经俊被罢免大宰权帅的官职，中御门经任被任命为大宰权帅。《吉续记》文永八年二月二日的记录中评论了此事：

> 中纳言中御门经任就任大宰权帅，震惊世人。前任大宰权帅吉田经俊为家族长者，又是院中执权，而且任期未满。吉田经俊在任免当天才得知此事，肯定颜面尽失。吉田经俊是中御门经任的叔父，也是家中长者，却遭受如此待遇。中御门经任备受后嵯峨法皇

---

① 出自《吉续记》。《五代帝王物语》的记录是文永八年夏。——原注
② 《五代帝王物语》的记载是脚气。——原注
③ 县召除目，日本地方官任命仪式之一。

信任，一路扶摇直上，屡次超越朝中重臣。和泉国和摄津国已经成为他的知行国，如今他又就任大宰权帅，实在是家族余庆也。

中御门经任在中御门西洞院营建花亭，后嵯峨法皇屡次驾临。中御门西洞院位于嘉阳院的遗址，这里曾经是后鸟羽院的行宫。一日，后嵯峨法皇的轿辇抵达中御门大宫时，他的日用药品一滴未剩。这在当时被视为凶兆，与后鸟羽院相关的传言亦愈演愈烈。

三、后嵯峨法皇驾崩

后嵯峨法皇的病情迟迟没有好转。文永九年（1272年）二月，龟山天皇前往龟山殿探望后嵯峨法皇，后嵯峨法皇交代了后事。文永九年二月十七日，后嵯峨法皇驾崩，享年五十三岁。文永九年二月二十日，朝廷将后嵯峨法皇的骨灰安放于净金刚院。后嵯峨法皇下葬时，由尚未出家的中御门经任手捧后嵯峨法皇的骨灰，出乎所有人的意料。[①]文永九年二月二十三日，藤原姞子在后嵯峨法皇头七的忌日出家，圆助法亲王是她的戒师。不久，宗尊亲王也出家。

四、最稳定的时代

根据《五代帝王物语》的记载，后嵯峨法皇的治世胜过白河、鸟羽、后白河和后鸟羽诸院，院中毫无风波，京中政通人和。后嵯峨法皇执掌政权三十一年，万事以朝政为重，坚持慈悲之心和怀柔之策，对待公家和武家一视同仁。与先代诸院相比，后嵯峨法皇的治世时间最长，朝中形势也最稳定，这与公武两家的支持有很大关联。

第2节 后嵯峨法皇的遗言

一、后嵯峨法皇的治世遗言，对领地的分配

然而，尽管后嵯峨法皇坚持圆满的治世之策，他的治世遗言和对领地的分配却意外造成了皇统分立的局面，也引起了朝廷与幕府的纷争。

---

① 出自《增镜》。——原注

后白河法皇驾崩之时，由守觉法亲王负责料理后白河法皇的后事。于是，藤原姞子遵循先例，与圆助法亲王共同处理后嵯峨法皇的后事，并时常咨询前任左大臣洞院实雄的意见。文永九年（1272年）四月七日，遵从后嵯峨法皇的遗言，藤原姞子在五七之后于龟山殿公布了后嵯峨法皇的遗诏。洞院实雄将龟山天皇和后深草上皇获得的领地分别上呈给他们。

二、治世之君与领地

根据《梅松论》和《太平记》的记载，后嵯峨法皇将一百八十多处长讲堂领地赠予后深草上皇，要求后深草上皇的子孙永世不得竞争皇位。龟山天皇虽然没有获得这些领地，其子孙却得以世代继承皇位。这种说法也被世人熟知。除长讲堂领地以外，后深草上皇还获得了播磨国衙、尾张国热田社的多处领地。然而，龟山天皇获得的领地远超后深草上皇。《龟山院御凶事记》中写道："后嵯峨法皇在遗嘱中几乎完全把龟山天皇看作长子。后深草上皇虽为兄长，却没有任何异议，只因他重视孝道。"承久之乱以后，历代治世之君皆由幕府拥立，后嵯峨法皇把六胜寺和鸟羽院等领地赠予治世之君。他也给幕府留下了御笔书信，希望幕府仿效仁治年间北条泰时的做法，在龟山天皇和后深草上皇之间选出一位治世之君①。由此看来，《梅松论》和《太平记》的记载并不属实。

三、选定龟山天皇为治世之君

因为忌惮幕府的势力，后嵯峨法皇在遗诏中嘱咐幕府为朝廷选出治世之君，这也得到了幕府的理解。幕府上奏表示治世之君难以定夺，向藤原姞子咨询了后嵯峨法皇的意向，得知后嵯峨法皇希望由龟山天皇执掌朝政②。随后，幕府选定龟山天皇为治世之君，藤原姞子将守护朝廷的宝剑，即坂上田村麻吕③的佩刀赠予龟山天皇。后嵯峨法皇驾崩以后，世人普遍认为后深草上皇会执掌院政，龟山天皇亲政的结果令人大感意外。

---

① 出自《五代帝王物语》。——原注
② 出自《神皇正统记》。——原注
③ 坂上田村麻吕，日本平安初期的武将，以忠义名世界。任征夷大将军，修筑胆泽城，建镇守府，平定虾夷有功。

四、形成两统分立之势

在让位于龟山天皇以后，后深草上皇本想等龟山天皇的皇子继承皇位之后将自己的皇子立为皇太子。然而，龟山天皇的亲政使立皇太子之事变得难上加难，后深草上皇失望至极。据传，后深草上皇因此对母亲藤原姞子怀恨在心[①]。后深草上皇的近臣也因此断绝了青云之志，难以抑制愤恨之心。此后，朝臣分为内方和院方两派，双方矛盾不断。两统分立之势逐渐形成。

五、两统争论的焦点

后嵯峨法皇委托幕府从龟山天皇和后深草上皇中推选一位治世之君，而幕府认为此事难以抉择，决定遵从后嵯峨法皇的旨意推举龟山天皇。然而，拥护后深草上皇的院方坚称这种决议并无依据，他们认为藤原姞子、圆助法亲王与西园寺实兼故意曲解后嵯峨法皇的旨意，影响了幕府的决定。这就是两统争论的焦点。从前后的情形和现在的史料来判断，后嵯峨法皇希望龟山天皇掌管朝政的事实并无疑点。

---

① 出自《增镜》。——原注

… 第64章

元朝和高丽第四次、第五次传递国牒

第1节 高丽使节来朝

根据《元史·日本传》和《元史·高丽传》的记载，文永九年（1272年）二月，高丽国王王禃再次向日本传递国书。文永九年五月，元朝诏谕高丽国王向日本传递国书，希望与日本交好。日本并未回复。

然而，日本史书中并没有高丽使臣在文永九年二月到访的记录。根据《镰仓年代记》《武家年代记》和《关东评定传》的记载，文永八年（1271年）十二月，赵良弼派遣使者张铎从高丽前往日本。根据《镰仓大日记》的记载，文永九年五月①，张铎返回高丽，派遣高丽使臣向日本传送牒状。文永九年十月，元朝使臣抵达博多。这与《元史》中文永九年五月，高丽使臣奉忽必烈之命出访日本的记录相吻合。由此看来，元朝命令高丽使臣向日本传递国书一事确是事实②。

第2节 元朝使节抵达日本

文永十年（1273年）三月，赵良弼奉命再次抵达太宰府。因为无法进

---

① 《北条九代记》的记录是文永九年六月。——原注
② 文永九年，元朝使臣到访之事在《假名年代记》和《新撰和汉合图》中也有记载。——原注

京，赵良弼只能空手而归，并谢绝了高丽国王的赏赐。文永十年五月，赵良弼回到元朝，将出访的始末和日本的尊号、国郡的数量及风土人情上奏忽必烈，忽必烈赞他不辱使命①。

日本史书中并没有相关记录，这可能与太宰府的阻止有关。笔者推测，赵良弼此次来日应该确有其事。

---

① 出自《元史·世祖记》、《元史·日本传》、《元史·赵良弼传》、《元史·高丽传》和《东国通鉴》。——原注

第 65 章

幕府的应急准备

第1节 有关御家人领地的规定

一、生死攸关的重大问题

幕府的御家人如果失去了领地,几乎等同于丧失了御家人的资格。对于他们而言,这是攸关生死的重大问题。如果难以维持现有的宝贵财产,他们只能通过抵押、买卖等方式转移所有权。受到京都文化的影响,御家人普遍沾染了奢侈之风,他们的吃穿用度极其华美,很多人甚至倾尽领地的所有收入也难以满足这些消费。

二、有关领地买卖、抵押的规定

为了提倡节俭之风,弘长元年(1261年)二月,幕府颁布俭约令,禁止御家人在吃穿用度方面铺张浪费。随后,幕府默许御家人因生活拮据而抵押或买卖领地。文永五年(1268年)七月,幕府下令规定,不论买卖或抵押的领地,只要没有特别规定,御家人均可在二十年后以本金赎回。不久,幕府禁止御家人抵押或买卖赏赐领地或私有领地,如果已经达成协议,则必须以本金赎回;如果御家人将领地抵押或出售给非御家人,则根据延应二年(1240年)的规定予以没收。文永七年(1270年)五月,幕府暂时取消了这项规定。文永十年(1273年)七月十二日,幕府再次下令规定,凡是在当日之前签订的典当协议,御家人无须支付本金也可直接赎回领地。为了避免御家人的领地落入非御家人手中，对于非御家人、女性和其他娼妓获得的领地一律予以没收①。此后，幕府规定所有的买卖和典当协议归于无效，要求买方或典当铺无偿返还领地。

三、对于领地赠予的规定

根据幕府的规定，御家人不可将领地赠予子孙以外之人，若御家人违反规定，不论幕府的赏赐领地或是私有领地，幕府将一律予以没收。文永七年（1270年）五月，幕府暂时取消了这项规定。文永九年（1272年）十二月，幕府下令仔细审查御家人赠予他人的赏赐领地，如果发现领地并非无偿赠予，则一律没收②。当时，幕府严格禁止买卖或抵押领地，而有些御家人假借赠予领地的方式获取收入，武家领地因此不断减少。幕府为了保护武家领地而特意制定了这种制度。

然而，这种制度并没有发挥显著的效果。文永十一年（1274年）六月，幕府再次下令规定，禁止御家人将领地赠予子孙以外之人，如果御家人违反规定，不论幕府的赏赐领地或是私有领地，幕府将一律予以没收。但如果将领地赠予御家人收养多年的兄弟叔侄、远亲之子或其他御家人，则不受此限制。建治二年（1276年）七月，幕府规定，若从事医学与阴阳道之人成为御家人的养子会导致医道与阴阳道的衰亡，那么这些人不可继承御家人的领地。幕府的这些举措都是为了防止武家领地的减少③。

第2节 编制田文

一、征集田文

文永九年（1272年）十月二十日，幕府向诸国守护下达命令，命令各地的地头和御家人征集神社寺院的领地、庄园和公有领地的田文。以下是北条政村向北条时宗上呈的御教书，文书中提到的各国应该都属于北条时宗的管辖范围。

---

① 出自《新编追加》。——原注
② 出自《新编追加》。——原注
③ 出自《新编追加》。——原注

相模守殿下（北条时宗）：

诸国田文缺失，在处理公事时多有不便。须尽快制作骏河、伊豆、武藏、若狭和美作诸国的田文，清楚注明神社佛寺领地、公有领地的田地数量和领主姓名。务必奉命行事。

左京权大夫（北条政村）花押
文永九年十月二十日
——选自《东寺文书》

《萩藩阀阅录》中收录了北条政村向安艺国守护武田信时[①]下发的御教书。由此推测，幕府可能同时向其他诸国下达了同样的指示。文永十年（1273年）八月，幕府命令诸国详细调查抵押、买卖的领地数量和领主姓名并上报幕府[②]。

二、编制大田文与军国的财政

随着这些规定的不断实施，弘安二年（1279年），常陆国上呈大田文。弘安八年（1285年），丰后和但马两国上呈田图账本和大田文，这也可以看作当时制度的延续。从前文的御教书来看，幕府的这项举措只是为了补充缺失的大田文，但在外敌当前的局面下，幕府果断地推行这项举措，肯定是因为幕府察觉到国家经费需要多方的支持。在保护御家人领地的同时，幕府决定由土地所有者共同分担部分经费，于是，幕府选择了看似并不妥当的时机着手整理田文。

第3节　连署北条政村去世

文永十年五月，连署北条政村去世，享年六十九岁。北条政村才华横溢，在外敌当前之时，他选择将执权之位让给年少的北条时宗，此后一直尽心

---

① 武田信政的次子。——原注
② 《萩藩阀阅录》中收录了文永十一年（1274年）正月八日的执行书。——原注

辅佐，直至突然离世。幕府受到了很大的打击。吉田经长在日记《吉续记》文永十年（1273年）闰五月四日的记录中写道："幕府重臣去世，令人惋惜。"朝廷暂停了评定的公务，派遣左卫门尉中野时景前往镰仓吊唁。

　　文永十年六月，北条义政成为幕府的新任连署。北条义政是北条重时的第五子，也是幕府的引付头。文永十年七月一日，朝廷同意幕府的申请，在临时任免仪式上任命北条义政为武藏守[①]。

[①] 出自《吉续记》。——原注

第 66 章

龟山天皇亲政

第1节 议定制度的开始

自亲政以来，龟山天皇励精图治，他决定以议定制度取代院评定制度，由议定的卿相审理神社佛寺、朝臣等的诉讼案件，商议朝廷公文，并亲自给出裁决。文永十年（1273年）四月，龟山天皇命令朝臣以封事①的形式议奏政治得失。

文永十年五月，龟山天皇设置后院厅，任命前任右大臣西园寺公基、内藏头藤原赖亲和右中辨吉田经长为别当，同时任命了一位预②、十余位藏人和二位公文。西园寺公基是西园寺实氏之子，号京极，也被称作万里小路。

第2节 九条忠家就任关白

一、二条良实去世与九条家族

文永七年（1270年）十一月，二条良实病逝，享年五十五岁。当时，二条良实之子二条师忠只有十七岁，却已经就任内大臣，兼任右近卫大将。

建长四年（1252年），九条教实之子九条忠家被罢免了右大臣之职。此

---

① 封事，密封的奏折。密封后直接呈送天皇的意见书。
② 一位预，日本中世纪的职务名。在某官厅供职，主持该官厅事务。

后二十年，九条家族的嫡流一直处于失意的境地。九条忠家之子九条忠教也只是右近卫少将，并未获得参议之席。二条良实恢复势力以后，一条实经父子也光荣升迁，唯有九条忠家父子并未获益。由此看来，二条良实仍然对九条道家早年的遗产分配心怀芥蒂。然而，二条良实之死给九条忠家带来了一线希望。

二、九条忠家凭借幕府势力达成所愿

文永十年（1273年）五月，鹰司基忠被罢免关白之职，九条忠家被任命为关白和藤氏长者，获赐随身侍卫。根据《吉续记》的记载，九条忠家依靠幕府的势力达成了多年的夙愿。吉田经长在《吉续记》文永十年四月二十五日的记录中写道：

> 世人传闻关白之事已有定论，前任右大臣九条忠家将如愿以偿。世人非常震惊。据说这是由于幕府的暗中支持。虽然朝廷尚未公布，但已经告知内藏头。

当时，九条忠家以前任右大臣的身份叙从一位，而一条实经是从一位左大臣，所以九条忠家在宫中的地位低于一条实经。九条忠家迫切希望朝廷能赐予他宫中首席的身份，西园寺公基也给予了支持，朝廷却并未许可①。

三、九条家族迎来再次兴盛的机遇

当时，龟山天皇已经有让位之意。文永十年闰五月，一条家经就任东宫傅。龟山天皇之所以拒绝九条忠家任宫中首席的申请，是因为想罢免九条忠家的关白之职，将首席之位赐予一条家经。文永十年十二月，九条忠家之子九条忠教被任命为权中纳言，九条家族终于迎来了再次兴盛的机遇。

第3节 洞院实雄去世

弘长三年（1263年），洞院实雄的长子权中纳言洞院公宗去世。文永九

---

① 出自《吉续记》文永十年闰五月十三日的记录和《公卿补任》。——原注

年（1272年）八月，龟山天皇的皇后洞院佶子薨逝。文永九年后嵯峨法皇驾崩以后，洞院实雄的次子洞院公雄出家。自从兄长西园寺实氏去世以后，洞院实雄虽然保有外戚的势力，但随着长子去世、次子出家，洞院家族已经不再圆满。文永九年皇后洞院佶子又突然离世，洞院实雄悲伤难耐，积郁成疾。文永十年（1273年）八月，洞院实雄去世，享年五十五岁，号山阶左大臣。龟山天皇暂停了议定的公务，要求朝臣如非紧急公务则不得上奏。洞院实雄去世以后，洞院家族逐渐衰微，西园寺家族的势力逐渐落入嫡流西园寺实兼的手中。

第 67 章

龟山天皇让位

第1节 后宇多天皇即位

文永十一年（1274年）正月二十六日，龟山天皇突然让位于皇太子世仁亲王，这就是后宇多天皇。当时，后宇多天皇年仅八岁，九条忠家由关白改任摄政。

二十六岁的龟山天皇受封太上天皇的尊号。此后，后深草上皇为本院，龟山上皇为新院。朝廷遵从后嵯峨法皇的遗训，决定由新院掌管朝政。

文永十一年三月二十六日，朝廷在太政官厅举办后宇多天皇的即位大典。文永十一年六月，九条忠家被罢免摄政之职，左大臣一条实经代之。

第2节 圆满院圆助法亲王叙二品及延历寺暴动

一、园城寺首位叙二品的亲王

龟山上皇能够执掌院政，圆满院无品圆助法亲王发挥了重要的作用。他时常出入宫中，为龟山上皇修法祈祷。文永十一年三月，圆助法亲王叙二品，天台座主澄觉同时被册封为亲王。澄觉是雅成亲王的儿子，也是后鸟羽院的皇孙。已故天皇的皇孙被册封为亲王，这在历史上从未有过先例。同时，圆助法亲王也是园城寺门派首位叙二品的亲王。

二、延历寺的示威活动

据说圆助法亲王叙二品是后嵯峨上皇在任期间的夙愿。当时，朝廷忌惮延历寺的势力，不敢给法亲王叙品①。在为澄觉打破先例的同时，朝廷也向天台座主表明了想要公平对待所有寺院的苦心。然而，朝廷的折中手段并未得到延历寺僧徒的谅解，他们时刻监视着园城寺的举动，对圆助法亲王获得恩宠深感不平，故意妨碍日吉祭典，甚至毁坏了八王子社和三宫两社的神舆。

---

① 叙品，同叙位，指天皇向亲王、内亲王及其大臣赐予官位。

第 68 章

元朝第一次入侵

第1节 元朝的远征军

由于日本对元朝的诏谕并无回应，忽必烈决定远征日本。赵良弼回国复命之时，忽必烈专门咨询了他的看法。赵良弼表示：

> 臣在日本久居，熟知当地民俗。其国民狠勇嗜杀，不知父子之亲、上下之礼。其地多山水，无耕桑之利，即使得其人也无法奴役，得其地也无法获益。何况我大元将士需乘舟渡海，风浪变幻莫测。是以有用之民力填补无穷之巨壑，臣认为不可攻之。

忽必烈听从了赵良弼的建议。

文永十年（1273年）九月，襄阳生券军抵达蒙古，忽必烈收缴了他们的武器，赦免他们的死罪，命令伯颜将他们纳入远征日本的队伍。随后，忽必烈赠予襄阳生券军兵器和财物，帮助他们迎娶妻室。为了远征日本，忽必烈甚至不惜征用赦免的囚犯。

第2节 占领对马壹岐

文永十一年（1274年）三月，忽必烈任命忽敦为都元帅，洪茶丘（高丽军民总官）为右副元帅，刘复亨为左副元帅，命令他们率领屯田军、女真军及水军共一万五千人①征伐日本，要求高丽出兵五千予以协助。高丽国王王禃派遣金方庆等人率兵八千前去支援。文永十一年十月，九百余艘战舰②从合浦出发。文永十一年十月五日，战舰抵达对马佐须浦，攻击当地官衙。代理守护宗助国奋力抵抗，最终战死。文永十一年十月十四日，敌军侵入壹岐岛，代理守护平景高率领百余骑兵顽强抵抗，寡不敌众，自杀身亡。敌军的手段惨绝人寰，遭遇击杀的士兵不计其数。他们杀害或生擒了多位男子，将女子的手掌刺穿后缚于船舷之上，还掠夺了众多财物。

第3节 敌舰覆没

一、元兵着陆

文永十一年十月十九日，敌军战舰抵达筑前海岸，占领今津。文永十一年十月二十日，敌军在三郎浦③着陆，侵占百道原、鹿原和赤坂等地。少二景资、大友赖泰、岛津久经、菊池武房、竹崎季长和松浦党、儿玉党④全力奋战。

二、敌军与日军的战法

起初，日本轻视高丽军队，误以为元军兵微将寡，士兵争相赴战。然而，元军有丰富的攻城野战经验，军队管理规范，士兵骁勇善战，精于骑射。他们的弓虽短，却可射至两町。元军还使用了日军从未见过的铁炮武器。在元

---

① 出自《元史·世祖记》。《高丽史》的记载是蒙汉军队共二万五千人。《八幡愚童记》和《日莲上人注画赞》的记载是三万人。——原注
② 《八幡愚童记》和《日莲上人注画赞》的记载是四百五十艘。——原注
③ 出自《高丽史·金方庆传》。三郎浦也就是早良郡，位于百道原的沿海地区。——原注
④ 儿玉党，平安时代后期至镰仓时代，活跃在武藏国的武士团之一。主要分布在武藏国北部，入西、秩父和上野国边境附近也设有儿玉党的据点。

文永之役中的日本骑兵

军的密集战法之下，日军单一的骑行进攻毫无招架之力。日军陷入了一筹莫展的境地。

三、敌舰潜逃

文永十一年（1274年）十月二十日夜晚，暴雨交加，数艘敌舰撞击岩石后沉入海底，溺死的敌军不在少数。其中一艘敌舰漂流至志贺岛，敌国将士苦苦哀求，日军逮捕百余人[1]，在水城将其斩首，其余敌舰从合浦逃回高丽。元军损失约一万三千五百余人。忽敦等人逮捕日本童男童女二百余人，将他们带给了高丽国王与公主。

四、急报接连抵达

文永十一年十月十八日[2]，太宰府的飞脚抵达六波罗府，上报了敌军占领对马岛的消息。文永十一年十月二十八日，飞脚上报了敌军占领壹岐岛的消

---

[1] 出自《八幡愚童记》。《一代要记》的记载是六十余人。——原注
[2] 出自《文永代始公事抄》。《历代编年集成》的记载是文永十一年十月十七日。——原注

息。当时，朝廷正忙于准备大尝祭，忽然听闻此事，朝臣惊恐万分。院厅即刻决定推迟大尝祭。有些朝臣将这次国难归于幕府对政务的懈怠[①]。

文永十一年（1274年）十一月一日，院厅就元军入侵之事展开讨论。随后，朝廷派遣告陵使向祖先陵墓告知外敌入侵之事，命令僧人修法降伏异国，向十六社派遣奉币使。幕府立即派出援兵，命令西国的御家人回归各自领地并严加防守。为了防止外敌入侵，幕府命令山阴、山阳和西海的守护随时待命。当时，幕府向大友赖泰下达了如下命令：

兵库头（大友赖泰）：
　　蒙古人入侵对马岛和壹岐岛，已与我军交战。为了补充我军兵力，希望九国居民积极响应号召。即使并非御家人，只要有为国报效之心，均可予以录用。定要如实传达，望周知。

　　　　　　　　　　　　　　武藏守（北条义政）花押
　　　　　　　　　　　　　　相模守（北条时宗）花押
　　　　　　　　　　　　　　文永十一年十一月一日
　　　　　　　　　　　　　　——选自《大友文书》

幕府深知，单凭御家人的力量难以抵御外敌，便同时召集了本所、领家等非御家人加入军队，承诺对立下战功之人予以嘉奖。

文永十一年十一月六日，捷报传至六波罗府，朝廷上下大喜过望，将捷报看作天佑神助的结果。

[①] 出自《蒙古军记辨疑》收录的《异本吉续记》。——原注

第69章

久仁亲王被立为皇太子

第1节 后深草上皇辞去尊号与幕府的决议

一、后深草上皇的失意，萌生出家的念头

后嵯峨法皇驾崩以后，后深草上皇与龟山上皇的关系并不融洽。建治元年（1275年）二月，朝廷在龟山殿的大多胜院为后嵯峨法皇举办八讲仪式，龟山上皇和母亲藤原姞子提前数日驾临，后深草上皇却并未到场。后深草上皇一直郁郁寡欢，甚至萌生了出家的念头。建治元年四月，后深草上皇请求辞去太上天皇的尊号并撤除随身侍卫。洞院愔子和多位近臣也想跟随后深草上皇出家。

二、幕府的折中方案得以通过

后深草上皇向幕府表达了自己的想法，幕府察觉事态严重，立刻进行了商讨。建治元年十月十八日，幕府做出决议，派遣二阶堂行忠和曾祢远赖前往京都，将立皇太子、摄政人选和保留庄园三件事上奏朝廷[①]。

虽然幕府遵从了后嵯峨法皇的遗训，但后深草上皇始终是后嵯峨法皇的嫡子，而且此前并无过错，他的子孙不应被剥夺继承皇位的权利。于是，幕府请求龟山上皇将后深草上皇的皇子熙仁认作义子，并把熙仁立为皇太子，为此

---

① 出自《一代要记》。——原注

幕府征求两位上皇的许可①。幕府在两位上皇之间进退两难，其苦衷也可以谅解，但这项决议直接导致了两统的分立。

第2节 立皇太子及更换摄政

一、熙仁亲王被立为皇太子

建治元年（1275年）十月二十一日，朝廷罢免一条家经的摄政之职，任命鹰司兼平为新任摄政②。建治元年十月二十七日，熙仁被封为亲王。建治元年十一月，熙仁亲王被立为皇太子。当时，熙仁亲王十一岁，比后宇多天皇年长两岁。二条师忠被任命为东宫傅，权大纳言西园寺实兼兼任东宫大夫。

二、两位上皇的关系缓和

立皇太子之后，后深草上皇的皇统得以继承，他的心情也得到纾解，便打消了出家的念头。在东宫首次出行之时，后深草上皇亲临龟山上皇居住的押小路殿。后深草上皇还专门前往龟山殿，与母亲藤原姞子推诚相见。后深草上皇与龟山上皇的往来也日益频繁。弘安二年（1279年），在春暖花开之时，龟山上皇驾临后深草上皇居住的持明院，与后深草上皇和皇太子熙仁亲王一起蹴鞠。当时，龟山上皇和后深草上皇的座位都正对寝殿，龟山上皇想遵循后嵯峨法皇的做法，将自己的座位撤到长押③下方，后深草上皇引用朱雀院的事例阻止了龟山上皇。由此看来，二人当时的关系极其融洽。此后，两位上皇屡屡结伴同行，时而一起蹴鞠，时而彻夜饮酒。两位上皇的近臣也开始往来，朝堂看似一片和谐④。

---

① 出自《增镜》和《神皇正统记》。——原注
② 建治三年（1278）十二月，熙仁亲王元服之时，鹰司兼平为亲王加冠。尽管历史上有过不吉的先例，幕府还是推荐鹰司兼平再次就任太政大臣。《勘仲记》建治二年十二月二日的记录中写道："东风吹来，不论吉凶。鹰司兼平再次就任太政大臣，真是鸿运当头，朝臣见所未见。"——原注
③ 长押，日本式建筑中柱与柱之间的横木。
④ 出自《增镜》。——原注

三、后深草上皇对后嵯峨法皇表示感谢

建治元年（1275年）十二月，后深草上皇驾临供奉后嵯峨法皇的法华堂，对熙仁亲王被立为皇太子之事表示感谢。后深草上皇这样写道：

> 敬跪。庙前谨启。弟子在位十四年，后嵯峨法皇代为处理朝廷万机。退位之后，弟子与后嵯峨法皇共同被奉为太上天皇，一起度过十三载。后嵯峨法皇执掌院政，弟子日日尽情玩乐，实为弟子之幸。新帝登基以后，世事睽违，弟子只能频繁拜祭宗庙，以诉旧怀。不过几年，幕府使者来报，将弟子之子立为皇太子，这定是后嵯峨法皇的帮助，也是圣灵的保佑。弟子的子孙得以继承皇位，此后必将日益昌盛。请后嵯峨法皇保佑熙仁登上皇位。

第70章

幕府确立对外方针

第1节 诛杀元朝使节

一、元朝使节来朝

建治元年（1275年）二月，元朝任命礼部侍郎杜世忠、兵部郎中何文著和刑议官彻都鲁丁为诏谕日本使，命令他们携国书赶赴日本[①]。建治元年三月，元使抵达高丽。建治元年四月，在高丽使臣徐赞的陪同之下，元使抵达长门国室津浦。日本立刻将元使请至博多，请求幕府做出裁决。文永十一年（1274年），元朝出兵侵犯日本，此次派遣使臣的目的也值得怀疑。在笔者看来，元朝的损失远大于日本，暂时无法再次出兵，只能派出使臣试探日本的态度。根据《高丽史》的记载，建治元年正月，高丽向元帝上奏表示，高丽已经无法负担战舰和粮草，请求元帝暂时不要出兵。

二、将元使召至镰仓斩首

建治元年五月[②]，幕府派人将杜世忠等四位使臣召至镰仓，为了避免沿途经过京都，他们特意从山崎东部绕至冈屋、醍醐。建治元年七月，幕府采取相同的路线，再次派人将一位元使护送到镰仓[③]。然而，元朝国书的内容仍然

[①] 出自《元史·世祖记》和《元史·日本传》。——原注
[②] 《历代编年集成》的记载是建治元年正月十八日，笔者认为这里的正月应该是五月的笔误。——原注
[③] 出自《历代编年集成》。根据《关东评定传》和《保历间记》的记载，建治元年八月，幕府召见元使。这里的时间应该是元使抵达的时间。——原注

是诏谕日本，而且措辞毫无礼节。幕府果断拒绝了元使的请求。建治元年九月，幕府在龙之口刑场将杜世忠等五位使臣斩首示众，希望彻底断绝元朝的诏谕之念。

三、幕府的对抗策略

此后，幕府重新选任镇西的守护，命令当地的地头和御家人加固沿海诸国的警卫。当地御家人可以免除京都大番役，由驻京武士代为服役。同时，幕府在朝廷和关东提倡节俭之风，减免赋税，使人民休养生息，以此补充军费①。根据《建治三年记》的记载，建治三年（1277年）十月二十五日，幕府召开寄合②会议，讨论驻京武士是否应当归还暂时用作军粮料所的本所领家的领地。这恐怕也是为了防备外敌而准备临时经费。

第2节 北条宗赖赶赴长门、镇西与中国③的防备

一、长门的警备番役，蒙古人防守番

幕府认为元朝一定会再次出兵，于是，在建治元年（1275年）五月命令西国加强守卫。长门国是赤马关的要塞，也是中国地方的咽喉。建治元年五月，长门国守护二阶堂行忠向幕府申诉负责守卫的御家人人手不足，幕府命令周防和安艺两国听从二阶堂行忠的调遣。幕府还下达指示，一旦元朝和高丽大举入侵，三国御家人必须合力抵抗。建治元年五月，幕府将备后国也划入二阶堂行忠的管辖范围。建治二年（1276年）八月，幕府调遣山阳和南海两道的士兵加强长门的守卫④。这些士兵也被称作长门国警备番役。幕府还在博多和箱崎等要地设置官署，命令九州的御家人彻夜轮番防守，这就是蒙古人防守番⑤。

---

① 出自《关东评定传》和《北条九代记》。——原注
② 日本中世、近代农村的自治性集会。负责决定公共土地的使用及对犯罪者的处罚、制定村规等农村管理事宜。
③ 中国，位于本州西部，是日本地区之一。
④ 出自《东寺文书》。——原注
⑤ 出自《志贺文书》和《白井文书》。——原注

二、长门探题的起源

建治二年（1276年）正月，幕府任命北条宗赖为长门国守护，命令他即刻赶赴长门国。北条宗赖是北条时赖之子，也是北条时宗的异母弟。幕府的这项举措主要是为了与镇西共同抵御外敌，同时统率山阴、山阳和南海三道的将士。这就是长门探题①的起源。

三、对御家人的告诫

元朝入侵时，很多镇西武士即使登上战场也并未奋勇杀敌，还有些武士甚至未曾出征。建治元年（1275年）七月，幕府听闻此事，命令大友赖泰对御家人提出告诫②。由于难以查明事实，幕府对有功将士的奖赏也并不及时。据说竹崎季长曾经亲自前往镰仓请求幕府赏赐。

第3节 北条实政赶赴镇西，幕府的出征计划

建治元年（1275年）十一月，幕府将北条实政调至镇西。北条实政是评定众北条实时之子，当时年仅十七岁。在幕府确定了强硬的对外方针以后，为了抵御镇西的外寇，统领将士，统一军心，幕府必须在镇西任命一位实力超群的将帅，这也是幕府派遣北条实政前往镇西的目的。这就是镇西探题③的起源。

然而，幕府派遣北条实政并不只是为了防御外敌。根据《历代编年集成》的记载，北条实政西下"是为征伐异贼"。在北条实政西下的同时，幕府决定于建治二年三月征伐异国，并命令少二经资提前做好出师准备。幕府表示，如果梶取的水手数量不足，可从山阴、山阳和南海三道调遣。同时，幕府向安艺国守护武田信时下达了指示，命令安艺国内的地头、御家人和本所、一圆地④提前将水手召集至梶取，待少二经资下令之时，则立刻将水手派遣至博多。幕府向安艺国守护武田信时下达指示的文书如下：

---

① 长门探题，日本镰仓幕府的官职，为了防止元朝入侵而派往长门国、周防国镇守的北条氏将领。
② 出自《大友文书》。——原注
③ 镇西探题，日本镰仓幕府的官职，统一管辖九州及壹岐和对马两岛的军事、行政和审判事务。
④ 圆地，中世庄园制下，不受其他领主或国衙的支配，只受单一领主支配的领地。

武曰信时殿下：

　　建治二年三月前后，日本将出兵征伐异国。若梶取的水手数量不足，可从山阴、山阳和南海三道调遣。幕府已将此事告知大宰少二经资。请安艺国内的地头、御家人、本所和一圆地等提前召集水手至梶取，待少二经资下令之时，请向博多派遣规定数量的水手。定要奉命行事。

武藏守（北条义政）在判①
相模守（北条时宗）在判
建治元年（1275年）十二月八日

第4节　筑造石坝

　　鉴于先前的惨痛教训，建治二年（1276年），幕府命令在镇西拥有领地的御家人在筑前沿岸修筑石坝，用于防御外寇。幕府任命少二经资监督施工。建治二年三月十日，少二经资将幕府的命令传达给当地的地头和御家人，要求他们带领劳工于建治二年三月二十日在博多津集合，随后在各自负责的部门就位②。御家人根据各自的领地大小负担石坝的修筑任务，每一段领地折合石坝一寸，出征的将士无须承担该项劳役③。幕府原本预计石坝能在半年内完工，然而直至弘安三年（1280年），石坝才终于竣工，前后耗时五年。由于地形不同，石坝高低不平。沿海岸修筑的西起今津东至名岛的四里石坝至今仍有部分残存。

　　在积极筹备出征的同时，幕府也想好了防御的策略，做好了攻守两方面的准备。

---

① 在判，指花押或印章。
② 出自《深江文书》。——原注
③ 出自《萨藩旧记》收录的《调所氏谱》。——原注

第5节 出征计划的效果

一、呈报出征人数

建治二年（1276年）三月，少二经资、大友赖泰和岛津久经等人奉幕府之命，向镇西的将士下达出征命令。同时，他们命令御家人上报各自的领地数量、领地内的船舶数量、橹数、舵数及水手的姓名、年龄和出征随行人员的年龄、武器、马匹数量。御家人还需要在建治二年四月中旬之前将船舶和水手送至博多[①]。

二、士气振奋

元军上次入侵之时，由于事发突然，很多勇士未能赶赴战场。河野通有深感遗憾，据说他曾向幕府请愿，如果十年之内元军再次入侵，他一定要亲自迎击元军。幕府公布出征计划以后，镇西勇士明知与元军之战定是一场恶战，但他们丝毫没有退缩，反而积极响应号召，要求出战。其中既有地头，也有预所。下文列出了几份地头和御家人的请愿文供读者参考。

河野通有

---

① 出自《野上文书》《岛津文书》《武雄社文书》。——原注

肥后国御家人井芹秀重（法名西向）紧急上报：

有关领地内田地数量与人员配备的马匹、弓箭、武器

（一）田地数量

肥后国鹿子木东西庄内共有知行田二十六町六段三丈。其中五町四段被大洼东庄所征用，是大洼四郎兵卫尉的领地。

剩余的二十一町二段三丈田地之中，有父亲赠予家妹的领地一町三段一丈。后亥，这一町三段一丈被人剥夺，成为肥后国代理执行官右卫尉宗平的知行田。

臣之孙子二郎高秀在东庄内拥有领地八町。其中四町二段被大洼四郎兵卫尉所剥夺（中间文字缺失）。剩余部分为臣与孙子二郎高秀所有。至的领地共十一町三段二丈，孙子二郎高秀拥有领地三町八段。

臣绝无任何隐匿。

（二）人员配备的马匹、弓箭、武器

臣今年八十五岁，已经无法行走。

嫡子越前房永秀今年六十五岁，拥有弓箭和佩刀。

儿子弥五郎经秀今年三十八岁，拥有弓箭、佩刀、一套盔甲和一匹马。

另有亲属二郎秀南今年十九岁，拥有弓箭、佩刀和两位侍从。

孙子二郎高秀年满四十，拥有弓箭、佩刀、一套盔甲、一匹马和一位侍从。

臣已将人员和武器情况如实上报，幕府下达命令之时，臣定当全力支持。

沙弥西向（里判[①]）

建治二年（1276年）闰三月七日

---

① 里判，写在文书背面的花押。

建治二年三月二十五日幕府下达的御教书已于建治二年闰三月二日抵达，臣妇已经拜读。

　　根据御教书的内容，为了征伐异国，臣妇之子二郎光重与女婿二郎公保一定尽快将所有人员配备上报。臣妇定会谨言慎行。

北山室地头尼姑真阿（里判）
建治二年闰三月三日
——选自《田中文书》

　　井芹秀重是肥后国的御家人。幕府下达征兵的命令时，井芹秀重已经八十五岁高龄，无法响应幕府的号召，但他要求嫡子越前房永秀等人出征参战，尽管当时的越前房永秀已经六十五岁。真阿虽然是当地的地头，却不过是一位孀妇，竟然也忍心将最爱的儿子与女婿送上战场。由此看来，当时无论僧俗男女，全都踊跃应战。

三、出征计划的效果

　　虽然幕府并未将出征计划付诸现实，但借此计划振奋了军心，使众位将士对外敌入侵之事不再恐惧。此后，日军虽然以防御为主，但采取的绝不是消极性策略，而是攻击性策略。日本始终与宋朝保持着通商往来，宋朝灭亡以后，日本派人前往元朝请求互市，得到了元朝的许可。根据高丽的记录，弘安四年（1281年），元朝再次入侵之前，日本军队侵犯了高丽沿海地区。

第6节　北条实时与金泽文库

一、北条实时去世

　　建治元年（1275年）五月，评定众北条实时因病隐居于武藏国六浦庄的别墅。作为幕府的重臣，北条实时历任评定众和引付头。文永元年（1264年）六月，幕府首次任命越诉奉行，北条实时和安达泰盛是就任的第一代官员①,这足以看出幕府对北条实时的重视程度。北条实时的长期隐居未能得到幕府的批准,建治二年(1276年),幕府再次任命北条实时为评定众和一番引付头。建治二年十月,北条实时在六浦的别墅去世,享年五十三岁。北条实时号称名寺,家号为金泽。

二、北条实时勤勉好学,热爱藏书

北条实时勤勉好学,曾经跟随清原教隆学习。文应元年(1260年)八月,北条实时亲临鹤冈放生会,请清原教隆在看台上为他讲解《令义解》。清原教隆在书中表达了对北条实时的赏识:"北条实时不为增长见识,只为专心读书,他的好学之志绝非虚假。"北条实时热衷于收藏儒学与佛学的书籍,曾经请求清原教隆为他题词。在清原教隆返回京都以后,北条实时将清原教隆的题跋藏于文库,即金泽文库②。当时,北条实时的同僚后藤基政(壹岐守)在京中服大番役,北条实时拜托后藤基政誊写《群书治要》送至镰仓,请求藤原茂范加以校正。北条实时还购买并收藏了宋本的《群书治要》。他对藏书的热爱可见一斑。北条实时的儿子金泽显时和孙子金泽贞显继承了祖辈的遗志,始终致力于扩充藏书。由于书库地处偏僻,并未受到幕末战火的影响,直至室町时代,也常有好学之士捐赠书籍或亲临此地阅览藏书。金泽书库为发展文教事业做出了重大贡献,几乎可与足利学校③相媲美。

第7节 六波罗的更替及连署北条义政逝世

一、六波罗的更替

建治元年(1275年)十二月,幕府任命北条时国为六波罗南殿。北条时国是北条时盛之孙,北条时员之子。建治二年十二月,六波罗北殿北条义宗返

---

① 文永四年(1267年)四月,北条实时辞职。——原注
② 根据近藤守重在《金泽文库考》中的记载,文永七年(1270年),北条实时的镰仓宅邸遭遇火灾,《群书治要》等书籍皆被焚毁。或许因此,北条实时决定将文库建于偏僻之地。当然,事实可能并非如此。——原注
③ 足利学校,中世纪位于下野国足利庄的高等教育机关,大约在镰仓时代创设,是室町时代至战国时代关东地区事实上的最高学府。创始者的说法不一,大多数人认为是足利义兼创设的。

回镰仓，建治三年（1277年）去世。建治三年十二月，北条政村之子北条时村进京就任六波罗北殿。

二、北条义政出家

根据幕府的规定，对于私自出家的幕府官员，幕府会实施严厉的制裁。建治二年（1276年）九月，评定众安达时盛私自出家，遁入寿福寺，幕府斥责了安达时盛的违法行为，没收了他的所有领地[①]。

建治三年四月，连署北条义政因生病突然出家，偷偷遁入信浓国善光寺，北条时宗根本来不及阻止。当时，北条义政三十六岁。弘安四年（1281年）十一月，北条义政在信浓国盐田庄去世，所以他也被人称作盐田。根据《建治三年记》的记载，北条义政出家得到了幕府的许可，但他私自遁入寺院的决定连其家臣都毫不知情[②]。纵然北条义政是前任连署，也未能免除没收领地的处罚[③]。此后，连署一职暂时空缺，北条时宗独自应对幕府的困难局面。

---

① 出自《关东评定传》。——原注
② 建治三年四月四日载。——原注
③ 出自《关东评定传》。——原注

第71章

准备战斗的僧徒和缙绅

第1节 南都北岭的妄动

一、延历寺的暴行与兴福寺的示威

元朝入侵以来,时局动荡不安。然而,南都北岭的僧徒毫不收敛,动辄发生蜗角之争。建治二年(1276年),延历寺僧徒要求朝廷罢免天台座主澄觉法亲王,为此发起暴动。兴福寺的学徒也对宗兼[①]提起申诉,要求朝廷禁止他从事祭神仪式和佛教法事。宗兼失踪以后,朝廷同意兴福寺的请求,将宗兼的三位亲属处以流刑。不久,兴福寺再次请求朝廷处罚尧弘和顺弘二人。朝廷命六波罗府进行了多次交涉,始终未能做出裁决。

二、兴福寺的胜利

建治二年九月,春日神社和兴福寺等七大寺关闭寺门。六波罗府立刻将顺弘流放至伊予国,要求兴福寺等寺院打开寺门。建治三年(1277年)七月,奉院厅旨意,幕府召回建治二年四月十四日下发的有关宗兼家人服役的公文,等待朝廷的最终裁决。建治三年九月,幕府奉朝廷之命将宗兼和宗政二人流放至伊豆国,随后又将其余党尧弘处以流刑。

[①] 姓氏不详。《勘仲记》建治二年九月一日的条目中记录了西园寺实兼所说的话:"宗兼携幕府的御教书进京觐见,将守护仙洞之事上奏朝廷。"由此可知,宗兼奉幕府之命行事,因此招致兴福寺学徒的反感。——原注

三、天台座主之争

建治三年（1277年）四月，梨本坊僧徒违反天台座主澄觉法亲王的命令，在佛堂中闭门不出，朝廷为此咨询幕府的意见，天台座主和青莲院僧徒、梨本坊僧徒的代表赶赴镰仓接受审判。最终，梨本坊与青莲院暂时恢复平静。然而，建治三年十一月，日吉大社举办日吉祭典之时，两院门徒交战，朝廷再次要求幕府做出处决。不久，幕府将评议结果上奏朝廷。幕府决定派遣两位使者赶至两院，命令他们将杀人凶犯及主谋护送到镰仓，流放所有余党，选任知行兼备的高僧就任天台座主。为了杜绝将来再次出现类似争端，幕府决定执行建治二年（1276年）的决议，由两位门主共同就任天台座主。弘安元年（1278年）四月，朝廷采纳幕府的建议，罢免先前代替澄觉法亲王就任天台座主的道玄，取消他对门迹的管理权限，任命前任大僧正公豪为新任天台座主。

四、延历寺与园城寺之争

弘安元年五月，得到朝廷的批准，园城寺可以遵循长承年间的先例，以御斋会的标准举办金堂供养仪式。延历寺僧徒拥抬日吉大社的神舆进京，请求朝廷收回成命，取消园城寺的金堂供养仪式。为了使神舆归位，朝廷召回圣

园城寺

旨①。延历寺僧徒奉命抬回神舆，烧毁了园城寺长吏隆辨的鹿谷僧坊。弘安三年（1280年）六月，隆辨想要以敕会②的标准举办金堂供养法会，延历寺僧徒听闻此事后烧毁北院，与守护的武士发生争斗。

五、兴福寺等寺院的示威行动

弘安元年（1278年）七月，为了向朝廷示威，兴福寺僧徒移动神木。朝廷罢免参议叶室赖亲并将他流放到安艺国，神木才得以归位。

弘安二年（1279年）五月，石清水八幡宫大山崎神官与日吉神官发生争执，石清水八幡宫的僧徒拥抬神舆进京。由于佛敌鹿岛莲法没有受到惩罚，石清水八幡宫将此事归于检非违使别当藤原亲朝的疏于职守。朝廷罢免了藤原亲朝的别当之职，石清水八幡宫的僧徒才将神舆归位。随后，朝廷逮捕鹿岛莲法，将他流放至萨摩国。

诸如这般的事件几乎每年都会出现。

第2节 歌道的纷争

一、编撰《续拾遗和歌集》

建治元年（1275年）五月，前任权大纳言正二位藤原为家去世，享年七十八岁。藤原为家之子二条为氏、京极为教（京极家族③的祖先）、藤原为显和藤原为相④皆擅长歌道。建治二年（1276年）⑤七月，龟山上皇命令二条为氏编撰和歌集。弘安二年十二月⑥，和歌集编撰完成，这就是《续拾遗和歌集》。

---

① 《勘仲记》弘安元年五月十二日的记录中写道："公卿向园城寺传达命令。"——原注
② 敕会，奉圣旨举办的法会。
③ 京极家族，日本以藤原定家之孙京极为教为创始人的歌道家族。
④ 藤原为相，冷泉家族的祖先，也被称作冷泉为相。
⑤ 出自《增镜》、《尺素往来》和《尊卑分脉》。《拾介抄》的记录是文永十一年，恐怕是错误记载。——原注
⑥ 《增镜》和《尊卑分脉》的记录是弘安元年。——原注

二、家族领地与歌道的纷争

正元年间,藤原为家将播磨国细川庄的地头之职让于嫡子二条为氏①。后来,藤原为家以二条为氏不孝为由,通过文永十年(1273年)七月二十四日和文永十一年(1274年)六月二十四日的两通让渡文书将播磨国细川庄的地头之职让于藤原为相。由于藤原为家去世时,藤原为相尚且年幼,二条为氏将细川庄占为己有。藤原为相之母是平度繁之女,她曾经侍奉安嘉门院,被人称作安嘉门院四条,出家以后号阿佛尼。阿佛尼生性聪敏,擅长和歌。面对二条为氏的强行霸占,阿佛尼悲愤难忍。建治三年(1277年)十月,阿佛尼赶赴镰仓,向幕府控诉二条为氏的暴行。她将自己的出行经历汇总成《十六夜日记》。弘安二年四月,二条为氏动身前往镰仓,恐怕与阿佛尼上诉之事有关。临行之前,龟山上皇派遣院使赐二条为氏马匹②。幕府迟迟没有做出判决,阿佛尼客死镰仓(有人认为藤原为相也是因此事而去世)。弘安八年(1285年)八月,二条为氏在镰仓出家。弘安九年(1286年)九月,二条为氏去世。正应二年(1289年)十一月,幕府判定藤原为相有理,将领地的归属权判给藤原为相。二条为氏之子二条为世不服,向幕府提出申诉。正应四年(1291年)八月,二条为世胜诉。正和二年(1313年)七月,幕府再次将领地判给藤原为相。领地的争端逐渐演变成歌道之争,他们不顾同族亲情,各立门户,反目成仇。

---

① 二条为氏之母是宇都宫赖纲之女。——原注
② 出自《经长卿记》。——原注

第 72 章

元朝第二次入侵

第1节 元朝使臣来日

一、元朝再次出兵

建治元年（1275年），元朝命令高丽修造战舰，准备再次出征①。随后，元朝又在高丽取材，在本国修造战舰，补充兵力。当时，杜世忠等人被杀的消息传至元朝，征东元帅忻都和洪茶丘请求立刻出征，忽必烈并未允许。忽必烈开设征东行省，命令宋朝的投降将领夏贵和范文虎召集曾经为避免处分而归附宋朝的蒙古和回鹘军队为东征日本做好准备②。

二、最后通牒

弘安二年（1279年），元朝命令夏贵和范文虎出兵征伐日本。弘安二年八月，夏贵和范文虎派遣部下周福和栾忠向日本发出最后通牒，要求日本在弘安三年（1280年）四月之前做出答复，若日本拒绝元朝的要求，则会出兵征伐日本。身为南宋旧臣，夏贵和范文虎曾在弘安二年六月向日本传送国牒。

---

① 出自《高丽史》。——原注
② 根据《元史类编》的记载，当时是日本建治三年（1277年）。但《元史·世祖纪》和《元史·日本传》的记录是弘安三年。笔者认为，《元史·世祖纪》和《元史·日本传》的内容应该是后来的追加记载。——原注

第2节 诛杀元使

一、宋朝旧臣送来书信

弘安二年（1279年）六月，周福和栾忠与旅宋的日本僧人晓房灵果抵达对马岛，向日本传送国牒①。国牒中表示，宋朝已被元朝所灭，形势必会危及日本，建议日本与元朝交好②。《师守记》贞治六年（1367年）五月九日的记录中写道："大宋国送来国牒，建议日本与元朝交好，若日本拒绝，将怪罪于日本。"此前，元朝国书不断招致日本的反感，或许因此，元朝委托南宋旧臣威胁日本。太宰府将国牒送至幕府，幕府又将国牒上呈朝廷。

二、在博多斩杀元使

弘安二年七月，经过院厅的评议，朝廷认为宋朝旧臣向日本传递国牒实属不当之举，决定驳回他们的要求③。幕府命人在博多斩杀元使。

第3节 朝廷的祈祷

一、降伏敌国的祈祷仪式

建治元年（1275年）十月，幕府将元朝国书上呈朝廷④，朝廷即刻命人进行降伏敌国的祈祷和修法仪式。建治二年（1276年）闰三月，仁和寺性助法亲王在大圣院御所修行孔雀经法。自建治三年（1277年）正月至十二月，每月由一间神社负责祈祷仪式。

在个人方面，先前，正传寺慧安奉旨修法祈祷。后来，西大寺睿尊等僧人也奉命为降伏异国而修法祈祷。慧安号东严，他生性刚直，对元朝的傲慢无礼之举深感愤慨。文永五年（1268年），慧安在一条以北的今出河边选出一块适合祈祷的地点，在当地修建了祈祷所（后来迁至贺茂）。此后，慧安坚持

---

① 出自《元史·世祖纪》和《关东评定传》。——原注
② 出自《勘仲记》和《师守记》。——原注
③ 《勘仲记》弘安二年七月二十五日载。——原注
④ 《师守记》贞治六年（1367年）五月九日载。——原注

诚心祈祷，从未懈怠。据传，元朝第二次传递国书之时，听闻朝廷决定与元朝交好，慧安悲痛难忍，甚至希望借助神力阻止朝廷。睿尊也是修身立节之人，他奉旨在伊势神宫诵读《一切经》，向伊势神宫献纳《大藏经》。当时，东寺长者僧正禽助也在伊势神宫修法祈祷。弘安三年（1280年），朝廷命令诸国寺院都要为降伏异国修法祈祷。

二、弘安四年的祈祷

弘安四年（1281年），民间盛传元朝将再次出兵，东寺长者大僧正定济在伊势神宫祈祷。仁和寺入道性助亲王在大圣院修行仁王经法，东寺长者僧正胜信在石山寺闭居，为降伏敌国修法祈祷。随后，延历寺、园城寺和东寺同时修行佛法，朝廷向二十二社进献币帛，还命人在仙洞修行五坛法。下文列举了朝廷向春日神社和兴福寺修法下发的院宣。

左中辨殿：

  弘安四年，蒙古凶贼对日本虎视眈眈。连日来，朝廷下达了祈祷修法的多项命令。现命令春日神社和兴福寺听从院宣的指示，在二十一日内诚心祈祷。自院宣下达之日，必须奉命行事。

中宫大进光（空缺）圧
弘安四年五月十四日

别当僧正御房：

  朝廷就异国祈祷之事下发院宣，今日将院宣内容下发寺院。寺院长者务必奉院宣行事。

左中辨广桥兼仲奉
弘安四年五月十七日
——选自《春日神社文书》

第4节 北条时宗的态度

一、北条时宗的信仰

与北条时赖相同,北条时宗也皈依禅宗,极其推崇建长寺兰溪道隆。兰溪道隆一直为北条家族诚心祈祷祝福,希望北条家族在皇家永远保持中流砥柱的地位。弘安元年(1278年),兰溪道隆圆寂以后,北条时赖派遣兰溪道隆的弟子前往宋朝聘请名僧。弘安二年(1279年),无学祖元(佛光禅师)和觉圆(大圆禅师)应邀来日。弘安二年八月,二人抵达镰仓。北条时宗以弟子之礼亲自前往建长寺接待。弘安五年(1282年),北条时宗命人修建圆觉寺,奉无学祖元为开山祖师。

二、无学祖元与元军

无学祖元是明州人氏,曾师从无准师范(佛鉴禅师)。无学祖元在能仁寺暂住时,恰逢元兵进入能仁寺,白刃加颈,无学祖元面不改色地诵偈:

乾坤无地卓孤筇,喜得人空法亦空。

珍重大元三尺剑,电光影里斩春风。

最终,元兵放过了无学祖元。弘安四年(1281年),无学祖元预言元朝军队即将侵入日本,他告知北条时宗日本一定会取得胜利,并亲笔书写"莫烦恼"三字赠予北条时宗。

三、北条时宗的血书经文,众僧说法

确定了对外方针以后,北条时宗一直忙于备战。同时,他也心系国运安危,亲自血书多种经文,祈求敌国降伏,国土安泰。在处理政务的闲暇时间,北条时宗还邀请众僧在幕府说法,似乎完全没有危难将至的紧迫感。无学祖元曾经这样描述当时的北条时宗:"弘安四年,虏兵百万在博多,他却并不在意,只是每月请来僧人说法,以禅法怡然自乐。"这足以证明北条时宗的非凡修养。建治二年(1276年)闰三月,北条时宗命人制作了诗歌屏风。屏风上

藤原言实

的诗与歌分别由日野资宣①和叶室光俊编撰,主要来自当时的三十六位知名文人。屏风上的画作出自藤原伊信之手。藤原伊信是藤原信实之孙、藤原为继之子。由此看来,北条时宗也是一位心胸开阔、容纳万物之人。

第5节 敌舰沉没

一、幕府的警告

弘安三年(1280年)十二月,得知元朝将于弘安四年(1281年)四月出兵,幕府下发公文警告御家人,要求他们和衷共济、克己奉公。

兵库头大友赖泰:

蒙古异贼将于弘安四年四月入侵,御家人一定要加强镇西的防备。近年来,守护与御家人时常因公务发生争执,无法做到共同

---

① 文章博士,《仁部记》的作者。——原注

进退，有时还会对簿公堂。如今，若有人不顾国家大难，执意引发事端，就是对国家不忠。御家人及下属兵士必须听从守护的命令，积极参与战争。守护必须公平对待所有将士，将立功的将士上报幕府，幕府定会赏罚分明。若有违反命令之人，幕府将会以不忠之罪进行处罚，永远不再录用。务必将此命令通知到诸国。

相模守（北条时宗）在判
弘安三年（1280年）十二月八日
——选自《大友文书》

公文下发到诸国以后，士气越发振奋。

二、接管非御家人，征收军资

随后，幕府上奏朝廷，请求将非御家人纳入幕府的统筹范围，同时希望寺院、神社、权贵领地及本所、一圆地的庄官及以下官员听从幕府的指挥，积极赶赴战场。弘安四年（1281年）闰七月二十一日，朝廷下发了弘安四年闰七月九日拟定的圣旨。为了补充军费，幕府命令镇西九国及因幡、伯耆、出云和石见四国暂停缴纳年贡，冻结国衙、庄园、本所、领家和一圆地的收益及民间富豪拥有的粮食①。

三、元兵入侵

弘安四年，元朝任命征东行省左丞相阿剌罕为都督（因阿剌罕中途生病，后来由阿塔海代任），忻都和洪茶丘为东路军主帅，范文虎为江南军主帅，出兵约十五万入侵日本。弘安四年正月，元朝东路军先行赶赴高丽。弘安四年三月，东路军抵达高丽合浦，高丽国王命令臣子金方庆率兵一万加入东路军。弘安四年三月，范文虎率领江南军从江南赶赴壹岐。

四、海陆之战

弘安四年五月三日，东路军从合浦（马山浦附近）启航。弘安四年五月二十一日，东路军侵入壹岐，以松浦党为首的镇西军队全力抵抗。弘安四年六

---

① 出自《弘安四年日记》。——原注

弘安之役

月五日，敌军主力向博多湾进发，抵达能古和志贺。弘安四年（1281年）六月八日，一队敌军在志贺岛着陆与日军交战，战斗持续至弘安四年六月九日，双方难分胜负。大矢野种保、大矢野种村、河野通有和河野通时等人屡次乘轻舟偷袭敌舰，斩杀敌方将士，放火烧毁敌舰，敌军损失惨重。少二资能和河野通时等人战死。加之疫病流行，敌军损失三万余人，士气低迷。弘安四年七月下旬，江南军抵达肥前平户，随后占据鹰岛。

五、敌舰漂流

弘安四年七月二十九日夜，飓风大作，风暴一直持续至弘安四年闰七月一日清晨。风力极其强劲，许多树木被刮倒或被连根拔起。敌舰四处漂流，

日军与元军交战

四千余艘战舰仅剩二百艘，十五万敌军已不足五分之一①。东路军左副都元帅阿剌帖木儿②等人死于海上，忻都、洪茶丘、范文虎和金方庆等人遁逃，剩余将士全都驻守在鹰岛③。后来，敌军漂流到长门，先后被捕。根据《元史》的记载，范文虎等人弃兵潜逃，十万大军只有三人返回元朝。

在这次战役中，元朝充分借鉴了先前的经验，做好了持久作战的准备，但由于受到石坝的阻碍，元军无法自由上陆，加之风暴的袭击，元军彻底溃败。

第6节 北条兼时被派遣到播磨

一、更换长门国守护

弘安二年（1279年），长门国守护北条宗赖去世。④弘安三年（1280

---

① 出自《癸辛杂识续集》。——原注
② 阿剌帖木儿，出自高丽王室，又名王雍。
③ 根据《松浦文书类》的记载，松浦郡有三个鹰岛。其一在志佐北海之中，其二在唐津海中，其三在志自岐山下的海中。当时，敌军受到台风侵袭，应该是据守在志佐北海的鹰岛。——原注
④ 根据《一代要记》的记载，弘安二年六月十日，北条宗赖去世的消息传到幕府。——原注

年），北条兼时就任长门国守护。弘安四年（1281年），北条宗政之子北条师时就任长门国守护。

二、北条兼时被派遣到播磨国

战事正酣之时，听闻敌舰侵入山阳道的海路，幕府立刻派遣北条兼时前往播磨国，同时命令山阳道的御家人听从北条兼时的调遣。

寺田太郎入道殿下：

  异贼入侵，日本顽强抵抗。因贼船闯入山阳海路，现派遣相模七郎北条时业前往播磨国，当地御家人必须听从北条时业的命令，积极应战。务必奉命行事。

相模守（花押）
弘安四年闰七月十一日
——选自《东寺文书》

北条时业（也曾叫作业时）是北条兼时的旧名。根据《北条九代记》的记载，北条兼时赶赴播磨国的日期是弘安六年（1283年）五月三日。从相关史料来看，《北条九代记》的时间恐怕有误。

第7节 国难与朝野

一、频繁举行修法祈祷仪式

弘安四年六月，大僧正定济在东寺的讲堂修行仁王经法，当时的祈愿文中有这样的话语："近年来，蒙古入侵，西海与东关都极其重视骑射之艺，农桑之业逐渐荒废。"弘安四年六月一日，对马岛附近海域出现大约五百艘敌舰。消息从太宰府传至六波罗府，朝野上下惊慌失措，幕府请求后深草上皇和龟山上皇立刻东下。弘安四年六月三日，朝廷在仙洞进行了商讨。弘安四年六月四日，朝廷命令二十二社修法祈祷。此后，朝廷不断向神社佛寺下达厌禳[1]的命令，祈祷修法仪式昼夜不停。为了满足后深草上皇和龟山上皇的愿望，皇族的诸位臣子也日夜祈祷。东寺长者大僧正定济修行不动法和仁王经法，后又诵读《法华经》，在石清水八幡宫举办诵读《金光明最胜王经》《大般若经》《仁王般若经》和《佛顶尊胜陀罗尼咒》的仪式。僧正慈实修行一字金轮法；仁和寺法助修行孔雀明王经法；天台座主前任大僧正公豪修行七佛药师法。石清水八幡宫供奉了历史上的战斗英雄，僧俗朝野都诚心祭拜。除石清水八幡宫的僧人以外，天台座主公豪和西大寺睿尊等众位僧俗也闭门祈祷。幕府也命人在鹤冈八幡宫修行五坛法和护摩法。

二、后宇多天皇与龟山上皇的祈祷

弘安四年（1281年）六月，后宇多天皇将亲笔书信献纳于神功皇后的楯列陵墓。弘安四年闰七月一日，后宇多天皇从太政官厅前往神祇官厅，在历史上几乎没有过这种先例。弘安四年闰七月二日，后宇多天皇派遣御使权大纳言中御门经任前往伊势神宫。飓风持续数日，据说，这种恶劣天气自上古以来只出现过三次。在朝廷派遣御使的当日，天气突然放晴，朝廷认为这是连日修法祈祷的结果。龟山上皇也一直诚心祈祷。弘安四年六月，龟山上皇前往日吉大社和石清水八幡宫祈祷，将亲笔书信献纳于皇陵。龟山上皇还向神佛承诺诵读《般若心经》三十万遍，由其近臣每人分担千遍。当时，龟山上皇的近臣家中全都诵读《般若心经》，不论男女，连关白鹰司兼平也在持佛堂诵读百遍。此外，鹰司兼平还念诵千遍一字金轮真言和不动真言[2]。弘安四年七月，龟山上皇亲临春日神社和日吉大社，命人临时修行大元帅法。当时，龟山上皇将亲笔书写的祈愿文献纳给伊势神宫，祈求以一己之身挽救国难。据说龟山上皇之母藤原姞子也认为此事事关重大，曾经向龟山上皇提出谏言[3]。

---

① 厌禳，用巫术消灾祈福，或用巫术降伏某物。
② 《勘仲记》弘安四年闰七月七日载。——原注
③ 出自《增镜》。——原注

第8节 捷报与朝野

一、神明显灵，还愿

弘安四年（1281年）闰七月九日，捷报传至六波罗府①。当天正好是伊势神官的御使中御门经任返京的前一天。朝中官员认为战争告捷一定是由于神明的帮助，绝非人力所为，对此大加赞扬②。当时，人们将很多事情都归于祈祷修法的结果，民间有很多类似奇迹的传言。例如，弘安四年七月二十九日，伊势风社的神殿突现红云，狂风大作，人们将大风看作伊势的神风。永仁元年（1293年），伊势风社升级为别宫，所以也被称作风宫。弘安四年七月二十九日，朝廷在石清水八幡宫举办《大般若经》供养仪式，由于鸣镝从正殿飞向西方，也有人说是鸣镝引起了大风。弘安四年八月，为了还愿，龟山上皇命令睿尊率领众僧在石清水八幡宫的神佛面前转读《一切经》。诵经当日，龟山上皇大赦天下，与生母藤原姞子和女御新阳明门院共同闭居石清水八幡宫。

二、幕府的态度

弘安四年八月，六波罗北殿北条时村命令镇西的御家人修筑要塞，要求御家人日夜轮值，并禁止御家人随意进京或出行。针对元朝的俘虏，六波罗府下达了如下命令：

> 异国俘虏要等待朝廷的处决。在朝廷做出决定之前，往来所有船，不分昼夜，不论大小，必须严格检查。若有反抗之人，可使其船漂于海上，不可放其通行。除了渔民船，陆地上也要严格检查。

也就是说，在朝廷做出处决之前，幕府将严格管理出入船舶，这一方面是为了防止元兵潜逃，另一方面是为了禁止外人进入日本③。

---

① 出自《八幡愚童记》。——原注
② 《勘仲记》弘安四年闰七月十四日的记录中写道："战争告捷，一定是由于神灵的帮助。天下至幸之事不过如此。历史上也几乎没有先例。以后一定要尊敬神佛。"——原注
③ 出自《野上文书》。——原注

三、俘虏的待遇

此战中，日军俘虏元兵数千人[①]，暂时将他们安顿在军中。然而，根据《元史》的记载，日军将两三万俘虏押送至博多，杀尽了其中的蒙古人、高丽人和汉人，只有新附军被日军看作"唐人"，免于死刑，成为日军的奴役。于阗就是其中一人。在笔者看来，《元史》的记载未免过于夸张。正应五年（1292年），高丽向日本传送国书，国书中写道：

> 辛巳年（1292年），因朝中将军上奏，我朝出兵日本，战舰遭遇风浪侵袭，漂泊海上，部分水军未能归国。最近，从耽罗[②]商人处听闻，贵国收留并善待我国士兵，贵国圣德，实为我国之幸。

由此可知，日本善待高丽俘虏，高丽感激不尽。

---

① 出自《勘仲记》。《弘安四年记》的记载是两千余人。——原注
② 耽罗，位于今日济州岛的古国名。

第 73 章

战后的波澜

第1节 诛杀北条时光

弘安四年（1281年）八月，幕府忙于处理善后事宜，不法分子趁机作乱，修理亮①北条时光被流放到佐渡国。据说，北条时光与满实法师意图谋反。②北条时光是北条时盛之子、北条时房之孙，因他居住在镰仓佐介，所以被称作佐介。

第2节 兴福寺与延历寺僧徒的暴行

一、春日神社领地大住庄与石清水八幡宫领地薪庄的争端

抗元战争进行的两个月间，京都的南都北岭一直相安无事。然而，捷报传来以后，僧徒意气高昂。弘安四年九月，春日神社的领地大住庄与石清水八幡宫的领地薪庄发生争执。弘安四年十月，兴福寺僧徒拥抬神木进京，进入法成寺。朝廷要求幕府做出处决。为此，朝廷取消春日祭典和五节③等宫中活动，弘安五年（1282年）正月，后宇多天皇未能出席节会。为了使神木归

---

① 修理亮，修理职（日本律令之下负责修理、营造皇官的部门）的次官。
② 出自《保历间记》。——原注
③ 五节，在大尝祭和新尝祭时进行的五节舞等宫中活动。

座，藤氏长者鹰司兼平将大和国稻梁庄作为祭神料所赠予兴福寺。此前，稻梁庄是法成寺的领地。随后，朝廷取消石清水八幡宫的别当法印妙清处理神社事务的职权，幕府也同意流放阻止神木进京的六波罗府武士，赦免僧徒的主谋。然而，尽管龟山上皇亲自下令神木归座，兴福寺僧徒却并未遵从圣命，他们坚称朝廷没有满足他们的所有要求。同时，石清水八幡宫的神官也不甘示弱。弘安五年（1282年）七月，幕府使者进京，将石清水八幡宫所司和兴福寺三纲召至六波罗府进行审问。在东寺长者的使者、兴福寺三纲和石清水八幡宫所司悉数到场的情况下，幕府使者实地检查了大住庄与薪庄。

弘安五年十一月，经过与幕府的数次交涉，朝廷任命石清水八幡宫的别当守清为检校，命令他全权掌管神社事务。同时，朝廷处分了与此事相关的源氏公卿和武士。弘安五年十二月，兴福寺僧徒将神木归座。然而，前任别当妙清愤愤不平，在神木归座以后，他唆使石清水八幡宫的神官拥抬神舆向朝廷示威。不久，神舆归座。弘安八年（1285年）十一月，在六波罗府的申诉之下，守清被取消了处理神社事务的职权，妙清重新就任检校。

二、延历寺僧徒的示威行动，幕府的强硬态度

延历寺僧徒也不会甘于沉默。在经历了更换天台座主和没收门迹之后，他们表面上看似风平浪静，背地里却是暗流涌动。弘安五年，天台座主大僧正公豪辞去官职，僧正最源在幕府的支持下就任天台座主，梶井门迹和妙法院门迹重新归入澄觉法亲王和尊教法印的管辖范围。弘安五年十月，延历寺僧徒要求由本寺僧人就任四天王寺别当，并将神舆抬至山上示威。弘安五年十二月，最源辞去天台座主之职。由于朝廷并未满足延历寺僧徒的要求，弘安六年（1283年）正月，延历寺僧徒拥抬日吉、祇园、赤山和京极寺的神舆闯入皇居冷泉万里小路殿肆意妄为，后宇多天皇迁至院御所近卫殿避难。朝廷要求幕府做出处决。弘安六年七月，幕府使者进京，请求朝廷逮捕延历寺僧徒的首领，追究前任天台座主最源的责任，取消延历寺对门迹的管理权限。神舆进京之时，延历寺僧徒的暴行未能得到及时阻止，六波罗府及篝屋的守护武士难以逃脱责任，但考虑到他们当时忙于抵御外敌，幕府请求朝廷赦免他们的罪行。

四天王寺

四天王寺别当一职是延历寺和园城寺争执的焦点,幕府认为不应将该职位归属于任何一家寺院,所以做出如下裁决:

> 四天王寺由圣德太子创建,为佛法起源之地,不应将该寺院归属于任何宗派。此后,四天王寺别当一职不属于任何寺院,朝廷将任命净行持律之人就任此职。

幕府摆出强硬的姿态,将青莲院、梨本和妙法院的门主看作罪魁祸首,要求幕府使者予以处决。随后,日吉大社的神舆终于归座。

三、有识之士的观点

国难来临之际,诸社诸山的僧徒仍然屡教不改,肆无忌惮。他们冥顽不灵，朝廷束手无策。然而，有识之士并未感到惊奇。他们不仅没有指责兴福寺僧徒的暴行，反而为僧徒达到目的备感欣慰，认为"虽然佛法衰败，明神的威望却并未受损，只是与其他时代的表现方式有所不同"[1]。有识之士的看法由此可见一斑。

---

[1] 《勘仲记》弘安五年十二月十九日载。——原注

第74章

幕府的警备

第1节 元朝的态度

一、再次出兵的计划

弘安四年（1281年），东征军战败归国以后，元朝暂时废除了日本行中书省。弘安五年（1282年）正月，元朝废除了征东行省。然而，虽然日本一直积极防御，元朝并未放弃再次出兵的念头，他们命令高丽修造战舰，诸存军粮。弘安五年五月，元朝设置征东行中书省。弘安五年八月，元朝征集江南军，扬言讨伐日本，但由于人民劳苦不堪，元朝暂时中止了这项计划[1]。

二、弘安七年的进军宣言

弘安五年，日本盛传元朝将于弘安五年秋季入侵日本。文永年间，元朝曾向日本传递国牒。当时，元朝就宣称将在至元二十一年（1284年，即日本弘安七年）大举入侵日本。幕府命令镇西的御家人严防死守，加强箱崎和博多等地的守卫，同时，也命人积极修法祈祷。

---

[1] 出自《元史·世祖记》和《东国通鉴》。——原注

第2节 北条时定被派遣至镇西

一、筑前和姪滨的奉行所

弘安五年,幕府派遣北条时氏之子北条时定(原名北条为时)前往镇西。北条时定在筑前和姪滨开设奉行所,监督镇西的防守[1]。弘安六年(1283年)十月,幕府命令北条实政再次负责长门国警备。弘安七年(1284年)正月,北条实政抵达长门国。

二、新设镇西奉行

弘安九年(1286年)七月,幕府任命大友赖泰、少二经资、岛津忠宗和涩谷重乡四人为镇西奉行,代替幕府和六波罗府处理镇西的诉讼。由于镇西的地头和御家人违抗守护的命令,弘安九年十二月,幕府命令镇西的地头和御家人积极响应守护的号召,负责镇西地区的警备。幕府表示,若有违反命令之人,即使立下战功,幕府也会取消其奖赏。除地头和御家人以外,为了抵御外寇而暂时归属幕府管辖的本所、一圆地的庄官也必须服从该项命令[2]。弘安九年,日吉大社僧徒拥抬神舆进京,六波罗府及篝屋武士未能及时阻止,幕府上奏表示,应该将防御外寇作为第一要务,请求朝廷特赦这些武士:"如此时刻,任何一位勇士都极其重要,其罪行可被赦免。"这项举措虽然是为了应对当时的时局,却足以看出幕府对武士的爱惜。

第3节 幕府的持续戒备

元朝命令阿塔海和洪茶丘于弘安九年三月第三次出兵日本,由于当时元朝正与交趾交战,最终元朝只能暂时中止了东征的计划。然而,幕府并未放松戒备。弘安九年十二月,幕府命令镇西加强防守,要求当地的地头、御家人和

---

[1] 出自《历代镇西要略》。——原注
[2] 出自《岛津文书》。——原注

本所、一圆地的预所在官署轮守，命令他们在筑前国的多多良滨埋入长一丈、宽四寸的木桩。

第4节　元朝使臣来日

弘安六年（1283年）八月，元朝任命王君治为宣扬使。由于日本信奉佛教，元朝还专门派遣补陀禅寺的僧人如智共同前往，因遭遇飓风，未能成行。此后，元朝开始启用僧人作为与日本交涉的外交使节。弘安七年（1284年）四月，元朝再次派遣王积翁和如智前往日本。弘安七年七月，两位使臣抵达对马岛，向日本呈上国书，劝诫日本取消战备，归顺元朝。日本仍旧不做答复。

第 75 章

北条时宗去世

第1节 两位上皇的领地与幕府

一、后深草上皇的领地

弘安四年（1281年）闰七月，幕府收回宗尊亲王妃近卫宰子在越前国坂北庄的领地，献给后深草上皇。该地曾是长讲堂的领地，幕府遵从后嵯峨法皇的遗诏，将该领地赠予后深草上皇。

二、安嘉门院的领地之争

弘安六年（1283年）九月，后高仓院的皇女安嘉门院（邦子内亲王）薨逝，将领地赠予侄女室町院（即晖子内亲王）。然而，龟山上皇也是安嘉门院的义子，他对安嘉门院的处决非常不满，便派遣藤原永康前往幕府，表达了自己的意愿。

三、幕府对皇室领地的干涉

弘安六年十一月，藤原永康返京复命。幕府向朝廷上奏，请求朝廷将安嘉门院的领地赠予龟山上皇，并请求龟山上皇打消出家的念头。龟山上皇心情愉悦，各位卿相争相拜贺。室町院最终未能获得安嘉门院的领地。《勘仲记》弘安六年十一月十一日的记录中写道："虽然安嘉门院将领地赠予室町院，然而世事变幻无常，室町院并未得到领地。"此后，幕府经常干涉皇室领地的分配。

第2节 北条时宗去世与幕府的盛衰

一、新任连署

建治三年（1277年）以来，幕府的连署一职始终空缺。直至弘安六年（1283年），北条重时之子北条业时就任连署。

二、北条时宗去世

弘安七年（1284年）三月，北条时宗罹患疾病。弘安七年四月四日，北条时宗出家，法名道泉。当日，北条时宗去世，享年三十四岁，号法光寺。五十余位近臣随后出家①。弘安七年四月七日②，幕府派遣急使向朝廷上报讣闻。朝野一片哗然，有人感叹："天下大事，何事可比之！"③朝廷暂停了任官和评定的公务，取消诸社的祭典，命令伊势神宫以下的所有神社供奉祭品，禁止人民在全国打鱼狩猎④。六波罗北殿北条时村准备立刻前往镰仓，然而，幕府命令他从三河返回京都。

三、北条时宗的执权时代

北条时赖就任期间，主要采取和平政策，致力于内政。北条时宗却完全相反，他主要忙于外交和攻守，动辄诉诸武力。北条时宗刚过而立之年，却已任职执权近二十年，他的外交策略为朝廷立下奇功，给后世留下了深刻的印象。北条时宗非常敬奉无学祖元，无学祖元对北条时宗的人格和修养的评价也比较中肯：

> 人们常说人生七十古来稀，法光寺殿不满四十，其成就的功业却在七十岁人之上。他治国平天下，不见有喜怒之色，不见有矜夸炫耀之风，此乃天下之人杰。弘安四年（1281年），元兵百万在博多，他却并不在意。只是每月请来僧人说法，以禅法怡然自乐。其

---

① 出自《一代要记》。——原注
② 出自《师守记》。《一代要记》的记载是弘安七年四月八日。——原注
③ 《勘仲记》弘安七年四月八日载。——原注
④ 《勘仲记》弘安七年四月十三日和二十六日载。——原注

行为感动神佛,家国得以安定。法光寺殿有此力量,实在奇哉,也许是佛法显灵。

——选自《佛光国师语录》北条时宗三周忌法语

四、幕府势力的分水岭

北条时宗就任执权期间,幕府看似迎来了全盛时期,但对外寇的持续防备给公武的财政带来了沉重负担,很多御家人和非御家人都在生活上陷入困境。针对战后经营的重大问题,北条时宗的后继者采取了论功行赏等各种补救办法,却毫无成效。幕府突然从顺境转入逆境,势力急转直下,不可逆转。因此,北条时宗的执权时代可以看作幕府势力的分水岭。

第三篇
衰落时期

第76章

北条贞时就任执权

第1节 对六波罗南殿北条时国的处分

北条时宗去世以后,嫡子北条贞时继承家业。弘安七年(1284年)四月,十四岁的北条贞时代替父亲就任执权。弘安七年六月,幕府召回六波罗南殿北条时国,禁止他返回镰仓,将他发配至常陆国伊佐郡。根据《将军执权次

北条贞时

第》的记载，"因为长期的恶行"，幕府才对北条时国做出这种处决（《尊卑分脉》中也有相同的记载）。不久，北条时国出家。弘安七年十月，北条时国伏诛。

第2节 诛戮安达氏

　　三浦氏灭亡以后，作为有功之臣，安达泰盛在幕府的势力盛极一时。安达泰盛与北条贞时的家司（《保历间记》的记载是内管领①）平赖纲争权夺势，平赖纲诬陷安达泰盛之子安达宗景意图谋反。弘安八年（1285年）十一月，北条贞时派兵讨伐安达泰盛一族，幕府在此时毁于战火。金泽显时受到牵连，被流放到下总国埴生庄②，其他余党相继伏诛。这次事件被称作霜月骚动。弘安十年（1287年）八月，征夷大将军惟康王搬入新建的幕府。

---

① 内管领，北条氏嫡流家族的执事。管理北条氏的家臣，兼任侍所所司。
② 永仁元年（1293年）被召回。——原注

第 77 章

论功行赏

第1节 着手奖励有功之臣

一、幕府的保守政策

战争结束以后,幕府更加认识到俭省节约的必要性。幕府大力推崇节俭之风,禁止御家人在服饰、招待和赠送方面有过多支出。幕府恢复了神社佛寺的领地,但要求将领地专用于祭祀等佛事,允许神社佛寺修缮工事,禁止所有新建项目。此外,幕府还筛选祈祷法事,精简作法人员。由此看来,幕府在战后一直采取保守的政策[①]。

二、行赏的土地来源

平定外寇以后,幕府认为御家人必须继续保持备战状态,无暇顾及论功行赏之事。而且内地的战争导致战后领地异动,幕府无法获得充足的土地赐予有功将士,这使行赏之事变得难上加难。只是,行赏一再拖延,不仅对幕府毫无益处,而且对鼓舞士气也极其不利。为了防止元朝再次入侵,幕府努力完善防范措施。同时,幕府派人在各地丈量农田,计算出剩余土地的数量,收回买卖和抵押的社寺领地,将这些领地用于赏赐有功将士。

---

① 出自《新式目》。——原注

三、先行在神社佛寺还愿

当时，朝中上下都认为抵御外敌取胜的主要原因是神佛显灵，因此，朝廷的首要任务是在各大神社佛寺还愿和赏赐诸位僧祝。弘安七年（1284年）初，幕府向镇西的主要神社佛寺进献领地①，禁止僧徒将镇西的神社领地用于买卖，后来又取消部分神社的领地，将之归属神职世家。弘安九年（1286年），幕府又将这些领地归还给旧领主，并遵循先例，将这些领主任命为神官②。

第2节 请愿者不断出现

幕府开始着手赏赐有功之臣以后，神官和僧侣争先恐后地向幕府表明功德，御家人也通过守护积极申报战功，期望获得赏赐的人员不计其数。有些人认为经过守护上呈文书的过程过于缓慢，甚至亲自前往镰仓申诉。弘安九年七月，幕府不堪其扰，下令禁止镇西的地头、御家人、寺院别当、神官、社僧和名主③前往镰仓及六波罗府，要求镇西奉行进行合议审判。如果镇西奉行难以裁决，可以向幕府申报；如果有人越级申诉，镇西奉行也必须查明事实后向幕府汇报；即使有人在镰仓提起申诉，幕府也不予受理，全部交由镇西奉行处置④。

第3节 公布行赏名单及引起的波澜

一、公布行赏名单

自弘安四年（1281年）以后过了五年，弘安九年十月，幕府向大友赖泰和少二经资下发御教书，命令他们公布赏赐的人员名单和应获得的田地数量，并立刻进行土地调查，赏赐有功之人。

---

① 出自《岛津文书》和《宇佐宫缘起》。——原注
② 出自《新式目》和《式目新编追加》。——原注
③ 名主，日本中世拥有并管理庄园耕地的上层农民。
④ 出自《式目新编追加》和《大友文书》。——原注

兵库头大友赖泰、太宰少二经资：

现对蒙古合战①的有功将士论功行赏。各地必须立刻上报赏赐人员的名单和田地数量，着手进行土地调查，遵循规定进行分配。宅邸、村舍和旱田等也可折合成田地数量。神社佛寺的免田、平民百姓的薪金和河海山野等虽然难以分配，但应该将收益和用途详细调查后上报幕府。弘安九年仍然按照原来的规定收纳供品，记录缴纳人员名单。定要奉旨执行命令。

相模守

陆奥守

弘安九年十月十九日

——选自《大友文书》

二、实施方法

随后，大友赖泰和少二经资奉命分配和登记赏赐的土地。由于调查土地需要花费大量时间，赏赐的土地资源又极其有限，此事持续了二十余年②。根据分配书的记载，"田地之事"曾经采取抽签的方式进行分配。

三、结束时期

永仁年间，幕府对将士及其他人员的奖赏基本结束。永仁二年（1294年）六月，经过评议，幕府决定此后不再赏罚与弘安之役相关之人。永仁二年七月，幕府下令规定，针对弘安七年（1284年）四月以前做出的裁决，取消越级上诉制度。

永仁二年七月二日，幕府针对弘安七年四月之前的诉讼做出决议。

如果有人对现今的裁决提出异议，可以进行越级上诉。而弘安

---

① 蒙古合战，指文永十一年（1274年）和弘安四年（1281年）元军入侵，也称为文永、弘安之役。
② 出自《诧磨文书》德治二年（1307年）十月二十二日的分配书。——原注

七年之前的裁决，如果当时没有提出异议，无论是否结案，幕府都不再受理。禁止对先前的裁决结果提起越级上诉。

四、未被封赏之人的越级上诉和哀诉

然而，幕府的行赏名单还是漏掉了部分有功之人。他们诉苦叫屈，还有人提出越级上诉。下文列举了其中一例。

肥前国御家人黑尾社大宫司藤原资门谨言奉上：

弘安之役期间，臣忠心为国，依据惯例，应该获得赏赐。

弘安四年（1281年），元朝异贼入侵，臣在千崎冈遭遇贼船，虽身负重伤，却也生擒一人、杀死一人。随后，异贼攻入鹰岛栋原，臣与敌军交战，生擒两人。臣已将详情上报至镇西谈议所，也有相关证人，却并未列入受赏的名单。臣苦闷不堪，不知如何是好。臣听闻有人越级上诉，获得了相应的赏赐。臣负伤之事在太宰府有详细记录，不知为何却未获封赏。负责防御警备的将士全部受赏，为何唯独微臣未在其列？战争结束已经数年，臣仍然难以抒怀。臣在战场身负重伤，且生擒敌军，已将详细材料提交太宰府。臣忠心为国，请求幕府依据惯例进行封赏。臣诚惶诚恐。

永仁四年（1296年）八月二日

第4节　更换连署和六波罗

弘安十年（1287年）六月，连署北条业时因病出家，不久去世。弘安十年八月，北条时房之孙、北条朝直之子北条宣时就任连署。

弘安十年八月，六波罗北殿北条时村辞去官职返回镰仓。北条兼时由六波罗南殿改任北殿。正应元年（1288年）二月，北条时盛之孙、北条政氏之子北条盛房进京就任六波罗南殿。

第78章

战后的朝廷

第1节 德政评定

战争结束以后，朝廷一直与幕府保持同一步调，主要采取保守的方针。经过屡次评议，院厅最终决定推行节俭之策。弘安八年（1285年），朝廷发布禁令，禁止朝臣在服装、房屋、出行和家臣方面有过多支出。弘安九年（1286年）十二月，朝廷将每月逢三和逢八之日定为杂诉评定之日，将逢一之日定为德政评定之日。中纳言和参议列席参加杂诉评定，传唤当事人至院厅文殿做出裁决。六臣和大纳言列席参加德政评定，讨论德政的施行方法。

为了使评定众、传奏[①]、职事、辨官和文殿官员能够舍己为公，大臣和大纳言规定：第一，无论尊卑，任何诉讼都应迅速上报；第二，不畏权势，绝不偏袒；第三，不可贿赂他人。大臣和大纳言将这三个要求（即《三个条篇目》）上报朝廷，请求朝廷任命禁令奉行，大力推行弘安八年颁布的禁令，制裁违反规定之人。如果朝中公卿违反规定，则应自行提交悔罪书，并停止职务；如果诸位大夫及以下官员违反规定，则取消其官位；如果平民百姓违反规定，则将其传唤至检非违使厅。藏人藤原兼仲这样评论："近日来，朝廷大力推行德政，朝中从未有过如此情景。"他还说道："朝廷如此看重诉讼，实乃民众之福。"[②]

[①] 传奏，平安后期以后的朝廷官职，主要负责向院厅或天皇传达亲王、摄政、武家和社寺的奏请。
[②] 《勘仲记》弘安九年十二月二十四日载。——原注

第2节 后宇多天皇与皇太子熙仁亲王勤奋好学

一、后宇多天皇与龟山上皇热衷汉学

后宇多天皇自幼就有志于学问之道,他屡屡将文人学者召集到御书所,并于每月丁日举办集会,命人讲解《尚书》和《史记》等书籍,经常提出疑问,与文人交换意见,吟诵诗歌。藏人藤原兼仲认为此时是文学绍隆之时,笔者认为这种说法毫不为过[①]。

在处理朝中政务的同时,龟山上皇也非常热衷儒学。弘安十年(1287年)四月,龟山上皇将评定所布置成孔庙,在庙堂中摆放圣人先师的画像和宗庙祭器,要求公卿、殿上人和诸道的学者在此讲学。

二、皇太子熙仁亲王热衷国学

皇太子熙仁亲王素来喜爱和歌,经常与京极为教之子京极为兼探讨和歌,还要求侍从飞鸟井雅有为他讲解《古今和歌集》。弘安三年(1280年),皇太子熙仁亲王将飞鸟井雅有等四人召来,针对《源氏物语》交换了意见。这就是所谓的弘安源氏讨论。皇太子熙仁亲王还请来神祇伯资绪为他讲解《日本纪》。

后宇多天皇与皇太子熙仁亲王的兴趣截然不同,后宇多天皇倾心于中国的经史诗文,皇太子熙仁亲王却热衷于国史、国文与和歌。皇太子熙仁亲王即位以后,曾经让侍读讲解《史记》等汉籍,但这只不过是例行公事。

第3节 兴福寺与多武峰寺及延历寺的争端

一、寺院领地之争

弘安六年(1283年),兴福寺占用多武峰寺领地,导致多武峰寺无法进行祭祀等各种佛事。弘安六年十月,多武峰寺三纲通过院厅请求幕府的救

[①] 《勘仲记》弘安十年二月一日载。——原注

济①。弘安七年（1284年），多武峰寺的僧人修筑堡垒，与兴福寺对峙，并挑拨延历寺的僧人强行扣押兴福寺在近江国的领地。朝廷命令青莲院、梶井和上野的门三阻止延历寺僧人，要求多武峰寺拆除城郭。多武峰寺遵从朝廷的命令。然而，因为藏人藤原兼仲奉院厅的院司之命起草宣旨，兴福寺僧徒对藤原兼仲怀恨在心，他们倚仗氏寺②的势力，迫使朝廷同意将藤原兼仲逐出氏族。为此，龟山上皇要求藤原氏长者鹰司兼平施以援手。在鹰司兼平的调解下，延历寺同意藤原兼仲继续留在藤原家族。此后，每当藤原氏的公卿不顺其意，兴福寺僧徒就会向朝廷施加压力。

二、尊助法亲王再次就任天台座主，叡尊就任四天王寺别当

弘安七年六月，幕府要求朝廷逮捕恶僧首领，延历寺僧徒与幕府交涉，未能达成一致意见。延历寺僧徒毁坏了两架神舆，导致日吉祭无法顺利举行。弘安七年九月二十五日，幕府使者进京。或许因此，弘安七年九月二十七日，青莲院尊助法亲王取代再源，再次就任天台座主。弘安八年（1285年），西大寺僧人叡尊在幕府的推荐下就任四天王寺别当。弘安五年（1282年），幕府决定由净行持律之人就任四天王寺别当，这次任命也是出于当时的考虑。《勘仲记》写道："近日，东风吹来，叡尊就任四天王寺别当，足以看出朝廷对佛法的重视。"由此看来，此次任命可能是出自朝廷的授意。叡尊在朝野的影响力可见一斑。弘安九年（1286年）十月，天台座主尊助法亲王就任四天王寺别当。

三、叡尊的宗教社会性事业

叡尊的祈祷一再奏效，朝廷对他的信赖日益加深。据传，朝廷想要赏赐叡尊，他婉言谢绝，请求朝廷禁酒三日以代替赏赐。朝廷同意叡尊的请求，命令诸国的酒家毁掉酒缸，在三日内禁止所有诉讼③。然而，此事没有确切的依据。叡尊在传记中曾经写道："酒肉扰人心智，应该引经诫之。"由此可知，叡尊严守戒律，讨厌饮酒。弘安四年（1281年）十二月，朝廷向东寺下发院

---

① 出自《勘仲记》。——原注
② 氏寺，宗庙。为了一族的繁荣或为祭奠先祖而修建的寺庙，也被称为菩提寺，如藤原氏的兴福寺。
③ 出自《历云日件录》。——原注

宣，要求诸国在弘安五年（1282年）正月的后七日祈愿仪式①期间全面禁酒。这恐怕与叡尊的请求也有一定关联②。弘安七年（1284年）正月，因战争杀生众多，叡尊请求朝廷举行放生仪式。朝廷同意叡尊的请求，毁掉宇治、贺茂、松尾和富家殿的捕鱼设施③。弘安七年二月，朝廷永久取消宇治川的捕鱼设施，命令叡尊在宇治川修建桥梁④。弘安九年（1286年）十一月十九日，宇治桥落成，叡尊以导师的身份举办供养仪式，后深草上皇和龟山上皇亲临现场。叡尊在宇治桥南端的浮岛修建十三重石塔，雕刻禁止捕鱼的官符，并于弘安九年十一月二十日举办供养仪式。该石塔至今尚存。弘安七年闰四月二十一日，朝廷禁止人民在鸭川杀生应该也是出于叡尊的请求⑤。叡尊时常进宫觐见后宇多天皇与龟山上皇，畅谈佛法，讲解经文，为他们授戒。正应三年（1290

后宇多天皇

---

① 正月的后七日祈愿仪式，真言宗仪式的一种。正月初八至十四的七日内，为国家安泰、万民丰裕而进行的祈祷仪式。
② 出自《胜延法眼记》。——原注
③ 出自《勘仲记》。——原注
④ 出自《醍醐枝叶抄》。——原注
⑤ 出自《勘仲记》。——原注

行基菩萨

年)年八月，叡尊圆寂，享年九十岁。从某种意义上来看，叡尊的成就几乎可以与行基菩萨①媲美。正安二年（1300年）七月，遵循行基菩萨的先例，朝廷追封叡尊为兴正菩萨。

四、延历寺僧徒的策动

表面看来，延历寺僧徒接受了幕府的处分。然而，事实绝非如此。弘安八年（1285年）四月，在延历寺僧徒的阻挠下，日吉大社未能如期举办日吉祭典。弘安八年七月，朝廷特许延历寺以御斋会的标准举办供养仪式。

---

① 行基，日本奈良时代的高僧。在朝廷禁止僧侣向一般民众布教的时代，行基突破禁令，以畿为为中心向民众、豪族阶层广布佛法而受到崇敬。行基圆寂之后，被朝廷授予行基大德的谥号。

第4节 龟山上皇信奉禅宗

一、龟山上皇与辨圆、普门

龟山上皇倾心禅宗,十分推崇东福寺的辨圆和普门(号无关,被称作大明国师)。先前,北条时宗为圆觉寺请求敕额之时,也是经由普门向龟山上皇上奏。

二、修建南禅寺

弘安十年(1287年),龟山上皇在禅林寺南侧修建离宫,命名为松本殿。弘安十年七月,龟山上皇迁居松本殿。正应初期,宫中怪事频发,普门奉旨坐禅修行。龟山上皇给予盛赞,决定在普门坐禅修行之处修建寺院,这就是南禅寺。正应四年(1291年)十二月,普门圆寂。普门圆寂之前,龟山上皇曾经秘密驾临东福寺探望普门,这几乎可以看作绝无仅有的宠遇[1]。

此后,龟山上皇与后宇多天皇的皇统格外推崇禅法。禅宗从关东逐渐向西推进,从武家宗教转变成公家宗教。除诸位高僧的努力以外,龟山上皇的皈依发挥了举足轻重的作用。

---

[1] 出自《实躬卿记》。——原注

第 79 章

后宇多天皇让位

第1节 两位上皇的暗自较量

一、两支皇统互不相容

朝廷一旦确立皇储，便不会轻易更改。龟山上皇和后宇多天皇都希望能够长久治世，他们也希望将来皇太子熙仁亲王即位之后，皇储能出自自身的皇统。皇太子熙仁亲王逐渐年长，他心胸开阔，身边还有京极为兼等才华绝伦的近臣。于是，一些谋臣开始秘密筹划皇太子即位之事。弘安三年（1230年）十一月，飞鸟井雅有从京都启程前往镰仓。出发之前，飞鸟井雅有得到后深草上皇的临别赠言，还在皇太子处获赐转交幕府的文书。由此看来，飞鸟井雅有应该是奉旨将让位之事告知幕府①。

二、邦治被封为亲王

弘安九年（1286年）十月十八日夜，幕府密使进京。弘安九年十月十九日，龟山上皇驾临吹田会见幕府密使。弘安九年十月二十五日，后宇多天皇的第一皇子、弘安八年（1285年）出生的邦治被立为亲王②。龟山上皇和后宇多天皇将所有希望都寄托在了未来皇储身上。

两支皇统暗自较量，水火不容。

---

① 出自《春之深山路》。——原注
② 《皇代历》和《尊卑分脉》的记载都是弘安九年十月二十五日，笔者认为这里的记录可能有误。——原注

第2节 二条师忠就任关白

一、鹰司兼平辞去关白之职

弘安七年（1284年）冬，朝廷就关白辞职之事展开讨论。弘安十年（1287年）八月，关白鹰司兼平奉龟山上皇之旨辞去官职，左大臣二条师忠就任关白和藤氏长者。藏人藤原兼仲在日记《勘仲记》弘安十年八月十一日的记录中写道：

> 建长年间，前任长者鹰司兼平在位十年，如今又在位十三年，前后掌权共二十三年，举世罕见。想来鹰司兼平对关白之职应该并无留恋。

此后，鹰司兼平闭门蛰居，其子鹰司基忠也上奏辞去太政大臣之职。后来，二条师忠将关白之职让于九条忠教。

二、让位的先兆

关白的任免虽说是出于院厅的旨意，但二条师忠是皇太子熙仁亲王的师傅，他就任关白难免被人看作让位的先兆。当时，后宇多天皇在位十三年，朝中盛传龟山上皇对幕府怀有异心，这也是幕府做出决议的直接原因。龟山上皇深知更换关白的意义，内心惶恐不安。不久，龟山上皇在松本殿举办南禅寺的供养仪式。据说，龟山上皇亲自起草并誊写了祈愿文，他的举动几乎可以说是史无前例。《勘仲记》弘安十年八月二十日的记录中写道："龟山上皇的诚心举世罕见。"这足以看出龟山上皇对皇储的重视。

第3节 征夷大将军惟康王被封为亲王

弘安十年七月，幕府派遣使者进京，请求朝廷提拔征夷大将军惟康王。朝廷随即罢免大纳言久我通基的右近卫大将之职，任命惟康王为中纳言，兼任右近卫大将。弘安十年（1287年）九月，幕府使者佐佐木宗纲进京，经曰西园寺实兼请求朝廷罢免惟康王的右近卫大将之职，希望朝廷将惟康王封为亲王。朝廷同意幕府的申请，再次任命久我通基为右近卫大将。而惟康王虽然冠以源姓，却被册封为二品亲王，获赐随身佩剑，这种待遇也是稀世罕见。

第4节 伏见天皇践祚

一．幕府请求后宇多天皇让位，希望由后深草上皇执掌院政

惟康亲王受封以后，朝廷以为幕府使者会立刻返回镰仓。出乎意料的是，弘安十年（1287年）十月十二日，幕府使者通过西园寺实兼请求朝廷同意皇太子熙仁亲王即位，同时希望由后深草上皇掌管朝政。随后，幕府使者踏上归途。对于后宇多天皇和龟山上皇而言，这无疑是晴天霹雳。西园寺实兼立刻将佳音传达到富小路殿，宅邸上下喜出望外，拜见后深草上皇的朝臣络绎不绝。随后，西园寺实兼拜访万里小路殿。当时，龟山上皇正与关白二条师忠、右大臣九条忠教和内大臣近卫家基进行德政评定。听闻此事，龟山上皇立刻中止评定，进入皇宫。正亲町三条实躬详细记录了幕府的恶行，认为"在末代采取如此做法，实不可取"①。随后，因为龟山上皇久未离宫，正亲町三条实躬又感叹："人生无常，有喜有悲。众位近臣感触颇深。"此后，万里小路殿门可罗雀，龟山上皇的宅邸冷冷清清，而拜访富小路殿的朝臣纷至沓来。不久，后深草上皇命人着手修缮宅邸。

二．龟山上皇派遣御使前往镰仓

后宇多天皇天资聪慧，日渐成熟，龟山上皇希望后宇多天皇能够处理部分朝中事务。听闻幕府的请求，龟山上皇哀叹不已。弘安十年十月十七日，龟山上皇派遣按察使藤原赖亲前往镰仓，向幕府辩解民间的传言皆为谣传②。然而，幕府并未改变决议。弘安十年十月二十七日，后宇多天皇无奈让位于皇太

---

① 《实躬卿记》弘安十年十月十二日载。——原注
② 出自《勘仲记》。根据《实躬卿记》弘安十年十月十二日的记载，御使立刻东下镰仓。也许《实躬卿记》的记载有误。——原注

子熙仁亲王，也就是后来的伏见天皇。正应元年（1288年）三月，朝廷举办天皇即位大典。后深草上皇接管院政，其欢喜之情读者可想而知。弘安十年（1287年）十一月，后深草上皇拜祭供奉后嵯峨法皇的法华堂，笔者猜测，他应该是为了还愿。正应元年正月二十八日，后深草上皇向石清水八幡宫献纳祈愿文，文中写道：

后嵯峨法皇传承大统，子孙繁荣昌盛。弟子定当敬奉远祖之庙堂。如今得偿所愿，特来还愿。

此后，三位上皇并存，龟山上皇被称作中院，后宇多上皇被称作新院，后深草上皇被称作本院。

第5节 幕府上奏的真正意图

一、皇太子一派的秘密行动

后宇多天皇在位长达十三年，而皇太子熙仁亲王逐渐年长。为了安抚后深草上皇的情绪，幕府决定请求朝廷同意天皇让位[①]。然而，这只是原因之一，皇太子一派的秘密行动才是推动幕府做出决定的真正原因。有关龟山上皇怀有异心的传闻也值得怀疑。在此次事件中，皇太子熙仁亲王与西园寺实兼的关系尤其引人注目。

二、西园寺实兼的同情

后宇多天皇与皇太子熙仁亲王都是洞院实雄的外孙，而洞院实雄出自西园寺家族。作为东宫大夫，西园寺实兼希望皇太子熙仁亲王即位也是人之常情，而且皇太子熙仁亲王的宠臣京极为兼也备受西园寺实兼关照。当时，朝中传言后宇多天皇的女御也将出自西园寺家族，但西园寺家族并无行动。世人猜测，或许因为西园寺嬉子受到龟山上皇的冷遇，所以西园寺实兼对后宇多天皇

---

① 出自《增镜》。——原注

的皇统并无好感①。在笔者看来，无论出于何种原因，比起后宇多天皇，西园寺实兼更加支持皇太子熙仁亲王，此事毋庸置疑。作为朝廷和幕府的媒介，西园寺实兼的势力日益雄厚。既然西园寺实兼已经表明态度，后宇多天皇让位一事不可避免。

第6节　朝廷与幕府的交涉

一、幕府在政治方面的上奏

正应元年（1288年）正月，幕府使者二阶堂盛纲进京。为此，伏见天皇取消了次日亲临石清水八幡宫的行程。正应元年正月二十日，二阶堂盛纲进入二条师忠的宅邸，随后，二阶堂盛纲拜访西园寺实兼②。西园寺实兼先行拜访后深草上皇，上呈了两位执权的书信和分列要事的文书。随后，西园寺实兼拜访龟山上皇，针对弘安十年（1287年）的院宣做出回复。下文摘录了西园寺实兼向后深草上皇上呈的信函和文书。

> 二阶堂盛纲奉幕府之命将各项事务上报朝廷，并将对各项事务详细说明。惶恐谨言。
> 　　前任武藏守北条宣时印章
> 　　相模守北条守贞印章
> 　　右马权头入道殿
> 　　正应元年正月四日
> 　　（一）政事
> 　　关白可以掌管诸事。
> 　　（二）议奏公卿及评定众之事
> 　　可由朝廷决定。

---

① 出自《增镜》。——原注
② 出自《公衡公记》。《伏见院御记》的记载是二阶堂盛纲先行拜访西园寺实兼。恐怕有误。——原注

（三）任官加爵之事

应该合理任免，不可肆意妄为。

（四）僧侣、女官议论朝政之事

应该严令禁止。

（五）代代相传的领地事宜

应该按理归还原主。

（六）皇宫之事

应该由朝廷定夺。

（七）新院知行国一事

若新院没有知行国则难以行事，应该为新院分配知行国。

幕府使者向朝廷传达了幕府的文书，希望朝廷在任官、叙位和分配领地之时能够依规行事。

二、幕府回复龟山上皇

幕府使者在万里小路殿向龟山上皇做出答复，但具体内容不为人知，只有幕府使者的记录可供读者参考。

使者二阶堂盛纲进言

先前，龟山上皇将具体情况告知幕府，如今幕府做出答复。龟山上皇对幕府怀有异心之事，幕府从未耳闻。

——选自《公衡公记》

幕府以平和的态度否定了龟山上皇怀有异心的传闻，同时积极地向后深草上皇申请授予后宇多上皇知行国。幕府的公平态度出乎人们的预料。

三、伏见天皇咨询二条师忠及幕府的回复

伏见天皇希望由西园寺实兼起草交给幕府使者的文书，为此咨询了二条师忠的意见。伏见天皇表示，针对幕府提出的各项事务，朝廷同意幕府的建

堀川基具

议,在朝廷选任评定众、传奏和大臣时也将咨询幕府的意见。伏见天皇希望由准大臣堀川基具就任太政大臣,并恢复他的旧领地①,希望由大僧正慈实就任天台座主,为此征求幕府的意见。同时,伏见天皇希望由任官之人分担即位的经费。幕府使者随后踏上归途。不久,幕府做出回复。正应元年(1288年)三月,朝廷任命关白二条师忠、准大臣堀川基具、大纳言土御门定实、权大纳言西园寺实兼和前任权中纳言平时继五人为评定众,将每月逢一之日定为评定日,任命大僧正慈实为天台座主。正应元年四月,朝廷将参议坊门忠世和权大纳言源雅言任命为传奏。《勘仲记》在正立元年四月三日的记录中提到源雅言就任传奏一事:

---

① 堀川基具在呈文中写道:"追忆累代之功德,后嵯峨法皇继承皇位以后,一直受到乳母和外戚的压力,如今君已三代,臣又三代,皇族光辉却始终照耀我国。我国当以皇族为本,以孝立家,不应以过云功绩来衡量朝臣。已故土御门院的旧臣大多官运亨通,唯有微臣一人沦沦数年,不幸地迎来晚年。此次承蒙上天垂怜,足以彰显朝廷的仁政。"——原注

后嵯峨法皇在位期间，源雅言之父源雅具曾经在院中任职，源雅言也曾就任评定众。如今源雅言已经连续担任三任上皇的传奏。

正应二年（1289年）八月，堀川基具就任太政大臣。堀川基具和源雅言都是后嵯峨法皇的旧臣，伏见天皇即位以后，二人都被委以重任。龟山上皇的近臣愤愤不平。

第 80 章

胤仁亲王被立为太子

第1节 皇子诞生及女御进宫

正应元年（1288年）三月，伏见天皇的第一皇子胤仁出生。当时，朝廷正忙于准备伏见天皇的即位大典。胤仁之母是五辻经氏之女典侍五辻经子。正应元年四月，西园寺实兼之女西园寺鏱子叙从三位。正应元年六月，西园寺鏱子被封为女御。正应元年八月，十八岁的西园寺鏱子被立为中宫，她就是之后的永福门院。后宇多上皇在位期间，西园寺实兼未将女儿送入宫中。由此看来，西园寺实兼当时就已经决定支持伏见天皇。洞院实雄之子洞院公守（1249—1317）的女儿曾被伏见天皇宠幸，据说洞院公守也希望女儿能被立为中宫。然而，西园寺鏱子入宫彻底断绝了洞院公守的念头。

第2节 两统反目

一、两统的交际

伏见天皇即位以后，后深草上皇经常拜访龟山上皇，与龟山上皇始终保持亲密的关系。二人的关系看似并无异常。后深草上皇与母亲藤原姞子的关系也一如既往。然而，伏见天皇即位以后，他与龟山上皇和后宇多上皇的矛盾日益加剧。同时，两统的近臣之间也开始反目。

二、皇储册立运动

即位以后，伏见天皇最大的愿望就是延长在位时间。根据后嵯峨法皇的遗诏，朝廷应该将后宇多上皇的第一皇子邦治亲王立为皇储。然而，这不仅违背伏见天皇的意愿，也是众位近臣不愿看到的结果。皇子胤仁的出生对伏见天皇而言无疑是一大福音。支持伏见天皇的臣子掀起了册立皇储的运动，希望煽动幕府达到目的。正应元年（1288年）八月，第一皇子胤仁被封为亲王，成为中宫西园寺鏛子的义子。正应元年十一月，中宫西园寺鏛子之父西园寺实兼以东官大夫的身份获得赏赐，叙从一位，位列大炊御门信嗣之上。此事也可看作皇储册立运动的一项成果。只是，最后的成功还是要依靠幕府的力量。

三、伏见天皇向幕府下发密诏

伏见天皇向幕府解释了后嵯峨法皇的遗诏。他向幕府表示，后嵯峨法皇钟爱龟山上皇不过是已故圆满院仁助法亲王的说辞，后嵯峨法皇的本意是希望由幕府决定治世之君。伏见天皇还表示，与龟山上皇截然不同，他与幕府一定会推诚相见。《梅松论》中评论了此事：

> 如果龟山上皇的子孙连续继承皇位，树立了治世的威势，那么诸国的武士也会拥护天皇，这一定会威胁到幕府的势力。然而，承久年间，后鸟羽上皇思虑不全，最终被流放到隐岐国。讨伐幕府必须经过严密的部署，成熟的时机尚未到来。后深草上皇的子孙非常关心天下大事，也非常重视幕府的安危。

第3节 立皇太子及更换关白

一、幕府上奏请求将胤仁亲王立为皇太子

由于先前的传闻，幕府本来就对龟山上皇存有戒心，在伏见天皇向幕府下发密诏以后，幕府也不再犹豫。正应二年（1289年）四月十一日，幕府使者进京，请求朝廷将胤仁亲王立为皇太子，同时请求更换关白和天台座主。正应二年四月十三日，无品慈助法亲王就任天台座主，关白和藤氏长者二条师忠被罢免官职，右大臣近卫家基成为新任关白和藤氏长者，位居左大臣九条忠教之上①。正应二年四月二十五日，胤仁亲王被立为皇太子，内大臣鹰司兼忠和大纳言西园寺实兼分别就任内辨②和外辨③，鹰司兼忠兼任东宫傅，鹰司兼忠的侄子权中纳言鹰司冬平就任东宫权大夫。正应二年六月，鹰司兼忠之父前任关白鹰司兼平就任内览④。

二、西园寺实兼的黄金时代

正应二年十月，西园寺实兼就任内大臣，举办了盛大的庆祝宴会。正应三年（1290年）四月，西园寺实兼辞去内大臣的官职。正应四年（1291年）十二月，西园寺实兼就任太政大臣。正应五年（1292年）五月，西园寺实兼之子权大纳言西园寺公衡兼任右近卫大将。不久，二人辞去官职。西园寺实兼的黄金时代已经到来。

---

① 正应四年五月，近卫家基被罢免官职，九条忠教代任关白和藤氏长者。永仁元年（1293年）二月，九条忠教被罢免官职，近卫家基再次就任关白和藤氏长者。——原注
② 内辨，朝廷举办即位仪式或朝贺仪式时，在承明门内管理诸事的公卿。
③ 外辨，朝廷举办即位仪式或朝贺仪式时，在承明门外管理诸事的公卿。
④ 正应三年（1290年）三月，鹰司兼平出家。永仁二年（1294年）八月，鹰司兼平去世。——原注

第 81 章

伏见天皇亲政

第1节 龟山上皇出家

正应二年（1289年），幕府上奏请求废除时任征夷大将军惟康亲王，希望由后深草上皇的皇子东下就任征夷大将军。朝中形势日益严峻，龟山上皇坐立不安。正应二年九月七日，四十一岁的龟山上皇在南禅寺突然出家，法号金刚眼，后来改为金刚觉。龟山上皇之母藤原姞子和后宇多上皇亲临寺院。据说，龟山上皇受脚气病困扰多日，希望遁入佛门，断绝俗念。然而，这不过是龟山上皇的借口。根据《增镜》和《太平记》的记载，龟山上皇出家是由于浅原为赖之事，但笔者认为两者并无关联。后嵯峨法皇驾崩以后，后深草上皇对后嵯峨法皇的遗诏怀恨在心，一度想要出家为僧，但最终并未付诸行动。如今，龟山上皇却提前遁入佛门。

出家之前，龟山上皇未曾咨询近臣的建议，他的近臣也是在事后才得到消息。当时，吉田经长只听说后深草上皇将于次月出家。在得知龟山上皇已经出家的消息以后，吉田经长非常担心龟山上皇会失去人望，他曾经通过侍臣向龟山上皇提出谏言。藤原姞子和后宇多上皇也屡次劝诫。然而，为了实现多年夙愿，龟山上皇根本无暇顾及世人的指责。这充分说明了龟山上皇对出家一事的坚持。出家以后，龟山法皇即刻派遣御使告知幕府。

第2节 废立征夷大将军

一、送回惟康亲王

正应二年（1289年）九月十四日，幕府将惟康亲王送返京都，请惟康亲王反身乘坐竹箔牛车，特意避开了早年东下镰仓的道路。见此情景，世人纷纷议论惟康亲王将被幕府遣回京都。《增镜》中描述了此事：

> 自文永三年（1266年）以来，惟康亲王任职征夷大将军已经二十四年。惟康亲王在位期间，世人将他看作国家安定的代表，对他十分敬重。全国的武士都追随于他。如今，惟康亲王风光不再，悲惨地返回京都。世人唏嘘不已，沿途之人感慨万分。威猛的武士也难掩泪水，不断有人以怀纸①拭泪。

正应二年十二月，惟康亲王出家。

二、迎来久明亲王

幕府上奏以后，朝廷决定由后深草上皇的皇子久明东下镰仓。随后，幕府即刻派遣饭沼资宗等人迎接皇子久明。正应二年十月，久明被封为亲王，行元服之礼，叙三品，同时就任征夷大将军。正应二年十月十日，十三岁的久明亲王进入六波罗府，当日从京都出发，在武士的护卫下前往镰仓。权中纳言源基经等人陪同久明亲王东下。正应二年十月二十五日，久明亲王抵达镰仓。幕府即日举行评定开始的仪式。永仁三年（1295年），久明亲王迎娶惟康亲王的王女。

第3节 后深草上皇出家

龟山法皇出家以后，后深草上皇也难以平静。正应三年（1290年）二月

---

① 怀纸，放入怀中随身携带的和纸。可以用来作手纸或便笺纸使用。

十一日，在征得幕府的许可之后，遵循文永年间的先例，四十八岁的后深草上皇先行辞去太上天皇的尊号和随身侍卫，随后在龟山殿出家，法号素实。龟山法皇也亲临现场。此后，朝廷在大多胜院举办二十一日的逆修法事，后宇多上皇亲自到场。幕府献纳沙金五百两和丝绸三百匹。出家当天，后深草法皇留下御笔文书：

> 素实已经毫无愁绪，只有喜悦。当今天皇即位不过几年，却已经可以处理朝中政事。不出四年，嫡孙成为皇储，庶子就任征夷大将军。家族昌盛，素实心满意足。然而，看到今生的荣耀，素实担心来世之果报。素实突然辞去太上天皇的尊号，只希望能达成所愿。自正嘉二年（1258年）以来，素实将每日之事都记录在案，从未懈怠。三十三年间，记录已达百余卷。今日，素实抛弃世事，皈依佛门，记录不再有益。自正应三年二月十一日起，素实不再记录。

此后，伏见天皇亲自处理朝中政务①。正应四年（1291年），后深草法皇驾临兴福寺，后来在东大寺受戒。

第4节 浅原为赖之乱

一、浅原为赖闯入皇宫

伏见天皇亲政以后，朝中突发叛乱，引起了诸位朝臣的怀疑，朝堂上下十分震惊。正应三年（1290年）三月七日夜，浅原为赖父子率领数名随从②全副武装闯入皇宫，向后宫女官询问伏见天皇寝殿的位置，女官并未如实告知，而是将此事迅速上报。伏见天皇男扮女装逃至春日殿，皇太子胤仁亲王转移到常盘井殿。

---

① 出自《历代编年集成》。——原注
② 《皇代历》和《一代要记》的记载是父子三人；《太平记》的记载是浅原为赖父子三人和两名随从；《尊卑分脉》的记载是浅原为赖和儿子浅原光赖及浅原为继。——原注

二、原 因

听闻此事，篝屋的武士和大番众等五十余位骑兵迅速赶至皇宫，浅原为赖和随从在天皇寝殿自杀。朝野一片哗然，远近的御家人纷纷进京。不久，幕府使者进京，派遣六波罗武士逮捕三条实盛。据说，浅原为赖使用三条家族家传的宝刀鲶鸟切腹自杀。也有人说，浅原为赖属于甲斐源氏的小笠原氏一族①，因为犯下罪行，自知难逃死罪，所以冒险闯入皇宫②。然而，浅原为赖到底为何做出如此大逆不道之举，笔者仍然不得而知。

三、龟山法皇向幕府传达告文

因为担心伏见天皇会心生疑虑，龟山法皇特意向幕府传达告文，事情也逐渐平息。《增镜》和《太平记》中有关此事的记载令人难以信服，而《太平记》虽然有明显的错误，却可以看出当时世人的看法。根据《增镜》的记载，听闻三条实盛被捕的消息，龟山法皇非常担心世人怀疑此事由他一手设计，日日惶恐不安。龟山法皇的处境实在悲惨。中宫西园寺鏱子的兄长权大纲言西园寺公衡向后深草法皇进言：

> 此事可能是龟山法皇所为。幕府违背后嵯峨法皇的遗诏，拥立伏见天皇登基治世，龟山法皇对此心怀不满，希望颠覆当前的统治。这直接导致了当前的叛乱。应该请六波罗府逮捕龟山法皇。

西园寺公衡还提到了承久之乱，他含泪说道：

> 无论如何，都不能再发生类似的事件。即使并非事实，世人也会议论纷纷。若重蹈覆辙，已故的后嵯峨法皇也会悲痛万分。

---

① 根据《镰仓大日记》的记载，浅原为赖是骏河国居民。——原注
② 出自《保历间记》。——原注

后深草法皇毫无表示，伏见天皇下令严查浅原为赖之事，龟山法皇和后宇多上皇十分震惊。二人忐忑不安，不知如何是好。随后，龟山法皇向幕府传达告文，详细解释了事情的原委，此事才得以平息。

此后，幕府对龟山法皇的疑心日益加剧，对伏见天皇的同情却逐渐加深。此次叛乱反而给伏见天皇带来了意想不到的收获。

第5节 南都北岭的恶行

一、延历寺僧徒的恶行

正应四年（1291年）三月，因为对四天王寺别当不满，延历寺僧徒发起暴动。朝廷罢免天台座主无品慈助法亲王，等待幕府的决议。

二、兴福寺僧徒移动春日神社的神木

正应四年十二月，兴福寺僧徒因一切经检校和龙花院院务之事提起申诉，将春日神社的神木移至偏殿，向藤原氏公卿下发牒文，要求他们停止所有公务。藤原氏公卿忌惮兴福寺僧徒的势力，大多以生病或外出为由暂时推脱了朝中事务。偶有继续入朝之人，被兴福寺僧徒逐出藤原家族，只能隐居家中。伏见天皇哀叹不已："僧徒肆意妄为，无所顾忌，其行为越发乖张偏执，定是神明未能显灵。"为此，朝廷取消了任官仪式和各种法事。正应五年（1292年）元旦，小朝拜节会也未能如期举行。随后，兴福寺和东大寺的僧人拒绝参加朝廷举办的御斋会，延历寺的僧人代其参加。幕府迟迟未能做出裁决，延历寺僧徒将神木移至正殿，企图向朝廷示威。兴福寺别当大僧正慈信辞去官职。东大寺、四天王寺、石清水八幡宫和熊野山等纷纷向朝廷提出申诉。

三、事件得以解决

正应五年二月，大僧正赖助就任东大寺别当。继正应四年（1291年）被罢免官职后，尧顺再次就任四天王寺别当。同时，朝廷向延历寺献纳庄园。然而，石清水八幡宫僧徒对尧顺心怀不满，他们强行要求朝廷处罚尧顺。正应五年三月，尧舜被处以流刑，石清水八幡宫僧徒终于退散。正应五年四月，朝廷

将龙花院的院务重新归属大乘院，春日神社的神木得以归座，被逐出氏族的藤原氏公卿也回归氏族，参与朝政。

四、东大寺的内讧

永仁元年（1293年）十一月，春日神社举办若宫祭，一乘院僧徒与大乘院僧徒发生争斗。永仁二年（1294年），神木移座，部分藤原氏公卿被逐出氏族。东大寺僧徒也将寺院领地的地头告上法庭，他们将镇守八幡宫的神舆弃于宫中的阵座①。朝廷再次要求幕府做出裁决，六波罗府审问了两位门主的使者。鉴于对神佛灵力的忌惮，幕府决定免除门主的流刑。寺院僧徒并不满足。永仁三年（1295年）五月，幕府同意一乘院僧徒的请求，决定更换寺院门主和春日神社神主，春日神社的神木终于得以归座。随后，朝廷向东大寺献纳庄园，神舆也得以归座。

五、幕府优柔寡断

僧徒和神官屡次向朝廷示威，朝廷几乎每次都听从幕府的定夺。幕府却时常优柔寡断，时而听凭圣断，时而有失公正，不仅不能震慑僧徒，反而逐渐在朝野丧失威信。

---

① 阵座，宫中举办祀事、节会、任官、叙位等仪式时，公卿列座的场所。

第82章

高丽使节来日及北条兼时被派遣至镇西

第1节 为防止外寇侵入而修法祈祷

正应元年（1288年）二月，元朝开设征东行尚书省，任命高丽国王王賰为左丞相。正应二年（1289年）正月，元朝派遣使节前往高丽，为东征日本准备粮草。正应二年十月，元朝使节在高丽合浦检验兵器。正应二年，元朝入侵的消息传入日本，后深草上皇要求显教与密教的所有寺院及分寺为降伏异国和天下太平修法祈祷。叡尊也奉旨率领百位伴僧在石清水八幡宫修行《尊胜陀罗尼经》。

幕府加强镇西的警戒，要求诸国的神社佛寺为降伏异国修法祈祷。正应二年十一月，幕府向周防和长门两国的守护下达命令，要求两国所有的大型社寺持续祈祷一年①。正应三年（1290年），公家与武家的祈祷活动越发频繁。正应四年（1291年）二月，幕府向诸国守护下达命令，要求各国的国分寺、一之宫②等神社佛寺诚心祈祷，每月向幕府上呈诵读经书的数量和目录。随后，幕府修缮镇西的部分神社。

---

① 出自《长防风土记》。——原注
② 一之宫，日本神社的一个级别。各藩国最具权威、地位最高的神社。

第2节 高丽使节抵日

一、元朝取消东征计划并希望与日本交好

正应四年（1291年）五月，元朝废除征东行尚书省，改设中书省，任命高丽国王王赎为征东行中书省右丞相。正应五年（1292年）七月，日本商船归国，元朝派遣燕公南向日本传递国牒①。正应五年八月，元朝派遣洪君祥前往高丽，要求他视察东征事宜，希望借助送返日本商人的机会与日本交好。高丽国王任命金有成为宣谕使，任命郭麟为书信官，派遣二人前往日本。正应五年十月，两位高丽使节抵日，向日本奉上国书。国书内容与先前大体相同，说明了祸福利害，劝诫日本通好元朝。国书中有这样一段文字：

> 我国尚存，而宋朝已亡。我国派遣使节奉国书前往贵国，若贵国归顺大元，一定会日益兴盛，绝无损失，此乃贵国社稷之福。贵国若坚持反抗，命运难以预测，等到国家灭亡之时，恐怕追悔莫及。

这应该是国书的核心内容②。

二、退回国书

正应五年十二月，幕府将国书上呈朝廷。正应六年（1293年），幕府将高丽使节召至镰仓。正应六年四月，幕府退回高丽国书，要求高丽使节将国书送回本国③。然而，根据高丽国的记录，两位使节留在日本，未曾返回高丽。德治二年（1307年），金有成病逝。

高丽国使造访之后，元朝的不轨意图更加明显，为降伏异国而进行的修法祈祷活动越发盛行。

---

① 出自《镰仓年代记》。——原注
② 出自《高丽史》。《金泽蠹余残篇》的记载大同小异。——原注
③ 《师守记》贞治六年（1367年）五月九日载。——原注

第3节 北条兼时和北条时家被派遣至镇西

除了进行各种祈祷活动,幕府也在积极准备对抗外寇。根据《醍醐寺日记》正应六年(1293年)十二月二十四日的记载,"今日幕府召开寄合会议,商讨了派遣异国打手大将军①之事"。由此看来,幕府有意再次实施建治年间的出征计划,只是笔者并未找到其他佐证材料。笔者推测,幕府将北条兼时派遣至镇西也是出于这种考虑。

正应三年(1290年),北条时定在镇西去世,幕府决定派遣六波罗北殿北条兼时前往镇西,命令他即刻返回镰仓。正应六年正月,北条兼时抵达镰仓,不久返京。正应六年三月,北条兼时从京都西下。根据《实躬卿记》和《镰仓年代记》的记载,北条兼时西下的主要目的是防御异贼。《太平记》

北条时定

---

① 异国打手大将军,镰仓时代后期,为了抵抗元军入侵,幕府向镇西地区派遣的北条氏将军。

中提到了"探题"一职，但当时还没有这种称呼。随后，幕府派遣名越公时之子名越时家担任北条兼时的副手。正应六年（1293年）四月，名越时家率领五百余骑兵进入京都。正应六年七月，名越时家与部下踏上西下之途。

幕府下发了如下命令，向镇西的守护告知北条兼时和名越时家西下之事，同时对当地守护提出告诫：

下野三郎左卫门尉岛津忠宗：

  为了防御异贼，特派遣北条兼时和名越时家西下。无论防御和评定事务，都应团结一心，共同谋划。如遇敌军，交战事宜应听从北条兼时之命。当地地头、御家人、社寺领地、本所和一圆地的相关事宜，均立听从守护之命。如果违反命令，必须严格上报。如果确实有提出二诉的理由，可上报至萨摩国。务必奉命行事。

陆奥守（北条宣时花押）
相模守（北条贞时花押）
正应六年三月二十一日
——选自《岛津文书》

正应六年三月，北条久时离开镰仓。北条久时是北条长时之孙，北条义宗之子。正应六年三月，北条久时进京，就任六波罗北殿。

第4节　镇西的警备

就任以后，北条兼时监督镇西奉行大力加固防守。正应六年四月，北条兼时向当地守护下达命令，要求地头和御家人修筑石坝等各种要塞。永仁二年（1294年），北条兼时命人在壹岐、肥前和筑前等国修筑烽火台，择日试之，以备不时之需。

大岛又次郎殿下：

　　越后国司向诸国下达命令。永仁二年三月二十六日午时，筑前国应该燃起烽火。肥前国也应该于相同时刻在各个岛屿燃起烽火。如遇下雨，可推迟至永仁二年三月二十七日午时。从壹岐岛开始，应该在所有岛屿的高处燃起烽火。壹岐岛燃起烽火之后，大岛也应该即刻点燃烽火，而且必须准备充足的柴火。看到大岛的烽火之后，高岛必须即刻点燃烽火。防御异贼之事至关重要，绝对不可懈怠。定要奉命行事。

修理亮（花押）
永仁二年三月六日
——选自《来岛文书》

文中提到的越后国司就是北条兼时。永仁三年（1295年），北条兼时与名越时家相继赶赴镰仓，北条定时代北条兼时监督警固事宜。北条定时是樱田时严之子，也是北条时定的养子。不久，北条定时去世，北条实政代之。正安元年（1299年）正月，幕府在镇西设置评定众，随后又设置引付众。镇西府的机构趋近完善。

第5节　元朝使节一山一宁抵日

此前，元朝一直监督高丽备战东征。然而，永仁二年（1294年）正月，元世祖忽必烈驾崩，其孙元成宗铁穆耳即位，东征计划暂时搁置。正安元年三月，元朝想要再次派遣僧人如智出使日本，但如智年事已高，于是，元朝派遣补陀禅寺的僧人一山一宁和西涧子昙搭乘商船前往日本，命令二人向日本传递国书。正安元年十月，两位使节从博多抵达镰仓。幕府将二人安置在伊豆国修禅寺。听闻一山一宁道行高深，幕府请他在建长寺、圆觉寺和净智寺等多家寺院轮流居住。后来，后宇多上皇也邀请一山一宁在南禅寺和建仁寺居住。

第83章

镰仓的地震与内讧

第1节 关东大地震

永仁元年（1293年）四月十三日卯时，关东发生大地震。强烈地震达数次，山体崩塌，地面开裂。鹤冈若宫、大慈寺、建长寺等多家神社寺院和民屋倒塌，死伤的人盲比比皆是。关东的死者总计两万三千零二十四人。建长寺被火烧毁，除了祭典开山祖师兰溪道隆的灵堂，其余房屋全部付之一炬。

余震持续数日。据说这是治承年间以来最严重的地震。幕府命人修法祈祷。

第2节 诛戮平赖纲和吉见义世

平赖纲与安达氏素来不和，在除掉安达氏以后，平赖纲父子专权骄纵。永仁元年四月，平赖纲谋反之事败露，北条贞时派兵烧毁平赖纲的宅邸，诛杀平赖纲和次子饭沼资宗等人，烧死侍卫随从九十三人。平赖纲长子平宗纲逃至佐渡国。幕府上下一片哗然，御家人纷纷赶至镰仓。

永仁四年（1296年）十一月，吉见义世意图谋反，幕府将其逮捕后在龙口斩首。僧正良基受到牵连，被流放到陆奥。吉见义世是平赖纲的第四代子孙，是吉田义春之子。

第 84 章

德 政

第1节 御家人贫困不堪

一、救济御家人的法制

受到战争和防御战事的影响，很多御家人陷入贫苦的境地，甚至有人濒临破产。他们拖欠租税，出售或抵押领地，逃脱御家人应尽的义务。为此，幕府及时颁布了救济御家人的法令。

弘安七年（1284年）五月，很多御家人在关东的领地落入非御家人和平民手中，幕府命令诸国守护调查此事。不久，幕府下令规定，即使御家人将领地出售或抵押，也须承担一定的赋税和劳役，享受部分御家人的待遇。弘安七年十月，部分御家人拖欠租税，只能由家族嫡子代为缴纳，与此相关的诉讼层出不穷。为此，幕府要求拖欠租税的御家人成倍偿还。如果御家人仍然拖欠租税，则没收其领地，分给家族嫡子①。幕府禁止拥有关东领地的寡妇和女子在京都居住，如果有人违反规定，则没收其领地。此前，幕府遵循法家的做法，禁止御家人要回赠予他人的领地。正应三年（1290年）十一月，幕府修改制度，如果是赠予兄弟叔侄的领地，御家人可凭个人意愿收回。

---

① 由于该规定对惩戒庶子收效甚微，永仁二年（1294）七月，幕府恢复了先前的制度。正安元年（1299年）正月，幕府决定没收拖欠者五分之一的领地。——原注

二、对没有领地的御家人的保障

虽然幕府采取了一系列保障措施，但仍然有一部分御家人成为无足之士①。永仁元年（1293年）五月，幕府下令规定，如果御家人在源赖朝时期就已经成为幕府的家臣，其子孙即使丧失领地，也可酌情享受御家人的待遇。为了感谢御家人的祖先为开创幕府立下的汗马功劳，同时为了帮助御家人摆脱困境，即使与先前的制度有所冲突，幕府还是特意颁布了这项制度。

第2节 颁布德政令

一、永仁五年三月的法令

这些规定无法从根本上解决御家人的困境，与领地相关的诉讼层出不穷。然而，御家人的领地丧失必然会对财政产生不利的影响，为求自保，幕府必须有所行动。永仁元年十二月，幕府下令规定，只有在秋收以后才能催收借款。永仁五年（1297年）三月六日，幕府颁布法令规定，废除越级上诉制度，御家人可以无偿收回已经卖出的领地，禁止御家人买卖或抵押领地，幕府不再受理与金钱借贷相关的诉讼。法令内容如下：

（一）禁止越级上诉之事

越级上诉逐年增加，幕府官员忙于处理各种无理诉讼。有些得理之人却无法胜诉，也有人因此落魄。自今以后，取消越级上诉制度。若先前的上诉尚未裁决，奉行人可以继续审理。如果本所、领家等人对判决内容不满，有一次越级上诉机会。

（二）领地抵押、买卖之事

由于领地的抵押、买卖直接导致了御家人的贫困，此后禁止御家人抵押或买卖领地。已经卖出的领地，御家人可以无偿收回。然而，如果得到幕府的认可，买卖时间超过二十年，无论公私领地，

---

① 无足之士，日本中近世没有领地的家臣。

御家人都不可收回。如果违反规定，必须追究罪责。此外，如果买主为非御家人或平民，即使超过二十年，御家人也可以收回。

（三）金钱借贷之事

有部分民众在贫困潦倒之时选择了有息借贷来维持生计。富有之人可赚取利息，贫困之人却越发艰难。从今以后，幕府不再受理与金钱借贷有关的任何诉讼。即使有人拒绝偿还，也不能提出上诉。若穷人以典当的方式获取金钱，幕府不会加以阻止。

二、法令的内容

根据幕府的规定，本所和领家有一次越级上诉的机会，御家人不得越级上诉。此举主要是为了改善御家人肆意上诉的风气。同时，幕府禁止御家人因生活贫困而抵押或出售领地。已经卖出的领地，御家人可以无偿收回。然而，如果得到幕府的认可，买卖时间超过二十年，御家人则不可收回。如果买主为非御家人或平民，即使超过二十年，御家人也可以收回，已经享受过《御成败式目》优待的御家人除外。因为金钱借贷使穷人越发贫困，使贫富差距逐渐加大，幕府不再受理与金钱借贷相关的所有诉讼。对于穷人而言，当铺是极其重要的金融机构，幕府允许民众以典当的方式获取金钱。随后，幕府颁布了追加法令，如果民众以本钱返①（也叫本物返）或替钱②（即兑换）的方式获取金钱，可以以原始价格赎回原物品。如果只是借贷或寄存物品，其性质不等同于金钱借贷，幕府可以受理相关诉讼。

第3节 德政令的效果

一、名称及适用范围

永仁五年（1297年）三月的这项法令被称为关东御德政或关东御新制。

---

① 本钱返，日本中世和近世的一种买卖契约。卖主可以归还金钱或粮食，收回卖出的物品。
② 替钱，日本中世的一种兑换方式。用于远距离间的交易，以符契的方式汇出金钱。

从立法的目的来看，该法令也被称为买卖土地收回令或抵押土地收回令，普遍适用于全国的御家人及非御家人。然而，幕府颁布德政令是为了解决御家人的贫困问题。文永五年（1268年），幕府下令规定御家人可在二十年后以本金赎回抵押或卖出的土地，与德政令相比，其效力根本不可相提并论。文永十年（1273年），幕府规定御家人可以无偿收回领地，但仅限抵押的土地。德政令在全国范围内迅速实施，受到多数人的欢迎。然而，也有人借此机会骗取他人钱财，强行夺取农田收成，拒绝偿还土地。各种争端不断发生，民心动荡不安，逐渐引起了经济界的恐慌。

二、逃避德政令的手段

人为力量根本无法左右经济规律。德政令在很大程度上损害了债权人的利益，只要仍有供给需要，幕府就不可能从根源上断绝土地的买卖转移。德政令实施不过数月，民间就出现了各种逃避手段，不少人以赠予的名义私下出售或抵押土地。下文便是在幕府颁布德政令之后签署的抵押文书与让渡书。

抵押私有领地之事

山城国纪伊郡佐井佐里二十五坪，自南起第四段。

上述私有领地是野部友吉之父沙弥西妙重代的家传领地。因生活所需，野部友吉将该处领地以十贯文的价格永久让于藤原氏女子，有六份副本可以证明。西妙重代去世前将自南起第二段和第五段等土地赠予两位女儿，中间的第四段土地为野部友吉所有。野部友吉与藤原氏属于远亲，可将该土地让于藤原氏，二人已在转让书中背书签名。签署让渡书的二十日内，野部友吉可以用本金十贯文赎回，此后则不可反悔。让渡书付在下文。

卖主　野部友吉（印章）
保人　野部氏女子（印章）
永仁五年（1297年）六月二十三日

让渡家传领地之事

  山城国纪伊郡佐井佐里二十五坪，自南起第四段。

  上述私有领地是野部友吉的家传领地。野部友吉与藤原氏女子相识已久，现通过六份副本将该领地让与对方。野部友吉之父西妙重代在世之时，将该处领地赠予野部友吉。野部友吉与藤原氏属于远亲，可将该土地让于藤原氏，二人已在转让书中背书签名。让渡书签署之后，二人不可反悔。

野部友吉（印章）
永仁五年六月二十三日
——选自《东寺百合文书》

  当时，很多卖主利用德政令的漏洞达到个人的目的。《续宝简集》收录了正安四年（1302年）十一月二十三日的让渡书，书中写道："根据关东御德政的规定，御家人可以收回领地。"《御巫文书》收录的乾元二年（1303年）三月十九日的让渡书中写道："幕府颁布收回领地的有关规定，根据规定，该领地不得收回。"《劝修寺文书》收录的乾元二年二月的让渡书中写道："虽然公家和武家有各种法令，但因为某些特殊理由，很多田地不受法令的限制。"后来，这些语句经常出现在后世的让渡书中。德政令暂时缓解了御家人的贫穷问题，却并未达到幕府期待的目的，反而使债权人陷入不安，使金融出现危机，甚至导致利息上涨。

三、废除德政令

  德政令颁布以后，御家人的领地得以收回，他们的经济状况也得到缓解。永仁六年（1298年）二月，幕府废除德政令，同时任命越诉奉行[①]。永仁六年二月之前签订的协议和诉讼仍然有效，御家人可以无偿收回领地，与土地不当处置相关的诉讼也时有发生。

[①] 出自《武家年代记》、《北条九代记》、《式目新编追加》和《萨藩旧记入来本田文书》中收录的正安二年六月十五日的让渡书。正安二年十月，幕府罢免越诉奉行，任命北条贞时的五位家臣处理相关事务。——原注

四、朝廷的德政与武家的德政

在幕府颁布德政令之前，朝廷也屡次推行相关法令，但与幕府的德政令并不相同。然而，朝廷以振兴佛法的名义，允许神社和佛寺无偿收回领地，从这点来看，朝廷的相关法令与幕府的德政令有相似之处。幕府专门将永仁五年（1297年）三月的法令命名为德政令，在本所、领家和国衙的管理范围内也进行了推广。

第4节　更换六波罗殿

永仁五年五月，六波罗南殿北条盛房从京都赶赴镰仓。永仁五年六月，六波罗北殿北条久时也返回镰仓。随后，北条宗方进京就任六波罗北殿。北条宗方是北条宗颠之子，也是北条时宗的养子[①]。永仁五年七月，北条盛房去世。北条宗宣进京就任六波罗南殿。北条宗宣是北条宣时之子。正安二年（1300年）十一月，北条宗方返回幕府，成为评定众。正安三年（1301年）六月，北条时兼之子北条基时代任六波罗北殿。

---

① 出自《历代编年集戎》。——原注

第 85 章

改革记录所及兴福寺的纷争

第 1 节 记录所庭中

一、伏见天皇励精图治

永仁元年（1293年）六月，伏见天皇颁布禁令，命令奉行人严惩违反禁令之人。由于有些奉行人疏于职守，未能贯彻执行禁令，伏见天皇在记录所设置庭中，将参议、辨和寄人分为六组，轮流执勤，规定每月上旬处理神社事宜，中旬处理佛寺事宜，下旬处理杂诉。藤原兼仲对此事大加赞颂："朝廷严格处理各种诉讼，政道兴隆，值得赞赏。" 永仁元年七月，伏见天皇派遣藤原为兼向伊势神宫献纳祈愿文，文中也提及此事："近日来，朝廷施行德政，严格审理各种诉讼，以理为先，绝不偏袒，定能铲除奸佞。"由此足以看出伏见天皇的决心。

二、鹰司兼忠就任关白

永仁四年（1296年）六月十八日，关白近卫家基因病辞职，永仁四年六月十九日去世。永仁四年七月，左大臣鹰司兼忠就任关白。鹰司兼忠是鹰司兼平的次子，也是兄长鹰司基忠的养子[①]。《春日社司祐春记》中写道："鹰司兼忠是鹰司兼平的嫡子。"笔者认为《春日社司祐春记》的记载有误。

[①] 出自《兴福寺略年代记》。——原注

第2节 春日神社的神木离座

一、兴福寺南北僧徒的内讧

永仁四年（1296年）九月，兴福寺的南北僧徒发生内讧，将春日神社的神木抬至移殿①。前任大纳言藤原雅言、前任参议藤原雅藤及其子前任参议藤原雅俊、参议日野俊光和右少辨吉田定房②受到牵连，相继被驱出氏族③。六波罗府派遣士兵在寺门把守。

二、一乘院领地地头的任命与撤回

直至永仁五年（1297年），朝廷也无法举行各种仪式。幕府的裁决使兴福寺僧徒更加放肆。永仁五年六月，幕府决定沿袭北条泰时的做法，以"反抗

吉田定房

---

① 移殿，修缮、改造神社时，暂时安置神体的地方。
② 永仁四年十一月被免职。——原注
③ 出自《春日社司祐春记》。——原注

武家"的罪名处决兴福寺僧徒,在一乘院的六十三处领地任命地头[1],禁止一乘院的领家处理岛津庄等庄园的所有事务[2]。不久,春日神社的神木归座。

嘉元二年(1304年)六月,兴福寺僧徒驱逐生岛庄地头,六波罗府派遣士兵逮捕作乱首领并将其流放,之后在所有领地任命地头。嘉元二年九月,幕府同意寺院的请求,决定撤回先前的任命。

---

[1] 出自《兴福寺略年代记》和《皇代历》。——原注
[2] 出自《萨藩旧记山田文书》中收录的永仁五年七月五日的幕府御教书。——原注

第 86 章

两统暗斗

第1节 伏见天皇祈愿

伏见天皇登基已过九年，龟山法皇一派开始有所行动。他们诚心向神佛祈祷，积极请求幕府的支持。听闻此事，伏见天皇苦恼不已。永仁三年（1295年）九月十四日，伏见天皇向内侍所献纳祈愿文，文中写道：

> 熙仁不才，蒙受上天眷顾，继承皇位已经九年。熙仁宵衣旰食，国家日益昌盛。有人却奔波于朝廷与幕府之间，为夺取帝位不遗余力。他们肆意妄为，扰乱朝纲，甚至想借助关东之力颠覆天下。如此大逆不道之事，仅凭三言两语难以说清。事态紧急，恐怖至极。

伏见天皇希望神器能帮助他承袭皇统，保佑社稷安全。

第2节 伏见天皇命人编撰和歌集

一、伏见天皇接受京极为兼的提议

伏见天皇擅长歌道，在位期间曾命人编撰和歌集。永仁元年（1293年）

八月，伏见天皇将前任大纳言二条为世、权中纳言京极为兼、参议飞鸟井雅有和从二位九条隆博召至御前，讨论编撰和歌集之事。飞鸟井雅有因病未能参加。二条为世上奏表示，虽然未必要遵循先例，但历来编撰和歌集都是十月，此次也最好推至十月。京极为兼反对二条为世的观点，认为不应固守成法，九条隆博也赞成京极为兼的观点。关于编撰的范围，二条为世提议遵循已故的二条为氏的做法。在编撰《续拾遗和歌集》时，二条为氏仿效藤原为家编撰《续古今和歌集》的做法，认为上古时代的和歌已经经过了历代和歌集的选录，残留下来的都是"庸俗之物"，所以应该在中古以后的和歌中挑选。京极为兼则认为当时朝中崇尚古风，应该将上古时代的和歌列入选择范围，九条隆博也赞成他的观点。伏见天皇采纳京极为兼的提议，决定在永仁元年八月下令编撰和歌集。同时，伏见天皇也认为上古时代的和歌难以割舍，应该划入选择范围。随后，伏见天皇命令二条为世、京极为兼、飞鸟井雅有和九条隆博四人编撰和歌集，要求他们选录自上古以来未列入《万叶集》及历代敕撰和歌集的优秀和歌。九条隆博喜极而泣，伏见天皇感叹其"痴迷和歌之道"[①]。

二、二条为世与京极为兼

从藤原俊成、藤原定家至藤原为家，御子左流逐渐发展，不断衍生出新的流派。二条为氏及其子二条为世都曾经奉命编撰和歌集。只是文人相轻，自古而然。藤原定家在世时，排他之风已经出现，子孙固守各自家族的观点，排斥其他学说，将他人之说称为"僻见"或"魔论"。作为家族嫡子，二条为世继承家业，他在歌道界的名气甚至凌驾于父亲二条为氏之上。京极为兼虽是庶出，却自幼受到藤原为家的宠爱，学习了很多秘密理论。京极为兼才智过人，擅长和歌，精于蹴鞠。他崇尚自由，不愿受到家族流派的约束，他崇尚上古的淳风，咏出的和歌也大多铿锵有力，这正是他与二条为世的矛盾根源。伏见天皇对京极为兼也极其看重，将他任命为编撰人，采用了他的提议。二条为世深感不平。

---

① 出自《伏见院御记》。——原注

此后，九条隆博和飞鸟井雅有相继去世①，编撰和歌集之事未能实现。伏见天皇引以为憾，咏出了一首和歌：

未选和歌千千万，
多想使之永流芳。

第3节 京极为兼的性格

一、京极为兼的政治素养

京极为兼既是文学家，也是一位政治家。他自幼追随西园寺实兼并受到重用。伏见天皇即位之前，京极为兼就因擅长和歌而蒙受恩宠，后来更是被予以重任。京极为兼也一心报效圣恩，经常为伏见天皇出谋划策。京极为兼还是皇太子胤仁亲王和第四皇子富仁的乳父②。然而，京极为兼生性狭隘，嫉妒心

富仁

---

① 九条隆博于永仁六年（1298年）去世，飞鸟井雅有于正安三年（1301年）去世。——原注
② 乳父，负责抚养贵人之子的男子。

强，他恃宠而骄，在朝堂凌驾于众位权贵之上，为排除异己不遗余力。为此，京极为兼在朝中树敌颇多。

二、朝臣的家庭与幕府

当时，很多缙绅家庭家道中落，父子兄弟纠纷不断。由于幕府权尊势重，他们都希望借助幕府的势力排挤他人。除了二条为氏与藤原为相，三条实重与其子三条公茂也多有不和。三条实重曾经请求朝廷禁止三条公茂上朝，在朝廷批准之后，三条实重又请求幕府的支援①。

三、朝廷的争斗与幕府

由于争斗的结果完全取决于幕府的态度，多位朝臣争相攀附幕府来压制政敌。正应元年（1288年）十月，神祇伯资绪王与传奏兵部卿藤原康能受到处罚，暂时被停止职务。藤原兼仲在《勘仲记》中提及此事："也许是春风吹来之故，不知其故。"这里的"春风"应该就是"东风"之意，暗指幕府的干涉，这是京都缙绅的常用词语。藤原兼仲虽然不知二人被罚的真正原因，却在文中写道：

> 资绪王不知分寸，辅佐政事，干涉叙位任免，时有僭越之举。如今飞来横祸，定是上天责难。实在令人畏惧。为人臣子务必要谨言慎行。

这足以看出藤原兼仲对待朝敌被贬的态度。

四、京极为兼被贬黜

京极为兼受到政敌排挤，与神祇伯资绪王与传奏兵部卿藤原康能遭遇了相同的命运。朝廷同意幕府的请求，决定解除京极为兼的职务，京极为兼只能抱憾隐居家中。然而，京极为兼的政敌并未就此罢休，他们将京极为兼怀有异心之事告知幕府。永仁六年（1298年）正月，京极为兼与石清水八幡宫执行法印圣亲和白毫寺僧人妙智房被拘留在六波罗府。永仁六年三月，京极为兼被

---

① 《实躬卿记》永仁元年（1293年）四月四日载。——原注

流放到佐渡国。在去流放地的途中，京极为兼经过一条时，与日野资朝偶遇。当时，京极为兼神采奕奕，日野资朝十分羡慕。兼好法师在《徒然草》中描述了当时的情景。然而，书中的时间与此时并不吻合。笔者猜测，《徒然草》描述的可能是正和五年（1316年）京极为兼再次被流放到土佐国的情形。

第87章

两统达成轮流执政的协议

第1节 后伏见天皇践祚

一、两位法皇的疏离

京极为兼的贬黜引起了更加严重的后果。正应三年（1290年），浅原为赖之事发生以后，后深草法皇仍然会偶尔拜访龟山法皇，二人关系并无异常。正应五年（1292年）九月，两位法皇的生母藤原姞子薨逝，此后两位法皇的关系逐渐疏远。永仁六年（1298年）七月，后深草法皇首次驾临后宇多上皇居住的万里小路殿，龟山法皇也从冷泉万里小路殿乘车前往，二人一起检阅了仪仗队伍。不久，在后嵯峨天皇的忌日当天，两位法皇共同驾临龟山殿。

二、伏见上皇执掌院政

伏见天皇让位之后，后深草法皇与龟山法皇的关系更加疏远。永仁六年七月二十二日，伏见天皇让位于皇太子胤仁亲王，他就是后伏见天皇。当时，后伏见天皇年仅十一岁。鹰司兼忠由关白改任摄政，伏见上皇掌管院政。永仁六年七月二十二日，伏见上皇任命院司，内大臣西园寺公衡以别当的身份就任执事，权大纳言藤原赖亲就任执权。此后，后宇多上皇称为本院，伏见上皇称为新院。永仁六年十月，朝廷举办天皇即位大典。

第2节 邦治亲王被立为皇太子

一、邦治亲王被立为皇太子

此后,后深草法皇与龟山法皇经常同时驾临伏见殿,表面看似关系融洽。永仁六年(1298年)八月九日,后宇多上皇在万里小路殿祈祷,希望朝廷将自己的皇子立为皇太子。永仁六年八月十日,后宇多上皇的皇子邦治亲王被立为皇太子。当时,邦治亲王年方十四,比后伏见天皇年长三岁。左大臣二条兼基兼任东宫傅。

二、幕府决定由两统轮流掌权

为了立储之事,两统都积极争取幕府的支持,立储的过程波澜不断。伏见上皇的近臣发生内讧,直接导致京极为兼的阴谋败露。为了和平解决此事,幕府提出轮流执政的建议,得到了后深草法皇与龟山法皇的嘉许。《神皇正统记》中叙述了伏见上皇执掌院政之事:"原本,幕府将龟山法皇的皇统视为皇室正统。近来,由于宫中局势动荡,幕府决定由两支皇统轮流继承皇位。"《皇年代略记》中记录了立皇太子之事:"由于后伏见上皇尚且年幼,幕府决定由两统轮流治世。"① 根据《梅松论》的记载,幕府规定两统各自执政十年,笔者认为并非如此。也有人认为,龟山法皇钟爱后宇多上皇的第二皇子尊治②,曾经向石清水八幡宫献纳祈愿文。然而,第一皇子邦治亲王并无过错,朝廷不能无故将尊治立为皇储,只能将邦治亲王立为皇太子③。当然,这只代表了一种观点。也许事实并非如此。幕府做出决议之时正好是永仁六年六月,在邦治亲王元服前后。

三、摄政的更换与西园寺氏

永仁六年十二月,鹰司兼忠辞去摄政和内览的官职,二条兼基代任摄政。正安二年(1300年)七月,鹰司兼忠再次就任内览。

---

① 《皇年代略记》的记载与此大体相同。——原注
② 尊治于正应元年(1288年)出生,当时年方十一。——原注
③ 出自《神皇正统记》。——原注

正安元年（1299年）四月，西园寺公衡由内大臣改任右大臣。正安元年六月，西园寺公衡之父前任太政大臣西园寺实兼获赐牛车。不久，五十一岁的西园寺实兼出家，法号悦空。正安元年十二月，西园寺公衡辞职。

第88章

后伏见天皇让位

第1节 后二条天皇践祚

一、龟山法皇一派的成功

后伏见天皇即位不过数年，龟山法皇便传旨幕府，希望皇太子邦治亲王尽快即位。正安三年（1301年）正月七日，院使藤原永康从镰仓返回京都，就皇太子邦治亲王即位和后嵯峨天皇的领地之事向朝廷复命，同时将幕府使者二阶堂行贞和佐佐木时清进京之事上报朝廷。幕府同意皇太子邦治亲王即位，征夷大将军久明亲王将幕府的决议提前告知伏见上皇①。正安三年正月十七日，两位幕府使者抵达六波罗府。正安三年正月十八日，两位幕府使者拜访西园寺实兼，希望西园寺实兼将皇太子即位和后宇多上皇执掌院政之事上奏朝廷。听闻此事，两支皇统的心情截然不同。龟山法皇的执权吉田经长之子吉田定房感叹道：

圣运降临，凡人难以揣摩。世事如此，可喜可贺。

藤原实任却写道：

---

① 出自《吉口传》。——原注

傍晚，微臣前往富小路殿，后深草法皇怅然若失。后伏见天皇今年十四岁，龙体康健。后伏见天皇从未去过贺茂神社和下鸭神社，只是曾经前往春日神社拜祭，并计划于正安三年八月前往熊野山。然而，后伏见天皇未能如愿，却忽然听闻此事。后伏见天皇的心中肯定有无限感慨。

——选自《吉口传》和《继尘记》

二人的描述形成鲜明的对比。

二、后宇多上皇执掌院政

正安三年（1301年）正月二十一日，后伏见天皇让位于皇太子邦治亲王，这就是后二条天皇。后伏见天皇在位三年，当时只有十四岁。二条兼基仍然就任关白。鹰司基忠辞去内览之职。正安三年正月二十一日，朝廷任命院司。西园寺公显、西园寺兼季和日野俊光就任别当。后宇多上皇执掌院政。此

西园寺公显

后，朝中有两位法皇和三位上皇并存。后宇多上皇称为一院，伏见上皇称为中院，后伏见上皇称为新院。正安三年（1301年）三月，朝廷举办即位大典。

乾元元年（1302年）正月，西园寺公衡的长女西园寺宁子（广义门院）成为伏见上皇的义女。德治元年（1306年）四月，西园寺公衡将西园寺宁子嫁与后伏见上皇。正安四年（1302年）二月，德大寺公孝之女德大寺忻子成为后宇多上皇的义女，叙从三位。乾元二年（1303年），德大寺忻子入宫，成为女御。嘉元元年（1303年）九月，德大寺忻子被立为中宫，她就是之后的长乐门院。

第2节 富仁亲王被立为皇太子

一、两统争取幕府的支持

后二条天皇即位之后，皇储之事再次提上日程。虽然两统已经决定轮流执政，但两统的君臣并未心悦诚服。龟山法皇的近臣主张遵循后嵯峨法皇的遗诏，认为龟山法皇的皇统才是正统的皇位继承人，而伏见上皇的近臣坚决反对。皇统的争斗越发激烈。两统争相派遣使者前往镰仓，希望借助幕府的势力拥立皇储。吉田经长奉龟山法皇之命赶赴镰仓，向幕府表明后嵯峨法皇的旨意是拥立龟山法皇的皇统，而且一国无二君，东宫必须出自同一皇统。幕府上奏表示，皇储之事已有定论，幕府支持后宇多上皇执掌院政，无意更换治世之君。

二、富仁亲王成为后伏见上皇的义子

正安三年（1301年）八月十日，幕府使者进京。正安三年八月十五日，伏见上皇的第四皇子富仁被封为亲王。正安三年八月二十四日，五岁的富仁亲王被立为皇太子。龟山法皇奉上壶切御剑。左大臣九条师教成为东宫傅。由于后伏见上皇尚无子嗣，便将富仁亲王认作义子，这也是当时缙绅家庭的普遍做法。下文是伏见上皇写给后伏见上皇的亲笔书信：

此次立储，可将富仁认作义子，如此才可达成所愿。两统并存，轮流执政，这并非关东的真正意图。然而，皇子尚未出世，无人可继承皇统。将富仁认作义子，可暂时保住皇统。皇子出生以后，便可以嫡孙的身份帮助我等永续皇统。如果皇太子与嫡孙争夺皇位，实为不义不孝之人。皇太子已立，治世之日也即将到来。此事绝非私事，而是国之要事，一定要将富仁认作义子。

（伏见上皇）印章

正安三年九月一日

可见，两统分立并非幕府本意。伏见上皇表示，他日等皇子出生便可继承大统。如果皇太子富仁亲王与未来的皇子争夺皇位，则是不义不孝之人。对于持明院皇统的朝臣而言，皇储已立，治世之日也不再遥远，此事值得庆贺。

三、幕府上奏、龟山法皇的谕旨

正安三年（1301年）十一月二十三日，幕府使者二阶堂行藤进京。正安三年十一月二十四日，二阶堂行藤依照惯例拜访西园寺实兼，请求西园寺实兼向龟山法皇上奏。随后，西园寺实兼拜见龟山法皇，将幕府的奏折和两封文书上呈龟山法皇。幕府在一封文书中表示，朝廷必须遵循惯例，由两统轮流执政，但龟山法皇可以自行决定天皇让位的时间。在另外一封文书中，幕府请求由朝廷裁决杂诉的相关事宜，希望朝廷不要依赖武家的势力。龟山法皇认为幕府已经认识到先前立储之事过于轻率，将此事看作天下之大幸。然而，幕府仍然主张两统分立。为此，龟山法皇派遣御使前往关东，将亲笔书信和奉书送至幕府。根据《吉续记》正安三年十二月二日的记录，奉书和书信的内容大致如下：

御奉书

朝廷已经知晓幕府之意。由于两统派遣御使相继东下，立储之事略显轻率。朝廷表示理解。

御书信

立储之事过于突然，有些臣子心生歹念。两统分立并非长久之计，应该遵循后嵯峨法皇的遗诏。

第3节 室町院领地之争

一、室町院的众多领地

正安二年（1300年）五月，室町院薨逝。室町院是后堀河天皇的长女，她继承了后高仓院的长女式乾门院的众多领地。弘安六年（1283年），安嘉门院薨逝之时，龟山法皇曾经与室町院争夺领地。毫无疑问，室町院薨逝也会直接引发两统的争端。

二、两院之争

宝治元年（1247年）正月，式乾门院成为宗尊亲王的义女。根据建长元年（1249年）的让渡书，式乾门院将后高仓院遗留的领地赠予室町院。让渡书中还写到，室町院薨逝以后，这些领地由宗尊亲王接管。正安三年（1301年），朝廷就室町院领地的分配问题展开讨论，将室町院的领地划归宗尊亲王。正安四年（1302年），伏见上皇派遣御使前往镰仓，向幕府表明建长元年的让渡书在建长二年（1250年）已经作废，式乾门院的领地应该永远归属室町院。幕府再次进行评议，最终决定遵循建长二年的让渡书的做法，将室町院的遗留领地平均分配给龟山法皇和伏见上皇。这种分配方法得到了龟山法皇和伏见上皇的认可。此后，两统之间的领地之争不断发生，世人熟知的长讲堂领地之争正是其中一例。

第4节 两统的情谊

两统之间暗流涌动，但在表面上一片和谐，实在是天下奇观。乾元元年（1302年），朝廷为后嵯峨法皇举办御八讲法会。在法会的最后一日，即乾元元年二月十七日，后深草法皇、龟山法皇、后宇多上皇、伏见上皇和后伏见上皇同时驾临法会现场，受到众位朝臣的朝拜，此情景举世罕见[①]。不久，两位法皇和三位上皇在龟山殿一起蹴鞠。根据《实躬卿记》的记载，后伏见上皇曾经跟随龟山法皇学习蹴鞠之道，以弟子的身份在龟山殿一试身手。当天，后深草法皇、龟山法皇、后宇多上皇、伏见上皇和后伏见上皇在蹴鞠之后还共同赴宴，龟山法皇现场朗诵诗歌，三位上皇以笛子和琵琶合奏，直至深夜才返回各自的宫殿。《实躬卿记》中曾经写道："今日之事前所未有，实在罕见。"笔者推测，这应该是后深草法皇的旨意。后来，后深草法皇、龟山法皇、后宇多上皇、伏见上皇和后伏见上皇同时驾临西园寺实兼的北山宅邸。后深草法皇甚至夜宿万里小路殿，与龟山法皇彻夜饮酒交谈。

第5节 任免卿相

一、两统朝臣的进退

两统分立以后，忠诚侍主的众位朝臣也开始各立旗帜，背道而驰。侍奉两统的近臣更是如此。随着治世之君的不断更换，院厅的执权也共同进退。先前，幕府上奏请求后伏见天皇让位之时，前任内大臣土御门定实是皇太子邦治亲王的近臣。后二条天皇登基以后，正安三年（1301年）六月，土御门定实就被任命为太政大臣。德治元年（1306年）三月，土御门定实去世。《实躬卿记》中这样写道："一朝遗老却可在当世执政，令人惊叹。"正安三年十月，伏见上皇的院司权中纳言日野俊光辞去官职，龟山法皇的执权前任中纳言吉田经长再次就任中纳言。

二、龟山法皇与吉田经长

这些朝臣忠心侍主，日夜操劳，大多是为了加官晋爵。然而，很多人终未如愿，哀怨不已。吉田经长劳苦功高，屡次以御使的身份传达龟山法皇的旨意，龟山法皇曾经许他权大纳言之位。当时，权大纳言的职位空缺，他曾经请

[①] 出自《实躬卿记》。——原注

求关白二条兼基为他美言。吉田经长在《吉续记》正安三年（1301年）十二月九日的记录中叙述了此事：

> 就任权大纳言乃臣之夙愿，龟山法皇曾经许诺于臣，天皇不可有戏言。此前，臣奉龟山法皇之命前往镰仓，将龟山法皇的旨意告之幕府。如今，幕府使者二阶堂行藤进京，就先前之事做出答复，希望由龟山法皇决定天皇让位的时间。臣自知愚钝，不争功名，只希望臣在关东的表现能帮助微臣达成所愿。臣在幕府轻松应答，应对自如，已将详细情形上报朝廷。二条兼基也为臣美言，希望朝廷将臣任命为权大纳言。臣喜出望外，同时深感惶恐。臣东下镰仓之时，曾经诚心祈祷，如今若能如愿以偿，定是神佛显灵，祖先庇佑。

然而，乾元元年（1302年）十一月，吉田经长陪同龟山法皇出行，因为未曾下车侍奉，龟山法皇责怪他行为失礼，命令他暂时停止公务。乾元元年十一月，朝廷举办任免大臣的仪式。吉田经长本来即将达成所愿，却因为偶然的小事而受到挫折，为此他深感痛心。吉田经长侍奉龟山法皇四十余年，只因为晚年的小小过失就自毁前程，而龟山法皇也丝毫不念旧情。吉田经长认为龟山法皇被身边的奸佞之臣蒙蔽，为此悲叹不已。吉田经长在书中这样描述了中纳言花山院家雅：

> 权大纳言之职空缺两人，若愚臣填补其中之一，另一空缺很可能是花山院家雅。此前，院厅任命正亲町实明为权大纳言，曾经许诺下次将任命愚臣就任此职。如今，愚臣受到龟山法皇的责罚，朝廷很可能任命花山院家雅为权大纳言。花山院家雅非贤非才，非正嫡子嗣，也从未侍奉过当今天皇。他是后伏见上皇的乳父，曾经侍奉后深草法皇。正安三年（1301年），后宇多上皇执掌院政，后深草法皇认为臣子不可追随二主，要求花山院家雅隐居六年。不久，花

山院家雅再次入朝为官。近日，花山院家雅接近龟山法皇，极尽阿谀奉承之能事。世人对他百般指责。任官叙位乃朝中大事，官员任免必须有理有据。如果朝中官员为加官晋爵而曲意逢迎，有违任官之道，也违背了幕府的宗旨。朝廷此举实在是思虑不周，臣定会向龟山法皇谏言。

乾元元年（1302年）十一月，花山院家雅先于吉田经长就任权大纳言。乾元元年十二月，吉田经长恢复职务，他请求朝廷罢免花山院家雅，由他代任权大纳言。嘉元元年（1303）正月，吉田经长终于实现夙愿，就任权大纳言。嘉元元年十月，吉田经长辞去权大纳言和院执权的官职。嘉元元年十一月，吉田经长出家。吉田经长之子吉田定房被任命为院传奏，受到朝廷的重用。

三、君臣不和对皇统的不良影响

这些事情难免使君臣之间产生隔阂。有些朝臣为此改变阵营，也有些朝臣为了达到目的转而攀附幕府，给皇统带来了极其恶劣的影响。为了延续皇统，两统都希望君臣和睦，龟山法皇和伏见上皇也曾多次祈祷。君臣不和使两统的争斗更加错综复杂。

第6节 编撰和歌集

持明院统对京极为兼十分信赖，二条为世则逐渐倾向于龟山法皇。正安三年（1301年）十月，后宇多上皇命令二条为世编撰和歌集，二条为世得意扬扬。乾元元年八月，二条为世拜谒春日神社，与若宫神主祐春亲切交谈，恐怕是为了祈祷编撰和歌集能顺利完成。嘉元元年十二月，二条为世将和歌集上呈朝廷，这就是《新后撰和歌集》。这本和歌集的编撰范围是天仁元年（1108年）至正安三年，由于收录了住吉神社神主的多首和歌，也被称为《津守集》[①]。

[①] 出自《井蛙抄》。——原注

第 89 章

海防与内讧

第1节 更换执权、连署和六波罗殿

一、北条贞时在出家后仍然管理政务

正安三年（1301年）八月，北条贞时被罢免官职，北条师时代任执权。北条师时是北条时赖之孙、北条宗政之子，也是北条时宗的养子、北条贞时的女婿。随后，北条宣时也被罢免官职，北条政村之子北条时村代任连署。不久，三十岁的北条贞时出家，法号崇晓，后改为崇演。出家以后，北条贞时仍然管理幕府的政事。正安三年九月四日，北条宣时出家，法号忍照。

二、更换六波罗殿

正安二年（1300年）十一月，六波罗北殿北条宗方返回镰仓。正安三年，北条时兼之子北条基时就任六波罗北殿。乾元元年（1302年）正月，六波罗南殿大佛宗宣返回镰仓。乾元元年七月，金泽显时之子金泽贞显率领千名骑兵进京，就任六波罗南殿。龟山法皇秘密前往粟田口观看。嘉元元年（1303年）七月，六波罗北殿北条基时返回镰仓。嘉元元年十二月，北条时范就任六波罗北殿。北条时范是北条宣时之孙、北条时茂之子。德治二年（1307年）八月，北条时范死于六波罗府。

第2节 加强镇西守卫

对于边境守卫，幕府从未有过丝毫松懈。正安二年（1300年），幕府向镇西守护下达命令，要求当地的御家人修缮破损的石坝，根据各自的领地面积准备武器①。笔者推测，幕府或许是得到了新的情报。正安二年六月，幕府在镇西诸国任命检断，要求他们辅佐守护执行公务②。正安二年七月，幕府派遣大藏惠广和依田行盛前往镇西向北条实政传达命令。幕府表示，如果外国使节抵达日本，应该遵循往年惯例，选择合适的地点妥善应对。

正安三年（1301年）十一月，北条实政之子北条政显奉幕府之命西下，代替父亲接管镇西事务。乾元元年（1302年）十二月，北条实政去世，享年五十四岁。

第3节 萨摩国的边警

一、萨摩国甑岛出现异国船

正安三年十一月二十一日，一艘异国战舰出现在萨摩国甑岛，据说海上有二百艘战舰仍在航行。由于海上波涛汹涌，战舰无所遁形。镇西即刻派遣急使向幕府上报。正安三年十二月，幕府通过西园寺实兼向朝廷上奏。朝臣惊恐万状，朝廷即刻召开公卿会议。

二、异国船并非来自高丽或元朝

异国船的国籍并不明确，《元史》和《高丽史》中也没有相关记载。由此推测，异国船应该并非来自高丽或元朝。当时，高丽受到日本的袭击，国内忙于修建防御设施，形势危急，根本无暇派遣战舰出国。乾元元年十二月，元朝打算合并征东行省和辽阳行省，将官府搬至东京。听闻此事，高丽国王向元朝上奏表明东京地势不利，为了专心应对日本，高丽国王请求元朝遵循旧制。

---

① 出自《萨藩旧记垂水远矢文书》中收录的正安二年六月二十一日代理守护藤原范政的报告书。——原注
② 出自《萨藩旧记垂水远矢文书》中收录的正安二年六月二十四日的幕府御教书。——原注

元朝也放弃了入侵日本的计划。德治元年（1306年）四月，日本商人抵达庆元，向元朝献上金盔甲，请求与元朝通商。元朝大惊失色，命令江浙行省平章事阿老瓦丁等人加强戒备。狼狈之状，可以想见。元朝的两次东征均以失败告终，恐怕不会轻易出兵。

第4节 祈祷与戒备

异国船的消息传到幕府，幕府众臣惊恐万分。他们即刻命人修法祈祷，向大隅正八幡宫等其他重要社寺进献领地，以求降伏异国，国泰民安。嘉元二年（1304年）十二月，幕府命令北条政显防御异国。嘉元三年（1305年）十一月，幕府命令北条政显严格管理异贼警固番（也称异贼防卫结番）。直至末期，幕府也从未放松对异国的警惕，西国的御家人与非御家人疲于奔命。

第5节 诛戮北条时村和北条宗方

嘉元三年四月，侍所所司北条宗方攻击连署北条时村并将其杀害。不久，幕府查明真相，得知北条时村并无罪过。嘉元三年五月，幕府斩杀攻击北条时村的十位武士。随后，幕府派遣大佛宗宣讨伐北条宗方。北条宗方被杀，其同族和随从也全部伏诛。嘉元三年七月，大佛宗宣就任连署。

第90章

后深草法皇与龟山法皇驾崩

第1节 后深草法皇驾崩

一、后深草法皇患病

乾元元年（1302年），后深草法皇年满六十。乾元元年十二月，游义门院在伏见殿为《药师经》举办供养仪式，龟山法皇、后宇多上皇和伏见上皇亲临现场。嘉元二年（1304年）正月，后深草法皇的中宫西园寺公子薨逝，后深草法皇哀伤过度。嘉元二年六月，后深草法皇罹患疟疾，病情逐日加剧，龟山法皇也前往富小路殿探望。

二、领地的分配

嘉元二年七月八日，后深草法皇将长讲堂领地、播磨国、法金刚院领地、富小路殿、伏见殿、土御门殿、有栖川亭等其他领地全部交由伏见上皇处置。其中长讲堂领地最重要，后深草法皇在分配书中也写道："长讲堂领地为第一要事，务必亲自管理。"后深草法皇要求伏见上皇亲自管理长讲堂领地和播磨国，将法金刚院领地分给后伏见上皇。

嘉元二年七月十六日，后深草法皇驾崩。朝廷遵循后深草法皇的遗诏，将尊号封为后深草院。不久，后深草法皇下葬。龟山法皇亲临富小路殿，与伏见上皇和后伏见上皇共同参加吊唁。

第2节 龟山法皇驾崩

一、龟山法皇死于耳疾

嘉元三年（1305年）四月，龟山法皇罹患耳疾。后宇多上皇自不必说，伏见上皇和后伏见上皇也经常前去探望。嘉元三年七月二十日，伏见上皇和后伏见上皇在龟山法皇的宅邸相遇，据说两位上皇都是满脸愁容，后伏见上皇尤其哀伤。朝廷命人进行了各种修法祈祷仪式，却并未奏效。嘉元三年九月一五日，龟山法皇驾崩，葬于净金刚院，享年五十七岁。朝廷遵循龟山法皇的遗诏，将他的尊号定为龟山院。

二、龟山法皇对昭训门院的宠爱

龟山法皇有多位爱妃，也有多位皇子皇女，历代天皇都难以企及。正安三年（1301年），昭训门院（西园寺瑛子）嫁与龟山法皇，受到龟山法皇的特别恩宠。昭训门院是西园寺实兼的次女，入宫之时二十九岁。嘉元元年（1303年），昭训门院生下皇子，此后更是集万千宠爱于一身。龟山法皇为皇子举办了盛大的产养①仪式，不久便将其封为亲王，他就是恒明亲王。龟山法皇的头七忌日，昭训门院便落发出家。《增镜》中描述了当时的情形：

> 刚出家之时，龟山法皇日日按时诵经拜佛，连女官都全部屏退。后来，龟山法皇却比出家之前更加放纵。永福门院西园寺鏱子的胞妹早已不是妙龄少女，在进入龟山法皇的宫中以后却越发年轻，不久便被封为昭训门院。嘉元元年，昭训门院的皇子恒明亲王出生，受到龟山法皇的万般宠爱。如今，皇子再也享受不到龟山法皇的宠爱，世人深感痛惜。

---

① 产养，婴儿出生后的第一夜及第三、五、七、九天，接受亲戚和邻居慰问时举办的庆祝仪式。在平安时代贵族间尤其盛行。

三、对尊治亲王的宠爱转移到恒明亲王身上

此前,龟山法皇非常喜爱后宇多上皇的第二皇子尊治。乾元元年(1302年)六月,尊治皇子被封为亲王。嘉元元年(1303年)十二月,尊治亲王在万里小路殿加冠。嘉元二年(1304年)三月,尊治亲王就任太宰帅①。恒明亲王出生以后,龟山法皇独宠恒明亲王,希望后宇多上皇扶持恒明亲王成为未来的皇储。后宇多上皇难以拒绝,亲笔写下书信回复龟山法皇:

> 世仁定当尽心养育恒明亲王,使他成为才德兼备之人,超越其他女院的众位皇子。恒明亲王立储之事,世仁一定谨遵法皇之命,将法皇的旨意告知幕府,请龟山法皇放心。此时方能彰显世仁的一片孝心。惶恐谨言。
>
> 世仁
>
> 嘉元三年(1305年)七月二十八日

第3节 龟山法皇的领地分配

一、龟山法皇的领地分配书

嘉元三年(1305年)七月,龟山法皇亲自分配了遗留领地,将分配书交给前任右大臣西园寺公衡。嘉元三年七月二十三日,西园寺公衡将分配书上呈给后二条天皇、后宇多上皇、后伏见上皇、昭庆门院②、昭训门院、恒明亲王、西殿准后③等人。分配书的全文收录于西园寺公衡的手记《龟山院御凶事记》中。

---

① 德治二年(1307年),尊治亲王兼任中务卿。——原注
② 龟山法皇的第二皇女,即憙子内亲王。根据《增镜》的记载,昭庆门院备受宠爱,获得的领地也极其丰富。——原注
③ 参议五辻忠继之女五辻忠子,嫁与后宇多上皇,是尊治亲王的生母。后来在宫中享受三宫的待遇,被封为谈天门院。——原注

二、恒明亲王受到厚待

根据分配书的内容，"恒明亲王只是三岁小儿，令人挂心。尔等一片孝心，愚僧无须多说"，龟山法皇厚待恒明亲王，并留下了御笔书信：

五旬过后①，必须将领地分配之事提上日程。周朝先祖周太王宠爱三子季历。长子泰伯知道父亲心思后，三次逃避王位继承。

印章
嘉元三年（1305年）七月二十六日

文永年间，后嵯峨法皇驾崩，将主要领地皆赠予愚僧。后深草法皇为愚僧之兄长，他重视孝道，服从分配。有此先例，尔等更应遵循遗诏。若有反抗之举，可耻可悲。

很多学者由此推测龟山法皇的意图，却始终未得真意。笔者认为，龟山法皇厚待恒明亲王，又顾虑到后宇多上皇的心情，他借用中国的典故，希望后宇多上皇秉持孝道，遵从遗诏的分配。此外，龟山法皇在写给后伏见上皇的分配书中提到了播磨国多可庄等四个庄园和一个牧场，分配书中写道："将上述庄园赠予尔，数量不多，无须顾虑。"这里的描述也值得注目。

第4节 领地分配引起的波澜

一、龟山法皇与西园寺公衡

西园寺公衡深受后深草法皇的信赖，在后深草法皇驾崩以后，院厅任命西园寺公衡安排火葬事宜。后来，西园寺公衡将胞妹昭训门院嫁与龟山法皇，所以他也受到了龟山法皇的信任。在幕府的举荐下，西园寺公衡代替父亲西园寺实兼就任关东申次（关东执权），在公家与武家之间发挥着举足轻重的作

---

① 后来改成"驾崩以后，应该立即处理领地之事"。——原注

用。后深草法皇在遗诏中将西园寺公衡列为处理丧葬事宜的第一人，赐予他白色丧服，但西园寺公衡因有事谢绝参加。为了感谢西园寺公衡多年的付出，龟山法皇同样赐予他白色丧服，还将远江国滨松庄赐予西园寺公衡。不仅如此，在写给昭训门院的遗诏中，龟山法皇还告诫昭训门院必须事事咨询西园寺公衡的意见。

二、后宇多上皇与西园寺公衡

嘉元三年（1305年）十月，朝廷为龟山法皇举办佛事，昭训门院邀请权大僧都宪基说法。西园寺公衡列席参加，还写下文章抒发感慨：

> 举办法事并非罕事，此次却并不寻常。中国和本朝都曾有过先例，如果亲王年幼丧父，亲王必然大有作为。宽弘八年（1011年），一条天皇驾崩，当时后朱雀天皇也只有三岁。后来，后朱雀天皇即位，成为以文治国的明君，令人叹服。

由此看来，为了报答龟山法皇，即使没有后宇多上皇的院旨，西园寺公衡也会拥立恒明亲王。嘉元三年十一月，权中纳言六条有房（1251—1319）以院使的身份前往镰仓。嘉元三年闰十二月，院厅命令西园寺公衡隐居家中，取消他对领地伊豆国、伊予国的管理，以及在御厩、鸟羽院及左马寮的职务。据说，这是出于幕府的授意。德治元年（1306年）二月，幕府再次上奏，西园寺公衡恢复职务。

三、龟山法皇一统的暗斗

当时，后二条天皇没有皇子，所以龟山法皇希望将恒明亲王立为未来的皇储。然而，正安二年（1300年），后二条天皇的皇子邦良亲王出生。同时，后宇多上皇对尊治亲王寄予厚望，在龟山法皇驾崩以后，后宇多上皇并未履行先前的诺言。德治元年四月，权中纳言、评定众吉田定房奉后宇多上皇的旨意前往镰仓①。德治元年五月，前任权中纳言藤原赖藤奉昭训门院的旨意赶赴镰仓，不久，藤原赖藤因父亲去世返回京都。德治元年七月，藤原赖藤再次前往镰仓。藤原赖藤此行的主要目的是向幕府说明龟山法皇的旨意，希望幕府拥立恒明亲王。德治二年（1307年）正月，幕府使者两次进京，目的不为人知。

四、持明院统的活动，京极为兼的操控

持明院统的朝臣也在积极奔走。德治二年二月，前任权中纳言平经亲赶赴镰仓，向幕府专达伏见上皇的旨意。持明院统的突然行动恐怕与伏见上皇的宠臣京极为兼有很大关系。嘉元元年（1303年）闰四月，京极为兼被幕府赦免罪行，他从佐渡国回到京都，仍然受到伏见上皇的宠信。作为伏见上皇的第一宠臣，他一定会为持明院统出谋划策，力挽狂澜。

五、伏见上皇与昭训门院的来往

当时，伏见上皇与昭训门院突然开始来往，难免令人心生疑虑。此前，藤原赖藤奉昭训门院之命再次前往镰仓，他身穿伏见上皇钦赐的吉服踏上旅途。为了给龟山法皇祈求冥福，昭训门院在室町殿举办佛祖和佛经的供养仪式，伏见上皇与后伏见上皇亲自到场，京极为兼也陪同参加，但后二条天皇与后宇多上皇并未现身。笔者推测，因为恒明亲王立储之事，昭训门院与后宇多上皇心生嫌隙，京极为兼乘虚而入，他借机讨取昭训门院的欢心，中伤后宇多上皇一派，企图获得渔翁之利。

---

① 德治元年四月，吉田定房请求辞去检非违使别当的职务。德治元年六月，吉田定房被任命为院执权。德治元年十月，吉田定房的辞职书被驳回。——原注

第91章

后宇多上皇出家与更换征夷大将军

第1节 后宇多上皇出家

德治二年（1307年），京畿诸国流行麻疹，死者不计其数，后宇多上皇的宠妾游义门院也未能幸免于难。德治二年七月二十四日，游义门院薨逝，后宇多上皇悲痛万分。德治二年七月二十六日，游义门院下葬，四十一岁的后宇多上皇在龟山殿的寿量院出家，法号空理，僧正禅助担任戒师。不久，后宇多法皇接受灌顶，将法号改为金刚性。之后，后宇多法皇在嵯峨的大觉寺修建佛堂并定居于此。此后，后宇多法皇被称为大觉寺殿，伏见上皇被称为持明院殿，两支皇统分别被称为大觉寺统和持明院统。

第2节 更换征夷大将军

延庆元年（1308年）七月，幕府派遣安达时显进京，请求将久明亲王送返京都。不久，久明亲王从镰仓启程。延庆元年八月，久明亲王抵达京都，居住于二条富小路殿。幕府上奏请求由久明亲王之子守邦就任征夷大将军。随后，朝廷举办任免仪式，任命八岁的守邦为征夷大将军。不久，朝廷为守邦举办元服仪式，册封他为亲王。守邦亲王的生母是惟康亲王之女。幕府更换征夷大将军的动机无人得知。

第92章

后二条天皇驾崩

第1节 花园天皇践祚

一、后二条天皇的处境

延庆元年（1308年）八月，后二条天皇身体不适，朝廷命人修法祈祷，向神社进献奉币，却都未能奏效。延庆元年八月二十五日，后二条天皇在二条高仓殿驾崩，享年二十四岁。随后，后二条天皇葬于北白河殿。作为后宇多法皇的第一皇子，后二条天皇虽然登上了皇位，却并未获得龟山法皇和后宇多法皇的宠爱。据说后二条天皇曾经写下这样一首和歌：

> 徒有身世空悲凉，
> 借歌抒怀无人知。

二、伏见上皇掌管院政

延庆元年八月二十六日，皇太子富仁亲王离开持明院殿。当天，十二岁的富仁亲王在土御门殿践祚，这就是花园天皇。

嘉元三年（1305年）四月，关白二条兼基上奏请辞，左大臣九条师教代任关白。富仁亲王即位以后，九条师教由关白改任摄政。后二条天皇驾崩以后，大觉寺统和持明院统各自派遣御使前往镰仓。延庆元年九月，幕府使者进京。此后，伏见上皇在持明院殿掌管院政。延庆元年（1308年）十一月十六日，朝廷在太政官厅举办登基大典。

第2节 尊治亲王被立为皇太子

一、后宇多法皇的夙愿

延庆元年九月十四日，听闻幕府使者将立储之事上奏朝廷，后宇多法皇命人在万里小路殿修行五坛法。延庆元年九月十九日，后宇多法皇的第二皇子尊治亲王被立为皇太子，左大臣鹰司冬平就任东宫傅。当时，尊治亲王二十一岁，比花园天皇年长九岁。朝中也有人提议将后二条天皇的第一皇子邦良亲王立为皇储，由于邦良亲王只有九岁，身体羸弱，朝廷遵从后宇多法皇的旨意，将尊治亲王立为皇储，待尊治亲王即位之后可以将邦良亲王认作义子，由邦良亲王继承皇统。如果邦良亲王薨逝，则由尊治亲王的子孙世代继承皇位。

二、更换摄政和关白

延庆元年十一月，九条师教被罢免官职，左大臣鹰司冬平就任摄政。延庆元年十二月，前任关白鹰司基忠就任内览。延庆四年（1311年），疫病蔓延，死者无数。当时，田乐①在民间风靡一时，世人也将疫病称为田乐病。延庆四年（1311年）四月，朝廷改元为应长。同年，鹰司冬平由摄政改任关白。正和二年（1313年）七月，鹰司冬平之父鹰司基忠去世，正逢春日神社的神木离座，鹰司冬平借机辞职，左大臣近卫家平就任关白。后来，鹰司冬平上奏请求官复原职。正和四年（1315年）六月，朝廷通过西园寺公衡咨询幕府的意见。正和四年九月，近卫家平辞去官职，鹰司冬平再次就任关白。正和五年（1316年）八月，鹰司冬平被罢免官职，二条道平就任关白。

---

① 田乐，由插秧时的伴奏乐发展而来的舞乐。

第3节 延历寺与东寺的争执

一、益信被追封大师及延历寺的反抗

后宇多法皇在出家以后皈依密教。延庆元年（1308年）正月，前任大僧正禅助为后宇多法皇传法灌顶。为了奖励东寺，延庆元年二月，朝廷将已故僧正益信封为大僧正，赐予他本觉大师的谥号。此事无端招致延历寺僧徒的不满，延历寺僧徒上奏抗议。延庆元年十月，朝廷取消益信的大师封号。

此后，东寺取消灌顶，东寺、仁和寺、醍醐寺和东大寺等寺院的僧人结成同盟，拒绝朝廷的法会邀请。延庆二年（1309年）二月，东大寺僧徒拥抬八幡宫的神舆进京示威。延庆二年七月，朝廷恢复益信的大师封号。延庆二年九月，神舆归座。延历寺僧徒却开始愤愤不平。延庆二年七月，延历寺僧徒拥抬日吉大社的神舆进京示威，却未能达到目的[①]。

二、社寺的示威行动

延历寺、兴福寺、东大寺等大寺院自不用说，石清水八幡宫和多武峰等寺院也屡次进京示威，这种情形一直持续到镰仓时代末期。正和三年（1314年），多武峰僧徒与兴福寺僧徒发生争斗，幕府派人逮捕兴福寺的首领，兴福寺对幕府的处理极其不满。正和三年三月，兴福寺僧徒拥抬神木进京。正和三年七月，为了管理当地的僧徒，幕府在大和国任命地头。正和三年五月，日吉大社神官与六波罗武士在新日吉社发生争斗，双方互有死伤。延历寺僧徒攻击六波罗北殿金泽贞显的消息传到京都，朝堂上下一片哗然。正和三年六月，幕府通过西园寺公衡请求朝廷罢免天台座主公什并没收其领地，要求三家门迹逮捕日吉神官的首领。

---

① 延庆三年（1310年）十一月，神舆归座。——原注

第93章

更换执权与六波罗殿

第1节 更换执权

一、北条贞时去世

应长元年（1311年）九月，执权北条师时去世。应长元年十月，大佛宗宣由连署改任执权，北条为时之子北条熙时就任连署。

应长元年十月，北条贞时去世。根据《太平记》的记载，北条贞时仿效祖父北条时赖的做法，游历诸国，体察民情，恢复内大臣久我通光的家族的领家身份。只是这些记录根本不可信。

二、北条高时就任执权

正和元年（1312年）五月，大佛宗宣出家。正和元年六月，北条熙时代任执权，连署之职暂时空缺。正和四年（1315年）七月，北条熙时出家，不久去世。正和四年七月，北条基时就任执权，金泽贞显就任连署。北条基时是北条业时之孙、北条时兼之子。正和五年（1316年）七月，北条基时辞去执权一职。正和五年十一月，北条基时出家。正和五年七月，北条贞时之子北条高时就任执权。作为北条氏的嫡系子孙，北条高时是就任幕府执权的最后一人。

第2节 更换六波罗殿

延庆元年（1308年）十一月，大佛宣时之子大佛贞茂进京就任六波罗北殿。不久，六波罗南殿金泽贞显从京都返回镰仓。延庆二年（1309年）十二月，大佛贞茂在六波罗府去世。延庆三年（1310年）六月，金泽贞显再次进京就任六波罗北殿。不久，北条政村之孙、北条政长之子北条时敦就任六波罗南殿。正和三年（1314年）十二月，金泽贞显返回镰仓，北条时敦独自掌管六波罗府。正和四年（1315年）六月，北条时敦改任六波罗北殿。正和四年九月，大佛宗宣之子大佛维贞就任六波罗南殿。

第 94 章

京极为兼的势力

第 1 节 编撰《玉叶和歌集》

一、京极为兼与和歌集

先前,京极为兼因降职,未能编撰和歌集,被二条为世捷足先登,他为此悔恨不已,伏见上皇也深感遗憾。因为二条为世的歌风与京极为兼截然不同,应长元年(1311年)七月①,伏见上皇命令京极为兼编撰和歌集。京极为兼大喜过望,他遵循自己的主张,将自《万叶集》以来未选入十三代集②的作品列入选择范围。正和元年(1312年),京极为兼将和歌集上呈伏见上皇,这就是《玉叶和歌集》。从伏见上皇下旨到和歌集成书不过十个月。根据《增镜》的记载,"大纳言京极为兼……深受伏见上皇的宠爱,被伏见上皇选为《玉叶和歌集》的编撰者。京极为兼受到多位朝臣的嫉妒,他在编撰和歌集之时肯定也遇到了各种困难"。由此看来,为了提防事情生变,京极为兼在最短的时间内完成了编撰。在和歌集未成书之前,京极为兼进行了多次修订③。根据《历代和歌敕撰考》的记载,京极为兼"遵从伏见上皇之意进行编撰"。伏

---

① 也有人认为是应长元年十月。——原注
② 十三代集,指《古今和歌集》《后撰和歌集》《拾遗和歌集》《后拾遗和歌集》《金叶和歌集》《词花和歌集》《千载和歌集》《新古今和歌集》《新敕撰和歌集》《续后撰和歌集》《续古今和歌集》《续拾遗和歌集》和《新后撰和歌集》。
③ 出自《花园天皇宸记》。——原注

见上皇和京极为兼关系亲密，和歌集也许是二人共同编撰而成。《园太历》贞和二年（1346年）十一月九日的记录中提到了《玉叶和歌集》的序：

> 近年来，朝臣编撰和歌集，经常会忽略作序，《玉叶和歌集》也没有序。然而，编者可通过序将歌集的风格和编撰详情告知读者，传给后人。正和年间的撰者京极为兼学识较浅，伏见上皇又对他如此宠爱，二人都忽略了作序一事。此事成为千古遗恨。

《玉叶和歌集》的歌风受到部分歌人的指责，花园天皇后来命人编撰的《风雅和歌集》也同样如此。此后，二条为世与京极为兼的矛盾逐渐加深，两个门派的弟子也互相仇视。

二、京极为兼与京极为子

京极为兼在院中的地位无人能及。延庆三年（1310年）十二月，京极为兼就任权大纳言。应长元年（1311年）正月，花园天皇元服，京极为兼居于上座。京极为兼之姐京极为子是花园天皇的乳母，在官中的势力不容小觑。京极为子擅长和歌，每逢官中举办和歌会，她都担任判官。

第2节　伏见上皇对领地的分配

一、伏见上皇的领地分配书

正和元年（1312年）十二月，伏见上皇分配了自己的领地，将让渡书赠予后伏见上皇。根据让渡书的内容，长讲堂领地和播磨国等重要的领地、文书和记录全都由后伏见上皇接管，将来再由后伏见上皇赠予花园天皇。根据先前的幕府决议，室町院的领地由两统平均分配，但伏见上皇认为大觉寺统没有继承资格，他希望后伏见上皇向幕府提出申请，由持明院统继承室町院的所有领地。

二、京极为兼受到厚待

根据伏见上皇的分配,京极为兼的领地由子孙世代继承,这足以看出伏见上皇对京极为兼的信任。笔者将这段内容放在下文:

> 京极为兼管理的领地不可轻易改动。京极为兼是后伏见上皇与花园天皇的乳父,多年来忠心侍主,只要其子孙继续奉公,便可世代继承领地,任何人不得违反。有功之臣必须受到厚待。为了给死后积攒功德,余将越前国和田庄赠予京极为兼,在让渡书中附有明细。

第3节 量仁亲王出生

正和二年(1313年)七月九日,后伏见上皇的第三皇子量仁出生。量仁之母是广义门院西园寺宁子。伏见上皇曾经与后伏见上皇达成约定,在后伏见上皇生下皇子之后,必须由后伏见上皇的皇子继承皇统。两位上皇的喜悦之情自不用说,外戚西园寺一家也是兴奋不已。正和二年八月十七日,皇子量仁被封为亲王。今出川兼季就任敕别当。

第4节 伏见上皇出家

正和二年二月,伏见上皇派平经亲前往镰仓,就出家之事征求幕府的意见。正和二年三月,幕府做出回复,由于广义门院西园寺宁子即将生产,幕府建议伏见上皇延期出家。正和二年十月十四日,伏见上皇将院厅事务全部交给后伏见上皇。正和二年十月十七日,效仿后嵯峨院的佳例,四十九岁的伏见上皇辞去太上天皇的尊号,即日在伏见殿出家,法号素融。前任大僧正公什是伏见上皇的戒师。伏见法皇的宠臣京极为兼也随之出家,法号莲觉,后改为静觉。

第 95 章

京极为兼的末路

第1节 京极为兼与西园寺实兼的冲突

一、量仁亲王的出生给持明院统带来活力

量仁亲王的出生给持明院统带来了新的机会,京极为兼等人绝不会放过如此大好时机。从京极为兼的一贯作风来看,他一定会绞尽脑汁,为伏见法皇出谋划策。

二、京极为兼与恩人西园寺实兼的冲突

京极为兼在政治上和文学上树敌颇多,但由于他深受伏见法皇的信任,这些敌人根本不足为患。然而,他的恩人和保护人西园寺实兼的势力绝对不容小觑。京极为兼在西园寺实兼的庇护之下才达到当时的高度,但他倚仗伏见法皇的恩宠,动辄违背西园寺实兼的命令,逐渐招致西园寺实兼的厌弃。而且京极为兼对西园寺实兼的态度毫不介意,他一心只想报效伏见法皇。正和四年(1315年)四月,为了实现宿愿,京极为兼携门人前往兴福寺,在西南院举办蹴鞠会,并在神前讲解和歌之道。据传,朝中众位卿相和殿上人悉数到场,礼仪规格超过了摄政、关白,甚至可媲美御驾亲临。京极为兼前往兴福寺无非是为了持明院统的昌盛与家族的繁荣,他恃宠而骄,或许有些超出规制之举,但上述传言很可能是反对派故意夸大其词的结果。京极为兼自身的行为给反对派带来了构陷他的充足理由。

第2节 西园寺公衡去世，西园寺实兼就任申次

一、西园寺公衡受到优待

西园寺公衡不仅是关东申次，他的女儿西园寺宁子是花园天皇的义母，所以西园寺公衡也是花园天皇的外祖父。延庆二年（1309年）三月，为了彰显花园天皇对老臣的厚爱，朝廷任命西园寺公衡为左大臣。从当时的朝廷宣旨中，足以看出西园寺公衡的地位声望，笔者将原文放在下方：

> 天皇有旨，亲王、诸王、诸臣、百官和天下公民听令。从一位朝臣西园寺公衡为朕之外祖父，在朝廷尽忠多年，是朝中重臣。西园寺公衡为人谦让，辞去了右大臣的官职。然而，西园寺公衡的功绩不应被后人遗忘。为了彰显君臣之道、孙祖之义，特将西园寺公衡任命为左大臣。
>
> 　　　　　　　　　　　　　　　　　　延庆二年三月十九日

二、西园寺实兼再次就任关东申次

延庆二年六月，西园寺公衡辞去官职。应长元年（1311年）八月，西园寺公衡出家，法名空性，后改为静胜。

正和四年（1315年）九月，西园寺公衡病逝，号竹林院左府，享年五十二岁。西园寺公衡患病期间，为了祈祷他病愈，伏见法皇赦免了罪行较轻的囚犯，在鸭河原修建了八万五千基的石塔，后伏见上皇也命人修行尊胜护摩法。西园寺公衡感激涕零。之后，中纳言西园寺实衡和前任权中纳言大官季衡为父服丧。此后，西园寺实兼再次成为关东申次，斡旋于公家与武家之间。

第3节 京极为兼被流放

一、京极为兼被流放到土佐国

正和四年（1315年）十二月，幕府派人将京极为兼和养子京极忠兼①带至六波罗府。不久，京极忠兼被释放。正和五年（1316年）正月，京极为兼被流放到土佐国。兴福寺别当实聪（二条为氏之子，二条为世之弟）受到牵连被罢免官职。据说，这都是因为西园寺实兼的谗言②。

花园天皇深感惋惜，曾说，"论及歌道，只有京极为兼一人"，"京极为兼精通和歌之道，当世无人能及"③。京极为兼也希望花园天皇在和歌方面能有所造诣，京极为兼在前往佐渡国之前，曾向花园天皇献上九十余种和歌书籍。后来，花园天皇在日记《花园天皇宸记》元德二年（1330年）三月二十四日的记录□抒发了当时的感慨：

> 朕年少之时，对和歌之道不甚了解。近年来，朕忆起京极为兼的教导，学习了内外典藏的精髓，终于得知京极为兼所传之道为和歌正道，但世人并不了解。二条为世是藤原俊成和藤原定家的嫡系子孙，他未能参透此道，却嫉妒京极为兼等人的才华。二条为世自称和歌正道，天下之人大半追随于他，和歌之道也因此逐渐荒废。入道太政大臣西园寺实兼知晓内情，他与京极为兼素有嫌隙，但并未排斥京极为兼的歌道。京极为兼在公家与武家有多位门徒，但他们不辨是非、正邪不分，实在可悲。近年来，朕跟随宗峰上人学习禅宗佛法，拜见心聪法师，听闻天台要义，研读五经，钻研周孔之道，希望能参悟正邪之道。正邪之隔宛如天地之别。

---

① 实际是正亲町实明之子，后来回到正亲町家族，改名为正亲町公荫。——原注
② 《花园天皇宸记》元德二年三月二十四日载。——原注
③ 《花园天皇宸记》正和二年六月四日载。——原注

二、京极为兼被赦免

后来,京极为兼被赦免,从土佐国转移到和泉国。他请求朝廷同意他返回京都,后伏见上皇并未允许。元德四年(1332年)三月,京极为兼在河内国去世[①]。

第4节 伏见法皇与幕府

一、后伏见上皇驾临石清水八幡宫

正和三年(1314年)六月,后伏见上皇突然驾临石清水八幡宫。世人传闻,大觉寺统将动用幕府的力量要求花园天皇让位,后伏见上皇此行是为了祈祷持明院统的皇位稳固。

二、伏见法皇写给幕府的御笔书信

伏见法皇与京极为兼关系亲密,京极为兼的左迁必然会影响到伏见法皇。当时,民间盛传幕府希望朝廷同意花园天皇让位,也有人传言伏见法皇违背幕府之意暗自筹划,伏见法皇不堪其扰。正和五年(1316年)十月,伏见法皇派遣御使前往镰仓,将御笔书信送至幕府,证明自己并无异心。

伏见法皇在信中首先提到让位的传言,因传言与事实不符,伏见法皇深感欣慰。伏见法皇表示,其子孙是皇室正嫡,受到宗庙庇护,但幕府的拥立也发挥着举足轻重的作用,为了回报幕府的好意,伏见法皇命令护持僧为幕府诚心祈祷。伏见法皇在信中着重强调自己绝对没有违抗幕府的念头。根据信中的描述,伏见法皇先前已经向幕府写过类似书信。

有关伏见法皇的民间传闻并不多见。从京极为兼的行为推测,虽然两统分立是幕府的提议,但伏见法皇确实有过推翻该决议的想法。先前,对武家"别有用心"是持明院统威胁幕府的最大武器,如今反而引发了祸端。

---

① 出自《花园天皇宸记》。"河内国"出自《常乐记》。——原注

第 96 章

花园天皇让位

第1节 两统和谈

一、花园天皇的愁绪

龟山法皇驾崩以后，两统的君臣越发疏远。大觉寺统屡次催促幕府同意花园天皇让位，持明院统则努力劝服幕府拖迟此事。两统相继派遣使者前往镰仓，幕府进退两难。当时，花园天皇已经在位十年，皇太子尊治亲王也已年满三十，幕府即将请求花园天皇让位的传言愈演愈烈。花园天皇得知此事，在日记中写下了当时的心情：

> 朕虽不才，却已在位十年，而后伏见上皇与后二条上皇总共在位不足十年。在位年数超过两位上皇，实在过分。然而，皇宫富小路殿已经修缮完毕，迁宫日期也已经确定，若不能亲眼见到修缮后的皇宫，也是一大憾事。富小路殿被烧毁之后，朝廷决定将此处修建为行宫，也是不幸中的幸事。朕才德疏浅，怎能超越龟山法皇的后代？然事已至此，朕不敢有怨言，只能感叹时运不济。幕府支持皇太子即位，这是人心所向，也是上天之意。皇太子尊治亲王比朕年长，具备和汉之才。朕虽然勤学苦练，却始终难得精髓，在位十

年已经是上天庇佑。如今若皇太子即位，朕可以抱怨上天，却不应怪罪旁人。只是朕在宫中生活多年，心中难免不舍。

——《花园天皇宸记》文保元年（1317年）三月三十日载

二、幕府的调解

文保元年（1317年）四月，幕府派遣中原亲鉴向朝廷上奏。幕府表示，不应以凡人的思绪议论天运，希望两统和谈商讨皇太子即位和立储之事。持明院统和大觉寺统的交涉由此开始。然而，两统各执己见，难以达成共识，皇太子即位更是遥遥无期。为了使后宇多法皇安心，幕府派使者向持明院统进言，希望在尊治亲王即位以后，将后二条天皇的第一皇子邦良亲王立为皇太子，将后伏见上皇的第三皇子量仁亲王立为下一任皇太子。显而易见，幕府的提议对持明院统非常不利。这不仅违背了两统分立的宗旨，也与幕府先前的奏请自相矛盾。幕府的威信一落千丈。只是，幕府没有提及花园天皇让位的时间。后宇多法皇通过西园寺实兼多次催促也未能奏效。不久，幕府使者返回镰仓。

第2节　伏见法皇驾崩

一、花园天皇迁居富小路殿

文保元年四月，因为让位时间尚未确定，幕府上奏请求花园天皇迁居富小路殿。征夷大将军守邦亲王因修缮之功叙二品，北条高时以造国司的身份叙正五位下。

文保元年五月，花园天皇命人以二十日为期重新修缮清凉殿，因为伏见法皇突患痢疾，修缮工事延期进行。为了使伏见法皇恢复健康，宫中想尽了各种办法，却都未奏效。文保元年九月三日，伏见法皇在持明院殿驾崩，享年五十三岁。随后，伏见法皇被葬于深草。

二、伏见院流与青莲院流

伏见法皇擅长和歌，精通书法。当时，世尊寺流的书法在民间流行，藤原行能是世尊寺流的代表人物，藤原行房和藤原行尹兄弟也是书法能手。随着与宋朝的交流日益频繁，宋朝的书法风格逐渐传到日本。后宇多法皇和后醍醐天皇深得精髓，二人的书法龙飞凤舞，丰筋多力。伏见法皇却与之相反，他沿袭了平安时代的秀美风格，尤其擅长书写假名。后伏见上皇也传承了这种风格。世人将其称为伏见院流（花园天皇的书法受到了宋朝的影响）。伏见法皇的皇子青莲院尊圆法亲王以平安时代的书法风格为基础，独自开创出跌宕遒丽的风格，由青莲院的门主代代传承，世人将之称为青莲院流。当时，世人争相模仿宋朝的书风，尊圆法亲王曾经这样评论："近年来，宋朝的书法风格似乎缺少神韵。当世的文学人才争相模仿宋朝的书风，在和歌、圣旨和院宣中时常看到不伦不类的书法。"① 由此看来，尊圆法亲王并不欣赏大觉寺统的书风。

受此影响，两统的臣子也呈现出截然不同的书法风格。因为皇位之争，两统在学问、和歌等各个方面都大相径庭，在书法方面也不例外。在政治上，大觉寺统比较积极，持明院统则相对保守。而和歌风格因为受到个人因素的影响，两统偶尔会呈现出相反的倾向，但总体上与政治风格保持一致。

第3节　后醍醐天皇践祚

一、后宇多法皇执掌院政

文保二年（1318年）正月，后宇多法皇通过西园寺实兼催促花园天皇让位，后伏见上皇则希望幕府同意将量仁亲王立为下任皇太子。西园寺实兼表示，有关立储之事，幕府已经上奏朝廷，不应随意改变决议。后伏见上皇向春日神社献纳祈愿文，祈祷量仁亲王能被立为皇储。大觉寺统与幕府的交涉日益频繁，让位、立储和治世等相关事宜终于有了定论。文保二年二月二十六日，花园天皇让位于皇太子尊治亲王，即后醍醐天皇。二条道平仍然就任关白。花园上皇被称为新院，后伏见上皇被称为本院。后宇多法皇执掌院政，从大觉寺

---

① 出自《入木抄》。——原注

殿迁居常盘井殿。文保二年三月九日，邦良亲王被立为皇太子，持明院统的愿望未能达成。文保二年三月二十九日，朝廷举办天皇登基大典。

二、西园寺实兼的斡旋

毫无疑问，西园寺实兼的斡旋给持明院统带来了不利的影响。持明院统也认为西园寺实兼因为一己私利独断专行。西园寺实兼与京极为兼素有嫌隙，而京极为兼备受伏见法皇的宠爱，西园寺实兼曾因此被没收领地。或许因此，西园寺实兼对伏见法皇多有不满，他对持明院统的态度也受到影响。然而，西园寺实兼并不是支持大觉寺统，他只是一心迎合幕府的政策。两统和谈未能达成共识，虽然大觉寺统因为西园寺实兼得到了意外的收获，但这绝不意味着大觉寺统能永远蒙受上天眷顾，更何况未来的皇储已经定为持明院统的量仁亲王。

幕府对皇位的干涉决定了任何一统都不可能长久地占据皇位。为了打破这种政治现状，后醍醐天皇逐渐产生了推翻幕府的念头。

第97章

倒幕计划

第1节 后醍醐天皇亲政

一、幕府支持后宇多法皇的决议

由于后醍醐天皇正值壮年，元亨元年（1321年）十月，后宇多法皇派遣院评定众吉田定房前往镰仓，将希望停止院政、改由后醍醐天皇亲政的想法告知幕府。吉田定房是后醍醐天皇的乳父。伏见法皇驾崩以后，后伏见上皇和花园上皇一直处于失意的境遇。而且持明院统的君臣认为幕府在文保和谈中更加支持大觉寺统。为了挽回颓势，后伏见上皇向石清水八幡宫献纳祈愿文，祈祷朝廷将量仁亲王立为皇储。在吉田定房出发后不久，后伏见上皇和花园上皇也派遣持明院统的重臣日野俊光前往镰仓。然而，幕府已经同意了后宇多法皇的提议，日野俊光无功而返。此后，后宇多法皇将一切事务交给后醍醐天皇，院厅文殿也转移到皇宫的议定所。

二、后醍醐天皇勤奋好学

后醍醐天皇精通和汉文学，他曾经跟随日野俊光之子日野资朝、日野种范之子日野俊基、吉田定房之弟吉田冬方和清原良枝等人学习经书，也曾师从中原章任学习律令。据说，后醍醐上皇曾经邀请玄慧僧都为他讲解朱熹的学说，并因此招致平惟继的指责。当时的朝臣也纷纷效仿，北畠亲房曾经潜心钻研《资治通鉴》[①]。

[①] 出自《花园天皇宸记》和《尺素往来》。——原注

三、改革弊政

后醍醐天皇才智过人，在亲政以后，他开始致力于改革朝政。当时，朝廷的政治流于形式，后醍醐天皇认为朝廷不应该墨守成规，只要有合适的人才，可以不问家境破格提拔。后醍醐天皇希望重新起用记录所改革朝廷的弊政。花园上皇艳羡不已："近日来，政道归于淳朴之风，当今天皇实为明君，归顺的臣子也会越来越多。"①

第2节　更换执权和两位六波罗殿

一、更换执权

当时，幕府已经逐渐走向衰落。嘉历元年（1326年）三月，北条高时出家，号崇鉴。金泽贞显成为新任执权。不久，金泽贞显出家，赤桥守时（1295—1333）就任执权，大佛维贞就任连署。元德二年（1330年）七月，北条茂时就任连署。然而，幕府的实权仍然在北条高时手中。北条高时生性愚钝，内管领长崎高资（后出家，法号圆喜）独掌大权，贿赂公行，幕府的政治一片混乱。当时，幕府盛行奢靡之风，执权的吃穿用度几乎可以与征夷大将军媲美。幕府同时面临着内忧外患的挑战，内部面临御家人的分裂，外部有元朝等各国虎视眈眈。元亨二年（1322年），安藤氏造反直接引起了虾夷的叛乱。在内忧外患的多重压力下，幕府的威信一落千丈②。

二、更换六波罗殿

元亨元年（1321年）十一月，幕府任命北条时范之子北条范贞为六波罗北殿。正中元年（1324年）八月，六波罗南殿大佛维贞返回镰仓，就任评定众，金泽贞将进京。元德二年（1330年）闰六月，金泽贞将被罢免官职，北条仲时就任六波罗北殿，北条时益就任六波罗南殿。北条仲时和北条时益是镰仓幕府的最后两位六波罗殿。

---

① 《花园天皇宸记》元亨二年十二月五日载。——原注
② 出自《诹访大明神绘词》和《保历间记》。——原注

金泽贞将

第3节 倒幕计划受挫

一、倒幕计划的动机

幕府的衰落直接促成了倒幕计划的成熟。当时,虽然大觉寺统占有优势,但未来的皇储已经确定。后醍醐天皇想将自己的皇子立为皇太子,但只要幕府尚在,当时的形势就无法改变。后醍醐天皇只能祈祷下一任天皇邦良亲王及持明院统的再下任天皇能尽早让位,但让位的日期只能等待幕府的上奏。后醍醐天皇思虑良久,决定趁机颠覆幕府的统治。日野资朝和日野俊基等近臣也参与了倒幕计划,他们奉后醍醐天皇的密旨召集了很多僧俗之人,决定以犯上之罪讨伐幕府。

二、无礼讲或破礼讲

根据《太平记》的记载,日野资朝和日野俊基经常举办各种酒席宴会,打着无礼讲①的旗号拉拢民心。然而,很动学者认为《太平记》是虚构的小说,所以它的记载难以令人信服。近代以来,史学家发现了《花园天皇宸记》,笔者在其中找到了有关无礼讲的记录:

> 近日来,日野资朝和日野俊基等人时常举办集会或宴席,他们不着衣冠,几乎全裸,还将这种风气带到了文人学士之间。秋山康之曾经蓬头垢面出席宴会,尚且遭到了学士先贤的谴责。如今,这些人毫无学士的姿态,反而追求饮酒作乐的生活,并将这种风气吹嘘为超越世俗之风,这实在有违孔孟之道。世人将这种宴会称为无礼讲或破礼讲。当时,参加宴会的有很多身份高贵之人,也不乏出家之人,他们身上都携带着一张纸,纸上写着"打倒六波罗府"。也有人说,纸上的字迹乃祐雅法师亲笔书写。还有人称,为了完善武家的未竟事宜,僧人智晓每日在皇宫居住。
>
> ——《花园天皇宸记》正中元年十一月一日载

这些记录的真实性有待考证,但笔者认为,《太平记》的内容肯定是以当时的民间传言为依据的,并非完全虚构。

三、阴谋暴露

正中元年(1324年)六月,后宇多法皇驾崩。不久后,倒幕的阴谋败露,六波罗府在京都逮捕并诛杀了土岐赖员和多治见国长。二人都是美浓国的武士,他们都秘密参与了后醍醐天皇的计划。日野资朝、日野俊基和僧人祐雅被捕,事态逐渐扩大。后醍醐天皇立刻派遣万里小路宣房前往镰仓,将所有责任都推到几位朝臣身上,声称自己毫不知情。幕府没有追究后醍醐天皇的责任。日野资朝被流放到佐渡国,僧人祐雅被驱逐出境,日野俊基被赦免。倒幕的第一枪未能打响,幕府迅速做出了处决。万里小路宣房因功就任权大纳言。

---

① 无礼讲,指不拘地位、身份、礼节等,与会者开怀畅饮的宴会或聚会。

万里小路宣房

第4节 选定皇太子

一、皇太子邦良亲王薨逝

后醍醐天皇对幕府产生疑心,这使皇太子邦良亲王一派和持明院统都看到了希望,他们开始秘密筹划后醍醐天皇退位之事。持明院统派遣御使前往镰仓,希望朝廷尽快将量仁亲王立为下任皇太子。皇太子邦良亲王也秘密派遣御使与幕府商议即位之事。同时,后醍醐天皇也派遣御使前往镰仓。当时,使者相继奔赴镰仓,这种景象被口无遮拦的京都年轻人戏称为"赛马"。幕府希望后醍醐天皇与皇太子邦良亲王达成和解,并请求持明院统耐心等待皇太子邦良亲王即位。然而不幸的是,嘉历元年(1326年)三月,皇太子邦良亲王薨逝。

二、量仁亲王被立为皇太子

皇太子邦良亲王薨逝之后,持明院统和后醍醐天皇又开始蠢蠢欲动。持明院统希望幕府立刻将量仁亲王立为太子，而后醍醐天皇则认为，皇太子邦良亲王在即位之前薨逝，所以东宫之位仍然归属大觉寺统，希望幕府将邦良亲王之子康仁亲王立为皇太子。嘉历元年（1326年）五月二十九日，为了祈祷量仁亲王能被立为皇太子，后伏见上皇向石清水八幡宫献纳祈愿文，文中写道：

> 前任皇太子突然薨逝，实乃我统之幸也。然而，立储之事迟迟未定，恐怕夜长梦多。当今天皇强词夺理，号称要将前任皇太子的王子立为皇储。情形并不乐观。

后伏见上皇终日忐忑不安，他向石清水八幡宫等多家神社多次献纳祈愿文。嘉历元年七月，幕府请求朝廷将量仁亲王立为皇太子。嘉历元年七月二十四日，量仁亲王被立为皇太子。持明院统终于看到了曙光，后醍醐天皇的好运即将终结。

第 98 章

后醍醐天皇被流放

第1节 倒幕计划再次受挫

一、倒幕的密谋

经过正中年间的挫折，后醍醐天皇行事更加谨慎，他开始更加隐秘地筹划倒幕行动。曾在上次行动中被捕的右中辨日野俊基再次参与了倒幕计划，同时被流放的僧人法胜寺圆观和小野僧正文观也收到后醍醐天皇的密旨，他们奉命为后醍醐天皇推翻幕府作法祈祷。尊良亲王和世良亲王是后醍醐天皇的皇子。根据《增镜》的记载，尊良亲王是第一皇子，世良亲王是第二皇子。然而，从《续史愚抄》的记载来看，正中元年（1324年），世良亲王行元服之礼，嘉历元年（1326年），尊良亲王才举办元服仪式。笔者认为，世良亲王应该是第一皇子，在世良亲王薨逝以后，尊良亲王才变成第一皇子。后醍醐天皇非常宠爱世良亲王，希望将他立为未来的皇储。无论在记录所视察政务，还是去兴福寺拜祭佛祖，后醍醐天皇都会带世良亲王一同前往。后醍醐天皇还命令亲信北畠亲房亲自教授世良亲王[①]。嘉历二年（1327年），后醍醐天皇将第三皇子尊云法亲王（后来还俗，改称为护良亲王）任命为天台座主，并帮助第四皇子尊澄法亲王（后来还俗，改称为宗良亲王）进入妙法院。笔者推测，后醍醐

---

① 元德二年，世良亲王薨逝后，北畠亲房出家，法名宗玄。——原注

后醍醐天皇

天皇此举是为了他日举事之时能得到延历寺的援助。元德二年（1330年），后醍醐天皇亲临春日、日吉两家神社，恐怕也是为了争取南都北岭的支持。

二、吉田定房秘密告发

元德三年（1331年）五月，前任权大纳言吉田定房向幕府秘密告发日野俊基等人劝诫后醍醐天皇推翻幕府。根据《镰仓年代记》的记载，幕府即刻派遣武士前往京都，将日野俊基、僧人文观和圆观等人逮捕后带至镰仓。吉田定房的举动始终是历史上的一大疑团。吉田定房是后醍醐天皇的乳父，在朝中叙从一位，他几乎是后醍醐天皇最信任的人。因为告发有功，在花园上皇接管院政以后，吉田定房成为评定众的一员。后来，后醍醐天皇再次掌管朝政，吉田定房重新赢得后醍醐天皇的信任，并终生侍奉后醍醐天皇，最后死于吉野。笔者推测，吉田定房也许察觉到计划即将败露，便占据先机，提前举报，将罪名归于某些朝臣，以防幕府掌握更多消息，在幕府疏于防范之时便可再次举事。无论吉田定房的举动正当与否，至少他充分保护了后醍醐天皇的利益。

三、倒幕第一战

元德三年（1331年）八月，后醍醐天皇改元为元弘。不久，后醍醐天皇召集延历寺僧徒和诸国武士，命令他们攻入六波罗府。六波罗府的武士提前得到消息，他们立刻派兵攻占皇宫，后醍醐天皇未能亲临延历寺。元弘元年（1331年）八月二十四日夜，后醍醐天皇携带御剑和神玺逃至奈良，并命令花山院师贤假扮天皇前往延历寺。六波罗府派兵从东坂本、西坂本和势多三路围攻延历寺，与延历寺僧徒交战。这就是倒幕运动的第一战。后醍醐天皇在奈良没有久

花山院师贤

留。元弘元年八月二十七日，后醍醐天皇穿过位于缀喜郡东的鹫峰山，抵达笠置寺。得知后醍醐天皇已经秘密出逃，比叡山的军队顿时士气大减。尊云法亲王和尊澄法亲王也动身前往笠置寺，六波罗府的军队开始转而攻击笠置寺。

四、楠木正成

后醍醐天皇制定倒幕计划之时，日野资朝曾经乔装成修验道①的修行者在东国微服私访，日野俊基也曾经假借温泉休养的名义在纪伊国旅行。当时，他们在各地游历，劝说当地民众起兵勤王，后醍醐天皇逃至笠置以后，大和、河内、伊贺和伊势各国的众多武士前来会合。楠木正成就是其中一人。楠木正成

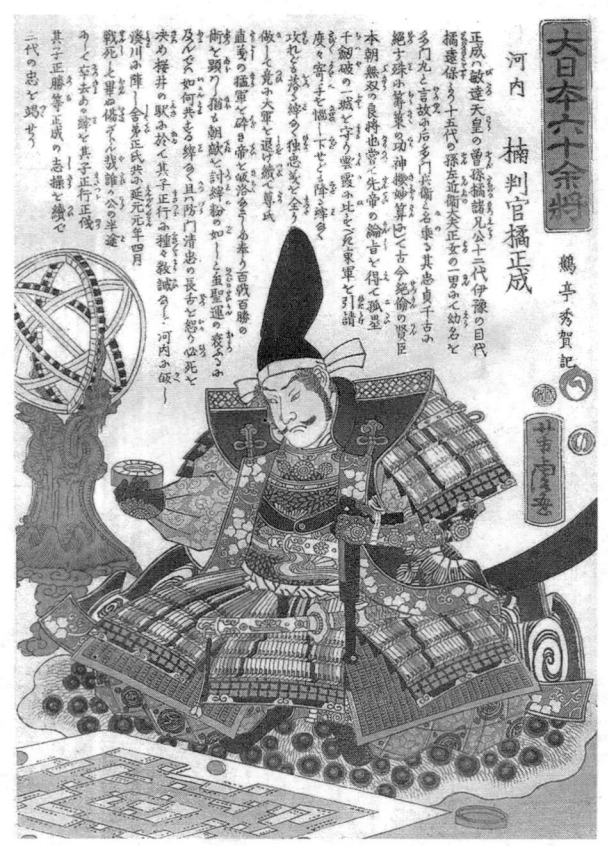

楠木正成

---

① 修验道，在高山中修行，以体验、领会咒力为目的的日本宗教。

是河内国的望族，他是橘氏的后代，其同族遍布在河内、和泉和纪伊等国。楠木正成忠心侍主，非常重视后醍醐天皇的命令。他命人加固赤坂的城郭，在幕府攻入笠置以后，将后醍醐天皇接到了赤坂。当时，大部分参与勤王的武士都是为了家族的利益，而楠木正成毫无私心，他始终坚韧不拔，即使遭遇挫折也惨淡经营，一心支持后醍醐天皇的倒幕大业。他的崇高人格和伟大功绩无人比肩。

五、笠置和赤坂相继沦陷

元弘元年（1331年）九月，幕府决定仿效承久年间的做法，命令大佛贞直、金泽贞冬和足利高氏率兵即刻从镰仓出发。镰仓军队攻入以后，元弘元年九月二十八日，笠置陷落。后醍醐天皇逃至楠木正成修筑的赤坂城，遭到镰仓

足利高氏

万里小路藤房

军队的沿途伏击，尊澄法亲王、万里小路藤房和北畠具行等人被捕。尊良亲王原本已经进入赤坂城，听闻将士相继被捕的消息，他自行走出，被镰仓军队逮捕。不久，赤坂城陷落，楠木正成逃走，尊云法亲王也不知所踪。

第2节　光严天皇践祚

一、仿效寿永年间的先例

后醍醐天皇出宫以后，后伏见上皇和花园上皇将皇太子量仁亲王从持明院殿接到了六波罗府。随后，幕府向朝廷上奏，花园上皇下发院宣。元弘元年（1331年）九月十九日，在武士的保护下，皇太子量仁亲王在土御门殿践祚，他就是光严天皇。践祚之时，御剑和神玺同时缺失，这与寿永年间的情况相同。花园上皇接管院政。此前，朝廷改元元弘并未得到幕府的认可。因此，在新帝践祚以后，朝廷继续沿用元德的年号。元弘二年（1332年）三月，朝廷在太政官厅举办即位典礼。元弘二年十一月，朝廷举办大尝祭。光严天皇即位不久，已故皇太子邦良亲王的皇子康仁被封为亲王。元弘二年十一月八日，康仁亲王被立为皇太子。朝廷仍然遵守两统轮流执政的约定。

二、交出御剑和神玺

后醍醐天皇被带到六波罗府以后，新帝光严天皇通过西园寺公宗要求后醍醐天皇交出御剑和神玺。元弘二年十月六日，后醍醐天皇交出了御剑和神玺，但神玺并非真品。花园上皇不知内情，在日记中用"欣喜至极"一词表达了当时的心情。后醍醐天皇对新帝登基并不认可，他仍然把新帝光严天皇称作皇太子。元弘二年四月，光严天皇将年号改为正庆，但大觉寺统的君臣仍然沿用元弘的年号。一时间，朝中两位君主共存，两个年号并立。南北分立之势已经形成。

光严天皇

第3节 幕府在战后的处理

元弘年间的叛乱告一段落，幕府上奏请求花园上皇对后醍醐天皇、皇子、公卿和僧人等做出处分。元弘二年（1332年）三月，仿效承久年间的做法，幕府将后醍醐天皇流放到隐岐国，将尊良亲王流放到土佐国，将尊澄法亲王流放到赞岐国，将静尊法亲王流放到但马国。后来，幕府将皇子恒性流放到越中国，在越中国将其杀害。幕府希望后醍醐天皇在出发之前落发出家，遭到后醍醐天皇的断然拒绝。

倒幕的计划败露之后，幕府逮捕万里小路宣房和九条公明等公卿，在六波罗府审理他们。随后，万里小路宣房和九条公明被赦免，平成辅、日野资朝、日野俊基和北畠具行分别在相模早川尻、佐渡国、镰仓葛原冈和近江国柏原被处死，洞院公敏、花山院师贤、万里小路藤房、万里小路季房、文观和圆观等人被流放，还有很多官员被罢免。

第99章

幕府被颠覆

第1节 护良亲王和楠木正成再次举兵

一、护良亲王下发公文及楠木正成举兵

赤坂城陷落之后,幕府军队凯旋,护良亲王开始了秘密行动。护良亲王曾经暂时躲在吉野。后来,他往来于熊野和高野之间,神出鬼没,并频繁向诸国下发公文,列举出北条氏的各种罪状,征集勤王之兵。同时,楠木正成在金刚山千剑破修筑城郭,准备出击。元弘三年(1333年)初,楠木正成率领军队经过河内、和泉,向摄津天王寺出发。

二、固守千剑破

得知楠木正成举兵的消息,幕府大惊失色。元弘二年(1332年)十一月,幕府悬赏抓捕护良亲王和楠木正成。元弘三年,幕府派出阿苏治时、佐介高直和名越宗教从河内、大和、纪伊兵分三路大举西上。元弘三年二月,赤坂城陷落。元弘三年闰二月,吉野城岌岌可危,护良亲王逃至高野山,楠木正成死守千剑破。千剑破虽是一座孤城,却使幕府大军无计可施,震惊世人。倒幕军队士气大振,楠木正成立下大功。

第2节 后醍醐天皇秘密前往伯耆

一、官兵争相起义

在护良亲王和楠木正成的号召之下，诸国官兵纷纷加入勤王的队伍。赤松则村从播磨举兵，进攻摄津；土居通益和得能通纲在伊予举兵，与长门探题北条时直交战；四国和九州的形势也不再稳定。这些官兵之中既有心怀野心之人，也有一心勤王之人，还有为后醍醐天皇打抱不平的人。当时，后醍醐天皇秘密逃至伯耆国，震惊了整个朝野，官兵大受鼓舞。此前，后醍醐天皇被幽禁在六波罗府，当时他就试图潜逃，如今更不可能甘心被囚。元弘二年（1332年）八月，出云国鳄渊寺的僧人赖源在隐岐行宫向后醍醐天皇秘密上奏，后醍

赤松则村

醐天皇通过千种忠显向鳄渊寺献纳亲笔书写的祈愿文。祈愿文现今仍然藏于鳄渊寺，并被纳入国家保护文物之列。元弘三年（1333年）闰二月，在侍之富士名义纲的指引下，千种忠显帮助后醍醐天皇从隐岐逃到伯耆。豪族名和长年在船上山拥护后醍醐天皇举兵。随后，后醍醐天皇在诸国征集勤王之兵。

二、官兵逼至京都

九州方面，元弘三年三月，菊池武时举兵袭击博多，由于大友贞宗和少二贞经突然叛变，菊池武时战死。在实现光复大业之后，楠木正成追封他为忠臣第一士。当时，尊良亲王从土佐转移到肥前，当地豪族纷纷举兵支持。不久，厚东宗西等人也在长门举兵袭击探题官邸。同时，后醍醐天皇命令千种忠

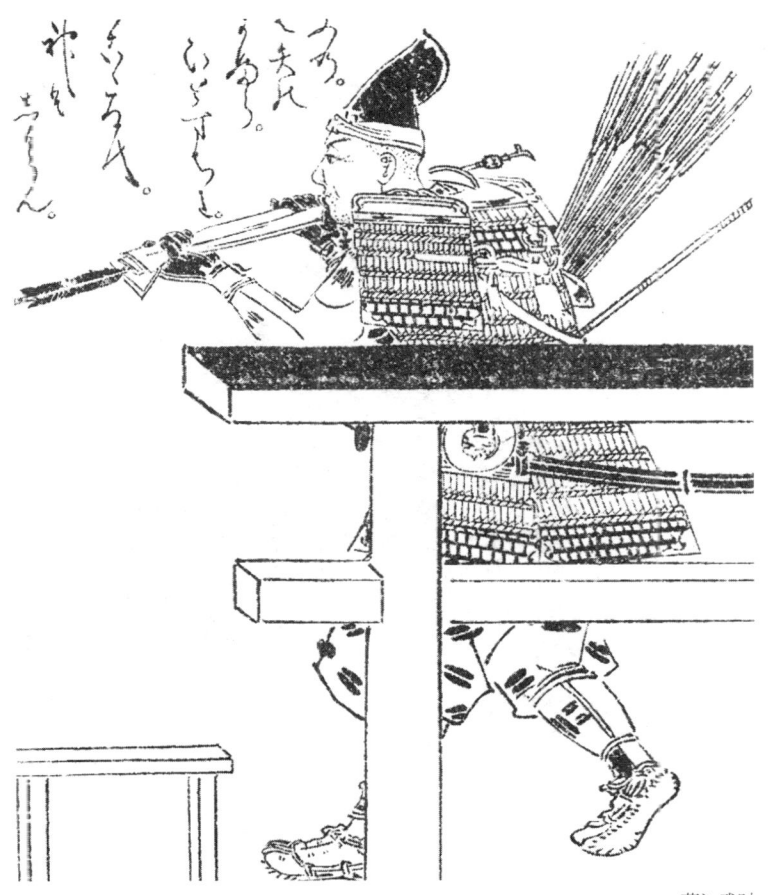

菊沱武时

显拥护静尊法亲王率兵进攻京都。元弘三年（1333年）四月，千种忠显与赤松则村先后袭击京都，在遭遇六波罗府的抵抗后失利。

三、足利高氏归顺

当时，足利高氏突然归顺后醍醐天皇，震惊了整个幕府。足利高氏的先祖足利义兼是足利义康（即源义康）之子。足利义兼与源赖朝同为北条时政的女婿，受到源赖朝的信任。后来，足利义兼的子孙与北条氏世代通婚，足利家族也不断壮大。在源氏征夷大将军去世以后，足利家族成为源氏的嫡系后代，受到武士阶层的敬重。足利氏遵从祖先的训诫，一直伺机夺取天下[①]。元弘之变发生时，幕府要求足利高氏出兵对抗官兵。当时，足利高氏的父亲足利贞氏刚刚去世。足利高氏与幕府产生嫌隙，幕府也怀疑他另有图谋。后来，足利高氏向幕府上书表明忠心，踏上征途[②]。由此看来，足利高氏归顺并非因为后醍醐天皇在船上山的旨意，早在出征之前，足利高氏就已经萌生了叛变之心。元

足利贞氏

---

① 出自《难太平记》。——原注
② 出自《神皇正统记》和《增镜》。——原注

弘三年四月，足利高氏声称在伯耆国接受圣命，在领地丹波筱村内的八幡宫举兵，同时征集各国兵力。

四、六波罗府被烧毁

元弘三年（1333年）四月二十七日，官兵与幕府军队在久我绳手交战，名越高家战死。元弘三年五月七日，足利高氏与官兵合力攻击并烧毁六波罗府。北条时益战死，北条仲时挟持光严天皇、后伏见上皇、花园上皇和皇太子康仁亲王逃往东国。逃亡途中，北条仲时遭到官兵的伏击，在近江国番场自杀。光严天皇、后伏见上皇、花园上皇和皇太子康仁亲王在官兵的保护下返回京都。

第3节 新田义贞占领镰仓

一、新田义贞一族

元弘三年（1333年）五月，上野国住民新田义贞在上野举兵。新田义贞的祖先新田义重是源义国的长子，也是足利氏的祖先足利义康的兄长。源赖朝举兵之时，新田义重并未积极响应号召，触犯了源赖朝的忌讳，子孙也未能荣升高位。此后，新田氏的族人盘踞在上野和越后各地，形成了难以撼动的势力。新田义贞曾经加入幕府军队进攻千剑破。后来，在护良亲王的号召下，他返回故乡，与族人秘密商讨倒幕大计。

二、镰仓陷落

元弘三年五月八日，新田义贞出兵。元弘三年五月十四日，新田义贞离开武藏，在分倍河原之战告捷，随后向镰仓进发。幕府命人加强山内、小袋坂和极乐寺等地的防守。元弘三年五月十八日，幕府执权赤桥守时等人在山内自杀。元弘三年五月二十一日，新田义贞率兵从稻村崎徒步涉水抵达镰仓，与围攻极乐寺的部队会合。北条高时等人放火烧毁幕府，与同族部下数百人在葛西谷自杀。征夷大将军守邦亲王出家。新田义贞等人占领镰仓。创立约一百五十年的镰仓幕府就此告别历史舞台。官兵重返京都的消息迅速传到诸国，各国士兵争先恐后地投入官兵麾下。元弘三年（1333年）五月二十五日，少二贞经与大友贞宗合谋袭击博多，杀死北条英时。随后，北条时直投降，长门探题府随之消亡。

第4节　后醍醐天皇回宫

一、楠木正成恭迎后醍醐天皇回宫

从船上山出发以后，后醍醐天皇下旨废黜新帝光严天皇和皇太子康仁亲王，取消年号正庆。元弘三年（1333年）六月二日，后醍醐天皇离开兵库。同时，楠木正成在千剑破战胜幕府军队，率兵恭迎后醍醐天皇。元弘三年六月四日，后醍醐天皇抵达东寺。元弘三年六月五日，后醍醐天皇回到二条富小路殿。由于此前的天皇废立都是幕府操控的结果，后醍醐天皇在被废黜后流放到隐岐国也是幕府的授意，因此，在返回京都以后，后醍醐天皇只是举办了常规的回宫庆典，并未重新举办即位大典。当时，后醍醐天皇手中还握有神玺。

二、朝中不设关白

自元弘元年（1331年）九月光严天皇登基以来，朝中未曾举办任何官员任免仪式。朝中官员仍然保持着元弘元年八月以前的官职。先前，前任关白二条道平受到幕府的怀疑，被禁足家中。后醍醐天皇回宫以后，二条道平恢复左大臣和藤氏长者的职位。关白一职空缺。笔者认为，后醍醐天皇有亲政的想法，或许他故意取消了关白的官职。镰仓幕府灭亡以后，公家一统大业，后醍醐天皇的理想得以实现。元弘建武年间的新政（建武中兴）即将开始。